陶希聖年表

陶泰來、陶晉生整理

1932 年在北京大學

1956 年《中央日報》董事長

1970 年與同年聚會

1965 年與夫人合影

1980 年在台北

1978 年八十壽辰嚴家淦來賀

1986 年與陳立夫在自宅合影

目次

前言

陶泰來

先父遺書中，有油印之《陶希聖年表》草稿，為編年體之記事。惟僅記至民國四十五年止，即擱置。曾詢問阮繼光表兄，據云：「姨爺寫到台灣以後，認為牽涉太多，難於下筆。」故此成為未發表之遺稿。

謹以此稿為綱要，依年補入資料。所採資料如下：

資料名稱	著者	出版單位	注釋簡稱
（1）潮流與點滴	陶希聖	傳記文學出版社	[點滴]
（2）逃難與思歸	萬冰如	食貨出版社（未發行）	[思歸]
（3）出九龍記	陶希聖	重慶中央日報	[出九龍]
（4）夏蟲語冰錄	陶希聖	法令月刊	[語冰錄]
（5）八十自序	陶希聖	食貨出版社	[自序]
（6）卅七及卅八年日記	陶希聖	聯經出版事業公司	[希聖日記]
（7）從徐蚌戰爭到昆明事變	陶希聖	未發表原稿	[摘存]
（8）和平並存？（註）	蔣中正	國民黨中央委員會	[和平共存]
（9）中國之分裂與統一	陶希聖	食貨出版社	[分統]
（10）我家脫險的前後	陶琴薰	香港國民日報	[琴薰]
（11）致何茲全廿七封信	陶希聖	何茲全藏	[希聖信]
（12）悼念我師陶希聖先生	何茲全	傳記文學 315 期	[何茲全]
（13）陶希聖先生訪問紀錄	訪問人陳存恭	國防部史政編譯局	[口述]
（14）民國人物小傳	林銘章	傳記文學 385 期	[傳記]
（15）今井武夫回憶	今井武夫	北京中國文史出版社	[今井]
（16）杜月笙傳（高陶事件）	章君穀	傳記文學出版社	[高陶]
（17）滬上往事	萬墨林	中外圖書出版社	[滬上]

（18）胡適秘藏書信選　　　梁錫華選註　　　遠景出版社　　　　　［胡適］
（19）新聞剪報　　　　　　香港重慶報紙　　香港馮平山圖書館藏　［新聞］
（20）「高陶事件」紀實　　陶恆生　　　　　傳記文學 431-433 期　［紀實］

註：〈和平並存？〉為《蘇俄在中國》之初稿。

至於［泰來］項下之記事，均為摘錄當年之日記，一字不改，以存其實也。本稿為
家族內部資料，未定稿之前不得公開。

第一編　從苦學中成長（一八九九—一九一九）

己亥（1899，清光緒 25 年）

　　陰曆九月二十六日生於湖北省黃岡縣孔家埠附近之小村。村以其族之始祖「陶勝六」為名。陶勝六於明代定居於此，其子孫世代為農。明亡之後，有遺民李先生者，來村中為傭工。李先生始教村民讀書。至今村民家祭，必列李先生於祖宗名位之末以祀之，惟無人知其名。

　　希聖之父名炯照，字月波。入黃州府學，進經心書院，為兩湖書院精舍生，以拔貢入北京應朝考，不第。

[點滴] 少年時代，每逢歲尾年頭，父親領著我寫祖宗牌位，寫包袱，於五代祖父母之外，還有「先師李先生」。李先生是明亡之後的遺老，隱其名字，受雇為陶勝六一個農家為長工。據說有一年的夏夜，農家子弟集合在稻場上趁涼談天。大家都不認識字。

　　有一人提出問題：「把扁擔橫在地上，是什麼字？」

　　大家答道：「一字。」

　　那人又問：「把耙倒在地上，是什麼字？」

　　大家都答不出。不料那長工說話了。

　　他說：「是而字。」

　　大家問他：「你認識字？」

　　長工說：「認得幾個。」

　　自那日起，陶氏宗族成立一個私塾，請李先生教一般幼童讀書，教到他們能寫帳為止。

　　陶氏一族自江西遷移湖北省黃岡縣西鄉倒水之旁，孔家埠附近定住，到我的父親輩是十八代了。三百年來，累世農家，男耕女織。我的父親是貞記二房。祖父那一輩為了受同族的欺凌，決計從子弟們的中間，選擇其聰明可以讀書者，嚴屬督教，縱令其不能飽學成名，至少亦可進府縣城，打官司，以圖自衛。我的父輩才用力讀書，做舉業，求功名。

　　[泰來] 先父嘗言：「我陶氏遠祖可追溯至唐末五代時陶穀。趙匡胤陳橋兵變，黃袍加身，陶穀袖中出詔，是為五代之名臣」。《詞林紀事》：陶穀，字秀實。邠州新平人。本唐彥謙之孫，避晉諱改焉。仕晉知制誥，倉部郎中。仕漢為給事中。仕周至兵部侍郎，翰林承旨。入宋，加戶部尚書。卒，

贈右僕射。有清異錄行世。

泰來曾至陶勝六查家譜，係自明朝萬曆十一年起始。

[自序] 黃岡為鄂東大縣，以文風之盛著名。所謂文風，以治舉業取科第為主。吾父於戊戌入兩湖書院，為經心精舍生，治史地，致力經世之學，尤研習漢四史、資治通鑑與讀史兵略。

[點滴] 我的伯父鎮吾公，鄉試及第，一般稱為舉人。父親月波公，是丁酉科拔貢。己亥年，父親晉京，朝考落第，以「八旗漢教習」困處宣武門外黃岡會館。

[思歸] 由倉埠鎮出東門，十幾里，至倒水西岸，就是孔家埠。孔家埠之西，蔡家廟一區，最大的村落，就是陶勝六。這個灣子的戶口，大都以耕織為生計，也有駕帆船為業，往來江漢的人家。

黃岡的風俗，男女都是幼時定婚，一歲或二歲把婚定下，卻是通例。萬氏與陶氏世代通婚，希聖的曾祖母及伯祖母皆是萬姓。

清末光緒年間，陶鎮吾公中舉，月波公拔貢。在陶勝六，是大喜慶，親戚們也有光榮。即如劉富二，叫木匠建客廳招待陶氏親家兄弟。月波公考取經濟特科，回鄉拜客，來到萬家大灣，我家首先招待。大門內外擠滿了各色人等，瞻望風采。

萬氏是黃岡大族，清代康熙至光緒年間，出了進士九位，其中翰林院編修與庶吉士四位，舉人及貢士共計六十五位。因為功名多，萬氏大祠堂不立旗桿。在科舉時代，一個讀書人中了進士，他家的祠堂就立一枝旗桿。黃岡萬氏大祠堂要是立旗桿，就太多了。

萬氏遠祖萬爾昌，是明朝崇禎年舉人。到了滿洲治下，爾昌與爾昇兄弟不肯剃頭改裝應試。他們二人閉門寫作詩文，不交朋友，不見地方官吏。爾昌之子為恪至康熙年間方才出考。為恪公有六子。中子紳祖有四子：年茂，年治，年衡，年豐。年豐字武溪，舉人，補浙江石堰場鹽課大使，那是容易發財的差使。但是他辭官回鄉，行李只有硯池幾方，因此以清廉聞名鄉里。武溪公的曾孫裕鵬，字翔雲，舉人，補興國州學正，做了十三年，在任上逝世。翔雲公有二子，長子丹忱，就是我祖父；次子帶團練打長毛，兵敗失蹤。

我父萬信民公。母夏太夫人。由萬家大灣北渡武湖到倉埠鎮，由鎮北走

到井字山，山下龍王墩夏氏為大族。清朝末年出了兩代翰林，耀奎與壽康。耀奎是我的外祖父，官至浙江省杭州府知府，病逝任所。夏耀奎的長女，是我的姨母。她嫁萬振東生三子四女。大哥玉甫，二哥武樵名耀煌，三哥青年早逝。姨母的長女嫁陶雁三，是希聖的堂兄，弟兄們稱她為萬大嫂。

希聖為月波先生之次子，原名彙曾。出生時，月波先生方困處北京。

〔思歸〕進士點翰林留館，住在北京，就算困京。他家裡如果沒有財產供給他生活，就要靠同鄉的外官，一年三節的節敬。夏天冰敬，冬天炭敬，每節送幾兩銀子，供他過日子。貧苦人家子弟中舉，或中進士，便轉做縣官。一位清廉的縣官，去職回鄉，兩袖清風，就有名聲，受鄉里敬重；如做官發了財，縱使他不犯法，宗族看不起；如果他犯了法，甚至於死了也不能進祠堂。

庚子（1900）

八國聯軍入北京，月波先生出京往太原。其時山西巡撫毓賢以倡導義和團之故，為清廷處死。布政使李廷簫代理巡撫（時稱為護院）。李為希聖之母揭太夫人之舅。月波先生到太原，寄居巡撫衙門，為李先生所器重。

月波先生留太原不久，轉往西安，入提學使沈衛幕。沈先生創辦書院，以月波先生為其提調。

〔點滴〕陝西提學使沈衛（淇泉）挽居幕府，並派他提調關中書院。（註）先嚴在西安時的事蹟，我知道太少。于右任先生當時在西安，入關中書院，曾見先嚴，偶然說到一點。

〔泰來〕于右任先生對我說：「我在西安上學的時候，遠遠看見你祖父走過來，神仙一樣，神仙一樣！」

月波先生與沈學使之姪沈鈞儒（衡山）友善。此後三十八年，抗日戰爭初期，希聖與鈞儒同為國防參議會參議員，在討論問題時，常起激辯。鈞儒於散會後，與希聖論世交。希聖率直說道：「論世交，我稱先生為大叔，但討論

問題時，決無妥協之可能。」

辛丑（1901）

壬寅（1902）

癸卯（1903）

辛丑和約之後，清廷將行新政，開經濟特科。山西提學使沈衛薦舉月波先生應試，考試結果，梁士詒為第一名。袁勵準，張一麐，為第二第三名。月波先生居第四，一般以為其將有大用。時慈禧太后專政，見列名榜首者為廣東梁士詒，斥為「梁頭康尾」，深感憎惡，全榜及第者，均不進用。月波先生遂以知縣到河南省候補，舉家由黃岡故里移居開封。其時希聖四歲。

[點滴] 一個候補知縣的家庭生活是清苦的。每日三餐都是稀飯。我偶然看見同院的人家吃乾飯，回家來大喊大哭要乾飯吃，姊姊們把我的口堵住，不許喊，也不許哭。

我父一度進河南巡撫的幕府。有一日，他帶我到巡撫衙門的東花園一座玻璃格子的大廳。那裡有好幾位「年伯」和「世伯」。我坐在一個紅漆方桌的旁邊，吃了一碗肉絲湯麵。直到今日回想起來，平生再也吃不到那樣鮮美的湯麵。

（註）巡撫的幕友，每月八兩銀子的薪水。當時的物價，肉一斤是三十文，柴一擔是五十分。後來有銅元，銅元一枚可買雞蛋十個。三枚可買肉一斤。

開封居民深信狐仙，每月初二和十六，往往設祭，求其不擾。甚至談話亦不敢說「狐」字，只稱大仙。癸卯年，我三歲，隨家住鼓樓二條巷，嘗為狐所祟，致骨瘦如柴。本地人力勸我家祭告大仙，始見痊癒。玃子似狐，卻不是大仙。我住入中學宿舍之後某夜間，一個狐玃爬上門窗，以一足敲門，甚為可怖。

甲辰（1904）

　　家在開封。適逢各省鄉試及第之人士（時稱舉人）集開封參加會試。湖北黃梅之湯貫予先生（湯錫予先生之長兄）寄居陶宅，以三才略教希聖讀。三才略為當時之常識教材，天文之太陽系，地理之五大洲，歐美及中國之地理歷史，皆以圖畫及文字說明。希聖於讀此書之後，始讀《詩經》及四書。

　　[語冰錄] 我幼時隨父母住開封，喜聽故事。開封有好幾座大王廟。所謂「大王」即是黃河的河神。依民間故事，諸大王廟之中，威靈顯赫而香火繁盛者，是金龍四大王廟、黃大王及黎大王廟。

　　黃大王是明末的開封市民。李闖圍攻開封不下，乃決河堤以水灌城，而水不進城，都從城的四周流失。李闖查問其故，有人報告，說開封人黃某現為掌管河水的河神，指揮河水不許進城。李闖逮捕黃某，綁在河堤決口之旁，迫其允許河水進城。黃某不屈。李下令斬其首，而河水進入開封。

　　黎大王為何人，我未曾查考。他是清代的河道。黃河缺口而無法堵塞。他跳進河流，而決口得以堵住。

　　相傳黎大王以蛇形在廟中出現時，大蛇之側，另有小蛇隨來，號為擋將軍。擋將軍名「得住」，原是黎河道堵口時，作為祭品投入河流之小兒。此兒投後，仍未能堵口，黎遂跳下河堤。這是清代水官以身殉職之一例。

　　相傳黎大王原是世家子弟。父母雙亡，又無家產。他投靠一位世交章先生。章先生賞識這個少年，叫他與自己的兒子一同讀書。那章生不成才，讀書沒有長進，黎生則勤學能文。章先生欲以其所生女配之。章太太不肯。她定要將女許配內侄某生。某生亦是太保型的少年。這太保認為黎生是他婚姻的障礙。他雇了一個凶手。某夜，從書房的窗口跳進去，摸著黎生的床，揭開蚊帳，就是一刀。不料這夜，黎生與章生二人就寢之後，都是失眠。他們互換床鋪睡去。那凶手所殺死者是章生。黎生清晨起床，喚章生不應。他揭開帳子一看，大吃一驚，大喊來人。不料他的兩手染了鮮血。章太太遂咬定黎生謀婚而且謀財，不惜殺死其子。黎生被逮入獄，判為斬監候。

　　章小姊嫁給其母之侄某生，滿一年，生一子。而黎生之斬期將至。那嬰兒滿月的一夜，這青年夫婦在房裡舉杯相慶。酒酣，某生洩漏了當初的陰謀與誤殺之事。章小姊不動聲色，勸其夫就寢。她用剪刀將某生殺死。她帶著

剪刀，抱著嬰兒，到縣衙擊鼓自首。縣官升堂之後，她陳述此案的原委，而
後當堂自殺以明心。黎生的冤獄得以昭雪。出獄後勤學求功名。歷任各地的官
吏，每上任所，以轎載章小姊靈位自隨。到達任所，將靈位供養臥房之內。他
畢生不娶。

　　他以身殉職，開封的官民奉為河神，香火甚盛。黎大王這一段故事亦家
喻戶曉，傳誦不息。

乙巳（1905）

　　月波先生署理夏邑縣知縣。希聖隨家住夏邑縣署。

　　[點滴] 我五歲隨家到夏邑，住縣署，才從族叔修齋「發蒙」。我只是在
家塾裡遊戲，吃飯。我不願讀《三字經》，又夠不上讀四書。修齋二叔對我亦
未加管束。六歲隨家回開封，始讀《詩經》和《論語》，由父親自己教讀，並
習字。

　　河南省的夏邑縣與山東省的曹州和安徽省的亳州相鄰。那是響馬出沒的
地帶。響馬是結成「杆子」，一杆數百人，或二三千人不等。但是他們做案並
不是擺隊伍打硬仗。他們做案還是少數人甚至一人下手。響馬的馬術與槍法
是很精的。他們的兵器最初是弓箭，刀槍，後來是銃，最後才有快槍。他們
使快槍是和射箭樣，不用表尺，抬手就放，放就命中。

　　《老殘遊記》敘述曹州的衙門之前有四座站籠。我隨父親到夏邑縣，縣衙
的儀門兩旁豎立兩個站籠，我每次進出，常懷恐懼之感。清代律例重視人命。
縣官拘捕了一個犯人，若處死刑，須經府、道、按察使司，上至刑部和大理
寺與都察院，是謂三法司。三法司或處以斬監候，或處以斬立決，均須報請
朝廷批准，方得執行。因為死刑的程序如此繁難，於是盜賊叢集的地帶，縣
官有立處死刑的辦法，就是掛站籠。當縣官堂諭掛站籠的時候，那死囚是面
無人色。他們進了站籠，已經死了一半。到了〈抽磚〉，那就斷了最後一口
氣。

　　（註）站籠是四根木柱，上面是枷鎖，下面是四層磚。死囚站在磚上，
項在枷裡。所謂「抽磚」，就是縣官命令一下。差役們將磚抽出，死囚兩腳懸
空，立即絞死。

　　我父不輕於判處死刑。我看見一個姓劉的響馬。他就逮之後，一上公堂，首先答覆了姓名、年齡等問題，隨即聲明：「您是青天，因為您把我抓到，為民除害。」接著說道：「公案上的案子都是我做的。無須多問。我願意一件一件畫押。」他答覆還有誰一起做案的問題，堅定聲明：「綠林規矩，不攀扯別人，自己認罪，聽候處死，過二十年又是一條好漢。」

　　此人在站籠裡，抽磚之前，還是大聲說話，面不改色。他死後，半夜裡，集站籠之下，燒紙酹酒，哭泣致祭者百數十人。我父嘉許他們的義氣，亦不拘禁。

　　綠林規矩，不抗捕。縣官帶了衛隊（叫做小隊子）拘捕他們的時候，只許脫逃，不許還手。倘如綠林拒捕，縣官可以調度軍隊圍剿，那就玉石不分，一村或一鎮同受其禍。

　　綠林規矩，不採花。他們迷信一個好漢若是採花，一年之內必將被捕。

　　我父署理葉縣時，縣中有大盜名曲六妞者，犯了採花之禁，他的哥哥曲五妞與他斷絕關係，並於就逮之後，供出他的行蹤，使其就逮受刑。綠林好漢不允許採花盜存在。

丙午（1906）

丁未（1907）

　　月波先生署理新野縣知縣。希聖隨家往任所。其時行旅是乘騾車，由開封到新野，須時約一個月。沿途多古蹟，月波先生隨處教導此諸古蹟的沿革。

　　[點滴] 沿途到處都是古蹟，如《詩經》上的汝墳，《左傳》上潁考叔的故里，朱仙鎮的岳廟，許州至南陽和新野一帶又有三國時代或真或假的遺跡，增加我的歷史與小說的興趣。

　　希聖在新野縣署，從月波先生初讀《漢書》。月波先生在經心及兩湖書院時，以漢書四史為其專業。至此時，始以漢書四史教希聖。

[點滴] 我父在新野縣兩年之間，做到政簡刑清。他自己教我讀《書經》和《禮記》，接著就讀《史記》和《漢書》。他在庚子年從北京經太原走西安，對〈楚漢之爭〉地理形勢，親身經歷。他為我講《漢書》，描摹分析，使七八歲的孩子彷彿親眼得見劉、項兩軍在河南對壘，韓信在河北、山東迂迴作戰的情景。

我的母親姓揭，揭家是黃岡縣周山鋪的大族，開過典當，到清末是衰落了。我的外祖父是秀才，有詠史詩二百首，被友人把詩稿偷去刻書，自己無所成名。外祖母李太夫人出身書香人家，有很好的學問，但是她只以女工教導諸女。我母畢生盡瘁家務。兒子們讀書習字之事，一概聽任我的父親督教。

在夏邑至新野兩屆知縣任內，我母特別關懷監獄人犯的生活。清代的監獄是極其冷酷與悲慘的。我母要求管獄人，每日每餐的飯與粥，必須先送上房，親自看過，飯要新鮮，粥要濃厚，方才送到獄中分給人犯吃。飯與粥不如法，管獄人就要受到嚴屬的斥責。我父在兩縣交卸的時候，監犯們都是流淚甚至號哭，遙望拜別。

新野縣初辦小學校。有一次小學運動會，我穿著小學制服，參加算學競走。那是一排小學生跑二十碼，到達目的地，立刻把黑板上的算式，用粉筆寫上答案。那制服是黑色「羽綾綢」的衣褲，胸前是一排金色鈕扣，上面刻著龍徽。我穿著制服，晉見那位親臨運動會場的南陽府知府，自覺驕傲。

戊申（1908）

希聖在開封，入旅汴中學。

清廷行新政。各省創辦學堂。河南省亦在開封創辦法政學堂、客籍學堂及旅汴中學。客籍學堂為高等學校，旅汴中學為中等學校。當學堂初創之時，省庫（布政司的庫，時稱為藩庫）無此財源，乃通令各縣知縣捐出其薪俸（時稱為捐廉）為學堂經費。各縣知縣為外省人。他們捐薪俸辦學堂，送子弟入學，不納學費。學堂亦以「客籍」及「旅汴」為名。

希聖時為九歲，隨其兄述曾入旅汴中學。

[點滴] 先父作安陽縣令，一家隨往任所。我留在開封，寄居同鄉候補道

沈晴霄先生寓。我的學名是彙曾，沈先生的幕友陳先生為取「希聖」為字。

學校的算學、英文、歷史、地理，以及博物和體操諸課的教師，都是從武昌聘來的湖北人。因為湖北省設立學堂比河南早，河南省提學使要辦學堂，祇有聘用湖北省優級師範畢業，或五路小學的教師，來擔任教職員。

國文分兩門，一門是「義」，一門是「論。一般同學在各自家塾老師指導之下，大讀其《東萊博議》，作為「論」的榜樣。《東萊博議》的文體是就論題大發一番議論之後，到末段才點題，而全篇也就結束。我不喜亦不能這樣做。我不會發空論。但是我做史論，就可得九十分以上。我熟悉戰國至秦漢的歷史。

歷史教師是黃岡王遠村先生，於印發講義之外，還要在黑板上摘錄一些故事。講到三國時代，尤其津津有味。可是我並沒有讀陳壽的《三國志》，只熟讀了《三國演義》。提到三國時代的事，《三國志》的影響就落在三國演義之後。有一次史論的題目是〈劉備不取荊州而取益州論〉，我自信這題目是自己的拿手戲，非常高興的半小時寫了三百字。我把龐士元被射死在落鳳坡的故事都寫上了。並且在卷子的上面，加一眉注，說「龐統射死落鳳坡，劉備當為報仇」。王先生看到這裡，批道：「《三國演義》所記者不可全信」。這一篇文章卻受了老師的申斥，我不再採用《三國演義》的故事做文章。

修身一課比現在的公民，更重身心的修養。其內容大抵從歷史上的人物的傳記中，取其有關修養和成就的話語或行為。

博物是講述動植礦物，文字之外，加以圖畫。格致就是現在的物理和化學。很容易記憶的一點，就是這一課程的內容分為聲、光、化、電四大部門。

經學老師是浙江人在河南落籍的陳先生。他講《春秋》是以《左傳》為主，而參以《公羊》與《穀梁》兩傳的經義。他講左傳是先朗誦一篇之後，再作描述。最後才解釋《春秋》的義例。我對於《左傳》的記事與陳先生的講述，直聽得手舞足蹈。但是公穀兩傳的經義卻是一句也不懂。

有一次，陳先生的經義題目是〈元年春王正月義〉，限兩小時繳卷。我眼看著同班生一個一個繳卷，到最後只賸下陳先生和我。我坐在凳子上兩淚直流。陳先生不得已，走到我的座位之旁，寫了幾句，叫我抄上，總算把卷子繳了。他寫的句子中有一句是：「何言乎王正月？王正月也！」我雖然照抄，

還是一個字不懂。

[思歸] 河南省西南，光山、商城、固始等縣，世家大族，聘請黃岡先生教子弟讀書作文。有人帶著關書到萬家大灣請先生。來人走進先生門口，見先生在吃飯，沒有桌子，將籮筐倒轉來做桌子，一碗爛菜下飯。來人問先生預備何時動身，先生說明天一早動身。次日一早，來人挑著擔子，先生跟著上路，走了幾天到了東家。過了一天，東家主人來拜望先生，只見桌上擺的是破硯一臺，銀硃一包。東家說道：「並無奇書？」先生用手拍著肚子，答道：「書都在這裡。」

黃岡先生在光固教書，教出來不少科第功名，達官名宦，世世做官的不少，但是先生依然窮教書匠，回家吃爛菜老米飯。

英文教師龍先生講拿破崙傳，鼓吹革命。適逢清廷下令拘捕革命黨人，龍先生倉皇離校，在課堂告別時，師生相對哭泣。

[點滴] 英文分為文法和讀本。文法用納氏文法，讀本初讀拿破崙小傳。英文教師龍先生根據這個小傳，敘述法國革命的故事，藉以鼓吹革命。

我上他的英文課，不到一學期。忽一日清晨，我從家中走到學校，一進課堂，只看見同班生與龍先生相對涕泣。他們說了什麼，為什麼哭，我都不知。我坐了半小時，聽出來這一堂是龍先生離校告別。他是革命黨人，北京有「釘封」的海捕公文書到開封，指名拘捕。不知誰走漏消息，叫他即刻逃走。

我聽說有「釘封」。我知道那案情極其嚴重。約在兩年前，我是七歲，住新野縣衙門。那衙門裡有一位專寫「上行文」的書辦，姓陳。他每日伏案寫白宣紙小楷書的呈文。我下了學就到他那房間裡，伏在案頭看他寫字。他寫呈文的楷書，用墨又黑，又不透紙。如果一個字誤了一筆，或是錯了一字，他就把紙擱上小木板上，用小刀將錯字或誤筆，輕輕一刮，就刮去了，重新再寫。他教了我一些字的正體和寫法。我尤其喜歡他寫完一件呈文之後，稍為休息時，為我講一些江湖上的故事。

有一日，衙門前後與上下，每一個人的面色都變為蒼白。我父換了官服，面容嚴肅，動作緊張。我不知道有什麼大事發生，只聽說是八百里加緊

的釘封到了。我眼見那公文封套是四角加釘，上方兩角各插羽毛一隻。釘子表示祕密，羽毛表示飛快。我眼見那送公文的報馬，馬的脖子掛著一大串銅鈴。我眼見那陳書辦釘上了腳鐐，一霎時起解上省。沒有人敢同他說話，他也不同任何人說話。後來我才聽說他是會黨。

（註）報馬的銅鈴是一種信號。一個驛站，遠遠有銅鈴刷刷的響聲，就要備一匹報馬，在大路上等候。報馬到站，送報人就從原來的馬跨上預備的馬接力向前跑。這就是八百里加緊的公文遞送法。

此刻龍先生又是「釘封」要拘捕的人。我知道這案情極其嚴重。可是誰走漏消息，讓他逃走，而且逃走之前還到課堂來告別？

革命黨的聲勢漸次盛大。地方官對於黨人，若不是迫不得已，不肯實行拘捕。女子中學校長張伯烈和旅汴中學教師龍先生都是在清廷的通緝之下，從容出走。

經學教師陳先生，頗得學生的信仰。他鼓勵學生投考陸軍學堂，並在講解春秋左傳時，申明民族大義。

當時，月波先生署理安陽縣知縣。年假之初，希聖由開封往安陽。在火車上，警官傳令乘客摘去瓜皮帽上的紅頂，始知光緒及慈禧兩宮先後死亡。民間傳說慈禧太后病危，先將光緒皇帝毒死。

[點滴] 光緒皇帝與慈禧太后在一個月之內先後死去。這個消息傳到開封，經過了好多天，然後哀詔才能到達。內城的滿族趕著把婚姻及齡的兒女們婚嫁，以免哀詔到達之後，要停止婚嫁一年（是否一年，不復記憶）。

各學校接到通告，全體師生到行宮集合，在大行皇帝的牌位之前，俯伏舉哀。滿人必須勢面，漢人只是掩面而已。

中學生到行宮哭臨，是比照一般「生員」的。初廢科舉，設學校，學校學生的資格仍然比照科舉的功名來看待。中學生沒有什麼叫「制服」，只有「操衣」。操衣是上體操課用的。但通常穿操衣，而在外面罩一件竹布大褂，這就是比照「秀才」的學生樣式。這個樣式的青少年走到街上，沒有人敢於欺侮。但是這個樣式的青少年也不能隨意上街亂跑。

我記得中學生時代，除了到書店街去買書籍文具之外，幾乎沒有自己到

街上去買什麼東西。有一個時期，聽說鼓樓街新開一家洋貨店，叫做「華勝公司」。全城為之鬨動，大家去看熱鬧。我特地叫了一部人力車說：「到華勝公司去。」那車夫把我拉出南門，一直拉到火車站去。我找不著什麼公司，就回來了。我還記得青年會有電影，那只是幻燈，一張一張映出耶穌的事蹟。偶然加映活動片子，也只是一條鐵路上的旅行，過山洞，順河沿，眼看著鐵路後退而已。

因為尋常不上街買東西，有些同學買新緞子鞋，總比較窄小一點，顯得好看；二則不大合式，表示這鞋子不是他自己買，而是傭人去買的。我自己從來不買鞋襪，因為衣服和鞋襪都是家庭自製的。

近視眼在中學裡很不少。戴眼鏡的同學也不少。但是一般社會把戴眼鏡當作老年人的事。老年人戴「老三山」的鏡子是應當的，年輕的人為什麼戴眼鏡？平輩的人見面為禮，要把眼鏡摘下，晚輩見長輩，是不敢戴眼鏡的。我們的數學張先生是近視眼，他上課時，一進講堂就摘眼鏡，一腳踏不上講台，就要跌倒，惹得全堂學生大笑。

這一類「生員」的風習，現在的中學生是想像不到的了。

己酉（1909）

旅汴中學改名第一中學，校址亦由法政街移至貢院舊址之新建校舍。

[點滴] 第一中學初名「旅汴中學」，設在後來叫做法政街的一條街上。後改名「第一中學」，又遷到貢院改建的校舍，這校舍就是留美預備學校和河南大學的舊址。當時雖設學校，仍有恢復科舉之可能，所以貢院雖改建學校，仍存留一部分號舍。

河南省會的貢院，為北闈之所在，規模闊大。其帷場小房，一排一排，以千字文（天地玄黃……）命名。相傳乾隆皇帝微服入北闈，抽籤得天字一號，故天字一號不再列入抽籤，永遠保留，無人敢住。清末廢科舉，立學校。這貢院仍然保留一大半，只拆一小半建校舍，辦第一中學。那闈場一片荒涼，成為狐獾之窟。貢院大門之外，正面牌樓上是「天開文運」橫額。兩面牌樓的橫額是「物華天寶」和「人傑地靈」。三大牌樓巍峨輝煌，一般學生下課之後，到牌樓下，環繞著大柱子的石墩，或坐下談天，或爬上去玩。

　　希聖寄住新宿舍，於課餘，常與同學遊鐵塔，登城牆，或從城牆跳下城外的沙堆。有時在沙堆中之柳叢下坐地，講說革命。學生們對革命之說，所知極少，僅知〈孫文〉的姓名而已。

　　[點滴] 我們五六個同學，年齡在十二歲至十五歲之間。每星期日，相邀出遊。我們行經鐵塔，看過大佛像，抵城牆腳，爬到城牆上，越過城垛，跳下去，再北行。那是一望無涯，彷彿大海的浪潮一般的起起伏伏的黃沙堆。在黃沙堆裡，有一排一排的柳樹。我們坐在柳樹根，高談革命。我們的消息得自傳聞，都是些以訛傳訛的故事。我們的興致愈談愈高。

　　談了一陣之後，打道回校。

　　（註）鐵塔在貢院後，有十三層，從上到下，從裡到外，全是琉璃磚砌成的。旅客如乘火車由鄭州往開封，車行至中年，離開封四十里，即可望見鐵塔。塔後有三官寺，寺內神像破碎零落。寺旁有小磚房，高至三層樓的高度，內有銅佛像，左手擺在胸前。我們拾起瓦片，用力向上拋，以拋中左手而擱置不落下者為勝。

　　我們跳城牆出城外，順城根向城南走。在路上買幾個大梨子，每人一個，走了二十里還啃不完。那就到了以禹王塔與繁塔（讀為薄塔）為中心的花園叢立的地帶。

　　由星期一到星期六，每日下午課畢，我們到校舍後面的廣場（操場）練拳術，弄刀槍。我們的教師是林縣的蘇氏叔姪和遂平的陳氏弟兄。他們都是丙班的同學。

　　林縣的風氣，每年三月三日那天，鄉里的少年齊集一大場子之上，各依其所練習的兵器，扮作《三國演義》上的英雄。例如練長矛的扮作張飛，練大刀的扮作關公，練白蠟杆子的扮趙雲或馬超。他們捉對兒表演〈葭萌關〉，或〈白馬坡〉。鄉民群集場上作壁上觀。那天的比武也是家長們替他們的女兒選婿的良機。蘇氏叔姪就是林縣少年中之優秀者。

　　陳氏弟兄二人之中，以陳泮嶺同學為優勝。他的父親是遂平縣一座大村莊的長者。他好客，東往西來，南通北達的客人，只要有一藝之長，就可受他的招待，一住十天半月，甚至一年半載，長者的禮貌不衰。唯一條件就是教他的子弟們練習武術。陳泮嶺同學從七歲上學拳，到了十二三歲，已經是

十八般兵器件件皆通。

我從他們學打拳，學對手，練單刀，也練鏢，甚至彈弓和袖箭。我的兩個哥哥經常腿綁鐵砂，習輕功。

開封的遊藝中心在大相國寺。我們的興趣不在那寺院周圍的商店與棚子。棚子裡有快書和評書、茶座和飯攤。我們的興趣集中於大殿之前的廣場上各種賣藝的人們，在那兒表演武術。

有一種童子功的少年，約十五歲左右。那孩子的功夫確是了不起。他的兩臂和胸腹受得住刀砍劍劈。他的小肚子受得住腳踢。童子功與金鐘罩不同。後者是邪術，前者是功夫。

我們的彈弓、袖箭、鏢、白蠟杆子、單刀、雙刀、劍，大抵是在大相國寺買到的。

放風箏是中原少年最喜歡的遊藝。開封每年三月三日有繳箏會，在鐵塔之下，三官廟前的廣場舉行。少年和青年們拿出他們最愛的風箏，到場比賽。

大風箏的力氣很大，有的要用生絲編成手指粗的繩子才能拉住它。最有力者是蜈蚣箏。自此以下，有五星、七星、九星乃至十三星。七星箏最為通行。十三星箏叫做十三太保，那就高齊屋簷了。

青少年們集合在一起，彼此用箏繳箏。力氣較大或技術較高者往往將別的風箏繳下來。被繳者不怒。繳人者自豪。我亦曾以七星箏參加這個會。

此時，赫胥黎的《天演論》鉛印本已在學界人士中間輾轉流傳。同學們頗聞「物競天擇」之說，而所知亦極少。

[點滴] 達爾文的《物種起源》在中國有了課本，學界人士知道「物競天擇」之說，受了很大的影響。開封的中學生也看見這本書。我讀過這本書，不甚理解。

丙班國文先生出了一個題目〈物競天擇論〉。有一位魯同學（大家叫他是木瓜）做了一篇論文，抱著「物華天寶」和「人傑地靈」立論，一時傳為笑柄。

丁班在全校中是平均年齡最小的一班。我又是全班年齡最小的學生。代

數劉先生是湖北同鄉。每次叫學生上講臺「演黑板」，總是叫我演第一題。第一題是最簡單而容易推算的。我上臺就演，答數無誤。

英文陳先生教納氏文法第三冊。這本文法教科書非常細密而且煩瑣。每一課附有一些題目，也是先易後難。班上每學期的座次是按照上學期考試發榜的名次排列的。上學期考試最優等八名。我名列優等第一名，座次第九。

這年，月波先生署理葉縣知縣。暑假及年假，希聖由開封經汴洛鐵路至鄭州搭火車至許州下車，改乘騾車到葉縣。

庚戌（1910）

希聖在第一中學，為三年級學生。國文教師郭興額先生，為滿人，住內城（開封城北有內城，為滿洲駐防之所在）。他講國文課，常批評清廷，同情革命。

[點滴] 庚戌及辛亥（宣統二年至三年，1910-1911）革命的氣氛籠罩開封。河南巡撫寶芬拘捕革命黨人至為嚴厲。其時，青年人喜打「圍辮」，而留學日本回國的革命黨人已將辮子剪掉，又以假辮子掩飾著，假辮子的前方須用圍辮，才能套住頭腦。那寶芬每次出巡，從大轎兩側的窗子向街旁張望，見有打圍辮的青年人，立即下令拘捕，要檢查他的辮子是真是假，或釋放，或入獄甚至處死。

（註）圍辮者，腦後的大辮子之外，前額的兩邊各編一條小辮子，圍在頭上的髮際。

清廷這時不信任漢人，由王大臣以及皇族掌握樞要。我們的國文先生郭興額是內城的駐防。他每次上課，有機會就批評皇族專政之非，並且同情革命。他的本名是「興額」。他加上漢姓，表明滿漢一家之意。他的言行對於我們有很大的影響。

這年，月波先生署理洛陽縣知縣，家在縣署。

[點滴] 法定的縣制與實際的縣衙組織不同。縣城之中，有法定的「佐

札」，但是縣官信任幕友。縣衙有六房，其緝捕之事應歸捕房，但是縣官使用「小隊子」即衛士，而不信任捕房。小隊子是精通武術，同時使用快槍的壯士。大抵一個縣官將往任所，即在省會物色衛士。其來源多由保鏢的鏢局或武師推薦。

我在洛陽是庚戌與辛亥年。衛士們已用五響的毛瑟，叫做「無煙鋼」。我也學會開無煙鋼。我喜歡攜帶的短槍是後腔可裝十三粒子彈的馬槍，也叫做十三太保。我揹此槍，騎銀鬃黃馬，遊龍門，一時之間，很是快意。

我到開封住校肄業的時候，那十三太保和銀鬃馬是交給朱富安。他是我家一個老傭婦之子，年約十五歲。他的騎馬開槍的技術是純熟的。我父出縣城到四鄉緝捕盜賊時，他是小跟班。

庚戌年，我父帶著十個衛士，連同跟馬一行，到洛河之南的司馬寨去查案。人馬行經高地，發現了四周都有人馬向這裡集合。我父立刻帶領衛隊登上高丘。他下令衛士排列為方形，持槍向外。衛士們的無煙鋼都上了子彈，卻是引滿不發。那四周的盜賊群眾也就漸停移動，遠遠合圍。

從上午到下午，盜群只有增加，並無退卻跡象。富安跪在我父面前，說道：「事情不好，我願進城求援。」他說完立即持槍上馬，向洛河飛奔。盜賊們知道他是進城求援，派出一小隊人馬，都是一響毛瑟和快馬，來追富安。那富安非常機警，若是他回槍射擊，引起追騎的反擊，必致死傷。他只是舉槍向天空，一連串射了六響。那追騎只知道五響快槍是好兵器，如今聽見了六響連發，必是更好的兵器了。他們立刻勒馬頭，向後退卻。於是朱富安單騎渡洛回城，取得援兵，解司馬寨之圍。這一段英勇故事，在我們家鄉是永誌不忘的。

辛亥（1911）

希聖十二歲，在第一中學四年級。當時中學是五年制，希聖再住一年即可畢業。但這年八月十九日，武昌起義。開封傳聞武昌有匪亂，同學不信這個說法。希聖亦為之憤慨。他們都推測武昌事變必為革命起義。希聖與幾個同學不敢公開討論，仍出北門，到沙堆中坐柳樹叢下，交換其幼稚而激烈的意見。

［點滴］武昌首義是八月十九日，適在中秋之後。開封所得消息是武昌匪亂，河南巡撫寶芬奉軍機處令，調三十一標與三十二標南下剿匪。我們一小群同學又在城北沙堆裡會談。我們認為南洋新軍之中，湖北的新軍是優良的部隊，縱令武昌有匪亂，湖北新軍有力量彈壓。那一定是革命起義！

開封的統領是湖北人應龍翔將軍。寶芬頗致猜疑，每天在撫衙召見議事，隱有監視之意。到了兩標新軍上了火車待發之際，寶芬親到車站送行。後來聽說那兩標官兵到廣水下車，不肯進擊。又聽說他們勉強開到劉家廟，一戰而全軍解體，以致覆沒。

希聖年假到洛陽，次年春季，隨家回黃岡故里。當時的行程是由洛陽經汴洛鐵路至鄭州，轉京漢鐵路到廣水，廣水之南，火車不能通行，乃改用手推小車，間道歸鄉。

［點滴］我跟隨兩個長兄，回到洛陽。母親早一個月南下故鄉，祭掃祖母之墓，並問安。（註）在墓旁打開一洞，探視墓中有無水和蟲蟻，叫做問安。

父親不能離城，命我們起程還鄉。我們一家姊妹弟兄們毫無主意，只得離洛陽南下。我們這一群，只有堂兄粹存的年齡較長，也不過二十歲。其餘都是弱弟及一般姊妹。我們經由汴洛鐵路，到鄭州，轉蘆漢鐵路，南行過武勝關，到廣水，前途不通。我們下車在廣水住小店。人口既多，箱籠不少。此時盜匪時起，當地居民的眷屬都上山進了山寨，只有壯丁留在廣水鎮。我們在這裡有招致盜賊搶劫之虞。停留了兩天，就雇了十幾個手車，繼續向南走。我們有兩個衛士，和弟兄們都帶著槍支，步行前進。

我們好不容易走到小河司，忽然看見母親，單獨坐在一輛手車向北走，與我們一行中途遭遇。我們一群弟兄姊妹好像是看見了救命的神祇，大家歡天喜地。母親迴車，帶領著全家眷屬，走完最後一段里程。

陶勝六灣是聚族而居的村落。後靠河堤，前對田園。我們是「貞記二房」，一條衖子裡又分四房。我們是四房之中的二房。祖遺的房屋只有前後兩進。兩進的後面是一所菜園。菜園的左側是一座學屋。

大房的伯祖父在太平天國時期，是黃岡八團練的一位團長。八團練被「長毛」擊潰後，伯祖父失蹤。我的伯父鎮吾公出嗣伯祖父，事伯祖母至孝。

他家也是前後兩進。前進有很雅緻和潔淨的客房與書房。我便在這間書房裡重讀漢四史。每日用大白摺寫小楷四百至一千字。

我父卸任洛陽縣，經汴洛和蘆漢兩路還鄉，他帶了四個衛士和五響毛瑟十餘支回來。我的「十三太保」馬槍亦帶回了。父親把槍支交給民團，讓他們保持鄉間的秩序。

三叔公迪公原在四川省候補知縣，辛亥年署理新都縣。這縣城是在成都之南幾十里。川路風潮爆發，為武昌起義的導火線。三叔攜眷乘白木船東下。他一家八口到達故鄉。老兄弟相見之下，涕淚縱橫，攜手話舊。

三叔之下，弟兄三人。長兄隨我家由河南返里。二弟及三弟隨其家由四川返里。我們小弟兄相見，卻是一片歡笑。我領著兩弟在村中到處走，每見一種耕具或是紡車，都覺新奇可喜。

祖遺老屋不夠住。我家只得移到倉埠鎮新屋定居。老屋交給三叔一家住下。

武漢的革命戰爭正在進行。劉家廟的美孚油廠燃起的煙，遙望可見。希聖之堂兄紹曾，投入軍官團，並邀其兄述曾投入學生軍。他們並未告知其家族，私自離鄉往武昌投軍。他們的家族發現了他們私自投軍，為之驚歎。希聖以年幼未能跟隨前往，獨自抱嚮往之忱。

民國元年（1912）

春季，月波先生解職歸里。其家亦由陶勝六村遷至倉埠鎮。

[點滴] 我家在倉埠鎮大街的「下街」購置了房屋一所。下街原是榨坊街。當此鎮香油生產最盛時期，號稱「三百六十筒榨」。我家的房屋第一進，原是榨油機的工廠。此刻榨都拆掉了，賸下寬廣的空屋。第二進是正屋，畫棟雕樑，還有精工雕刻的木槅子十六扇，為此屋的特色。第三進是上房，為住家之所。後進是廚房與家庭工作的場所。

在月波先生指教之下，希聖讀完《史記》，重溫《漢書》，續讀《後漢書》及《三國志》。他把四史讀完，亦即成就他的父親的志願。

　　[自序] 我檢取舊藏圖書，練習小楷，尤著力於《史記》。太平天國之亂平定後，曾九帥（國荃）刻《船山遺書》，吾家藏一部，猶是新書，我摘讀擇抄〈老子解〉與〈莊子解〉諸篇。

　　夏間，月波先生攜希聖到武昌。他在財政部（後改財政司）任祕書。希聖考入郭泰祺先生創辦的英文館。英文館原為私立，後改為省立外國語專門學校。

　　[點滴] 父親和我一起寄寓斗級營德昌棧。客棧主人是黃岡陽邏陶氏宗親。每天的房價是銅錢二百四十文，亦即是銅元二十四枚，包括兩餐伙食在內。每餐白米飯，而菜甚淡薄。因為營養缺乏，每日天亮時，口中吐清水在床頭之下。

　　我投考博文書院。我在考場上，三小時內，考完了國文、英文和數學。那國文題目是〈澹泊明志，寧靜致遠論〉，恰好是《三國志》上諸葛孔明先生的話，落在我的手上，一篇文章三百多字，半小時繳卷。

　　我考上了博文書院，卻沒有入校。我在長街上看見了英文館招考的招貼。我稟告父親，隨同余戢宜投考。到了考期，入場之後，國文題是〈知中不知外，謂之盲聾，知外不知中，謂之失心〉云云。我也是半小時繳卷。

　　英文館是郭復初（泰祺）先生與王麟閣先生等創辦的私立學校。我已經是四年級的程度了，一同入學者，程度不齊，但甄別分班之後，我們甲班的同學都有中學及中學以上的程度。英文教師是英國人蘇則南先生，一開始就教我們讀莎士比亞的詩篇。

　　國文胡先生，是國學館畢業生。歷史羅鹿賓先生亦是國學館出身。修身方先生是老秀才。他們所教的課程大抵是選讀古文與史書。

　　湖北都督黎元洪素知月波先生在河南縣政的政績，派他為黃陂縣縣長。黃陂是黎都督的故鄉，辛亥革命後，散兵游勇，跋扈難馴。他任命月波先生為縣長時，授以軍法官的名義。

　　[語冰錄] 辛亥年八月十九日，武昌起義，全國各省民軍紛紛響應。十一

月十三日，臨時政府成立於南京，改元為中華民國元年，以此日為中華民國之元年元月元日。

民元之十月十日（即陰曆八月十九日）為武昌起義一週年紀念。

先嚴受聘為財政部（後改為財政司）祕書。司長是黃陂黎少平（澍）先生。三叔是財政司總務科長。我每星期日到財政司省親。有一次去，先嚴已奉黎都督調任黃陂縣縣長。我沒有趕上送行，也未曾領到那一月的伙食錢。學校的廚房把我的伙食停了。這件事至今記憶猶新。

月波先生治黃陂約二年，以嚴峻著稱，社會秩序轉趨安定。

[點滴] 黃陂北鄉少年多練拳術。有羅和尚者，為武師中之重望。間有不法之徒，借羅和尚之名，武斷鄉曲。我父捕殺其一二人，刁風遂息，而羅亦避地光固。

黃陂縣城與倉埠鎮相距四十多里。每逢夏季，我們往來縣署與老家之間，往往乘小轎走夜路。父親亦復如此。羅和尚由光固潛返黃陂，屢次跟蹤我父的小轎，意圖行刺，皆未遂。他在我父卸任回里之後，才公開出頭。他對朋友說：「我有兩次跟陶公到倉埠鎮。在半夜裡，我跳上他家的房屋，從天井探望室內，得知他在家中稍停，又連夜到別處辦案去了。」他說：「這樣勤政愛民的縣官，我羅和尚為什麼刺他。」

有一次，他白晝到倉埠鎮，走過我家大門口。一群小孩子指著他說：「陶大老爺天天要拿羅和尚，這不是羅和尚嗎？」我父此刻已退職還里，聽說此事，便邀他到舍下一敘，藉釋猜疑。每年夏季，五湖水漲，可通小輪。有一次，我們兄弟由倉埠搭小輪往漢口。我們在舵樓之後的客座上見羅。他慷慨陳詞，說道：「當初黃天霸侍候施公。陶公如再做黃陂縣，我跟他保鏢。」

[語冰錄] 我曾親見先嚴處決犯罪人。有衛士王紹虞者，自稱他的刀，在處決犯罪人之前夕，自動的出鞘。我每次看見他那把刀，既感興趣，又覺恐怖。其實先嚴處決的罪犯，亦不過三五人而已。

先嚴是一位忠厚而堅定的人。他不善於言詞，但執筆作判詞，要言不繁，洞中肯綮。我在北京大學選修法律學，同時在課外專攻漢四史，都是在他的陶冶之下。我是守法安份之人，但有時為某一事鳴不平，捲入紛爭，亦

是家門傳統之影響。

民國二年（1913）

這年夏季，希聖休學，在黃陂縣署，再受月波先生教導，讀唐宋諸大家的詩文集，學作散文及詩。希聖天資鈍，無詩才，只作論文，且多論史事。

[自序] 吾父自都督府財政司出宰黃陂縣，希聖亦退學侍讀於縣署，專心詩與文。由《唐宋詩醇》入手而李白、杜甫、李商隱、溫飛卿、蘇軾等詩集；由《古文辭類纂》入手而韓愈、柳宗元、蘇軾等文集。更摘抄《漢書》之議論文章，如韓信對高祖、李左車對韓信之答辭之類。凡此皆有助於策論乃至兵法之研習。

吾父督教我以詩，希聖於作詩無進益。黃陂有名畫家以一幅山水圖求我題詩，三天未能交卷，不得已，吾父代作七絕一首，命我楷書而後退還。至今回想，希聖辜負父教乃至於此。

[點滴] 父親責備同時鼓勵我作文和詩。他對我說：「萬家的小姊比你長一歲。她背誦《古文辭類纂》的文章，又會作詩。看你怎麼了。」

（註）我出生七個月，父母已與同邑萬信民先生當面替我和萬大小姊訂婚。至民國二年，我是十四歲，她十五歲。

[思歸] 萬氏一族多的是教書與讀書人，對於自家的子女自然不必請外人來發蒙與教學。幼學由各家的父母、兄弟，或姑嫂，教子女識字、習字、讀書。男子長大至十歲左右，要考幼童；再大一點要考縣學及府學，那就從族中的教書先生讀書作文。男女同樣的讀書習字作文，但是男子專心讀書，女子卻是做家務為主，讀書只是家務課餘的工作。男子讀五經，並作時文，讀古文與詩。女子除了聽講四書之外，以女誡《列女傳》為首。女子不作時文，只讀古文與詩。可以說，男子讀書是預備應試，做功名；女子不應試，要做家務，兼習詩文，為出嫁之後，教育子女之用。

民國三年（1914）

月波先生辭去黃陂縣長職務。希聖亦由黃陂縣署回黃岡倉埠鎮老家，續讀《資治通鑑》，王船山的《讀通鑑論》及《宋論》，及胡林翼的《讀史兵

略》。又讀老子、莊子,及韓非子諸書。他作史論,下筆不能自休,每篇至二千或三千字以上。

月波先生教導希聖,以經世之學為主。他認為史學是經世之學的淵源。若以《資治通鑑》與《讀史兵略》對照著讀,即可得經世之學的門徑。他認為中國的政治一向以儒法兼用。他期望希聖能以史學兼治法學。希聖這兩年在鄉里讀書,定下了未來治學的根基。

[點滴] 在夏天,父親嘗笑我是「翰墨林」。翰墨林者,黑汗淋淋也。我不會整理衣裳。夏季的白布短衫往往穿成黃色。褲腰總是在褲帶之外,向下搭的。

每讀《後漢書・馬援傳》,敘說馬援少時,見朱勃「衣方領,能矩步,辭言嫻雅。援才知書,見之自失。援兄況知其意,乃自酌酒,慰援曰:朱勃小器速成,智盡此耳。卒當從汝稟學,勿畏也。」我衷心以此自解。

民國四年 (1915)

民國四年春,月波先生攜希聖進北京。希聖藉湯貫予先生之助,考入北京大學預科為旁聽生,時年十六歲。

這年秋季,編入預科文科一年級。

[點滴] 民國四年秋季,我編入預科一年級。我們班上的英文教授是一位郭先生。他的太太是英國人。郭先生的小考和大考,其嚴無比。我們班上同學對於英文課程之有進步,都是他的督促與鞭策之功。

世界通史是英文本,講授者是英國公使館祕書嘉特萊先生。他是一個高大的人。他講到羅馬的凱撒,將兩手向前胸的上衣裡一插,儼然有凱撒大帝之風。他的講授以寫黑板為主。他在黑板上寫的註解,我不僅用心抄錄下來,並且刻意模仿他的字跡。他的粉筆用得那樣圓轉如意,每一字是一筆不苟的。每一筆是亮白的。我從抄錄中得益不少。

法文是第二外國語。教授是湖北同鄉賀之才先生。他的太太是法國人。他的法語自然是好的,但是他更好的技術是打檯球。他教我們的法文課卻是稀鬆的。

中國歷史的講授者是一位溫州人楊先生。他發出大量的鉛印講義。但是他在講臺上開講是很少人聽懂的。我只聽見他說「夜—過—咧」。除此以外，聽不出一字一句。

[自序] 民國初期，北京大學之國學是在章太炎先生綰領之下。我在預科受教於沈尹默先生。

[點滴] 尹默先生為人謙和，從不缺課。他叫我們買太炎先生的《國故論衡》讀習。我對這部書的內容殊不了了。那書面上的「或古龠魚」四個字已經夠我一認！

[自序] 至升法科一年級，我著手羅馬法，求歐美法制與法學之根源。

[語冰錄] 我住北京大學預科時，喜讀唐人小說，如〈虯髯公傳〉、〈柳毅傳〉、乃至〈李娃傳〉，皆有俠義風。至於〈聶隱娘〉，〈紅線傳〉，則俠義而劍客者矣。劍客之最上乘為空空兒，一擊不中則翩然遠引。此等小說，讀之令人志趣高揚，心神朗爽。

民國五年（1916）

這年秋季，希聖升入預科之文科二年級。

[點滴] 沈尹默先生繼續講授國學。他先講陸機文賦，然後選擇文史著作的一些文章，作為文賦每一段甚至每一句的註腳。這種講授方法給我的益處很大。我自修的課程，以《宋儒學案》和《明儒學案》為最得力。從這裡得知中國的學問不以知識為主，而以修養為經。

民國六年（1917）

希聖在北京大學預科文科，由二年級升入三年級。

[語冰錄] 民國六年，我在北京大學預科。預科分為文理兩科。理科的課原以數學及自然科學為主。國文不為同學重視。

在學年考試中，國文考試的題目，全班同學都不懂。考試結果，全班都不及格。那題目是「韓非非儒與俠，儒俠何非，而非非之甚」，這句子已很難懂，答案更難了。

　　希聖在預科，從沈尹默先生研習國學。沈先生指點他讀《呂氏春秋》、《淮南子》，劉勰《文心雕龍》，顧炎武《日知錄》，錢大昕《十駕齋養新錄》，章實齋《文史通義》，及章太炎《國故論衡》。由這七部書，可領悟中國哲學及文學演變的概略。此外，從北大圖書館借閱漢代及魏晉諸子書。

　　[點滴] 我在預科三年級，先讀梁任公《明儒學案》原書，然後讀《宋儒學案》。這時候讀這兩部書，並不是單純的求知，而是深切的悔悟。一個鄉村青年，進了首都北京，漸染一種「大爺」的習氣。由習氣轉入悔悟的過程中，宋明兩代學案給予我以莫大的啟示。

　　我的父親於民國六年至八年之間，任河南省道尹，我是一個少爺，同時又是一個大爺。我在預科只是勤學而非苦學。所謂勤學不過不廢學，考前列而已。到了宋明兩代學案讀過之後，才漸進於苦學。然而真實的苦學還是在家庭環境及個人生活大大的改變之後。

民國七年（1918）

　　七年二月（丁巳之臘月），希聖與同邑萬信民先生之長女冰如結婚。時希聖十九歲，冰如二十歲。

　　[思歸] 揭太夫人自信陽回倉子埠，主持希聖親迎禮。萬家隔武湖，冬天湖水沒有了，陶家的旗牌執事行列，一百幾十人上路，到萬家大灣。稻場上看熱鬧的人，擁擠嘈雜，再加上槍炮爆竹的響，震動屋宇。這個時候，正是我躲在房裡，憂慮惶恐的時候。牽娘扶我到堂屋上轎，母親泣不成聲，囑我幾句話：「你到人家，公婆的話要聽，小姑的氣要忍。不許爭，不許辯。」我自幼讀班昭女誡，就知道做媳婦，侍候公婆，是非常不容易的事，侍候小姑更難。母親的話，在我心裡有斬釘截鐵的影響。我拿定了主意，一切只有忍，這顆心就定下來了。女孩子上轎一定要哭，我心定了，不要哭。從此以後，在陶家無論受什麼氣，揹什麼冤枉，都忍下來不哭。

　　婚禮完成之後，走陽邏上漢口，搭火車到信陽，進了道尹公署。我們拜見公婆，各歸內室。我的母親，我的姊妹，為我嫁妝辛苦了一年半載，在婚禮之前，送嫁妝到陶家，箱蓋一開，盡是繡花荷包、錢袋、枕套、桌布等

項，熱鬧至極，還有鵲鳥、飛蟲、走獸，都是站得住，顫巍巍，很好玩，又好看，被姑娘們搶光了。到了信陽之時，我連新衣服一件也沒有，只賸下隨身物品，與應用的東西。我娘家辦嫁妝的辛苦艱難，也就一筆勾消了。

滿人的家裡，重姑娘，輕媳婦。貴族高官的家庭，規矩尤其謹嚴。漢人受滿人的影響，官場的風氣多細節，超過禮記內則以及女四書的限度。做媳婦的每天清早起床，聽著房內有動靜，便端著茶湯，輕輕走進去，捧上茶湯，媳婦問安。午飯開在大廳的桌上，公婆與小姑們圍坐，吃完飯，大家各自回房，媳婦再吃飯。到了晚間，請了公婆的安，才得回房，備明天公婆早上吃的點心。五更天氣，要起床梳頭，以便清晨上房去請安。

陶家是從鄉村出來的，家庭細節不是那樣麻煩。爹爹是一位讀書講學的忠厚長者，他做了十幾年知縣，此刻又是道尹，並無一點官場習氣，實在是一位被人尊敬的好人。

婆婆對待媳婦苛刻，不獨是罵，連打要打死人。我隨婆婆由倉子埠來，未曾帶多少布線，只有一雙手，這雙手不會閒空下來的。大姊交來布線，發給我做鞋面，或是小甥們的衣褲，讓我坐房裡，低頭工作，不至於干涉她們的是是非非，就算我的這一天運氣好。

七年之夏，預科畢業，至秋季，升入大學法科一年級，學德日法，兼習英美法。

民國七年五月，是北京各大專學校學生的愛國運動開始的時候。學生運動的原委是這樣的。

民國三年七月至八月，歐戰爆發。西方諸國捲入歐洲戰爭的漩渦。美國的注意力亦集中歐戰。日本乘此時機，於八月二十三日對德宣戰。九月二日，日軍進攻青島。十一月七日將青島占領了。

民國四年一月十八日，日本向袁世凱政府祕密提出二十一條，其第一部分是迫使北京政府承認日本取得德國在膠州灣及山東省的一切權利利益。五月七日，日本送最後通牒到外交部，迫使其完全承認二十一條的要求。

民國六年（1917）八月十四日，北京政府對德國宣戰。民國七年（1918）五月十六日，日本與北京政府訂立軍事協定，並成立高徐順濟鐵路借款預備合同，借款為日金二億五千萬圓。預備合同限定於四個月內訂立正式合同，

合同的附件還有關於山東問題的交換文，為日本承受德國在山東的利權，加了一重保證。

北京大專學校學生知道了這些消息，結成隊伍到新華門請願。他們請願的目的在阻止政府對正式合同的簽字與蓋印。當時總統是馮國璋。他接見學生代表，告以此事的權在國務院。學生隊伍由新華門轉到金鰲玉蝀橋頭之國務院。當時國務總理是段祺瑞。他拒不接見學生代表。

希聖是北京大學預科三年級學生，清晨到沙灘廣場，參加北大學生行列。學生隊伍將要出發時，蔡元培校長到廣場來，再三勸阻。學生們不聽，仍然出發。北大學生隊伍到達國務院門首，被阻在大街上。學生們在參謀本部大門的左邊，國務院大門的對面，站立了好幾小時，才回校解散。

十一月十一日，歐戰結束。北京各學校放了三天假，慶祝協約國的勝利。一般學生頗受「公理戰勝強權」的口號的影響。但歐戰期間，對中國肆行侵略，對北京政府施用其威迫與利誘的強權就是日本，而北京政府接受日本的威迫與利誘，不惜斷送國家的權利。因而一般學生的心理上，反抗日本侵略的民族意識以及反對北京政府的革命意識，都在潛滋暗長之中。

希聖在這中間，對於國事亦漸關心。當時北京大學文科師生對於白話文與文言文之爭，頗有漸趨熱烈之勢。法科學生的注意力並不在這一爭論，希聖亦然。

民國八年（1919）

民國八年春，月波先生解職，由信陽攜家族歸黃岡故鄉。

[思歸] 陶勝六貞記有四房。鎮吾公出繼大房，月波公屬於二房，雁三大哥是三房，位三是四房。雁三大哥在道署做祕書。位三大哥從鄉下來到信陽，住在道署的帳房。當時主管財務的人員，是我們的二姊夫，叫陳翰三。位三住帳房半月，看出翰三的毛病。倉子埠油坊的黃豆和芝麻，大都是從老河口裝木船順漢水下長江，進武湖抵倉子埠。陳鴻記卻由信陽用火車陸運到漢口，再用帆船送倉子埠，車船兩運，一切費用除開，還是大賺其錢。位三發現陳翰三擅用道署名義，封火車運黃豆芝麻。他對雁三說，二叔要吃他的虧。封悶車，挪用公款，那還得了。如不能檢舉這件事，最好辭職回鄉。

　　民國七年，段祺瑞復任國務總理，要辦選舉，召開參議院。爹爹以道尹的職位為河南省汝南道複總監督，他主張從選民公意，但北京有密令，指定安福系候選人，必須設法使其當選。爹爹接到開封轉發的密令，不肯令知各縣，縣長們風聞這件事，便向翰三探問，並且密議應付國務院的辦法。汝南道選舉的結果，不符眾望。雁三知道事情不好，向爹爹辭職，偕同萬大嫂回鄉下去了。爹爹得知民情也請辭職。

　　倉埠鎮老家，爹爹婆婆住正廳。後廳左邊的正房是翼聖大哥與向大嫂住。右邊的臥房希聖與我住。大姊長年住在正廳的廂房。二姊在鴻記他家裡住，鴻記只隔兩家，一家是張翰林，一家是紳士柳家。二姊是每天都來吃飯，談天打牌。兩姊時常爭論，打牌時更多衝突，甚至拿骨牌拋進爐子裡，還說：再要與你打牌爛我的手指。過不了一個鐘頭，新牌買來了，他們又和好如初。明天又起爭吵，又燒牌去了。其實是一種常事。我和嫂子去請左鄰右舍來陪婆婆打牌，我們只知道做點心，送到牌桌上招待客人。冬天婆婆背後要有火盆，夏天要我們打扇。我們做一個風扇，用手拉。婆婆說我們懶主意太多。我們還是要用手來扇芭蕉扇，一扇就是幾個鐘頭。大姊與二姊，從信陽爭到倉子埠，未曾間斷，而且愈吵愈狠。大姊心中總覺得婆婆偏向陳家。在信陽時期，二姊夫主管財務，大姊夫是辦文書，寫公文而已。大姊夫是叫周芷香，二姊夫叫陳翰三。大姊懷疑陳欺侮周。兩姊妹互相猜忌，必然起衝突。婆婆把銀子幾百兩，寄存在陳家。有一天坐在一起，二姊拿了麻布來，做鞋底之用。婆見到麻布，便追問這麻布那裡來的。二姊說，就是裝銀子的麻袋。婆婆再問，銀子到那裡去了？二姊說，銀子買了黃豆芝麻做油本。這一下爆起我家怒火。爹爹叫瑞三來罵他。瑞三是陳鴻記的當家人，他承認用了銀子，貨辦到了立刻還錢。還是婆婆轉圜，把這一把火暫時平息下來。大姊二姊爭執更是火上加油，大吵大鬧。大姊埋怨婆婆，提拔陳家，窮了周家。婆婆從此就有貼補周家的意思。大姊不但看著陳家發財，並且感覺到兩位弟弟終久是陶家產業的主人，兩眼攔不住沙子，更加重猜忌，加重爭吵。「城門失火，殃及池魚」，我們妯娌二人就是遭殃的池魚了。

　　我跟隨全家回鄉，已經懷了初胎。到了三月十七日，生下一個女兒，我為她取名驪珠。生不逢辰，家中經常吵吵鬧鬧的時候，來到這個世界。倉埠只有一個接生婆，接生的手段不高明更不乾淨。我生產很快，但產後發炎，

獨自睡在臥房裡，發冷發燒，周身疼痛，又沒有奶。嬰兒哭了，掙扎起來，用棉花蘸一點水，餵她止哭。我口乾舌燥，想要開水，偶然聽見窗外有人走路。我叫一聲，請你拿一點開水，無人答話。我母親送來三十隻雞。鄉下的習慣，初胎產婦，應該一天一隻雞。這四籠雞兩擔挑來，做月子，好燒湯，煮掛麵。廚房每天殺雞熬湯，婆婆姑娘外孫吃得又說又笑。但送給我的，有一兩塊雞，我覺得不熱，不敢吃，只喝了兩口湯。這就是我一天的糧食。

生女兒彷彿是犯了罪，家中無人理會。有一天，我在床上似睡似醒，看見一位穿藍色衣服的女人，坐在我床沿。她說：「我有好幾天，想來看妳。大門內有木匠做工，我進不來。今晚木匠走了，我才進來看妳。孩子長得好。妳的病也就快好了。」她說完了，就走出房門，走廊上出了大門。我驚醒。想不起唯一希望我快點好的女人是何人。次日下午我發冷，有氣無力的拉了兩床棉被，蓋在身上，轉熱出汗，實在難過。向大嫂經過窗下，聽到我的呻吟，轉身進房來，把我身上棉被，替我拉開。她說：「太熱流汗，不太好。幸而我進來，不然要出大毛病。」我告訴她，昨夜看見有位年輕女人的情況。我問她知不知道是誰。她想了一下，答道：「那是我們的三姊。民國三年，病死在這屋子裡。」真是她來看我嗎？我從此退燒，漸漸起床。我真感謝三姊可憐我。三姊在陰間，幫助陽世的人。從這天起，我就好起來了。

可憐的珠兒，就這樣出世。我的家務每天做不完，沒有功夫護管。她一天天的長大了，走路尚未走穩，就會說話。她聰明超過別的小孩，但家中沒有人看她一眼。希聖暑假回來，有時候抱著她，在堂屋裡走來走去。姊妹們就說：「一個女花子，還要愛，叫她早點死了還好些。」

希聖在北京大學法科之法律門一年級，於法學諸課之中，特注重羅馬法，於法學之外，讀《宋儒學案》及《明儒學案》。

在歐戰停止之前，民國七年（1918）一月十八日，美國總統威爾遜對參眾兩院聯席會議的演講，提出了十四點。在一般學生的心目中，這十四點就是公理與永久和平的基本條件。到了歐戰停止之後，民國七年十二月四日，威爾遜總統乘船往歐洲，親自參加巴黎和會。他受到倫敦，巴黎和羅馬人民的熱烈讚揚。他也寄託了北京一般學生的希望。

北大法科（後來改稱法學院）法律門（後來改稱法律系）的學生們特別注

意威爾遜穿著便服出席這個國際會議，而且使用英語發言和演說。在這次國際會議之前，歐洲的國際會議的代表們都是穿禮服，用法文。到了此時，巴黎和會的一切都改變了。威爾遜總統帶來了美國的理想主義，也改變了會議的一切程式。

民國八年一月，和會開始進行。首先是國際聯盟公約草案，於二月十四日討論完畢，於四月二十八日，經和會通過而宣告成立。但是和會一時討論到實際問題，公理卻被強權戰勝了。

威爾遜的十四點，第一點就是「公開的達成公開的和約，從此以後，不復有任何種類的祕密國際諒解，而外交必須在公眾的眼光裡坦白的進行。」中國專使王正廷、顧維鈞諸人最初在和會的議席上，援引這一點，陳述日本的陰謀，要求廢除二十一條密約，抵制日本對膠州灣及山東種種利權之要求。但是北京政府接受了日本的壓力，乃任命陸徵祥為委員長，使王顧兩專使失去了提案於和會之權。上海報披露了王正廷專使的電報，希望全國輿論攻擊此違反公理而出賣國權之賣國賊，群起而攻。於是北京各大專學校學生為之震驚。北大的學生紛紛集會，聽取此項消息，討論此項問題。

希聖住八旗先賢祠宿舍，卻到西齋，和馬神廟及松公府等處的一些集會去問消息，聽演講。那些演講的人們，沒有北大的教職員，也很少看見白話文學或新文化運動諸位的蹤跡。湖南人周長憲是希聖的同班。他屢次邀希聖去參加這類集會，聽消息，聽演說。

北京大學的學生是動起來了。別的學校一樣的動起來了。這次的學生運動是各學校學生由分而合的，是沒有任何校外的動力的，並且任何學校都沒有教職員作主張的。北京大學的學生沒有組織中心，也不是各大專學校學生的組織中心。各學校學生的活動同樣是自發的。

五月三日（星期六）中午，希聖在譯學館（北大法科）的大飯廳吃午飯。午飯剛吃完，同學們還未散去。廖書倉及同學數人走進大飯廳，宣布全校同學今晚在法科大禮堂開會。廖書倉善書法，馬神廟一帶小商店的招牌很多是他的手筆。他在大飯廳講話，簡單，明朗，懇切而且堅決，打動每一個同學的心。

三日的晚間，法科大禮堂擠滿了學生青年。除了本校同學之外，還有別的學校的學生代表。大會開會之後，本校學生中間有幾位同學登台演說，未

能洞中肯綮，大會會眾有紛紜動盪之勢。法政專門學校學生代表劉琪從會眾中站起來說話。他是貴州人。他會說話。他說的話對於北大同學有極大的刺激作用。一般會眾的情緒頓轉激昂。

法科政治門同學謝紹敏君登台發言，在慷慨激昂之中，咬破手指，撕下衣襟，寫了「還我青島」的血書，揭示大會。大會決議通告各大專學校學生於明日齊集天安門，舉行大會，會後遊行。

五月四日（星期日）上午九時，各大專學校學生列隊向天安門集中。每一學校的行列，每一學生，各自手執白旗，或大或小，沒有一定的尺寸，也沒有一定的口號，而集中攻擊曹汝霖、章宗祥與陸宗輿三人。同時各學校學生準備了統一的傳單。那傳單是白話文，簡單、明朗、懇切而且堅決。傳單標舉兩個信條，就是

「中國的土地可以征服而不可以斷送！」
「中國的人民可以殺戮而不可以低頭！」

學生們站立在天安門外，等候代表們在東交民巷口與巡捕交涉。經過了兩小時，未得結果。學生隊伍既不能進入東交民巷，遂轉到東單牌樓，折入趙家樓。先頭隊伍走到曹汝霖的門口。學生們將白旗拋到他的院內樹上及鄰近的小樓上。大家高聲指責「賣國賊」之後，後面的隊伍開始撤退。先頭隊伍裡有幾位學生，爬進曹宅大門左側的小窗，到院內，進了大門洞，將大門打開。學生群眾一擁而進。

幾個巡官勸阻學生們。有一位白色學生裝的高師學生，滿手是血，因為他進了曹宅之後，用手打破客廳的玻璃門，受了傷。他高聲責問那些巡官們：「你們是不是中國人？」那幾個巡官便不再阻止群眾進入曹宅了。希聖擠不進去，仍留在大門之外。

群眾傳出話來了。曹汝霖未見，章宗祥挨了打。忽然有火起自一間臥房裡，火頭一起，宅內的學生們向外走。胡同裡的群眾們向後退。一時秩序大亂。滿胡同拋下了日本草帽。

趙家樓胡同沒有支巷。希聖隨著大隊伍向後退，眼看著保安隊向胡同裡走進來，他只得靠到一個住宅的門口，作為旁觀的姿式，才避過保安隊，

然後從容走出趙家樓和石大人胡同，到東單牌樓大街，叫了人力車，出崇文門，轉打磨廠，下車進福壽堂旅館，見他的父親。他的父親是前兩天從湖北黃岡故鄉到北京來的。

章宗祥被打傷，曹宅又起火。保安警察下手捕人。群眾傳說被捕者三十餘人。湖北同鄉蕭養浩君在內。

這天的晚上，北大學生在法科大禮堂開會。群情憤怒而混亂。蔡校長走進會場，登台發言。學生群眾立刻靜默下來。蔡先生的聲音低微。學生們只聽見他說：「現在已經不是學生的事，是學校的事。已經不是一個學校的事，是國家的事。同學被捕，我負責保釋。」當場同學有主張結隊到國務院的，亦有主張打警察廳的，紛紜未決，至此才安定下來，隨即散會。

第二天上午，法科學生照常到譯學館上課。我們法律門一年級的第一課是刑法。刑法教授張孝移先生走進講堂，即被同學們包圍。同學們注意的問題是昨天運動的法律問題，以及被捕同學的責任問題。張孝移先生答道：「我是現任法官。對於現實的案件，不應表示法律見解。我只說八個字：法無可恕，情有可原。」第二課是憲法。憲法教授鍾賡言先生走進講堂，聲隨淚下。全堂學生亦聲淚並下。鍾先生是法制局參事。張先生是總檢察廳首席檢察官。司法總長是朱琛，聽說張先生說了那八個字，大不以為然，且加申斥。

五日，大專各校學生總罷課。下午各校學生全體大會，在北大法科大禮堂開會。段錫朋主席。段先生之為北大學生會主席，是因為一般同學要推法科政治門四年級老同學，並且平日尊重他的為人。他一年四季總是一件藍布大褂（冬天以大褂罩棉袍），不戴帽子，說話是要言不繁，洞中肯綮。他從這次大會起，每次主席，每一提案辯論之後，他說明各種意見的要旨，然後提出爭點來付表決。全場的意見顯然跟著他的方向走。

關閎與方豪是兩位穩重的學生，他們對外聯絡，所作報告，簡單而有條理。許德珩每會必發言，每次發言都是兩腳直跳，兩手捶桌子，說得那樣起勁，但是聽眾不知其所云。劉人俊每次登台發言，身材矮小，言語囉嗦，總是被聽眾噓了下來。大會決定致電和會代表，其電文由北大英文學門四年級老同學張君草擬，對大會宣讀。電文簡要而富有情感，得到全場的鼓掌。

每次大會，希聖都在場。大會之外，他在宿舍裡讀羅馬法，或是到福壽堂去侍候他的父親。

[自序] 五四運動發起時，吾父早已辭河南省汝陽道尹，北上京師，寄寓打磨廠福壽堂。希聖每日參加學生大會於三院大禮堂，隨即省視父親於旅舍。

北大一般學生的風習是除上課問學之外，不進教授的門，尤其不走學校行政當局的門路。五四運動從前到後，除蔡校長勸導之外，沒有教職員參加。

陳獨秀是文科學長，並未曾參加學生運動。學生的會議或大會裡，更沒有他的影子。學生們更不知道李大釗其人。胡適之此時奔喪到上海去了，根本不在北京。

[語冰錄] 中共把五四扯到李大釗的身上，說他是領導者之一。但在當時，學生知道誰是李大釗？他是圖書館的職員。縱使他是館長，亦未曾見重於學生。

七日，北大學生復課。那是蔡校長勸告的結果。同日，被捕學生開釋各回本校。各校學生歡迎各自的同學回校，那種誠摯熱烈的情況，不是筆墨所能形容的。

九日，蔡校長突然離京。他留下一個簡單的聲明：

「我倦矣！殺君馬者道旁兒。民亦勞止，迄可小休矣。北京大學校長之職已正式辭去，其他向有關係之各學校各集會自五月九日起，一切脫離關係。特此聲明。惟知我者諒之。」

十一日又自途中寄來一信，說明他在被捕學生保釋之後，「如不辭職，更待何時？」

[語冰錄] 蔡子民先生留下的書信，引用〈風俗通〉的一句話：「殺君馬者道旁兒」。一個騎士，放馬奔馳。道旁的孩兒們大鼓其掌：「好馬！好馬！」那騎士一而再，再而三，鞭策這匹馬，絕塵前進。其勢不至跑死這匹馬

不止。

當時安福系議員以及段祺瑞總理將這一愛國運動，歸咎北京大學，尤其歸責於蔡鶴卿（蔡校長之字）。蔡鶴卿被斥為洪水猛獸的始作俑者。蔡先生為眾矢之的，就不得不離京出走了。

學生運動一轉而為挽留蔡校長，及罷免曹章陸。至五月十五日，教育總長傅增湘亦掛冠而去。安福系乘機攫取教育部之企圖，一經傳播，於是風潮更加擴大。

五月二十日，北京的中等學校及大專學校學生同盟罷課。天津及其他各地各學校學生群起響應。排日貨用國貨的運動更積極推行於京津。京津學生代表復南下往上海，聯絡各界，取得各界人士的同情援助。

六月一日，北京政府下令，責成教育部及各省教育廳約束學生即日上課，並且嘉獎曹章陸三人。這樣一來，北京各學校學生決定再度上街遊行演講。六月三日、四日及五日，各校學生在街頭演講，先後被拘留在譯學館及馬神廟者約一千人。於是各大都市工商界群起以罷工罷市表示抗議。北京政府才停止拘捕，並釋放被拘的學生。

希聖在八旗先賢祠宿舍讀羅馬法，並讀《宋儒學案》的時候，忽接表兄揭受之的電話，說是他的父親即希聖的舅父揭次韓先生去世了。他去到宣武門外「悶葫蘆罐」（改名為蒙福祿館）揭宅，看視了之後，即往福壽堂報告他的父親。父親交給他一筆錢，辦理舅父的喪事。

六月三日，他參加了遊行隊伍，未曾被拘。兩天之後，他隨揭家送舅父的靈櫬，經京漢鐵路到漢口，搭帆船到陽邏，照料揭家將靈櫬在陽邏下葬，然後回倉埠鎮的家裡。

[思歸] 希聖住在北京大學宿舍，忽一日接揭受之電話，要他去一下。好不容易找到悶葫蘆罐揭家，一腳踏進門，看見揭二舅停尸地上。他伏地而哭。受之說：「哭沒有用，舅爺未帶錢出來，我手上一文錢也沒有，怎麼辦？」希聖立刻去福壽堂。爹爹長歎一聲，淚隨聲下，說道：「我這回帶了四百塊錢來。我不知道揭二舅要來。他趕到北京來死，蒼天叫我來辦他的喪事。」

希聖一個大學生，從那裡辦起？他立刻趕到北池子夏公館，找萬玉甫大哥。那是晚飯時間，玉甫不吃晚飯，偕同希聖往騾馬市大街，找一家槓房，將衣衾棺木與出殯排場，一併講妥，共計銀元九十六元，時間已在晚間十點。玉甫大哥與希聖就在小飯館吃飯，希聖稱玉甫大哥是行家。他說：「揭二先生的事，陶二先生的吩咐，我怎不盡心力？」

揭二舅於清末光緒宣統年間，在蘆漢路線上，承辦築路工程，享有大名，也發過大財。二舅母徐氏，一生不做家務，下了牌桌就害病，上了桌就不下來。養了兒女不管教，聽任兒女自生自長。二舅辛辛苦苦得來的錢，二舅母不知怎樣花光了。爹爹與二舅的感情極好，對二舅母觀感極壞。有時候對我們說揭家的事情，二舅是白搞的，十萬八萬都被徐二娘一咯打了。又說：徐二娘養兒害人家女，養女害人家的兒。

揭二舅之死，是一位大事業家的悲慘下場。當二舅大殮的時候，爹爹親自弔唁，撫棺痛泣，又寫輓聯一副，下聯是「我更悲君亦自悲」。希聖覺得這句話不是好朕兆，扶他坐車回福壽堂。從此退出仕途，五月中旬，南下歸里。希聖與翼聖偕同受之，送二舅靈槻由北平至漢口，轉帆船到陽邏安葬。希聖兩弟兄的錢，在悶車上被他們拿去了，再在安葬之前，一文錢也沒有，只好借錢安葬。然後希聖二弟兄雇二把手車回倉子埠。

五四時代，北京的《晨報》與《國民公報》，尤其是兩報的副刊，上海的《民國日報》與《時報》及兩報副刊，鼓吹學生的愛國運動，同時介紹各種政治社會思想。五四之後，報紙刊物介紹並鼓吹馬克斯主義、無政府主義、基爾特社會主義、工團主義，並行於學生的中間。北京馬神廟北大理科的後面，松公府有「共學社」編譯了多種圖書。例如考茨基的《階級鬥爭》，與克魯泡特金的《互助論》同時發行，學生們也就一併閱讀。希聖便是其中的一人。

[點滴]《晨報》的總編輯是陳博生，副刊編輯是孫伏園。《晨報》的新聞是同情學生運動的，副刊更明白的為這一愛國運動作鼓吹。《新青年》與《每週評論》在學生們中間，亦有流行。

《新青年》和《每週評論》固然倡導白話文，但是同時《國民雜誌》使用

文言文。黃建中就是《國民雜誌》的主要撰稿人。他的哲學論文亦頗受同學們推重。

五四運動的起因與白話文或文學革命沒有什麼關係。五四運動發生之後，全國各地的風潮繼起，那才是學生青年的民族意識普遍覺醒的起點。民族意識是政治意識，同時是文化意識。民族意識的覺醒也就是政治與文化意識的覺醒。五四運動之後，世界上各種社會政治思想都向中國學術界源源輸入。而學生青年們對於各種社會政治思想也都感興趣。

於是五四以前初見萌芽的「民主與科學」口號才獲得滋長的機會。同時，國家主義、馬克思主義、無政府主義、基爾特社會主義，乃至工團主義，亦風起雲湧。在當時，沒有那一種思想壓倒另一種思想。一個青年可以讀幾種思想的書刊，也可以接受幾種思想作為談論的資料。

北京政府嫉視所有的思想流派，因為從五四運動起，無論那一種思想那一個流派，都是掘挖北洋軍閥的根基的鋤與犁。反之，總理孫中山先生領導的國民革命卻敞開大門，汲引所有的思想與流派。因為那都是革命力量，並且都可包容於三民主義的思想體系之內。惟其三民主義大度包容，所以成其大。

美國哲學家杜威是五月一日到中國的。這年秋季才在北大法科大禮堂講學。每次聽講者擁擠大禮堂內外。希聖亦參加聽講。希聖對宋明理學有甚深的興趣。他聽杜威的哲學演講，雖認為那是科學精神與科學方法的開路者，但哲學的意味卻很淡薄。他未曾對實證主義哲學，作深進一層的研究。

七月十五日，蘇俄的加拉罕宣言發表。他代表蘇俄政府聲明，「將交還中東路以及一切採礦權、伐木、開採金礦及其他，……從中國取得的權利」。恰好是在巴黎和會將德國在青島和山東的權利交給日本之後，加拉罕宣布蘇俄將放棄其在東三省的權利。這一宣言博得中國人民特別是一般知識界和學生青年的好感，其影響之大是不待言的。

當時由「遠東共和國」派到中國來的優林與莫斯科派來的胡定斯基（譯名為胡定康）與蘇俄代表加拉罕為了收攬五四愛國運動及新文化運動的影響，有計畫的展開這一政治心理戰。但是中國的知識界和學生青年們未能勘透共產國際的政治陰謀及其野心企圖。

一九一七年俄國的十月革命原是震動世界的大事件。特別是這樣的一種理論對於知識青年有深刻的影響，就是說「十八世紀的法國大革命是第三階級的解放，二十世紀的俄國十月革命是第四階級的解放」。於是社會主義乃至共產主義的思想一步一步侵入知識界與學生青年群眾。

希聖不喜標新立異，亦未曾馳騁其思想於各種流派。他只是不以法律解釋學為自足。他認為法律學應該與經濟學及社會學打通，而成為一個系統。他漸次從法律學走進經濟學與社會學的領域。

他認為法律的內容是社會組織及經濟關係。法律學不能脫離社會學與經濟學而孤立。法律學不過是社會學的一部門而已。

[思歸] 民國八年五月底，爹爹自北京回倉子埠。這位慈祥的老人，斷念做官的道路，安心居鄉。每天清早起來，在正廳中間，大方桌上，鋪開家藏碑帖，喜歡龍門二十種，尤其愛鄧石如的篆書。爹爹分派我磨墨，在我自己房裡磨好了，叫傭人拿到桌子上，只有五妹跟隨學寫字。我們做媳婦的除了做點心，捧到廳上之外，不能停留一步。

婆婆與姊姊們，日夜以打牌為事。有時在家裡打牌，有時往陳鴻記去打到夜盡。我和大嫂打燈籠在大門外等候婆婆姑娘們回家。冬天很冷，人站不住，就靠門上。衣服有時一扯就破了。

爹爹在鄉下無人講話。一人除寫字外，坐在椅子上，長聲短歎，不得已才出去四鄉去看地。有時去武昌省城。家裡無法住下去。

這時候有一件傷心的事，就是五妹嫁給李家做媳婦，一個浪蕩荒唐的紈褲子弟。他的右腳是做了不道德的事，被人打斷了的。我們大家叫他李跛子。

[泰來] 先母常說，李家姑爺是在北京逛窰子，碰上了他父親李大老爺。他從後院翻牆落荒而逃，翻牆的時候摔斷了腿的。父親的五妹就是我們稱之為「五爺」的，她的大楷練得很好，但是只會寫帖上有的字，帖上沒有的不會寫。她和李跛子分居之後，就吃齋念佛，在武昌多寶寺帶髮修行。

[思歸] 婆婆為五妹花費了精神和財產，五妹過門之後，跛子把她的貴重財物都典當賣空。這門親事，爹爹與伯伯商量的。於今伯伯死了，每天婆婆叫罵，要去挖伯伯的墳頭。爹爹自覺難過，想休息，想安居，退休的生活，

是不可得的了。婆婆嘔氣，大吵大鬧，爹爹悶氣，一言不發。

　　爹爹在冬天穿一件羊皮袍，夏天穿一件線呢袍，就這樣隻身出外，步行出鎮，一去就是三天五天，甚至十天半月。大嫂與我去向婆婆說，可否叫玉泰推車去接一下，婆婆的回答是：媳婦不要管爹爹的事。我們豈敢再說話。

第二編　中國社會史的奠基者（一九二○—一九三七）

民國九年（1920）

　　希聖曾在法律系前兩班之曾劭勳先生指點下，粗學日文，委託東交民巷日本郵局代向東京丸善書局訂購日本法學家的著作，每一次書寄到，即如飢如渴的讀習。其受益較深者，如石板音四郎的《民法債權總論》，松本蒸治的《商法要義》，仁井田益太郎的《民事訴訟法論》，以及馬場鍬太郎的刑法總論各論。在他的書架上，日本法學的著作隨時增加。他在酒茲府的公寓中，自修的時間多，到沙灘的大樓上課的時間較少。

　　[點滴] 民初的民刑法典都是以德日法典為藍本的。我知道德文難學，我急於學日文，讀日本法學書籍。

　　除法學書籍之外，每日仍寫小楷二百字。在大白摺子上，用紫毫筆寫小楷，要花很大功夫。我在預科三年級時，曾讀《明儒學案》，此時再讀《宋儒學案》。同時也到松公府一個出版社，叫做「共學社」，買新書來讀。如克魯泡特金的《互助論》，考茨基的《階級鬥爭》，又如拉馬克的生物學之類。我最感有細讀必要的一本書是王星拱的《科學方法論》，可惜讀不懂。

　　[語冰錄] 法律門的商法教授周龍光先生上課。周龍光的商法總則講義是用日本松本蒸治的《商法要義》做底本的。松本的體裁是每一節講一或二個法條，先下定義，再作解釋，然後加一段議論。每一節的評論，都是用「抑」字起頭。抑字之下，就是一段很精粹的文章。周龍光的講義，每一節將松本的定義與解釋抄下來。自「抑」字之下略去。

　　他在講堂上，打開講義，講到每一節，先坐著念。念完定義與解釋之後，站起來，發議論，那就是松本原書那一節的「抑」字之下的議論。

　　我上商法，把松本的書帶到桌上，每逢周龍光要發議論時，我把那「抑」字之下的一段指給同坐的同學看。他們無不匿笑不止。

　　這一次，周先生坐著念完之後，站起來，發議論，卻不照本宣科。他突然說：「你們知道，為什麼那些人叫五四運動是新文化運動嗎？五四運動是武化運動，為什麼叫新文化運動？學生聚眾打趙家樓，當然是武化，不是什麼文化。」同學們聽了大笑。

　　[語冰錄] 民國九年的陰曆除夕，同班漢中楊先生在他的房間裡，清燉一整塊約四斤的牛肉。直燉到一下筷子就散了的程度，夜已深時，他和我二人

慢慢的吃了一半，才分手回臥室就寢。

我身邊只膡下銀元一元和兩吊票一張（兩吊票值銅元二十枚）。當夜公寓的伙計來請了一安，將銀元作為年賞，拿去了。

元旦的清晨，同公寓的同學三四人相約出東便門，逛東嶽廟。我們是步行去，也步行回，未曾花掉一文錢。那東嶽廟，中間是大殿，祀〈東嶽大帝〉。四周的廂房，每一廂祀一神。遊人的香火集中於東廂的送子殿與西廂的財神殿。然而特別叫我傷感的，是南廂的一小殿，祀黃疸神。我知道父親的病是不會好的。何時有噩耗，未可預料。我低著頭，沒精打采的隨同諸位同學進城回到迺茲府公寓。

正月初幾（大約是初三或初四）湖北同學來邀，要一同去中央公園水榭開會。那次開會，是湖北人起來，反對湖北督軍王占元指派何佩鎔做湖北省長。

湖北督軍是王占元。在京的湖北同鄉推黃岡夏壽康（仲膺）先生為湖北省長。此時已由周樹模先生向徐世昌推薦，並且已見公府的任命。夏先生奉命之後，即往漢口。同時，王占元保舉府務廳長何佩鎔為省長，拒絕夏先生過江到武昌就職。

法政專門學校的湖北同學對於「鄂人治鄂」頗為熱心。當時參加這一運動的學生，不限於法政，其他大專學校亦有同鄉學生參加。同鄉主持其事者有孔庚（文軒）及其他數人。我偕某君前往。相約我出門票，他出車錢。門票兩張恰好是銅元二十枚，我還出得起。

我們一進公園，隨即向左轉，到水榭去。我對這會，不感興趣，只是袖手旁觀。在會場裡，有法政的黃岡同鄉王仲友，跳上茶桌演說，說到激昂之處，號召下五府的同學，打何佩鎔同鄉的學生。這一打，打傷了兩個人。

警察來了，學生們散了。我們以為旁觀的人不至牽連，未曾走開。那警察居然帶了三個學生到警察總監的司法科。其中一人是黃岡嚴季宗先生，又一人是我，還有一人是誰，現已忘記。

從警察總監到地方檢察廳。那偵查我們的檢察官，訓了我們一頓。我知道，這個場合不容被告辯論，未曾發言。檢察官命令將我交保。嚴季宗頂幾句，檢察官說：「我認為你有逃亡之虞。」便把他羈押了。

次日清晨，我與同鄉某君往報子胡同一位同鄉（程班侯）宅，見了孔文

軒先生。孔先生勉勵了我們，並決定立刻去設法保釋嚴季宗。這事還沒有了結，我接到家中來電。電報還未拆開，我已經知道不好。電報的文字很簡單，就是「父病篤，盼即歸」。

〔思歸〕民國九年三月，春天氣候漸熱。爹爹穿著呢袍，未帶單衣，步行至黃陂北鄉，受熱致病。他轉橫店站，搭火車到漢口，過江至斗級營，託客棧派人通知三爹。三爹得訊，馬上來看他。那時正在發高熱，臥床不能起坐。三爹叫人下鄉告訴婆婆，婆婆立刻趕上省城來了。三爹主張留在漢口，因為武昌漢口有醫生便於診治。婆婆一定主張搬回倉子埠。當時有一位名醫，開了藥方，要用上好的肉桂，為主要藥。婆婆說藥太貴，不買藥，立刻搬下鄉。回家之後，病是一天加重一天。三爹的意思，叫他們兄弟回來。爹爹說，不必叫，耽誤他們的學業。三爹看到病情危急，決定打電報：「父病重，立刻起程回家。」

這年四月，希聖忽得家中來電，告以「父病即歸」。希聖偕兄匆促搭京漢車，到黃陂縣之橫店站下車，坐手推車回倉埠鎮。

〔點滴〕我的父親的病是中醫所謂「溫症」，發高熱，並轉為黃疸病。鄉間沒有好醫生。有時請周山埠的金先生，有時請漢口的張先生。他們開方下藥，都不見效。我找到了家中舊藏的幾部醫書，治黃疸病的藥方總是茵陳草、天生朮之類。請醫開方，仍不過如此。

〔思歸〕鄉下沒有好醫生。倉子埠有一位段先生，自己躲在藥鋪櫃檯後面，睡在蚊帳裡，不敢吹風，不敢出診。即使診病，也不下重藥，總是開些甘草二花之類。他說「我看不好你的病，也不壞你的事」。他那裡知道，一個病人求醫，當然希望病好。除非他的命長，害了病如何自己會好？

周山鋪有一位金佩三，原是有名的眼科的兒子。佩三的毛病，裝腔作勢，病人請他診治，好的少，死的多。

希聖侍父病，我做家事，日夜不休。母家叫人帶口信來，說是我二弟同生病重。我匆忙去看他一下，立刻轉回，沒想到見一面遂成永別。二弟同生只有十歲，正是辛勤讀書，力求上進的時候，就是一場急病，無醫生可救，真死得太可憐了。

希聖在家侍病五個月，又隨父到漢口就醫，

[點滴] 經過了一個夏季，父病未見好轉。我隨侍父親到漢口去求西醫。我父子借住山貨公所之禹王殿。山貨行會祭禹王，是因為《尚書・禹貢篇》有「厥貢羽毛齒革」的話。那是一座大院落，金碧輝煌的大殿之兩側及後進，還有整齊清潔的房間可以借住。山貨行會的主要會員以黃陂人為多。我的父親在民國元年與二年間，曾任黃陂縣縣長，執法以嚴，維護了那一縣的安全與秩序。此刻為了求醫，借住禹王殿的一間廂房，黃陂縣的紳商們慨然出借，並且時常來問病。

又兩個月，月波先生在病床上，痛責希聖廢學，嚴令他往北京就學。

[點滴] 一直到了十月，我還是不肯離開，父親用手槌床，催促我走。我等候舊僕周欽到了，才搭火車往北京。

希聖到校補考，升入法律系三年級。修訂法律館在報上登廣告，懸賞徵文。徵文的十七題，都在民法債權編的範圍之內。希聖立即著手搜輯材料，起草答案，初稿迅速寫成，計在十萬字以上。

前一班的黃壽鼎先生亦在撰擬答案中。他偶到洒茲府公寓，翻閱希聖的初稿。他說道：「法學的文章與普通的文章不同，貴在簡要。你記著，別人要十句話時，你只用一句話說清。」希聖立即改寫，縮為三萬字，以正楷謄清，即送修訂法律館。這時已是陰曆庚申年臘月的除夕，亦即民國十年的正月初。

民國十年（1921）

月波先生在漢口，借住山貨公所（禹王殿），病益危，乃遷回倉埠鎮。

[思歸] 爹爹扶病自漢口回鄉，住在後進的樓上。每天起床之後，坐在躺椅上。婆婆招呼吃完點心，自往陳鴻記打牌去了。媳婦們除了送點心之類，各有各人的事，也就不便上樓。這時候驪珠是一歲八個月，每天起床之後，

要我送她上樓，走進爹爹房間，問候老人的病。祖孫二人談話，說笑之聲，樓下都聽得清楚。午飯帶她下樓來吃，吃完了再上樓，陪爹爹談談。除了驪珠與他談笑之外，從來沒有笑過，所以姑娘外孫妒忌。每次從樓上爹爹病房下來，就遭受歧視與打擊。

[點滴] 民國十年，我是二十三歲。元旦的清晨，同公寓的同學三四人相約出東便門，逛東嶽廟。我們是步行去，也步行回，未曾花掉一文錢。那東嶽廟，中間是大殿，祀〈東嶽大帝〉。四周的廂房，每一廂祀一神。遊人的香火集中於東廂的送子殿與西廂的財神殿。然而特別叫我傷感的，是南廂的一小殿，祀黃疸神。

我知道父親的病是不會好的。何時有噩耗，未可預料。我低著頭，沒精打采的隨同諸位同學進城回到迺茲府公寓。

陰曆正月初三日，我接到家中來電。電報還未拆開，我已經知道不好。電報的文字很簡單，就是「父病篤，盼即歸」。

辛酉正月棄世，家中急電，以「父病篤」召希聖歸里，比及趕到家中，父去世已二日，候希聖歸，始大殮。家中告以父臨終之前，日夜問「彙曾何時回來？」最後知道等待希聖不及，乃撒手而去。

[點滴] 我接到電報之後，借了銀元二十元，立即搭車到漢口。我到漢口之日，遭逢大風，江上的小輪停航。我即往拜見夏仲膺先生。他指定萬武樵先生陪伴我，叫我不必著急，明晨派專輪送我去陽邏。

次日，我由漢口乘船到陽邏，雇了二把手，急行回倉埠鎮。一路之上，真是「近鄉情更怯，不敢問來人」。比及到家，我的父親已是前一日棄世入棺。家中候我撫棺一見之後，方才大殮。「人生至此，天道寧論？」

[思歸] 正月十五，元宵節。爹爹病更加重，不能起床。翼聖在家度寒假侍候病榻。但是老人仍然想念希聖。到了十六七日，還是說要等希聖回來。十八日吩咐打電報，只說父病重，立刻回。爹爹忍死等候希聖，但老人到底支持不住，於正月二十日逝世。一家人都哭。當時我懷第二胎，鄉下的規矩不能哭，等到兩個月出殯了，我才大哭一場。驪珠只有一歲九個月，家中唯一愛護她的爹爹，已經躺在地上，她大哭，口裡說，我要爹爹起來，兩手便

去扶。一些人把女孩拉開。

在風雪交加之中，希聖趕回來。從大門進後廳，爹爹已入棺，等候他回來才蓋棺。他撫棺痛哭。驪珠哭著，要爬進棺材，要與爹爹同睡。這樣傷心的事，更加我夫婦二人傷感。

自去年四月以來，希聖由侍病到居喪，披讀佛教的經論。首先讀《大乘起信論》，次讀《楞嚴經》與《金剛經》。這三部經論是當時與陶家有世交的老居士如張錫疇先生及李隱塵先生們共同研習的課程。

希聖不止於此，要把每一宗最重要的典籍讀過。他讀了《法華經》、《華嚴經》、《圓覺經》、《楞伽經》、《阿彌陀經》、《十二門論》、《百論》、《中論》、《成唯識論》與《大智度論》（未能讀完）等經論。希聖讀佛教的經論，大有裨益於他的思想方法。佛教對外道的辯論，無論是破或是立，都使用嚴整而周密的推理方法。同時經論之中，有豐富的幻想，與其邏輯的推理交相因應。佛經的註釋，層次尤為井然有序。希聖這一短期的佛學研究，使他的談話和演講尤其是法學寫作的方法，發生了大影響。

德國的法學著作，分章節，析條款，不僅是材料分配得平勻，並且層次安排得緊湊。日本法學家受德國法學的影響。希聖又從德日兩國法學著作中，尋求其寫作的方法。他的一篇論文，或是一本書稿中的一節，往往先出結論，再作推理。他的書稿，各章的份量，乃至一章之中各節的材料，都力求其平勻。

這年夏季，次女琴薰生。

［點滴］我十九歲與同縣萬信民先生長女冰如結婚。至此三年，她連生兩女。家中的人把她看賤了。並且估量她不再生男兒。這年暑假，我回到家鄉，就是她生第二女琴薰的時候。又適值我患瘧疾，每次發高熱，便神經錯亂。家中的人冷視產婦，並虐待她的長女驪珠。我心裡的創傷，更覺深重。

希聖患瘧疾，自夏至秋。在病中，常往報恩寺，與璜定法師論佛法。璜定法師本姓陶，為希聖宗親。他曾在武昌為洪山的住持，他退院之後，在倉埠鎮建報恩寺。

　　[點滴] 陶族有自幼出家老年回鄉之法師，名璜定者，在倉埠鎮我家的後門之外，約半里許，建報恩寺。我常往談論。我的母親發現了我不大吃肉，非常著急。每當吃飯時，總是揀大塊的肉，送到我的碗裡，叫我吃下。

　　希聖瘧疾久不癒，乃抱病北上繼續求學。一到北京，瘧疾即癒。他到北京之後，才知道修訂法律館已經公布，債權法徵文之得獎者，為陶希聖，許藻鎔及王鳳瀛三人。希聖得獎金一百五十元。他以此陸續向東京丸善書店訂購英文和日文的法學著作。除了買書之外，並經常在法律系圖書室找書讀。他涉獵了國際公法、海商法等部門，尤其對法律哲學有很高的興趣。

　　此時，修訂法律館將希聖的論文，在法學會雜誌分三期連續發表。這對一個尚未畢業的法律系學生是何等重大的鼓勵！

　　[點滴] 我升入了法律系四年級。四年級的學生對於畢業之後的職務是極為關心的。湖北同鄉世交曾任高等檢察廳長之吳炳樅先生有一次問我：「你畢業後如教書，想教什麼？」我答道：「教親屬法。因為那是冷門，很少人競爭。」他說：「你這一輩子完了。教書不是好出路，教親屬法更要坐冷板凳。」

民國十一年（1922）

　　希聖這年遭遇生平最痛心的一事，就是聰明的長女驪珠在倉埠鎮家中病死。

　　[思歸] 陰曆三月，倉子埠流行麻疹，兒童害病的很多，有不幸的病死。二姊是陳鴻記的眷屬，很不幸她的女兒傳染了麻疹。她大女兒叫蓉，二女兒叫再，小女兒一歲半，先後都死亡。我的女兒同時病了。琴薰只有九個月，在床上發高熱。驪珠將滿三歲，也正在發高燒。她的口腔與喉嚨都發炎，一天加重一天。害麻疹的家庭，更要清靜，讓孩子們安睡。每天早晚多喝水，一二星期就會好的，我知道這些。但是我們怎能得清靜的環境。我住在正廳的右邊，婆婆的下首房屋，大姊房的對面。婆婆時常去陳家，看三個外甥女兒的病。大女兒先死，婆婆進門大哭。大姊坐在廳上，號啕大哭。驪珠聽說

蓉姊死了，她聽見大伯伯在哭，驚嚇得兩眼向上翻，手腳冰冷。她說道：「我也要死。」我只好拍她，低聲說：「不要怕，你會好的。」二姊的次女和小的都死了。他們不去二姊家裡哭，在我家大哭大叫。驪珠的病立刻加重。五妹從武昌來，帶些餅乾，分給外甥們，卻不分給驪珠。她問：「為什麼不分給我？」我到大門，等候由萬家到倉埠來賣布的人，託他們帶信給我娘。過了幾天，餅乾帶到了，她的病已經不能開口吃東西了。只是用手抱著盒子，躺在搖籃裡。從此兩眼難睜，喝水也吞不進。她要在婆婆房裡，我把她搬進婆婆房間，一天一夜，她就這樣死了。在臨死之前，叫聲婆婆，再叫兩聲媽媽，她死去了。我已暈死二次，痛心之極。家中人說，死個女孩子算得什麼？哭得大家不安。我不敢在家中哭。我等小女兒睡覺了，我跑到二姊家相對痛哭。女兒葬在後門外，大路旁邊。每天送飯，就去哭一場。

　　民國十一年夏季，希聖自北京大學法科法律系畢業。法科學長（後來稱為法學院院長）是王建祖先生。法律系主任是黃右昌先生。希聖拜別黃右昌先生的時候，他指導希聖讀兩部書，其一是秦蕙田的《五禮通考》，其二是徐乾學的《讀禮通考》。這兩部大書都是蘇州官書局印的，可以郵購。他這一指導，對於希聖畢業後的法學研究，有極大的影響。

　　北大的湖北同學池澤匯先生與安徽同學徐仲白先生是至友。徐仲白先生受安徽省立法政專門學校校長徐煦初先生的委託，在北京找法學教員。由於池先生的介紹，徐先生乃向法政專門學校推荐希聖。

　　湖北同鄉世交吳炳樅先生是司法界的前輩，曾任北京高等審判廳庭長，奉天省高等審判廳廳長，此時在北京任法制局參事。他替希聖向天津的法政專門學校謀專任教員，尚未成功，而安慶的徐校長聘電到了。

　　[語冰錄] 民國十一年夏季，我在北京大學法律系考了畢業考試，到世交吳炳樅繩麓先生公館去坐坐。

　　繩麓先生問我：「你以為怎樣才是好檢察官？」

　　我答道：「勾稽案情，追問被告，求得實際情節，決定起訴或不起訴，就是好檢察官。」

　　吳繩麓先生說：「不然，能保障被告的，才是好檢察官。你說的不過是普

通檢察官，不是好的。」

[語冰錄] 湖北同鄉同學池澤匯先生與安慶同學徐仲白先生為至交。有一天，他二人來談，安徽法政專門學校徐校長煦初，託他們尋覓一個專任教員。他們推薦我去。我答應之後，過了三五天，徐校長的聘電到了

希聖隨即回黃岡故里，暑假後，到漢口搭江輪到安慶。

[點滴] 民國十一年八月，我帶了一口皮箱，一捲鋪蓋，從故鄉黃岡倉埠鎮搭小輪到漢口，再搭江輪到安慶。安慶只有招商局的輪船有碼頭。怡和、太古或日清公司輪船都在江中停泊，上下客貨要用駁船才能靠岸。

這次我搭怡和的某輪，坐統艙吃房艙飯。當輪船將要到安慶的時候，我付錢時，稍為再多給了小費，託茶房幫我下行李到駁船上去。輪船到安慶，在江中停泊。茶房幫我下行李，人也很安穩的下到駁船裡。那是黃昏時候，我從駁船上遙望安慶。首先望見迎江塔。那塔彷彿是一隻帆船的頭上的桅杆，在江上矗立著。

我對於安慶的一般學風，尤其法政專門學校的情況，一無所知。我未曾料到的事情是太多了。我一上岸，便雇腳伕，將箱子和被捲挑到百子亭法專。我跟著挑子步行到學校。

法政學校未曾派人相接。希聖攜行李自行到校。

[點滴] 那是夜間，我帶著挑子踏進法政專門學校。那傳達室的工友們似乎詫異並且為難。原來，六月間打電報到北平聘我為專任教員的校長是徐煦初先生，他已在學潮中被驅逐去職了，此刻是教務主任汪馥炎代理校務。夜間他不在校，那傳達尋找了學監。學監某先生到大門裡與我相見，把我引到禮堂左首的院子裡樓上的一間房，總算住下了。

此時才知道徐煦初先生已被學生趕走了，校務是教務長汪馥炎代理。

專任教員必須擔任功課每星期至少九小時，希聖的課程以民法親屬與繼承為主，另兼講商法總則，公司法、商行為法；甚至兼講保險、票據，乃至

海商法。每月薪金一百三十元。

[點滴] 專任教員每月薪水銀元一百三十元，這個數目超過我的希望很遠。我尚未畢業之前，只希望初出母校即能就四十至六十元的職位。現在月薪是一百三十元了。

每星期要湊上十二小時的課程卻不容易。我擔任四年級的親屬法和繼承法，二年級和三年級的商行為法、公司法、保險法乃至票據法。我帶來的大皮箱，大抵是法學書。擺到書架上，不過那幾十冊。只要是那裡有一本或兩本書的部門，我便擔任下來。

只有親屬、繼承兩部門的參考書不止於一本或兩本。並且民刑法和法律哲學的參考書也在書架上。商法各部門參考書少得可憐。可是我不能不拿來湊數呀！

我靠著什麼？主要是日本法學協會雜誌與國家法學會雜誌。我陸續訂購英文與日文法學書籍。我的最大部頭還有黃右昌先生叫我向蘇州官書局函購的《五禮通考》與《讀禮通考》。

我支配每一次二小時的材料，必使其平勻。每一次更必提起一個突出的問題，在口頭上充分發揮，預期聽講者的思想跟著我的條理走。每一次二小時的材料若是不能平勻，若是你意圖把所有的心得都擺出來，試問一門課程裡，你能有多少心得？所以每一次材料必須平勻。但若你每次都沒有什麼特殊的議論，譬如江流中之大波，或山嶺中之高峰，那學生們於每次上課之後，無可記的話，亦無可論之事，尤其是他們的思想與你的思想，未曾有一點共鳴。你就失敗了。所以我每次二小時，於妥切充實之中，總有一段打到學生的思想裡去，帶著他們走。

希聖此時讀《五禮通考》與《讀禮通考》，特別注重喪禮的喪期部門。他最得力的一本書是英國歷史法學家梅因的《古代法》。他由此進入民族學的研究。如摩根的《古代社會》，恩格斯的《家族、私有財產與國家的起源》，以及威士脫馬克的《人類婚姻史》等書，他對於中國古代社會組織及其歷史的演變，開始一步一步的探討。他向上海內山書店訂購日本法學家的著作。如末弘嚴太郎關於民法的著作，與牧野英一關於刑法的著作，都引起他的興趣。

牧野英一介紹法國公法學家狄驥的社會聯帶學說，和美國法學家滂德的社會法學學說，對於他有重大的影響。同時亦向東京丸善書店訂購滂德的著作，如《羅馬法的精神》，及《法律之歷史的解釋》等書。

他擔任的各種課程都編發講義錄，他的注意力仍集中於民法親屬講義。這部講義錄，三年之後拯救了他的生命。

[點滴] 教書生涯的第一課是四年級的親屬法。這一課決定我一生的經歷。在四年級學生的心目中，北大畢業生初出校門，便來教他們的書，他們不平，他們輕視，他們要考驗這位年輕的教員。自初次上課之後，第二次三次乃至四次，這位新來的教員沒有什麼差池。他很用功，他的講義條理好，他的講述清楚，而議論透闢。師生們也就相安無事了。

四年級相安，二三年級也就無事。

我訂購的參考書，有一本舊英文書，是英國歷史法學家亨利‧梅因的《古代法》，這本書打開了親屬制度的關鎖。

《古代法》指出了東方社會組織的特點是家制度社會的法律是身分制。西方社會是個人主義的社會，其法律是契約制。這一指出，顯示了西方社會與東方社會的分別，也說明了西方法律與東方法律的差異之所在。

民國十二年（1923）

希聖仍在安慶之法政專門學校講授法學。

北大同學曾劭勳（伯猷）先生原在杭州的浙江省立法政專門學校講授刑法。這年春季，他應安徽法政校長王兆榮先生之聘，來任教務長。曾先生和希聖，與第一中學教員易家鉞、郁達夫諸君，交遊至密。每逢星期日，常到江邊的迎江樓聚餐，然後到迎江寺或大觀亭一遊。這年春季，曾先生創刊《法學季刊》，希聖在季刊中，發表了關於「七出之條」的歷史演變的論文，可惜只出了一期。

[點滴] 這一學期，是我教書生活上最為愉快的一個時期。法政專門校址在百子亭，那是一座公園，雖無奇花異草，而有林泉清朗之勝。每日課餘，晚飯之後，將近黃昏時候，伯猷與我並肩散步，一小時後，各回宿舍，找材

料，編講義，並預備明天的功課。

每星期日，法專與第一中學兩處的友人集會於迎江樓（菜館），或大觀亭（名勝）聚餐。法專有曾伯猷、馮若飛、胡幼君（家榮）和我；一中有易君左（家鉞）、郁達夫諸人。在這中間，君左是一個中心人物。每次聚餐，非他參加即缺少興味。

法學教員與法官有友誼的往來，因為法官不與外界應酬。他們除了自相往來之外，祇與法學教員接近。安徽省高等檢察廳首席檢察官汪文卿先生是黃岡人，與敝族有戚誼。並且他少年時在我的村裡隨先伯鎮吾先生讀書，與夏仲膺先生同學。我好多次在星期日上午去拜望他，陪他談話。

這年夏季，他乘暑假回鄉路過武昌。他在橫街頭舊書店買得績溪胡培翬的《儀禮正義》。他帶回故里，一個暑假中，詳細讀過。胡培翬在這部書中，用孟子所說：「天之生物也，使之一本」為線索，貫通了全部禮儀，尤其是發現了喪禮的喪服與喪期的精義。這部書對於希聖的中國社會制度研究工作，有更加深進一層的啟發。

[思歸] 希聖在安慶教書，這年夏天放暑假回鄉，帶了安慶特產竹簟子，六安的雲霧雨前茶葉，奉上婆婆，分送姊妹們，自己買一批書，餘下的四百元，回到家門，便拿出請婆婆收下。行李等項放在婆婆面前，身上長衫也掛在衣架上，再抱起自己的小女兒，在前後走走，讓大家看清，他短褂口袋並無東西，晚飯後才進自己的房。

琴薰是兩歲。上半年三月害麻疹，幸而未死，但是口腔與氣管慢性發炎，一直未癒。希聖每天抱著她走來走去，她口裡涎水滴到父親的夏布衣上。家中的人議議論論：「女花子有什麼可愛？」我們夫婦可憐這個孩子，從死亡裡剝出的小女兒，總想把她的病治好。暑假已經滿了，希聖往安慶去要開學，我在家也是孤掌難鳴，怎樣求醫治病？

九月間，萬大嫂是我堂姊，又是婆婆的姪媳，從鄉間要往武昌，來看望我們。她看見琴薰的病。她責備我，說道：「你兩個女孩子，死了一個，不可再死一個。走！跟我走！到省城去求醫診小女兒的病。」她轉身向婆婆說：「你有幾多孫兒孫女在那裡？你不能看著二房裡死一個女兒，再死一個。」不

等婆婆答話，「我現在陪我大妹帶琴薰上武昌求醫診治她的病。」拉著我就走。

這時候我懷了第三胎，也顧不得。我們一同搭輪船往漢口，轉武昌。先住在雁三大哥與萬大嫂家，每天抱著孩子過江去，求一位盧醫師，一進門就行跪拜禮。因我一文錢也沒有，只得行禮求診。那位盧醫師感於我們的誠意，看到我們的敬意，慷慨答應診好琴薰，果然好了。我就帶她回倉子埠。

[點滴] 這個暑假裡，我的工作是以儀禮為重心，而喪服喪期又是焦點。在義理上，胡培翬的《正義》更比鄭康成的正義為精密。胡氏以孟子「天之生物也使之一本」為根本論點，來推求中國家族組織與婚姻制度，以闡明喪服喪期規定的標準，尊卑長幼，親疏遠近，無所不通。

中國的家族制度是單系的、男系的、父權的、族外婚的、妻從夫居的家長制。若是以一本主義來解釋，那當然無所不通了。

我在安慶法專三學期，唯一的成績就是一部親屬法講義。我在這部講義裡，對中國的宗法有簡明的分析，也就是得力於這兩部書。

[語冰錄] 曾伯猷先生任教務長，創刊《法學季刊》。我們都在這裡發表論文。安徽法政專門學校的這一季刊，成為從安慶轉上海的文字緣。商務印書館出版的《學生雜誌》轉載安慶法學季刊上我的論文，從這裡，我與《學生雜誌》和《婦女雜誌》的主編都熟悉了。此後常在這兩份雜誌上發表法學的論文。

到這年夏季，曾教務長辭職回杭州，王校長亦去職。

[點滴] 夏季之後，曾伯猷先生已辭去教務主任之職，自回杭州法政專門學校教書。王校長聘了日本東京都帝大經濟部門畢業回國的危元誥為教務主任。秋季開學之後，法專發生一次學潮，王宏實先生去校長職，校務由危元誥代理。

秋季之後，危元誥任教務長，代理校務。危亦為湖北同鄉，留學日本，為李漢俊的學友。李漢俊是中國共產黨第一屆中央委員之一。危元誥這時似已加入共產黨。與危同來法政專門任教員者有江蘇毛君夫婦。危與希聖不談

政治問題，希聖亦無此興趣。毛君大談京漢鐵路工人罷工及吳佩孚將軍捕殺工人之事件（有名的二七事件），並描述北京天安門群眾大會，反對治安警察法的情況。希聖知道他們夫婦是共產黨人，到此潛伏，有時亦靜聽他們的意見，但仍無興趣。

五四運動之後，各省學潮迭起。安徽省的學潮，以安慶的法政專門及第一中學與蕪湖的第五中學為中心。這兩處幾個學校的學生一有動作，全省各地的學生群起響應。安慶學潮以反對倪嗣沖都督，包圍省議會的事件為最光榮的一幕。在這一事件中被殺之姜高琦，葬在法政專門學校之外的百子亭。那是寬闊的公園，變成學生運動的聖地。希聖在法政學校講授法學的時候，姜高琦案的學潮領導分子尚在三年級和四年級肄業。在這一學校中，自校長、教務長到教員，被學生驅逐出校，是與每日吃飯一樣的平常事件。

這年十月至十一月，安慶各學校教員代表約六十人，到省署請願。省長呂調元在大廳之前的院子裡接見。一言不合，教員代表群中有幾位發言責罵省長。呂調元的武裝衛士推他們出院，有幾位教員受傷。代表們退出省署，立刻到省教育會召集大會，宣布罷課。安徽和蕪湖的各學校立刻響應，造成全省各地學校罷課的風潮。

希聖每日到省教育會參加大會和大會推舉的委員會。有一次大會，發生了派系衝突。教員群毆省立師範學校校長李立民。大會立呈混亂，隨即散會。希聖匆促離會場，出城返校。他回到宿舍，將行李綑起，與教務長危元誥商量，召開學生大會。危為主席，希聖作沉痛的演說，力勸學生聯絡各校立即復課。

[點滴] 我登臺發言。首先向會眾：「今天的大會打架，誰跑得最快？」

學生們答：「李立民！」

我說：「不是李立民，我跑得最快。（會眾笑） 我為什麼要跑？我要回校來綑行李，回湖北。你們安徽省的教育界是這樣派系傾軋。今天呂調元對教育界罷課的條件，完全不理。教育界自己內鬨起來，豈不叫呂調元笑死？」

我接著說：「學校是永久的，學生是一期一期的，教員是一年一年甚至半年半年的。為了半年一年聘約的教員索薪，叫學生罷課，為了學生罷課，叫學校停頓甚至破壞，學生又何以對學校？」

　　我轉為沉痛的說：「你們安徽省教員派系各有各的想法。在一隻船裡，風浪正急，那些派系不顧死活，打起來了。我是湖北人，在貴省沒有企圖，犯不著等船翻，一同死。我的行李綑起了，今夜就上船回家鄉。」

　　此刻會場安靜下來，大家似乎跟著我想如何處理這次風潮了。

　　我接著說：「你們學生界犯不著跟著派系糾紛走，到不知那裡去。我提議下星期一復課！」全場大鼓掌。

　　主席問：「可否表決？」

　　姜高琦案的要角之謝君立刻起立，提出異議。他發出一連串問題，不作結論。

　　他說：「下星期一復課，本校就算復了，別的學校呢？本校有什麼權力叫別的學校復課呢？別的學校不復，而本校單獨復課，我們怎樣對他們說話呢？」

　　我立即說道：「我建議主席換一個表決法。要復課大家復，本校是全省之中唯一講習法律政治的學府。那一次學生運動裡，本校同學不是站在領導地位？在每一次學生運動裡，只要安慶和蕪湖一動，全省就跟著動。蕪湖五中跟著安慶，安慶各校又看著本校和一中。這次復課又是一次大運動。別的學校要看本校，本校要有決定。」我提議這樣表決：「以下星期一復課為目標，努力期於一致。」

　　我接著說：「今天星期六。今夜至明日的夜間，還有一天一夜的工夫，讓我們努力聯絡各校同學，下星期一清早復課。」全場又大鼓掌。

　　主席說：「以下星期一復課為目標，努力期於一致，贊成的舉手。」全場舉手，隨即散會。果然，星期一全省復課了。

　　這是我平生得意之作。煽動學生群眾罷課易，勸成他們復課難。

　　我居然做到了這一難事。

　　共產黨在各省的活動，常利用教育界一二老成人士作號召。如湖南的徐特立、湖北的董必武就是實例。安徽省教育界做共產黨的招牌的老成人士，是曾任法政專門學校校長之光明甫。此次學潮似即以光明甫為其背景。但在此次學潮中，派系的鬥爭已暴露無遺。希聖所以促成法政專門學校學生復課，而獲得學生的支持者，由於他是外省人，在教育界中無私人利害及恩

怨，而治學授課為學生所信服。但是希聖於這一學期結束之後，回湖北故鄉，不再接受安徽法政的聘約了。

　　這年十一月，長子泰來生。希聖與冰如女士結婚後，冰如連生二女孩，為家族所蔑視。家庭中各種瑣屑勞務，都堆在她的身上。兩個女孩亦受虐待。長女驪珠已於去年病死，次女琴薰患支氣管炎，歷久未癒。至此時，冰如生男兒，始稍吐一口氣。但是她的家事勞動依然如舊。盡力承擔。每當希聖假期回里，她從未將家族中的苦境相告，因而希聖毫無所悉。

　　〔思歸〕民國十二年十月，我攜女兒琴薰，自武昌回倉子埠，一進門，前廳有木匠，後廳有裁縫，到處鬧轟轟。我右手抱女兒，左手提布包，穿行過去，先到婆婆面前請安，轉身問大姊好，再進後堂，與大嫂說了幾句話，然後進自己的臥房。女孩病好了沒有，無人問過；吃了飯沒有，無人問過。下午我洗三盆衣服，再洗外孫們的尿布，家裡的人，都不理我，好像我犯了大罪，我實在不懂。

　　有一天，婆婆到裁縫面前，叫裁縫做和尚袍，說是小孩穿了長命百歲，所以指示：「大姊一件，二姊一件，大嫂一件。」

　　希聖的嬸娘黎三婆愛說直話，她說：「大肚子快要生了，為何不替她做一件呢？」

　　大姊哼了一聲，手指著我說：「你也想生兒子，撞破你的前腦殼，打破你的後腦殼。」

　　黎三婆不服，說道：「你不要估量人，後門外討飯的，不是攜兒帶女一大群？」

　　我只好悄悄溜走，沒有我說話的餘地。

　　到了第二天，三爹從鄉下去漢口，路過倉子埠。婆婆叫我進廚房，川肉片煮掛麵。我做好了，請三爹當晚餐。三爹一面吃掛麵，一面說做得好。到了半夜，我的肚子一陣一陣的痛起來了。我請婆婆叫人去請接生婆，還沒有來到，我已經生了。婆婆是愛男孩，果然是男孩，立刻走到前廳，大叫三爹，說二房生了男孩。三爹說：「這孩子八字好，有我逢生，我寫信到安徽去，告訴彙曾。」這時已經天亮，婆婆打開前門，叫行人來我家吃麵，又把後門打開，叫人都來我家吃糖麵，因為我家又添了孫兒。再叫人去陶勝六，親

戚朋友都歡喜來到。有人問大姊，黎三婆說大姊賭氣，在她房中不肯出來。大家都笑：「生男生女，怎能打賭？」婆婆也去叫她出來，說：「你弟弟得了兒子，你應該喜歡高興才是，何必做出這種樣子，叫人笑話。」將近黃昏時候，賀客走了。大姊跑到廚房，吃了兩大碗麵。

民國十三年（1924）

希聖自安徽回湖北故鄉後，一度往武昌，與黃岡戚友數人籌畫陽邏至岐亭的公路，未見成功。

[思歸] 翼聖大哥從婆婆手上拿錢，並募了我們的錢，到寅山去開礦，結果是大部分錢在漢口花掉。婆婆提到寅山，又哭又怒：「我沒有想到養了一個敗家子。」這批銀元是伯爹和爹爹在世的時候，辦協昌典，二位老人先後逝世，這典當便不能辦了，我家的股份拆算下來的錢。大哥一回回向婆婆要。後來聽說寅山礦虧了本，只落得哭和吵。至於我的錢拿去搭寅山，雖然我私房錢很少，也賠得乾乾淨淨。有人從漢口來，說是大哥拿錢去在漢口跑了馬，那是流氓玩的，讀書人怎能去上當呢？

七月，希聖在倉埠鎮，忽接曾劭勳先生由杭州來電，說上海商務印書館編譯所聘他做編輯。他接到電報，即到漢口，搭江輪往上海，轉杭州，與曾先生晤談，隨即折回上海，到閘北，入所工作，每月薪資八十元。

[點滴] 到上海，住四馬路一家旅館。我安置行李之後，即往閘北商務印書館，見李伯嘉先生。伯嘉介紹我見編譯所長王雲五先生。匆匆一面之後，伯嘉拿了一份美國金恩公司（Ginnand Co.）出版合同稿叫我譯為中文。這就算是一場考試吧！

當日我交出譯稿，次日就到法制部上工。

[自序] 在中國社會變動中，一人一家之變動至為顯明與急劇。我從黃岡故里，經武昌與漢口，到上海，為時不過七日，而身分三變。

我是二十六歲，在倉埠鎮，雖非長老，仍為紳士。鄉鎮每有公眾事務，如自治局選舉，或團練保安，一句話或一紙文書，可生實際效用。

　　在湖北省垣，我以世家子弟，與官紳交遊，可謂「往來無白丁」。當時武昌士大夫崇尚佛教，每集會講佛學，我是對答如流之一人，亦有「談笑有鴻儒」之感。

　　但在上海，我是一個傭工。

　　上海商務印書館的組織是很大的，計有三所一處。那一處就是總管理處，那三所就是印刷所、發行所與編譯所。發行所是在四馬路棋盤街。總管理處、印刷所與編譯所是在閘北。

　　[點滴] 編譯所確是「濟濟多士」。樓下是各種雜誌社，二樓是編譯所的各部門，三樓是大辭典編譯的大廳。三層樓共計約有三百人，其中不乏博學多才之士。大辭典的編譯工作，後來未見有何成就。編輯同人也漸星散了。其他各部門照舊工作。各部門的編輯們彼此往來的機會很少。我與東方雜誌社和小說月報同人的來往比較多些。他們大抵是文學研究會的會員。

　　小說月報社的鄭振鐸、葉聖陶、周予同；東方雜誌社的樊仲雲、胡愈之、沈雁冰等人，是往來較多的。有時在北四川路新雅吃茶談話。

　　編譯所所長是王雲五先生。他分配希聖的工作是在法制經濟部，擔任法律、政治和經濟各科書稿的審查及編譯。法制經濟部主任李伯嘉先生，是北京大學的湖北同學。在五四運動時期，他一度在學生會中擔任職務。在這一部門裡，原由周鯁生擔任的工作，交給希聖做。

　　[點滴] 我初進商務編譯所，半年之中編訂了六本書，並校閱了英文日文譯稿多部。王雲五先生對李伯嘉說：「陶彙曾的工作比以前的周鯁生做得多，做得好。周鯁生在這裡兩年，後來只是看看法文書信。」李告訴我。我心中想道：「周鯁生比我差，為什麼他的月薪二百元，坐大桌子藤椅？」從此以後，我對那位有名的學者再也不存信心和敬意。

　　希聖這半年的時間，先後在三處寄宿。最初寄居北大老同學韓覺民家。那是在法租界辣斯斐爾路的盡頭。每日清晨，出門走幾步，穿過一小衖，即

到老西門，搭電車到北車站，下電車，步行到編譯所。中午在寶山路一家小飯館吃一碗麵。下午放工，循原路線回韓寓。韓覺民是中國國民黨黨員，似乎跨著共產黨。他與惲代英共同參加《建設雜誌》的編輯部。《建設雜誌》本是五四之後，總理孫先生為了吸收「新文化運動」到三民主義國民革命的主流之中，才創辦的。但在此時似已被共產黨人把持了。惲代英時常到韓家來，每次只在騎樓的窗口之下，低聲對韓覺民說一番話就走，從來不坐下，亦不與希聖接談。希聖就是這騎樓房間的住客。

　　希聖以往返不便，遷居寶山路寶興里傅東華寓所的三樓。傅東華是文學家，又是文學研究會的一分子。此刻他是二房東，與三樓住客沒有論交的必要。

　　九月一日，浙滬戰事發生。兩軍的炮聲漸次逼近閘北。希聖遷居公共租界五馬路的一家報關行。這報關行是黃岡同鄉汪少丞先生經營的。樓上有好幾個房間，寄居著往來上海的客商。希聖每日早出晚歸，只加入晚餐，菜飯是很好的，只是共餐的人們都不相識，亦無相識之必要。

　　商務印書館編譯所的規則，與印刷所的規則頗有相同之處。每日上午工作三小時，下午工作三小時。如有夜間工作，可由各人帶回去做，那是另計稿費的。希聖在報關行樓上的小房裡，做了將近一個月的夜工，得到稿費一百元。他趁著冬季年關，請假回里。他靠著這筆稿費，把冰如和兩個孩子搬到上海，在天通庵路華壽里一樓一底的房子裡居住。

　　在鄉村裡的大家族制度之下，搬家眷出來這件事是有嚴重的阻力的。希聖的老家原有稻田六十石，棉地二十五石，每年可收租佃，稻子八百石、棉花五百石。到了希聖搬家眷出來的時候，什麼東西都不敢帶。冰如結婚時陪嫁的金銀首飾及布匹不敢取出帶走。一個破網籃，一捲舊棉被，從倉埠鎮到漢口，搭江輪到上海。

　　[思歸] 希聖在上海商務印書館做了五個月，積下了一百多元，打算回來接我母子們去上海，先寫一封信給張有記的張君的，有記是我家鄰居，張君的是希聖好朋友，託他去我家試探婆婆的口氣。他到我家拜見婆婆，說道：「希聖在上海做事，一個人住在那裡，吃飯洗衣，無人招呼，可否叫他把家眷接去，一人獨住與夫婦同住，經常開銷並不差多少。」婆婆答道：「我養的兒

子出了學費，現在去做事有薪水，應該還我的錢，他要接家眷，叫他當面來商量，用不著你來說話。」張君的只得回去。

我聽見口氣不妙，早已躲到自己房裡，不敢出來。問我的意思，要我答話。我說：「我跟隨婆婆，有飯吃，有事情可以做，有好多東西可以學。他在上海，替人家做事，一個月薪水不夠一個月用，我跟他到上海，是去討飯，不是去上任享福，我不去。」

到臘月底，希聖回家過年，他先去張家，問君的試探的結果，君的一說給他聽。他回家暫不提出什麼意見。過年初四，我一定要回娘家。我想他母子一定會談判，我到萬家避避風頭。我走開之後，希聖直接說出他回家的意思，聲明不用家裡的錢，也不要家裡貼路費。去上海安居過日子，婆婆不反對，二姊滿口贊成。大姊一年到頭住在我家，只有過年回去五天，正月初她回來了，這一切均已決定。

正月十八日，希聖打發轎子去萬家，接我帶兩個孩子回家。我的衣箱和被服都在樓上，不敢去拿，只就自己房裡收檢一下，綑了一捲被子，裝了一隻網籃，一口皮箱，大小四口人的衣服，都在其中，半夜都收拾好了。二姊知道我們走的行期，十九日來到我家住一晚上送別。大姊不理會我們的事。我們連夜未睡，天亮就動身。臨走之前，希聖與我帶著兩小孩到婆婆床前，分開帳子。叫聲婆婆，她翻了身，把面向裡。我們知道她不理我們，只好把帳子放下。我們嗚咽不能成聲，跪拜之後，灑淚出房。二姊隨後相送，在大門口分手。我們攜兒帶女冒風寒上路，就這樣辭母離家，上了旅途。料想今後的生活飄泊流離，一時不會有好日子過。但我們是青年，不可依靠祖業家產，定要勤巴苦做，不怕險阻艱難，總要有出頭之日。

我們租房子在閘北華壽里，一樓一底。客廳的家具是一個方桌，四條凳子，為吃飯之用。一個書桌，一個書架，為看書作文之用。樓上前房，是一個書桌，一張床，一個搖籃，二條凳子。晚間小孩睡覺了，我們二人用一盞燈，各做各人應做工作。希聖作文寫稿，我做縫補工作。早上起床，煮稀飯。餵飽孩子，再去買菜。

華壽里的住戶，多半是商務印書館的技工。若是一家有三對夫婦都在印刷所做工，他們每月收入就在四百元左右。他們的生活是寬裕的。但是一個

編輯的家庭，每月只有八十元的收入，不幸而有疾病，或曠工，或請假，就要在八十元內扣算。

　　因而希聖每月收入平均是七十元。其中一半，送給北四川路內山書店償還書帳。賸下的半數為家庭生活的用途。白米一石不過八元，每日菜錢可以省了再省，最感困難的是柴價太貴。冰如受了兩三個月的生活的磨練，學會了只用一根柴，便可燒好一餐飯。

　　[思歸] 有一次背上揹著泰來，手裡拿秤，春寒的氣候，上街看柴講價。走一處，又走一處，買好一綑提回家來。那泰來在我背上，已經凍死了。我一面流淚，一面燒稻草，慢慢的烘，把他烘轉來，我心才好過一點。

　　但希聖下班回來，我未做飯，只好餓著照樣上班去了。

　　[點滴] 星期日，我們也遊覽先施永安公司，那只是看熱鬧，從來未曾想到買什麼。但是我們總抱著有光有熱的希望。青年人應該辛勤勞作，今天苦一點，日後必將有好轉的一日。

　　只有一次，也只有那一次，冰如埋怨我，不該拿大半薪水去買書。她說家裡實在過不下去。我答道：「我總不能在商務印書館過一輩子。我要圖上進。」從此以後，冰如不再說一句埋怨的話。

　　希聖初到上海的幾天，發現了商務印書館出刊的雜誌轉載了他的文章。他那篇文章原是在安徽法政專門學校的法學季刊發表的。他本人尚未到上海之先，他的文章已到上海，這對於他又是一次重大的鼓勵。每逢中秋節或是年節，他投稿《學生月刊》或《婦女月刊》，一篇文章的稿費可得十五元，足夠他家過節之用。他的家庭生活雖然清苦，他的心境卻是安定的，學業的分野是迅速擴大的，社會政治的關係亦有飛躍的進展。

　　[點滴] 我們從來不做新衣。冰如一件嗶嘰褂子穿了好幾年。我的服裝是毀了色的灰色或藍色的長袍。上身還有兩袖油光背心發亮的馬褂。到編譯所上工下工就是這一套，無所不可。若是應酬親友，那簡直是落魄江湖，難為情。幸而編譯所同人彼此之間沒有應酬。上海也很少我們自己的親戚來往。

　　華壽里定居下來，生活是清寒而安定。冰如每月積下一點錢，送到界路

郵政局儲金。若是節氣來了，我投稿到章錫琛主編的《婦女雜誌》，或是朱赤民（編譯所同人稱為赤佬）主編的《學生雜誌》，可得稿費十元或二十元。有一次我向《婦女雜誌》索取最高的稿費，得到了十五元。這都是過節的額外用度。

我們既積了一點錢，就想把衣服問題解決一下。有一次，冰如抽出銀元十八元，逼著我到大馬路去買一件杭州線春和其他衣料。我帶了滿衣袋的銀元去到大馬路的大綸綢緞莊。一腳踏進店門，就到櫃檯，向店伙要看線春料子。那店伙把我從上至下看了幾眼，便去拿出一匹線春。

我問：「線春幾多錢一尺？」

店伙：「線春不論尺，只論兩，你知道嗎？」他的手將料子一抓一放，一抓一放，表示那料子有重量。

我問：「一件袍料幾多錢？」

店伙：「你上樓去好了。」

我問：「為什麼要我上樓？」

店伙：「樓上賣洋貨，你買不起線春。」

其實，一件線春袍料不過五六元。我衣袋裡的銀元足可買三件。但是那一口氣受不住。我拂袖而去，到大馬路黃浦灘中美圖書館選購一本民族學的書《螺形線與萬字的世界分布》，書價是十二元。

我夾了那本書回家，把冰如氣得說不出話來。

民國十四年（1925）

從民國十三年到十四年，三民主義國民革命的怒潮，以廣州為基地，向全國各地洶湧沖洗。上海不僅是受到重大的影響，並且構成社會運動與思想運動的策源地。

希聖在商務印書館編譯所，於日常工作之外，有下列各方面的努力與進步。

（1）他的法學的研究，仍注重狄驥的社會聯帶說與滂德的社會法學。

（2）他利用東方圖書館藏書，對喪服與喪期的研究有深長的進步。他在《學藝雜誌》發表〈喪服的本則與變則〉論文，從喪服與喪期尋繹中國古代社會組織及其演變可以說是這一問題的明確而深入的解答。

（3）他由中國社會組織與其他民族的比較研究，再深進一層作文化人類學及民族學的研究。除利用東方圖書館藏書之外，並經常到南京路中美圖書館求購此一部門的英文著作。

（4）顧頡剛編輯的《古史辨》第一集在北京出版，傳到上海。此書編列的論文，對於中國古代的歷史傳說，一件一件的加以否定。希聖認為古代史的破壞工作所留下來的真空，應依民族學的研究而重新建設起來。他在這一建設工作上，用了很大的功力。他發現了古代的傳說乃至神話，常包含著真實的社會史資料。

［點滴］商務編譯所的編輯們可以利用東方圖書館的藏書。我經常借書，主要是這樣的幾個部門：

（1）法律學的書籍，著重於法國的社會連帶學說的狄驥，美國社會法學大家滂德，和英國歷史法學家梅因，和德國日耳曼法學家基爾克，他們的著作。

（2）三禮的喪服與喪期有關的書籍，只要找到了就借來讀。我對於從喪服與喪期制度上尋繹中國的社會組織，特別是家族與婚姻，下了苦功。

（3）民族學的書籍，無論是進化論的，或是傳布論的，或是批判主義的，東方圖書館如無其書，就到市場上去選購。

（4）就中國思想的流派及其演變，再加工力，窮源溯流，在史學上有了進步。

（5）對一般社會與政治情況，漸次留心。

［自序］當此時期，北京大學同學對中國古代歷史提供兩大貢獻。其一是地質學與考古學家將人類歷史向前伸，至數萬年甚至數百萬年。另一是考據學家將古代典籍及其記載向後拉，至數十年甚至數百年。前者口號是「早！早！早！」後者呼聲是「後！後！後！」

顧頡剛編《古史辨》第一冊，在北京景山東街，即馬神廟出版，風行一時。歷史學界「後，後，後」之呼聲，更震耳欲聾。

希聖對民族學研究之興趣甚濃，當時著手於禮喪服制之研究，尋繹古代以婚姻與家族為根本之社會組織，由此推求神話與傳說中之史料，重建古代史。

［點滴］商務編譯所之外的學會，我首先加入的是學藝社。學藝社社友在編譯所裡者（有周昌壽、鄭貞文、范壽康諸位）介紹我入社。我對於喪服的社會學研究的論文首先在《學藝雜誌》發表。

［自序］我在《學藝雜誌》第七卷第四期，發表〈喪服之本則與變則〉，推出《儀禮》及《禮記》所稱一世、二世、三世、四世之計算法，與歐洲日耳曼法及寺院法親系親等之計算法相同。如此微小之發現，卻已竭盡心力，讀遍東方圖書館收藏之禮書，尤其是喪服學圖籍，以及英美民族學者之論著。

此後，我更從《禮記・檀弓》「古者不降，上下各以其親」一句話，推論商道與周道之差異。周道有與日耳曼法同者，商道則同於羅馬法。

孔子從周，漢行周道，中國社會組織由此樹立其規模。後世佛教之輸入與盛行，西北及東北游牧狩獵部落之移民與定鼎，皆未能搖撼其基礎。

民國十四年五月，上海楊樹浦一個紡織廠發生工潮，工人顧正紅被巡捕擊斃，激起上海各界的抗議。反英的群眾遊行，在南京路巡捕房門首示威。英國巡捕向群眾開槍，釀成所謂「五卅慘案」。

商務印書館小說月報社鄭振鐸，周予同等編印一個小型報名為《公理報》，鼓吹反英運動。（註）《公理報》的主編是《小說月報》主編鄭振鐸。上海學生聯合會的主幹。當時會址在南市，我去過一次。

希聖投稿，援引英國普通法，指責英國巡捕槍擊群眾之非法。這篇論文引起各界人士的注意。上海學生聯合會聘請希聖為法律顧問，提供有關慘案的法律意見。

［點滴］商務印書館編譯所所長王雲五先生諮詢我對於慘案的法律意見。我舉英國普通法例為答。依英國普通法，軍警若遭受群眾的暴動與襲擊，必須由當地的市長或鎮長向群眾三次宣布解散令，再過一小時十分鐘，群眾仍不解散而且繼續暴動和襲擊，此時才可開槍。如果軍警不經這種手續和時間而開槍殺傷群眾，應以殺傷論罪。王雲五先生研究這一些資料之後，投稿《大陸報》，陳述他的法律意見。同時我亦在文學研究會的幾個人臨時發刊的《公理報》上發表我的法律意見。上海學生聯合會的同人看見了《公理報》的論文，隨即約我為法律顧問委員會的委員。也就在這個時候，我參加了上海

學術界十個人連署的宣言，對南京路巡捕房槍殺群眾的慘案，表示抗議。上海《商報》發表社論，對這一宣言，為其聲援。那篇社論執筆者，是名記者陳布雷先生。

商務印書館《東方雜誌》為五卅慘案出了一期專刊。在專刊之首，即為希聖之法律論文，對英國巡捕之非法行為，加以分析與評判。

[點滴] 這件事對於我自己「非同小可」。在此以前，我的稿子只投《婦女雜誌》或《學生雜誌》。至此時，我的論文開始在那樣的大雜誌上發刊。

公共租界巡捕房向會審公堂提出控告。編譯所所長王雲五先生代表商務印書館出庭應訴。陳霆銳律師為其辯護人，希聖擔任辯訴狀的撰述工作，並隨同出庭聽審。

[點滴] 會審公堂的審判官是關炯之先生。他主張從緩並從寬辦這一案。英國領事力主嚴辦。捕房律師的意見以為五卅慘案激起如此大風潮，自不宜在群眾憤怒的期間，辦理這一案，因而力主緩辦。

編譯所同人每日上工，要在門首那座大鐘架上，抽出自己的卡片，插入鐘下的檔口，打一下，把上工的時刻打在卡片上。若是提早下工，也要打卡片，記下自己的時刻。我對於打卡片，沒有好感。因為我每個月薪資八十元，平均總有十元左右的薪資被會計扣了去，而會計扣薪，就是依據我的卡片記錄計算的。有時候，我實實在在不想上工，無論是健康關係或是意氣關係，不去上工，仍然照扣。每次打卡片，如何不引起我的疲勞與厭憎之念？

會審公堂的傳票來了。雲五先生邀我與他同乘汽車到寶興路找陳霆銳律師，一同到堂聽審。此後每星期五上午九時開庭，十二時半退出。我是「公出」，免打卡片和扣薪，還要在北四川路新雅或是武昌路廣州酒樓吃一頓午飯。每次開庭，關炯之先生和英國領事坐在堂上。第一案，第二案，一連串的案子都是印度捕頭站起來控告，張三倒提雞，堂諭罰洋一元；李四在街上小便，罰洋一元；然後審問一二違警以外的案子。

最後到了十二時，關先生宣布商務印書館案，捕房律師福來明有氣無力

的站起來，聲明本律師尚未準備，那堂上就宣布「延期一禮拜」，隨即退堂。

　　大約延了五六次期，最後一堂，兩方律師各說了幾句話，堂諭商務印書館存洋四千元，以後不得再犯。這一案才算了事，而我每星期五出半天，吃一頓飯館的機會也就沒有了。

　　由此而在社會上，發生了各方面的關係。

　　（1）希聖以在《學藝雜誌》發表論文之故，加入學藝社。一部分社友主辦《孤軍》月刊，至五卅慘案之後，孤軍社主辦何公敢力邀希聖為其撰稿。

　　（2）于右任先生創辦的上海大學，邀請希聖講授法學通論。因而與其教務長施存統及若干相識。上海大學門首有一上海書局，出售瞿秋白及蔡和森等編譯的小冊子，其中有布哈林的《唯物史觀》，分為若干小冊子，陸續出版。希聖讀了這類小冊子，遂對馬克斯與列寧的論著，求購其英文及日文譯本，深進一層研究。

　　（3）《醒獅週報》在上海創刊。希聖常與其創辦者曾琦、陳啟天、李璜諸先生接觸並交換意見。

　　（4）由於小說月報社的鄭振鐸、周子同、葉聖陶，與東方雜誌社的沈雁冰、胡愈之諸人的介紹，希聖與文學研究會會友常有接觸。《婦女月刊》主編者章錫琛退出該刊之後，創辦開明書局，希聖曾屢次投稿《婦女月刊》，此刻亦轉向開明出版的《學生月刊》投稿。

　　如上所述各方面，其左傾者為上海大學及文學研究會的一些人們。其右傾者為孤軍社與醒獅派。這兩個集團都是以國家主義為標榜，而反對共產主義的。

　　[點滴] 于右任先生在上海創辦上海大學，由於編譯所同人的推介，我擔任了一門「法學通論」功課。那是民國十四年秋季始業的學年。我到閘北的一個里分房子裡，登樓上課。學校的設備是簡陋，但洋溢著革命精神和氣氛。

　　上海大學可以說是中國國民黨的革命前哨。上海大學學生祕密轉往廣州，致力黨務，尤其投身黃埔軍校者，絡繹於途。廣州的國共問題在那個里分亦有反應。我到上海大學上課的時候，看見壁報，有孫文主義學會與中山主義學會分別發出開會的通知。我對於這一思想的與政治的鬥爭，多少知道

一點，但未曾深入研究。

醒獅標明「國家主義」，鼓吹「內驅國賊，外抗強權」，有鮮明的旗幟。何公敢、林聯諸人亦傾向國家主義。曾慕韓先生等組成了中國青年黨。何公敢先生們亦組織一社團，名為「獨立青年黨」。

醒獅派人士此時已結成中國青年黨。孤軍社人士亦另結獨立青年黨。在反共的立場上，兩個集團是合作的。但獨立青年創刊的一個月刊，名為《獨立青年》，另有一個週刊，名為《獨立評論》，於反對共產主義之同時，又傾向社會主義。

[點滴] 他們力邀我主編《獨立評論》。我自己寫稿、編輯，並且發行這個小刊物。因為經費是自籌的，只得編寫一些小冊子，賣給商務印書館，拿稿費做印刷費。

《獨立評論》由希聖主編。他在那週刊上，標出「民族自決，國民自決，勞工自決」三個口號。所謂民族自決，與醒獅派的意見不同。所謂國民自決，即是民主主義。所謂勞工自決，乃是反對共產黨的「職業革命家」，而鼓吹工會運動。

[自序] 三民主義為中國革命之主流。五四起於北京，五卅發自上海，其所激起之民族、民主與科學，以及個人主義與社會主義之思潮，皆匯合於國民革命之主流，有如長江大河東歸於海。

國民革命之主流，又以廣州為策源。中國國民黨中央在廣州，蔣校長與黃埔軍校之威名遠播海內外。

在此革命大潮流中，希聖受上海大學講師之聘，教法學通論。上海大學實即為黃埔軍校之上海前站，有志從軍之學生進上海大學轉廣州投黃埔，比比皆是。

我以文字緣，加入何公敢主辦之《孤軍》雜誌，由孤軍社更發展為獨立青年社。我自己主辦《獨立評論》週刊，為《獨立青年》月刊之一支。兩個刊物皆標榜「民族自決、國民自決與勞工自決」。獨立青年社與國家主義派甚為接

近，與創造社互相對抗。

希聖與醒獅周刊曾琦、李璜、陳啟天諸先生時有往還。

商務印書館出版書刊，通行全國。一面遵守北京政府之法令，一面顧及廣州國民政府及中國國民黨之政治主張與革命運動。實際上，《東方雜誌》、《教育雜誌》、《婦女雜誌》以及《小說月報》，編輯同人多傾向國民革命。希聖交往較密如胡愈之、樊仲雲、鄭振鐸、葉聖陶、周予同諸人皆是如此。

環龍路中國國民黨上海執行部寫信給獨立評論，認為這「三自決」的主張，符合三民主義，力勸其加入中國國民黨。這是希聖接近中國國民黨的第一步。

[點滴] 我的社會政治關係左至共產主義，右至國家主義，可以說是廣泛。但是我的社會政治思想路線，左亦不至共產主義，右亦不至國家主義。

上海的五卅慘案之後，廣州亦發生沙基慘案，全國各地的學潮接踵而起。上海的工潮更是風起雲湧。商務印書館三所一處的職工亦以罷工為後盾，向公司當局提出九條件。希聖被推為罷工最高委員會顧問，草擬勞方對資方的往來文件。

[點滴] 上海工人數量最多的是紡織業，但是工人智識最高的是印刷業。在印刷業中，工人數量當然以商務印書館印刷所為最多，並且除了印刷所的工人之外，還有發行所、編譯所與總務處的店員和職員。在那罷工潮裡，商務的三所一處職工實行大罷工，向公司提出九項要求，還組織罷工最高委員會，與公司談判。罷工最高委員會約我做顧問，幫助他們撰寫文稿特別是法律文件。

編譯所的編輯，在舊社會裡，原是「先生們」。先生們上工之後，各自伏案作文，或搖頭念文，嗡嗡之聲，到處可聞。我到所時，已經是五四運動之後，先生們也就現代化了，那搖頭讀誦的風氣已成過去的陳蹟。然而讀書人不講錢，還是傳統的習慣。五卅之後，先生們參加罷工運動，與工人一樣向公司講待遇，於是編譯所的風氣為之一變。

　　罷工風潮是很快的結束了。但從此以後，印刷所與編譯所的工作效率，顯然日趨衰退。有時一本稿子從校訂到印刷，一年半載出不了書。

　　我在清寒而安定的自由職業生活中，積了一點點錢。民國十四年年底，決計搬家，從天通庵華壽里搬到寶興路逢源坊。前者房租每月十六元，後者每月二十五元。這一下將我在海寧路郵政局的儲金都用盡了。

　　華壽里沒有電燈。現在逢源坊的房屋有電燈了。雖同為一樓一底，但是現在的房間比較寬大一些。我夫婦決計接母親從故鄉黃岡倉埠鎮到上海來住一個時期。

民國十五年（1926）

　　民國十五年為中國大革命到達最高潮的一年，亦是希聖從久病困頓之中，挺身站起來的一年。

　　[分統] 三月十八日，海軍局代局長李之龍擅自命令中山艦由廣州開往黃埔，陰謀脅持蔣校長，送往蘇俄。二十日，全案破獲，汪兆銘祕密離粵赴法。五月十七日，中央全會通過整理黨務案，限制共黨分子跨黨滲透活動。二十二日，通過迅速出師北伐案。

　　四月，次子福來生。此時已自華壽里遷居逢源坊。

　　[思歸] 民國十五年三月十五日，我生了第二個男兒，命名福來。民國十五年春季，希聖商務印書館編譯所月薪加為大洋一百元。我們迎接婆婆來住，一住就是三月。我懷胎走路很吃力，婆婆來了，只好去寶山路那邊買菜。這一天，剛從街上回來，肚子很痛，就要生孩子，這是第二個男兒，就是福來。四月裡，婆婆要回去了。我們雇了一輛馬車，送老人到法租界十六鋪搭江輪。我們看著江輪開船時，已經十二點，電車已沒有了，只好步行回家。由法大馬路轉浙江路，再轉中國地界閘北逢源坊家裡，三個小孩都睡得很好，我們二人真是累得要命。至五月間，希聖感覺自己發燒，頭痛不吃晚飯，提早上床休息—他要我扶起大便，水泄完了，忽然全身倒下來。

　　[自序] 五卅運動轉瞬一年。蘇州學生聯合會代表來上海邀我參加五卅慘

案一週年紀念大會。我在蘇州東吳中學操場，孫傳芳部下軍警林立中間，登台演說「廢除不平等條約」，響應廣州革命之號召。比及蔣總司令誓師北伐，上海為之震動。獨立青年社在廬山開會。當時，我在寶通路逢源坊寓所，患傷寒未往。會議決定自行解散。何公敢、林驂諸先生由廬山返上海，商得希聖同意，然後發表聲明，《獨立青年》月刊與《獨立評論》周刊同時停刊。

　　六月，希聖患傷寒，病勢危急，家中不名一錢。編譯所同人顧壽白先生替他診治，林摋先生替他買藥。冰如不得已，在編譯所門口鵠候李伯嘉。她等候了兩小時，至伯嘉放工出門時，才借到了五元。

　　希聖在高熱中，腦力特強。他在病床上，執筆寫信，將近千字，寄黃岡倉埠鎮，請求老家匯四五十元作為醫藥費。他在信中說：「與其等我死後，寄錢來買棺材，不如先寄點錢來，救我的命。」他的老家置之不理，他又寄信到漢口，請他的叔父富源煤礦公司總經理寄錢，他的信中說：「我家在富源公司有優先股，姪亦有份。請先借五十元，或三十元，應醫藥急需，將來在紅利中扣還」。他的信亦如石沉大海。

　　希聖之兄述曾自漢口來到上海，看他的病。他在逢源坊住了幾天，回漢口時，留下三十元。希聖告訴冰如說：「這錢不可用，他不久就要索還的。」不久以後，果然要回去了。

　　希聖借貸無門，呼天不應，乃拿出舊存之親屬法講義稿，請王雲五先生許可，作為抵押，暫借五十元。如此治療，三星期後，顧壽白先生認為危險期已過，但其左肺部又患了肋膜炎，仍繼續為其治療。

　　[點滴] 自五月至六月，我的病從傷寒轉為肋膜炎。館醫古恩康突然來到舍下，用聽筒聽了我的肺部，又用指頭敲了兩下。他說：「誰診你的病？」我說：「顧壽白先生。」他說：「顧壽白懂得什麼，你肺部滿都是水。」那醫生說完就走了。此後顧先生又替我治肋膜炎，一連用靜脈注射十四針。我的病勢才算好轉。

　　我拿著手杖，走出大門，到弄堂口。那看弄堂的皮匠說：「這個人要死了。」我答覆他說：「我是死過了來的。」

　　到了七月，我抱病勉強到編譯所上工。因為上工就可拿到半個月薪資。

鄭貞文先生（物理部主任）看見我那種疲弱的神氣，對王雲五先生說：「陶彙曾病得這個樣子，怎能上工？讓他做半天，並且換一把籐椅子給他坐。」

從此我也坐了籐椅子。這時我的月薪加至一百元，桌子已經大起來，並且加上了五隔木架。每月可得一百元，這個數目比過去是大得多了。但是其中的半數仍然付給北四川路內山書館與南京路中美圖書公司，買日文與英文書。其餘半數先留下房租，所餘的二十幾元才用為家庭日常生活。換句話說，薪資是增加了，家用未曾增加。

至七月間，希聖勉強起床，到館醫古恩康處，請求其簽署證明書，領取疾病扶助金三十七元五角。古醫生最初不理。希聖坐候兩小時，那位館醫用英語對另一位女醫生說：「這種人總是這樣用病騙錢。好在那不是我的錢，我簽字好了。」他估量希聖不懂英語，希聖此時實在無力反抗，也只好作為不懂。

[點滴] 我想走，走了領不到錢。我想打，又沒有力氣。我作為不懂，等他簽了字，拿到單據，忍氣吞聲的回家。過一天領到了那三十七元五角疾病扶助金。

孩子們沒有玩具好玩，每天無事，就在客堂間裡竹床之上堆菊花牌牛奶罐子，和假山一樣。我深切領略了大都市裡職工生活與社會問題的真實況味。

九月，希聖到上海法政專門學校講授親屬法。除到編譯所上工而外，每星期一日下午，從閘北到法租界金神父路底法政學校上課。

十月，法制經濟部同事梁鋆立先生請希聖到北四川路圓明園路東吳大學講授政治學。每天是那樣忙，到了夜間，趕寫《親屬法大綱》的稿子。

[點滴] 到了十二月，《親屬法大綱》寫成了，拿到商務，取得稿費五百四十元。我還了二百多元的債，還有二百多元在手。健康也恢復到六成。眼睛已變為近視，但尚未自覺。

民國十六年（1927）

　　一月，忽一日，希聖在午飯中，接到中央軍事學校武漢分校來電，聘為中校政治教官。希聖興奮之餘，將筷子插在腰間，對冰如說：「中校教官！我要帶指揮刀了！」他立刻定了一艘江輪的房艙，一家人啟程前往武漢。商務印書館編譯所的工作也就辭掉了。

　　他在啟程之前，曾訪問好幾位國民黨友，從他們的口裡，得知國民黨與共產黨的關係，及其現狀。他夫婦和三個小孩上船之後，為了避免孫傳芳部屬的查緝，躲在房裡，不敢露面。他的房間隔壁是毛一亨和梅思平。他們也是躲在房裡打麻將。大廳的壁上，掛著一面鏡框，其中是「五省聯軍總司令孫」的布告，那就是嚴重的警告。但是輪船一過安慶，船員將那鏡框翻轉來，另一布告顯示在旅客的眼前，就是「國民革命軍總司令蔣」保護行旅的命令！

　　一時之間，大廳裡集合了一批革命黨人，其中不少是希聖的朋友。他的一家也就走出房門，隨意行動。

　　希聖到了漢口，捨舟上岸，就看見了白布黑字的標語，高張在街頭。那上面寫的是「打倒昏庸的老朽！」「反對軍事獨裁！」那所謂「昏庸老朽」是指著中國國民黨中央常會主席張靜江先生。那「軍事獨裁」是指著領導北伐的蔣總司令。那些標語使希聖觸目驚心。革命陣營的裂痕悚動了這個志願參加北伐的青年人的心境。

　　他走進了武昌兩湖書院舊址，那是他的父親住過的地方，如今構成了國民革命軍軍官的訓練場。他在政治教官宿舍的一個房間住下。他換了軍服，學打綁腿，還使喚一個勤務兵。只可惜軍官們一律不帶指揮刀！

　　[點滴] 我接受了任命狀，是蔣校長署名頒發的。我的姓名，原是「陶彙曾」。但任命狀上寫的是我的別號「陶希聖」。從此以後，我就以字行了。

　　我的三叔公迪先生一家在漢口。我到他那裡去見他。他劈頭一句話是「你回來了，你做共產黨了」。此外沒有別的話可說。

　　到武漢不久，他兼任軍事委員會總政治部政治工作人員訓練委員會常務委員（主任鄧演達〔擇生〕）。那訓練班設在糧道街福音堂。他一家人亦就住

在福音堂偏院的小樓之上。

又不久，他接受了武漢大學的聘書。武漢大學設在漢口博學書院的舊址。他從武昌過江到漢口，還要走十幾里，才到校上課。他在中央軍事政治學校武漢分校是學生們推重的政治教官，同時在武漢大學又是有聲望的政治法律教授。

[自序] 初到武漢的職名：
（1）中央軍事政治學校中校政治教官。
（2）軍事委員會總政治部政工人員訓練委員會常務委員，主辦訓練班。
（3）武漢大學教授。

武漢分校的政治課程，無論是〈社會科學概論〉,〈各國革命史〉,〈無產階級政黨史〉，或是〈帝國主義侵華史〉，都是從工業革命講到資本主義，和階級鬥爭。希聖擔任的課程著重於列強的侵略與不平條約的束縛，而說明國民革命的本質與意義。

國民黨每星期的總理紀念週是星期一的上午，或是集中在一個高級機關舉行，或由各機關分別舉行。共產黨的週會卻是星期日舉行。他們定下的政治報告與宣傳口號，由他們黨員帶到國民黨的紀念週會去「照本宣科」。所以武漢各機關的標語、口號乃至對於每一重大問題或重大事件的論點與說法，都是一致而且集中的。

共產黨人認為政黨是階級的政治組織。他們自稱無產階級的黨，而指中國國民黨為四階級聯盟。所謂四階級就是民族資產階級、小資產階級、工人與農民。共產黨的組織對國民黨的滲透和分化，就是憑借這一理論。

[點滴] 共產黨徒自命為無產階級黨。北伐軍到達漢口之後，他們要在這裡建立無產階級革命的大本營。鮑羅廷所以策動「聯席會議」，設立國民政府在這裡，就是看中了這一層。

希聖對於三民主義與共產主義的分野不是陌生的。他的眼光亦看透了共產黨徒如何依附國民革命而破壞國民革命的把戲。他迫切的須要更深的了解

實際的政情。他與童冠賢、李超英、周炳琳、梅思平、呂雲章等,每星期到漢口福昌旅館,一間小房子裡,鎖了房門,交換消息和意見。在幾個月裡,他們一個一個東走南京。只賸下周佛海還是武漢分校政治部主任,希聖還是政治教官,不敢再會談,甚至不敢多見面。

　　武漢的政局似乎是由政治部主任鄧演達主持一切。一般人只知道「鄧主任」,不知中國國民黨中央及國民政府,鄧演達相信共產黨的「工農聯盟」。倘如共產黨是工人階級的黨,他就以農民的領導者自任。四階級聯盟是不可靠的,惟有工農聯盟才是革命的中心力量。他相信群眾。一個大會明明只有三千人,他相信那至少有兩萬人。他相信農民的力量,每次到武漢分校來演講,常用手指著聽眾,高呼「現在,農民是起來了。」

　　[點滴]武漢各界不知道中國國民黨的中央,只看見,總司令部總政治部主任鄧演達的活動,及各軍師政治工作人員的宣傳活動,還有總工會與農民協會的煽動與鬥爭工作。

　　工會的組織與訓練是操在共產黨徒的手裡。漢口新市場的一個大廳裡,經常有工人集會,高唱國際歌。那裡的遊人都聽得見。總工會之下有工人糾察隊,持有武器,那才是共產黨指揮的「赤衛軍」。

　　總政治部發表土地問題的一項統計,表明中國的土地大部分在地主的手裡,中國的農民大部是佃農。這一統計就是共產黨及其工具作為煽動農民對地主鬥爭來解決土地問題的理論根據。

　　四月五日,汪精衛與陳獨秀聯名發表宣言,隨即來到武漢。

　　[分統]四月一日,汪兆銘自歐洲歸國,行抵上海。三日,蔣總司令通電聲明,支持海外歸國之汪兆銘復主黨政大計。五日,汪兆銘與陳獨秀在上海發表聯合宣言。汪遂潛赴武漢。九日,汪接任鮑羅廷指使中共部署之中央黨部及國民政府主席之職位。

　　在共黨操縱之下,群眾的歡迎與擁護是熱烈到極點。每一大會之中,橫在會場上的大標語,是「擁護工農小資產階級的民主獨裁制」。這一口號,就

是此後二十二年之後，一九四九年七月，毛澤東提出的「人民民主專政」的歷史的先例。

共黨對於他們的國際同志，特別標榜李卜克奈西與盧森保二人。這兩個名字，經由共黨再三再四的大宣傳，給予一般知識界以深刻的印象。自歐戰發生，第二國際即告瓦解。德國社會民主黨亦相隨破裂。其左派分子脫黨，自組「獨立社會黨」，而獨立社會黨的急進分子又組織「斯巴達可斯團」，其領導者為李卜克奈西與盧森保女士。此二人在戰時被拘在監獄裡。德國戰敗時期，獲釋出獄，即在獨立社會黨內，組織斯巴達可斯同盟。

民國七年，德國十一月革命爆發，威廉二世退位。列寧派代表到德國與李盧二人聯絡，於是斯巴達可斯團脫離獨立社會黨，改名為德國共產黨。他們企圖再起暴動，而被捕，死在監獄裡。

中共在武漢時期，特別標榜李盧二人，其用意顯然是教導共產黨徒，學習斯巴達可斯團，奪取國民黨的黨權，並進而分裂國民黨。中國國民黨畢竟被它分裂了。

希聖到武漢不久，適逢陰曆新年。漢口市的工人從元旦到元宵節，從江岸碼頭到工廠，處處怠工。《民國日報》的印刷廠幾乎全部停頓。總編輯沈雁賓召集工人講話：「本報是革命的宣傳機關，怠工就是反革命。」這一頂帽子有效力，他們便照常上工了。

有一次軍校武漢分校學生在過江碼頭上與碼頭工人衝突。總工會派人帶了那四個工人到學校來提出抗議。校務委員會立即開會，決定集合學生，排列隊伍，恭送工人們到江邊，表示軍人對無產階級的歉意。

漢口新市場的大廳，是共產黨訓練工人的場所。遊人們都聽見那大廳裡，不斷的唱〈國際歌〉。

群眾大會在武昌的閱馬廠與漢口的新市場，時常舉行。五月一日勞動節，希聖代表武漢分校政治部到新市場參加。那講台上排列著三張像片，中間是馬克斯，右邊是孫中山先生，左邊是列寧。登台演說的人們是瞿秋白，鄧中夏（即北大學生與張國燾齊名之鄧仲懈）等。中國國民黨湖北省黨部代表鄧初民最後說話。他自稱其代表本黨向無產階級道歉。他鞠了躬又鞠躬，那種媚事共黨的言語與態度，使希聖毛骨悚然，坐立不安。

黃岡故鄉雖然到處有農民協會的組織，而佃農對地主的鬥爭並不猛烈。

希聖寄信給蔡家叫的佃農葉進山到武昌來，告訴他說：「田地對於我沒有幫助。我也決意不靠家產為生計。請你們把我自己應得的一份田地分了吧！」葉進山不肯表示承受。希聖家族為此懷疑其加入共產黨。

汪精衛與鄧演達諸人不過是浮在政治的表面。政治的內層是共產黨，同時共產黨亦不過利用唐生智的第八軍。當時張發奎的第四軍、程潛的第七軍和陳銘樞的第十一軍，亦是武漢政權的支持者。

汪精衛到武漢之後，主張北伐。五月唐生智領軍出發，六月進軍鄭州。共產黨政治陰謀是武漢的北伐軍與馮玉祥的國民軍在中原會師，同時兩湖與兩廣的農民革命發展為農民軍，然後從京漢與粵漢的縱貫線，以大包圍的態勢，對南京施展其軍事政治的攻擊。但是共產黨這一政治陰謀終於破壞了。汪精衛與馮玉祥在鄭州會議未能達到會師東進的目的。

恰好在唐生智領軍北伐的時期，夏斗寅（靈炳）的鄂軍由宜昌東下。他的名義是在楊森的川軍追擊之下撤退。實際上是川軍跟隨著鄂軍，企圖乘虛而入武漢。

夏斗寅的先頭部隊於五月十七日到達紙坊，逼近武昌不過四十里。汪精衛下令軍事政治學校與農民運動講習所合組中央獨立師，協同葉挺的一師，向紙坊出擊。那農民運動講習所的主任乃是毛澤東。

[點滴] 夏軍的先頭部隊是萬耀煌師。軍事政治學校（此刻已將武漢分校字樣去掉）與農民運動講習所合組為「中央獨立師」，任侯連瀛為師長，楊樹松為副師長。獨立師編成之後，立即與葉挺的十一師，由武昌出發。

希聖的家屬已由糧道街遷居水陸街。武漢政局已在大動盪中。希聖訪問周佛海夫婦，勸他們到漢口進租界。希聖自謂：「我是本地人，只要換一件便服，到處可以隱藏。」周夫婦懷疑希聖是偵查他們的行蹤的，不敢答話。周太太拿出一件舊嗶嘰長衫，送給希聖。一轉眼間，希聖從前門告辭而去，他夫婦就從後門出去，立即過江，然後由漢口搭輪船往上海去了。

希聖次日到軍校，發現了全校一片紛亂，正在編成隊伍，準備出發。政治教官之中，亦有共黨的黨團小組。其負責人是商務印書館編譯所舊同事，文學研究會的一分子吳文祺。吳教官一見希聖，立刻拉到政治部編隊。希聖

既已接受了三色帶，也就答應一同出發。希聖回水陸街住宅，囑冰如帶領孩子們下鄉歸里。次日清晨，希聖隨著大隊伍出城到紙坊車站。那夏軍的先頭部隊早已連夜後退了。吳文祺之妻原在軍校女生隊做工作，此時她亦隨軍到站。她問希聖道：「文祺來了麼？」希聖答：「他昨夜打了好幾處電話，向朋友們告別。他是一定來的。」但是他們到底未能看見文祺的影子。

［點滴］夏斗寅部隊退得很快。獨立師與十一師追得也快。獨立師在咸寧駐紮不過幾天，就開往嘉魚。

當萬耀煌部隊到達咸寧時，派了一個縣長。此刻那個縣長隨軍撤退了。縣府人員逃散一空。

獨立師官兵們上了火車，開到咸寧。在車上，惲代英指定希聖為軍法處長兼特務組長，指導政治工作隊。

［自序］出發前線及戰地工作之職名：（1）中央獨立師軍法處長兼特務連長。（2）咸寧縣政府委員會常務委員兼司法科長。

［點滴］我由軍校隨軍出發往紙坊轉咸寧的時候，冰如帶領三個兒女從武昌渡江到漢口，搭小火輪往陽邏，坐二把手車子回倉埠鎮老家。

母子們剛才踏進老家的門庭，家中的姊妹們聽說我已經出發到前方打仗去了，便慫恿我的母親，向冰如要兒子：「你在武昌，眼看著我的兒子跟軍隊走了，不把他扣回來。你須去把他找回來。」在這種情勢之下，冰如一天也難得過下去。就在這非常為難的氣氛裡，我的一位堂嫂，也是冰如的族姊妹又是姨姊妹，由鄉間到倉埠鎮，轉漢口。她對我母親說：「嬸娘不要擔心，我陪大妹到武昌去，定要把二弟找回來。」

冰如實在無辦法，只得寄託兩個大孩子在老家，帶著小兒子（福來），隨著萬大嫂到漢口去。她們一行到了漢口之後，知道那夏軍的先頭部隊逼近武昌的就是萬耀煌（武樵）師。萬耀煌就是萬大嫂的胞弟。大嫂對冰如說：「我們在前方是敵人，在後方仍是姊妹和妯娌。」她每天陪著冰如到武昌，走遍傷兵醫院，看看有無希聖在內。

冰如無可如何，只得到兩湖書院，尋得軍校政治部祕書吳企雲。吳祕書

把我的薪餉交給冰如，並且告訴她說：「希聖在咸寧工作，請你放心。有消息便通知你。」

　　希聖駐在咸寧縣城工作了一個時期。他召集了農民協會，及工會、商民協會、學生聯合會、婦女會的代表，組成咸寧縣政府。他自任縣政府司法科長，接受人民的控訴，解決民間的爭執。

　　他發現了農民對地主的鬥爭，實際上破壞了社會經濟，而受害者仍是農民。因為農民協會「打倒土豪劣紳」的運動，把地主打倒了，也就把城市中的商業破壞了。商店的店東們大抵是地主。從前他們以土地為其信用的保證，原可周轉商業資金，如今他們的土地被沒收了，他們的商業信用也就失掉了。同時，店員們又組成了「委員會」，管理商店。於是商店沒有信用，更沒有資金，店中的貨物賣多少，店員們吃多少，如何供應農民所需要的肥料、農具、煤油、紙菸和絲菸，乃至草紙？因此，農民的耕作也就發生了極端的困難。農民對於共產黨的憎恨是增長了。

　　農民協會是實力派。他們有槍彈。他們有力量打倒地主。但是一般農民對於農民協會，大抵是一團怨恨。尤其開大會，要大眾參加。農民協會的命令是「不來就綁起來」。農民對於農民協會是敢怒而不敢言了。

　　農民合作社更是加在農民頭上的重擔。大眾出糧出布和出錢，卻分不到紅利，甚至買不到日用品。農民對於合作社是不能容忍下去了。商民協會的會眾向希聖訴苦。他們苦的是「委員會」。委員會一日不解散，生意便一日不能做。

　　咸寧縣政府收到了湖北省政府轉來外交部的批文，禁止當地民眾團體對亞細亞煤油代理商的鬥爭運動。希聖乃查問那個代理商。更深知「打倒資本階級」的運動對於農村經濟的損害。因為這家代理商除了經售亞細亞煤油公司的煤油之外，兼營南洋兄弟菸草公司的紙菸。煤油和紙菸兩項是農民的必需品。每日市場上，農民出售農產物換來的錢，就用到煤油與紙菸上。這家代理商又將他一天收入的現錢放出市場。一般商店大抵要靠這大批現錢作為周轉資金。此時總工會與農民協會使用壓力，沒收代理商的土地，同時命令店員組織「委員會」管理商店。於是煤油和紙菸的生意陷於停頓，而農民與商店兩方都受到困擾。

農民怨恨農民協會與合作社，到了極點。當夏斗寅軍的萬耀煌部隊開進咸寧縣時，農民群眾數百人包圍合作社，要求退股，並且打了合作社的職員。比及中央獨立師進擊萬部，進入咸寧之際，那農民協會拘捕為首的農民五人，扣押在看守所內。希聖此刻傳訊那五個農民，指示他們照實供述。他們都是小農，其中還有一個孤苦的寡婦。希聖審問之下，判他們無罪。

[點滴] 他們說合作社要求農民出糧食，出布匹，出錢，卻分不到紅利。他們說合作社被那些農民協會與合作社的職員們吃光了。他們只要求退股。

他們並沒有下手打，那幾百人確是打過了。我判決他們無罪。我的理由是農民協會應該糾正合作社的錯誤，不應該懲辦農民。

他又下令解散「委員會」，並且制上總工會和農民協會的專橫行為，清理訟案，視察監所，釋放了農民協會綁來要殺的小農民，開脫了善良的紳士。

這時適值五卅慘案的兩週年紀念。農民協會的書記來申請希聖說：「明天是五卅紀念大會，要把看守所扣押的幾個小農，綁到大會去殺掉。」他說：「這是慣例。不如此不能約束農民，使其接受協會的命令。」希聖警告那個青年書記，說道：「你有什麼權力殺人？開大會為什麼要殺人？我今天是中央獨立師軍法處長，要用軍法打破你們的慣例。」那個共產主義青年團的團員，滿頭大汗，悄悄的退出司法科，逃到武昌去了。

[點滴] 農民協會書記來見我，那是一個青年學生，顯然是共產主義青年團團員。他對我說：「明天是五卅慘案兩週年紀念。農民協會業已通告全縣各區農民協會，多派人來參加大會。」

我問他道：「農民不來又怎樣？」

他說：「農民協會的命令，不來就綑得來。」他又說：「打合作社的五個農民，必須綑到大會，當眾槍斃。」他請求我下令辦理。

我問他道：「為什麼明天大會要當場槍斃人？」

那書記說：「每次大會照例都要槍斃人，否則農民不從命令。」

我問：「誰決定槍斃那五個農民？農民協會常務委員會開會決定呢？還是你書記決定？」

他說：「書記下條子決定。」

我用嚴重的語氣，說道：「你聽著！我現在是中央獨立師軍法處長對你說話。我決定廢止大會殺人的慣例。農民大會如要殺人，我就要先槍斃你！」

那青年人滿頭臉都是汗，立刻退出我的辦公室。我立刻出來，向十一師政治部的方向走，中途恰好遇見那政治部主任陳興霸。我對他說：「我的部隊調走了。請你借帶槍的衛士四人，給我使用。」他問我做什麼用。我說：「我要拘捕農民協會書記，槍斃他。」

於是那書記拼命逃走到武昌去了。次日的農民大會便免去了殺人的節目。

咸寧縣城的共產黨工作人員們到武昌去控訴。他們指控希聖，說他是〈反動的軍閥〉，於是惲代英召希聖回武昌。並派鄺摩漢教官到咸寧來接替他的工作。希聖上火車之前，告訴鄺教官，無論如何，已放的人們，不可再行逮捕。

希聖搭敞車回武昌，未曾受到何等處分。

[點滴] 我從咸寧回武昌，先到兩湖書院，再返水陸街。冰如便派燕昌到倉埠去，迎接我的母親到武昌來。母親和五妹帶著兩個大孩子來到武昌。

那七歲的琴薰與四歲的泰來兩個孩子，每人的小臉上只剩下兩隻眼眶。他們面無人色，骨瘦如柴。他們的衣服滿都是泥土色。原來他們兩個在老家，無人看管，夜間都睡在地上，到半夜裡，泰來叫道：「姊姊，地上好冷。」琴薰和泰來次日早上醒來，家中的早飯已經吃過了。他們挨餓至中午，又不能到桌子邊坐下，一直等到家中人都吃完了，才找一點殘飯冷菜吃。他們經常腹瀉。泰來轉為痢疾。

冰如看著兩個大孩子是這樣，只有哭泣，不敢多問。他們也說不出什麼話來，一樣的哭泣而已。

此時共產黨中，已發生一種爭執。一派指責「農民運動過火」，另一派力主更加急進，實行農民革命，編成農民軍。

[點滴] 前一派是鮑羅廷的指示，與陳獨秀的主張。後一派是羅易的主張，與瞿秋白等的支持。鮑羅廷是第三國際派到中國來的代表。羅易是印度共產黨人，亦是第三國際派到中國來的。此刻莫斯科是在進行著史達林與托洛斯基的鬥爭。史達林對中共的指示，總是模稜與含混。所以他們二人的見解不同，也影響中共內部的爭論。倘如中共內部沒有這種矛盾和鬥爭，我這條生命斷乎不能留到現在。

希聖回到軍校，周佛海已逃往上海，其政治部主任出缺，由施存統接任。希聖被任命為政治部祕書，並在施存統未回武昌之前，代理主任。他召集了軍校學生大會，講演前方的情勢，指出了農民運動不僅完全落空，並且造成社會經濟的危機，招致一般小農的怨恨。他針對著鄧演達的口號，舉右手指著會場，說道：「現在，農民並沒有起來。」

「中央獨立師」計有一師三團，其駐紮金口的一團邀希聖演講。校中派小汽車送他去。在武昌的長街與橫街行駛小汽車，真是雞飛狗走，路人側目。小汽車走了兩小時，到達金口，已是黃昏之後。次日清晨，希聖在廣場上演說農民運動完全失敗。他演說完畢，才知道那小汽車已於清晨開回武昌。團本部的官長冷淡相待，不替他安排回程。他只得獨自步行，到江邊雇小划，回到武昌。

在此時期，湖南的「馬日事變」，業已震動了兩湖的社會。

[分統] 七月廿一日，何鍵部下團長許克祥進兵長沙。搜捕共黨。是為「馬日事變」。

湖南各縣農民群起響應。駐在漢陽的何鍵軍長亦發表反共宣言，主張分共。

馬日事變之後，武漢三鎮分別為三種局面。漢陽的駐軍是何鍵的部隊，他是反共的。漢口的駐軍是程潛的部隊，他是庇護共產黨的。武昌的駐軍是張發奎的部隊，他的態度尚未分明。

當唐生智從河南前線回到武漢的時候，共產黨發動了各學校各團體，集合於大智門車站，以十萬人的大陣容，盛大的、熱烈的歡迎「唐總司令」。不

料唐生智回來之後的次日，在《民國日報》發表一篇論文，題目是〈論小資產階級〉。大意是指責共產黨人誣毀國民黨為小資產階級政黨。他亦即於這天轉往長沙。他對待共產黨的態度是模稜與曖昧的。共產黨人大為失望。

這時，中央獨立師已回校復課。忽一日，又開拔到南湖「打野外」。全校官生在野外逗留兩三天，仍整隊回校。希聖亦隨隊往返，到後來才知道共產黨利用軍校官兵，意圖對「反共勢力」加以鎮壓。

七月中旬，汪精衛決定「分共」。忽一日，中央軍事學校（武漢分校的字樣已經去掉了）全校學生排隊，一路喊著「擁護汪主席」，「擁護工農小資產階級民主獨裁制」，到張發奎「第二方面軍」的總司令部去參加擴大紀念週。不料汪精衛就在這次紀念週上，宣布分共的決定及其經過。散會之後，軍校的隊伍悄然回校。

[分統] 當時，共產國際第八次執行委員會在莫斯科開會，通過〈中國問題決議〉，指示中共擴大土地革命，武裝工農，擴充軍隊，改造國民黨左派。這個命令到達武漢，被共產國際派到武漢的印度黨人羅易，洩露給汪兆銘。由此而武漢政權於七月十五日宣布分共。

惲代英在校本部召見希聖，告訴他說：「今日時局在變化中。程潛主張東征，張發奎主張南下。我們決定將軍校改編為教導團，跟隨第二方面軍南下，回到廣州。第二方面軍政治部主任是郭沫若，請你擔任教導團政治指導員。你的辦公廳有一個祕書，十個幹事，幫你做工作。」

希聖趕緊結束政治部，所有案卷乃至家具，一概造冊，準備移交。一日有程某來見，自稱他奉惲委員之命，擔任政治指導員辦公廳祕書。希聖知道此人是軍校共產主義青年團支部書記。希聖明白的告訴他，說道：「以前國共合作，我和你們也就合作。現在國民黨已經分共了，我以何種立場與你們合作？」那程某面容慘白，立刻退出。希聖亦回到水陸街，偕同冰如與孩子們急行遷居福壽庵，在此隱藏了將近一個月。

[點滴] 在我們搬家以前，我們已派燕昌護送母親和妹子回鄉。他們從水陸街動身之前夕，我對母親說：「時局有大變化。我必須隱藏。我手裡只有國

庫券，也用完了。只要你給我五十元或二十元，度過兩三個月，我就可以出頭做事。」

我們的國庫券原有四百元，已經買了一些布匹和零星禮物，交給母親帶回鄉里。

母親和五妹未曾留下一元，第二天一早就動身回鄉去了。

［分統］八月七日中共在共產國際指示之下，召開緊急會議，由羅民那茲主持，指責陳獨秀「機會主義」，改任瞿秋白為中共總書記，決定在湖南、湖北、江西、廣東四省組織農工暴動，建立蘇維埃政權，是為「八七會議」。

希聖在福壽庵分租的一間房子裡，每日躺在竹床上，把僅餘的一部鉛印《資治通鑑》，從頭到尾，讀了一遍。

［點滴］有時寫一篇短文，由冰如帶到糧道街投入郵箱，寄給漢口《中央日報》副刊。

忽一日，《中央日報》副刊（孫福園主編）刊登一個啟事，尋找陶希聖。他知道教導團業已開拔，向南進軍。他才走出福壽庵寓所，過江到報館去。他辭謝了宣傳部的任命，專為副刊撰稿。他提出了「分共之後，仍然革命」的口號，博得了國民黨內的同情與響應，尤其是共產黨「八七會議」之後，整肅出去的游離分子群起響應。施存統即是首先響應之一人。

［點滴］首先響應的是施存統。他是共黨「八七會議」之後，整肅下來的一分子。我約他到福壽庵談話。他才告訴我說：「共產黨未拉你入黨，是留下一個左派，在黨外與他們合作。」他又說：「如果共產黨迫你入黨，你今天的生命如何，就不可知了。」我聽說這話，毛骨悚然。

武漢政權分共之後，軍事委員會總政治部主任為陳公博。陳公博留滯江西，其職務由祕書長許德珩代理，由於周炳琳（枚孫）的推介，許德珩任命希聖為總政治部祕書處長。

[傳記] 任武漢軍事委員會總政治部（主任陳公博，後朱霽青繼）祕書處主任兼宣傳處長及黨軍日報社長。

此後不久，陳公博辭去總政治部主任的職務，由朱霽青先生接替。希聖以祕書處長的地位，自行辦好一件公文，改任自己為總政治部編譯委員會的委員，那是一個閒散的職務，而且是在武昌曇花林辦公。他藉此可以避開實際的政治工作。朱霽青先生就職以後，首先的一件事就是留住希聖，要他續任祕書處主任，兼任宣傳處長，並兼任黨軍日報社長。此刻是武漢政權實行「現金集中」的時候。中國銀行及交通銀行的紙幣不值錢，「國庫券」亦同廢紙。一元的紙幣只能買到油條二支。而且油條鋪子也關了門。

武漢大學送了銅元一大袋，《中央日報》總經理楊綿仲先生送了銀元七十元。家用是有著落了，但是一些朋友仍然依賴他的資助。

[點滴] 我在漢口辦公，不得不搬家到漢口。漢口寧清里振興隆商號的樓上有一間房，租下來了。冰如帶著三個孩子，雇挑子將行李箱子挑到武昌江岸。忽然大雨傾盆。冰如帶著孩子，跟著挑子，下高坡到江邊，雇划子過江。划子在雨中盪過了江。冰如先把孩子送上江岸，再把行李箱子一件一件拖上江岸，再由江岸拖上高坡，然後雇挑子將那些東西從一碼頭送到寧清里。挑夫走得很快，冰如拖著孩子跟著跑。他們到了寧清里樓上，已經是疲憊不堪了。

搬了家還要安家。她沒有休息，便去燒飯洗衣，捏煤球，打掃房間，做盡日常家務。她是病了，病了也是一樣工作。請來中醫並不高明，用了破血的藥。一日的下午，她不能做晚飯，臥倒在床，對我說她實在撐持不住。我有一個會要去參加。到了晚飯時候，小孩子們都餓了。她安慰小孩子們說：「你們今晚早點睡，我明天病好了，做好菜給你們吃。」那孩子們便忍餓上床睡覺去了。

冰如小產了，仍然不能休息，仍然做日常家務。我還是在緊張的政治工作中，不能顧到家務。

《中央日報》總編輯是陳啟修，總經理是楊綿仲。我到報館，總是與綿仲先生接頭。有一天，他送我銀元七十元。那是何等可貴而且難得的數目。武

漢大學發薪水，也搭發了銀元一袋，用作買米買炭和買菜，在市場上大受歡迎。家中用費應該不成問題，但是一些朋友們的借支與接濟，占了用度的大部分。冰如治病尚且不能，養病更無此事。

南京的政局發生變化。八月十三日，蔣總司令為促成寧漢合作而宣布下野。九月十六日，南京成立了中央特別委員會，下令西征。

十一月七日，唐生智的部隊在武漢下游的武穴一戰失敗，他宣布下野。十九日西征部隊向武漢推進。

希聖此時辦理總政治部的結束，所有公文、什物，以及衛士的槍枝，移交西征軍接收。

冰如帶著孩子們先回倉埠鎮。希聖由後花樓的一個小巷子，下江坡，上了帆船，避往倉埠鎮。不料鎮上有了險惡的風聲，鄰居柳少峰先生勸他離家出走。

［點滴］我把總政治部結束辦好，亦即走進法租界，並且接洽了一艘帆船。那是陶氏宗族的一個族人的帆船，準備著由漢口運豆子到倉埠鎮的。我由後花樓的一條小巷子裡下了江坡，搭上帆船。那船伙把船調到一碼頭的鐵橋之下暫時停泊。就在這時，西征軍將領下江輪進漢口。他們一批一批從我的船頂上走過。

黃昏之後，帆船開了。一夜航行之後，第二天上午，日朗風急。帆船已由長江進入武湖。我橫渡了武湖，到達那巍臨湖上的倉埠鎮。

我在老家只住了三天。鄰居柳雪峰告訴我說：「風聲不大好，你還是往外邊走走。家中不可久留。」適逢孔文軒（庚）先生寄信來，邀我到漢口去。我立即動身，走陽邏，搭小輪，往漢口。

十一月二十六日，廣西軍的湖北籍將領胡宗鐸任武漢衛戍司令。原來的湖北省黨部改組委員會轉入地下工作。孔庚與鄧初民諸人領導這一工作。他們祕密帶信邀希聖到漢口參加工作。

希聖祕密居留漢口大智門附近法租界某里的一間樓上。他每日聽到的是廣西軍捕殺共產黨徒的消息。漢口濟生四馬路每日有槍斃共產黨徒之事。而

在廣西軍將領的心目中，原在武漢做黨務工作的人們大抵是共產黨。在這一恐怖之下，希聖只有打算脫離這個險境之一法。

江西省的局面是在朱培德將軍撐持之下。他在寧漢之間，保持中立。省政府接受南京的命令，省黨部卻是與武漢聯絡的。省黨部改組委員會書記長蕭淑宇及宣傳部長劉侃元，邀希聖到南昌，主辦黨務學校。希聖乃乘日本輪船南陽丸到九江，轉南昌。他在南昌只有一個短時間。

希聖辦理黨務學校，採取軍事政治學校武漢分校的方法。學生於政治課程之外，受軍事訓練。每天清晨，軍事教官領導學生隊伍以跑步出校，循湖岸到百花亭對面的廣場上操。旁觀的人們說道：「這是武漢軍校的學生隊。」

希聖協助民國日報社社長李實改革版式，使用長題與短題，長欄與短欄，拼成較為活潑醒目的版面。一般讀者亦認為這是從武漢來的。

希聖受到政治的壓力，自覺不安。省政府祕書長徐盧舟及民政廳長楊賡笙對他表示好感，但南昌教育界人士的懷疑，無法解釋。

[點滴] 第四方面軍有兩個軍。兩位軍長的觀感就有分別。金漢鼎軍長支持我，反之王均軍長懷疑我。後來的事實，證明了黨務學校專任教員黃克是共產黨的江西省委書記。同時《民國日報》副刊「野火」的編輯張古因也是左翼作家。

省黨部書記長蕭淑宇去職。適逢宣傳部長劉侃元請假回武昌的家。新書記長曾繩點初來接事。此人看出了侃元及希聖是在恐怖狀態之中。他約集希聖與宣傳部及《民國日報》負責同志開祕密會，要求他們參加他的小組織。他在會中，直斥侃元為共產黨。希聖於會後數日，得知侃元由武昌返南昌，乃派人往江邊迎接侃元，告以此項消息。侃元當時回頭往九江，仍回武昌。他隨即帶了家眷逃上海。

希聖亦於冰如抱病攜兒女由故鄉到南昌之後，即偕同到上海。

[點滴] 陰曆年關，我派甘燕昌到倉埠鎮接冰如和小孩們到南昌。冰如在老家病倒了兩個月。她的病是周身的脈絡有尖銳的疼痛，時而在臂，時而在腰，時而在腿，到處流動。那顯然是小產之後失調，形成了血虧。她在病床

上，醫藥既不得法，茶飯也無人照顧。陰曆年關過了。她抱病帶著孩子們到漢口，乘江輪，抵九江，轉南昌。

我們在旅舍裡，商定了脫離南昌，同往上海。我留了一封信給江西省黨部，隨即乘車往九江，改搭江輪，到上海去了。

[自序] 民國十六年一月，我回武漢；十二月，我離武漢。有如黃鶴樓與晴川閣對峙之下，滾滾江流之中，一葉扁舟，翻騰風浪之際，死裡逃生，仍返上海。當一身一家西上之初，決投筆從戎之志。及其捲入風暴之內，所得職名多種，而工作則不出演說、作文、開會、遊行之範圍。

在此一年中間，我見知與觀察所及，對國際共產黨之思想理論與戰略戰術，有深切之了解。

（1）我看透中共黨徒施行寄生戰術，推展統一戰線，從國民黨與國民革命軍內部，篡奪北伐革命領導權之謀略與作為。

（2）我認清中共所指「中國社會是半封建半資本主義」之理論，乃是附會其所持「農民運動與土地革命」之政策與戰術，並非出自中國社會結構與社會問題之客觀的分析與科學的研究。

[分統] 中國國民黨聯俄容共政策，至此均告結束。

民國十七年（1928）

民國十七年春初，希聖一家五口渡過了長江中部的大風暴，到上海大沽路居住下來了。族姪陶祖蔭從故鄉來，告訴希聖夫婦說：「二叔！你的家產已經分配完了。你家的現錢已被大叔在漢口耗盡，現物是搬到大姑的家裡去了。」此刻，希聖流寓上海，只有隨身攜帶的二百元。他的一只書架上，只有鉛印《資治通鑑》一部。

然而他未曾跟隨教導團南下，因而避免了南昌暴動，也避免了廣州暴動。否則他不死在南昌，也死在廣州。

如今剩有一家五口在人世間，他的面前仍有一線光明。他沒有錢，也沒有職業，只有一番痛苦的經歷，融化了他的思想，增加了他的見識，助長了他的文筆的毫芒。

二月初，中國國民黨中央舉行了第四次全體會議，寧漢合作，蔣總司令復職。三月底，第二次北伐。

　　希聖個人走到南京，最初在總政治部宣傳處做了編纂科長。那宣傳處長是周炳琳。

　　他在短短的兩星期之內，草擬了一些文件為第二次北伐的政治工作之用。他轉任中央陸軍軍官學校政治總教官，兼任政治部訓練科長。那政治部主任是周佛海。他安排政治課程，同時擬訂訓練計畫。他與周佛海，薩孟武，汪少倫諸人同住西華門舒家花園。他每星期總要回上海大沽路的家，逗留兩三日。

　　[點滴] 湖北省黨部改組委員會孔文軒，鄧初民與幾個同鄉潛行到了上海之後，辦了一個刊物，叫做《雙十》。這刊物出版不過幾期，但是它發表的論文，提出了「中國社會是什麼社會」這個問題，引起了熱烈的討論。

　　左翼分子出版了一個月刊，最初叫做《思想》，後來屢次改名。這個刊物也發表一些長篇論文，力說中國社會是封建社會，或半封建半資本主義社會。

　　周佛海主編《新生命》月刊。薩孟武先生與陶希聖經常執筆寫稿。希聖在這一月刊上發表他分析中國社會組織及其演變的論文。

　　兩年之前，希聖在《獨立評論》週刊，發表過一篇短文，分析中國社會，他指出士大夫階級與農民乃是中國社會構成的主要成分。他說明所謂士大夫階級是一種身分，而不是階級，而農民亦未嘗構成一個階級。他認為中國社會不是封建社會，而是殘存著封建勢力的商業資本主義社會。近百年來，在列強帝國主義的侵略之下，工業革命未能完成，而農業工業轉趨衰落。這就是中國社會的形態，亦即為中國革命的起因。那篇短文曾引起一些朋友們的重視。這兩年來，他在大革命潮流中，更加親切的考察了社會的結構。他發表一篇接著一篇的論文，解答「中國社會是什麼社會」，在社會上激起了普遍而密切的注意與重視。

　　中國共產黨及其外圍分子援引馬克斯的唯物史觀，認定中國社會為封建社會，主張農民革命推翻地主階級，要在民主革命中爭取「非資本主義的前途」。希聖這些論文，針對著中共的見解和主張，給予以深刻的評判。一時之間，這一辯論形成了思想界有力的潮流。

　　他在《新生命》月刊發表的幾篇論文，輯為一本書，名為《中國社會之史的分析》。由新生命書局發行。他打算印一千五百冊。新生命書局經理楊先生印了五千冊。著作者與經理人都未曾料到一年之內，連續銷售了六版，共約兩萬冊。

　　[語冰錄] 民國十七年，國民政府試行五權之治，設置立法院。吳德生博士受任為立法委員。我在《新生命》月刊發表一篇文章，說中國法學界有法律解釋學，而缺少立法政策學。如立法院對於民法法典，只是一些法律解釋學家將各國民法，東抄一條，西用一款，那民法就不能形成一個有系統有意識的東西。

　　當時，我主張要抄就要抄瑞士民法。土耳其革命後的民法就是全抄瑞士民法的。瑞士民法適合東方民族的民情風俗習慣，全文抄用有何不可。

　　吳博士有一天到上海來，與我相見。他說：「你這一篇東西把所有的立法委員都得罪了。最好不再寫這類文章。」

　　吳先生在立法院，曾起草一部憲法。他那部憲草，至今仍為中國憲法史家所記憶。在我的記憶中，他那部憲草，適應中國國情，而且切合國父遺教。雖未經立法院採取，但它的價值是存在的。

　　這年十二月，希聖辭去中央陸軍軍官學校政治總教官及中央黨部民眾訓練委員會訓練科主任之職，回到上海，加入「粵委」顧孟餘、陳公博、王法勤、朱霽青等的「中國國民黨海內外各省市黨務改組同志會」。

　　[點滴] 我的家由大沽路遷居蒲石路慶福里。那是一樓一底的房子，比大沽路分租兩間是寬多了。我們迎接了母親與五妹從故鄉到上海來居住。

　　我在江灣復旦大學中國文學系與新聞學系講述中國文化史，每星期二小時。自十八年至十九年間，未曾中斷。此外，勞動大學，暨南大學，中國公學及上海法學院，有時這裡，有時那裡，兼一門課。我有興趣講中國歷史，甚至在立達學園與復旦中學也上過歷史課。

　　陳公博主辦《革命評論》週刊。他經常約集執筆者會談。那些執筆者

之中，有程希孟、許德珩、潘懷素、陳翰笙、劉侃元、施復亮（即施存統）等，大抵是以唯物史觀來解釋三民主義的左傾分子。

十三年中國國民黨改組之後，共產黨稱這種理論為「中山主義」。至此時，那些左傾分子自稱為「革命的三民主義」。

希聖未曾為《革命評論》執筆。他仍在《新生命》月刊撰稿。

民國十八年（1929）

民國十五年七月至十七年九月，短短的兩年之間，蔣總司令領導國民革命軍兩次北伐，開創了國家統一的規模。民國十八年一月，編遣會議舉行，全國國民屬望和平。

〔分統〕民十七年五月一日，國民革命軍第一集團軍（總司令蔣中正）部隊進入濟南城，張宗昌部隊（即所謂魯軍）業已放棄濟南，且潰不成軍。日本自認山東為其勢力範圍，因而出兵青島，進兵濟南，企圖阻止北伐軍，由此造成「五三慘案」。殊不料革命軍繞道北進。三個集團軍展開包圍北京之戰略態勢。

日本方面希望張作霖保持奉軍，撤回東北，為日本守護其勢力範圍。張作霖不肯撤退，要與革命軍決戰。五月三十日，孫傳芳放棄保定，北京震動。張作霖這才決定退卻，自返奉天。六月一日，專車從東站出發。六月四日，專車行經皇姑屯站，突然被炸，車廂四散，吳俊陞死，張作霖傷亡。

六月四日，國民政府任命閻錫山為京津衛戍總司令。八日，第三集團軍部隊進北京城。六月二十日，國民政府改直隸省為河北省，改北京為北平。

七月三日，北伐全軍蔣總司令進北京。

〔分統〕十月八日，中央常會議決，任命張學良為國民政府委員。十二月二十九日，張學良發表易幟通電。東三省遍布青天白日滿地紅國旗。

不料地方軍閥無意弭兵。四月，中原戰爭發生了。此後外來侵略與內部戰亂交織，仍未能破壞國民政府的建設事業，亦未能阻止社會經濟的繁榮。

希聖在上海，沒有固定的收入，而論文的稿費與著書的版酬，足以維持家庭生活之必要費用。同時又在復旦大學、暨南大學、中國公學等學校，零

星上課，零星收受鐘點費，更可以供應他購置圖書的支出。這時候，他的興趣是在經濟學與社會學。馬克斯列寧的論著，以及批評馬列主義的論著，紛紛加入他的書架。但是民族學的研究仍未曾稍見停頓。同時法律學的課程仍在講授之列。

[自序] 十八年至十九年，我寫作最高紀錄是一個月十四萬字。我所持主題是「中國社會是什麼社會？」投稿以《新生命》月刊為最多。上海商務印書館之《東方雜誌》、《學生雜誌》、《教育雜誌》，以及其他書店之《春潮》、《民族》、《經濟學報》、《讀書雜誌》等，均有文章發表。我收集論文，編書發行，均有銷路。我與新生命月刊社同人趁此在海寧路開辦新生命書局。

[點滴] 這年復旦大學校慶，上午十時舉行大會，陳布雷先生和我均被邀參加慶典。布雷先生講話只是諄諄教誨，短短幾句。而我絲毫不顧慮典禮的時間，大放厥詞，講到十二點半，還沒有完。聽講的大眾寂靜無譁，但是主持典禮的李登輝校長及章益教務長焦灼不安。若是學生們沒有坐位，而站在大禮堂的話，不知道要倒下幾人。

這一年的論文，收編為《中國社會與中國革命》，亦由新生命書局出版。此外還有一些小冊子，如《中國之家族與婚姻》、《中國封建社會史》，都是以每千字五元的稿費賣給其他書店。

希聖的思想方法，接近唯物史觀而不墮入唯物史觀的公式主義圈套。他使用的方法是社會的歷史方法（Socio-historical Method）， 與桑巴德的《資本主義史》、奧本海馬的《國家論》，如出一轍。他用心用意，把《國家論》譯為中文，交給新生命書局出版。

[點滴] 我在思想上繼續對中共幹部派展開鬥爭。在這一思想鬥爭中，幹部派把兩頂帽子加到我的頭上。一頂是布哈林派，一頂是社會民主義者。其實我既不是布哈林主義，也不是考茨基主義。

我的工力是用到兩方面。一方面是用社會歷史方法解釋三民主義與國民革命。另一方面是用這一方法研究中國歷史，叫做「中國社會史」。

胡展堂先生發表了《三民主義的連環性》那本書，轟動了思想界。據說那

本書是劉蘆隱執筆的。《新生命》月刊經常投稿的幾個人，包括我在內，決定連續發表一些論文，鼓吹「三民主義的不可分性」，在思想界也一度激起了波紋。

我們所謂三民主義的不可分性，實際仍不過是企圖以社會史觀解釋三民主義。

我的中國社會史研究工作是粗放的工作。在賣稿為生的情景中，沒有多少善本書到手。我使用中華書局出版的二十四史，重新搜輯社會史資料。這套書是二十四史最低劣的版本。我在每本書上，塗抹甚至剪裁，來供我的參考之用。

剪報的工作在亭子間的書桌上，也是粗放的。我使用舊信封。每一信封裝進同一問題或同一事項的剪報。每次執筆作文，只是從抽屜裡檢出幾個信封，拿出其中的剪報，查出有關的資料，組織一下，就是五千字乃至一萬字的長篇論文。歷史是過去的社會，社會是當前的歷史。一個題目，若是將過去的歷史記載與當前的報刊記載，兩下一拉，也就構成了可以討稿費的文章了。但是這裡面還是要加一點氣力。一個思想正在發展中的無名作家，遠比一個思想已在僵化中的成名作家，有更大的氣力。這種氣力是兩種成分的結合。一種是深刻的觀察，一種是銳利的文筆。

談論與演講，只要是肯用心，乃是有效的整理思想與鍛鍊思想的方法。若是一個作家，到處虛心求教，隨時用心觀察，熱忱的懇談，傾心的演講，到了搜輯資料和下筆為文的時候，就會有得心應手的自覺。這種自覺也包含著一種自信。

新生命書局發行了一個週刊，名為《社會與教育》。希聖在這個刊物上，每星期發表一篇〈舊小說新銓〉。他評述了中國社會歷史的價值最高的三部小說：《水滸傳》、《紅樓夢》、《儒林外史》。他認為這三部小說可以概括中國社會的各階級。《水滸傳》描寫游民無產者的活動，《紅樓夢》描寫商業資本家與貴族的生活，《儒林外史》則為士大夫及鄉紳的生活。每一篇都力求其有社會學的意識與文學的風趣。

這年五月，大來生。

這年希聖住在蒲石路慶福里，至年底又遷居霞飛路霞飛坊。

[思歸] 大來只有幾個月，我們由慶福里搬到霞飛坊。因為原來一樓一底的房子不夠住，就搬到霞飛坊的三層樓房子。我們住三樓，婆婆住二樓。

樓下客廳裡是請一位家庭教師，教鼎來讀書。我一人要照應樓上樓下，實在照應不過來。這一天我在二樓陪婆婆做鞋子，談家常。大來初學走路，在二樓跑過去，跌過來。老人家叫女傭人把小孩抱下樓去。料想不到小孩子一下摔進開水盆子裡，燙傷了。我在樓上，忽聽得小孩慘叫，馬上跑下去，進廚房，看見那慘痛情形，兩腳軟在地上，爬不起來。我掙扎起，抱大來進紅十字會急救。那醫生用電燈烤孩子的燙傷，一天一夜，大來口裡叫媽媽，瞑目而去。

我們只得搬家，住在海寧路新生命書局的樓上，一共六間。客廳仍然做學屋。請家庭教師教姪兒們讀書。臥房三間，婆婆住一間。向大嫂帶鼎來住一間。我帶自己的孩子住一間。後來婆婆與大嫂另外分租兩間房居住，也是在海寧路，相距不過兩三個門面。

民國十八年至十九年，希聖在上海寫文，譯書及編書，博得一時的聲譽。他多方面的接觸，如中共的反對派分子，及第三黨分子，以及中國國民黨內的小團體。南京中央宣傳部對於他的言論和文章，深為不滿。同時，他的思想鬥爭是以中共幹部派為主要目標，當然受到幹部派的攻擊。他被幹部派指斥為哈林主義或社會民主主義。在他看來，這批評是不值一笑的。

希聖努力方向是這樣的。其一是以社會史觀解釋三民主義，其二是更進一步以社會史觀尋求中國歷史演變的軌道。

他的政治關係是中國國民黨改組同志會，但是他的努力是在研究工作與思想鬥爭。他不參與改組同志會的實際行動。他拒絕了第三黨的邀約，亦拒絕與鄧演達個人的會晤。

民國十九年（1930）

改組同志會總部移北平，屢次催促希聖北上。希聖力辭不赴。七月，汪精衛在北平開擴大會議，旋即失敗。

希聖在上海應商務印書館新任總經理王雲五先生之邀，進總管理處為總經理的中文祕書。另一位英文祕書是潘光迴先生。希聖與潘先生對面坐，辦理總經理的信札及公司的文書，尤其是公司的法律事務。

[點滴] 王總經理對我說：「有名的律師太忙，無名的律師不可靠。還是你這個不掛牌的律師能夠擔當公司的法律事務。」

我做總經理的中文祕書。哥倫比亞回國的潘光迥先生是英文祕書。我坐的椅子是四面轉的。桌子可大了，長到六尺，寬到四尺，滿桌的大玻璃板，右手邊還有兩架電話機。我是「當局待遇」，即與經理協理一樣，上下班不打卡片。

王雲五先生擔任總經理之先，曾到美國考察大工廠的科學管理。他就任總經理之初，設立一研究室，延攬科學工程學者十二人為研究員，每人每月薪資二百元，分任印刷發行及管理上各項問題。幾個月後，王總經理宣布科學管理的原則及實施的決心。一時全館三所一處職工提出十九條要求，反對科學管理。總管理處人事科所擬公司答覆稿不中肯，王總經理交給希聖改訂。那公司十九條答覆發表了，三所一處職工大譁，編譯所同人尤為激烈。他們推舉代表三人，包括周予同在內，到海寧路希聖寓所，勸告希聖辭職。代表們說：「商務同人第一次罷工的時候，你站在職工這一邊。現在你是當局待遇了，你替公司出主意，寫法律文稿。大家說你是資本家的尾巴，要張貼標語驅逐你。我們先來拜望，並勸你辭職。」希聖當即答道：「我明天辭職，但是我今天勸告你們復工。」他次日提出辭函，並申謝總經理與協理諸同人的挽留而去。

這一期間，他的寫作的努力並未減少。他寫了兩本小書，交給商務印書館出版。其一是《辯士與游俠》，論述戰國時期士人與游民無產者的各種社會政治活動。其二是《西漢經濟史》，論述西漢一代社會經濟與政治的演變。這兩本小書，表明了著者所用的「社會史觀」，亦即社會的歷史的方法。

他的《西漢經濟史》是大來兒夭折之後，由霞飛坊遷居海寧路新生命書局樓上，在沉痛的心境之中寫就的。

[點滴] 這年夏季，我同劉芳園、鄭振鐸們到莫干山避暑。我在那裡翻譯日文的馬克斯的人口論及其批判。大約二十天，翻譯了十萬字。

秋季開學後，我仍在復旦大學中國文學系與新聞學系講課，另在復旦中學兼講歷史。忽一日，復旦中學主任陳望道來與我商量。中學學生起了風

潮，要驅逐他。他宣布請假，要我代理主任職務。他隨即將校章與校款存摺等件都交給我。

　　次日下午一點，我到主任室稍坐。那布告欄裡已經張貼了學生的通告，預定當日下午三點開大會，討論主任問題。我把發起此事的學生四五人叫到主任室來。我告訴他們，下午三點許多班還有課，要他們改到四點。他們答應了，隨即再貼布告，將大會順延一小時。那知道一到四點，各班學生紛紛散學回家去了。發起大會的學生非常懊惱。我再叫他們來，告訴他們說：我決定明日上午八時召開學生大會，討論主任問題。他們很高興的走出辦公室。大學同學指導這次風潮的幾個人拉住他們說：「你們上當了。開大會要罷課，必須一鼓作氣，怎樣可以延期。那一小時的遲延，把大會搞散了。」

　　他們聽了這話，將信將疑。

　　再次日上午八時，學生大會由我主席，全校學生都到會。我首先宣布：「我代理主任的意思是維持你們的學業，關於主任問題，你們自己決定，我不參加意見。」全場鼓掌。我再宣布：「在大會自由討論主任問題之前，先將你們是否反對我來維持學業，提付表決。」學生們沒有異議。我提付表決：「反對我來維持上課的，舉手。」全場無一人舉手，否決。我宣布全校繼續上課，然後提出主任問題，請大家討論。全場一時默然無語。五分鐘後，學生們紛紛退席出場，各返教室。大會散了。

　　我把罷課之議打消之後，在北四川路新有天約集中學教職員同人晚餐，請他們推舉一個校務委員會，維持現狀。餐後，我搭火車到南京，暫避這一次風潮。

　　希聖辭去商務印書館的職務之後，到南京訪問幾位老友。中央大學的一個學生團體派代表邀請他到校演講。他在一個星期六的下午七時，走進化學講堂，講演〈戰國時期的辯士與游俠〉。他對那一時期的社會政治形態的講述，比他的論文更加透徹和生動。

　　[點滴] 我到南京，住在一個朋友家裡。中央大學的學生聽說我來了，派代表邀請我作一次演講。時間定在一個星期五的下午七時。講題定為〈戰國時期的辯士與游俠〉。中央大學的朋友對我說：「中央大學的課外演講一向沒

有學生去聽。學生們下課就走開了。要他們晚飯之後到校聽你的演講，是不能辦到的事。」我聽了這話，就送信給那幾個代表，婉辭演講。

星期五夜間，他們匆促來見，說他們挨了同學們的責罵。無論如何，要我去講一次。我不得已，答應星期六下午七時去一趟。預料星期六晚間聽講的人數，更比星期五還差。但是那天晚上我走到化學教室，裡裡外外擠滿了聽眾，幾乎走不進去。

戰國時期社會演變的分析，原是可以引起聽眾的興趣的題材。我講到信陵君救趙的一段，更使他們聽得「鴉雀無聲」。這一段講完，全場鬨動起來了。

這年年底，中央大學聘請希聖為法學院教授，每月薪金三百二十元，較商務印書館祕書薪資超出三分之一以上。

[思歸] 福來到了能走路的時候，他不吃肉，要湯泡飯。每天早上七點鐘起床，一天到晚不睡午覺。晚上六點鐘吃完飯一定自己上床睡覺，從不吵人。有一天晚飯時來一客人，坐在客廳裡聊天，看樣子不會走。我家沒有菜，只好煮麵，燒的是小爐子，一鍋水很難開。福來的習慣，是吃完晚飯自己上樓睡覺。那天客人不走，晚飯開不出來，他等不得。他在叫媽媽：「我不吃飯，我要去睡覺。」希聖煩不過，打他一筷子。他忽然發癇症，眼睛向上翻，口裡吐白沫，失了知覺。我們馬上找醫生。醫生說：「不能治好，就算治好了，也是糊塗的。」

[語冰錄] 福來四五歲即能讀小學一年級國語課本，智力頗高。偶被我用竹筷子打大腦際，數月之後，忽發癇症。每三兩月發一次，失去知覺，三四小時或一二小時即可蘇醒，讀書如常。

當時我在商務印書館編譯所，患傷寒病，曾請同事顧壽白先生診治，得告痊癒。福來兒之病，亦請顧先生醫療。顧先生用一種藥片，名曰 Sedobrol 囑以每日一片，於午飯前，給福來服。福來服此帶麻醉作用之藥，癇症不發，精神微呈變化，有時爬上汽車頂，有時奔上住宅之閣樓，至此雖停服此藥，但此五歲兒童語言能力漸見減退。

民國二十年（1931）

這年一月一日，三兒恆生在上海海寧路寓所出生。

[思歸] 民國二十年元旦，生下恆生，排行第三。我的表妹和嚴士夔來，他們說，你大來天折，這孩子應該過繼才好養，現在把他送給我們，他就長命百歲，不會生病。我答，願意送給你們，等他大一點，不吃奶，能吃飯，再送你家。恆生名字是他們起的。過年過節，都送東西，還送小衣服皮鞋等。後來因國家大難，我們失掉了聯絡。

民國二十年上半年，希聖在中央大學政治系講授中國政治思想史，在法律系講授中國法律思想史。校長是朱家驊先生，法學院院長是郭心崧先生，政治系主任是杭立武先生，法律系主任是謝冠生先生。

希聖每星期一及星期二在南京上課，每星期三回上海，至星期日再返南京。他在南京中央大學附近分租一個房子，每星期只住兩天。這兩天之內，還要到司法官訓練所兼任親屬法講師。

[點滴] 我擔任的功課是政治系的中國政治思想史與法律系的中國法律思想史。兩門功課每星期共計六小時。我請求政治法律兩系把我的課程排在星期一至星期三。我每星期只有這三天在南京，星期三的夜車回上海。星期日的早車到南京。從星期四到星期六都在上海。

在上海的日子，我為《社會與教育》寫稿，為新生命書局看稿和校稿。在南京的日子，除了上課之外，就是編那兩門功課的講義。中國政治思想史講義的初稿是極其簡單的，還不能成書，只是提供講述之用。中國法律思想史是以法制史為底子，加述一些法學派的學說，我自覺其粗略，只可說是中國政治思想史的一部分。

我的主要工作是講堂上的口頭講解。每次講解都是對於一個時期的社會組織，政治演變以及思想潮流，特別是士大夫的形相與活動，再說到那一時期的一些政治學說。所以兩門功課雖名為政治法律思想史，而主要的內容仍在社會的分析。講的人一面推敲，也一面發展。聽的人有些興趣，也有些啟發。若將口頭的講述與編成的講義比較一下，前者是暢達的，後者是貧乏的。

我在法學院講課，如水流之蕩漾，有時波及文學院，使其受了些影響。

有一次，史學系學生會邀請我演講。我講的是中國歷史上道佛衝突與政教衝突。最大四次是「三武一宗之法難」。從前梁任公《飲冰室文集》有一篇論文，說歐洲有宗教戰爭，中國沒有政教衝突。我那篇演講指出了中國歷史上有宗教衝突亦有政教衝突，而其衝突的一項起因在土地、賦役甚至於銅。

第二天，史學系講師熊夢飛先生到我的寓所來說：「昨天你的演講，今天在史學系休息室裡起了爭論。他們說你講的東西是他們從來未曾聽過的。他們指斥你是亂說。」但是此後史學系學生到我的講堂旁聽者大有其人。

[自序] 中大文學院歷史系學生邀我演講「三武一宗之法難」，指出中古時期政教衝突，以田賦、力役與銅為主要爭端。歷史系教授同人在休息室議論紛紜，惟黃季剛先生忽發一言曰：「未可厚非。」

[點滴] 南京寄寓是那樣簡陋，晚間有了空閒，即往郭心崧家去談話。他家裡有時在晚飯後打小牌。我不上牌桌，只得站在桌旁看牌。有一天，謝瀛洲先生在郭家閒談。他問心崧道：「司法官訓練所親屬法一課，要找講師。商務印書館出版的《親屬法大綱》的著者陶彙曾在那裡，你知道麼？」郭先生笑道：「陶彙曾就是時常站在桌邊看牌的那位陶希聖。」

於是我接受了司法官訓練所的講師聘書，每星期要到水西門去上兩小時親屬法的課。

國民政府設立五院，試行五院之治。立法院院長是胡展堂先生。立法院的立法委員是國民政府任命的官員，大抵是法律和政治學家，可以說是「一時之選」。立法院制定的民法法典仍採個人主義，兼有社會聯帶主義的傾向，其中親屬法部分，對於中國舊律，可以說是一大革命。親屬法關於親系與親等，採取羅馬法計算法，亦即是採取雙系制，這顯然是推翻中國固有的父系的父權的家族制，而改取男女雙系的個人本位。希聖在司法官訓練所講授親屬法時，對那些司法官候選人們，提出警告：「現行親屬法與現行社會組織及風俗習慣，大相懸殊，你們將來審判有關家族與婚姻的訴訟，務須重視一般人民的家族組織與生活方式，然後下判決，才不至於破壞社會秩序，造成社會混亂。」

[點滴] 第一次在司法官訓練所上課，我講到羅馬法與日耳曼法的親系和親等計算法的區別，來與殷商和周族的親系親等計算法的差異，互相比較和印證。然後評論現行民法親屬編採取羅馬法計算法，與中國固有的社會組織及婚姻制度相違反。

第二次上課，開講之前，聽講者推代表站起來說話。那代表非常客氣的聲明：「我們決計沒有批評和反對先生的意思。我們只是說明，我們的法律課程只講司法實務。先生是親屬法最具權威的老師，我們還有什麼話說，只是請求你就法條來解釋，使我們在司法實務上有些心得。」

我聽了他們的說明之後，對他們說：「今日的問題在現行民法與歷史傳統及社會習慣相反。你們如對於這一矛盾不能了解，將來審理家族與婚姻的案件時，就會被這矛盾所困擾。法律解釋學只是分析法條，社會法律學就要解剖社會制度，使你們將來在司法實務上，有意識的活用法條以適應歷史傳統及社會習慣。」我又說：「現行民法在立法時，採用法、德、日等國的立法例，定下法條。殊不知法、德、日等國的民法中，與社會習慣不能適應而成為死法律者，如債法之瑕疵擔保，及親屬法之夫婦財產制，即是實例。我說到法條的活用，就是希望你們將來有意識的把死法律變做活法律。」

學生們聽了這些話，也就不再發言，此後一學期裡，盡心的聽下去。

四月，國民政府召開國民會議，頒布訓政時期約法。此時，中央大學教授楊公達先生主編一個週刊，名為《政治評論》，希聖為其經常的撰稿人。

[自序] 二十年上學期，我在中央大學授課，同時在新生命書局辦《社會與教育》週刊，頗有諷刺及批評現實政教之長篇與短文。上海市黨部向中央黨部檢舉希聖，所列罪狀不知其詳，而事情似乎嚴重。中大校長朱騮先（家驊）先生歷訪中央宣傳部長劉蘆隱及教育部次長（代部務）陳布雷先生，未得要領。最後得陳果夫先生寫信解說，陳立夫先生訪問談話，一場風波始告止息。

[點滴] 上海市黨部向中央黨部檢舉我的言論種種非法違紀之處。我得悉之後，即由上海寄信給中央大學朱校長，聲明辭職。朱先生為此歷訪教育部政務次長陳布雷先生及中央宣傳部長劉蘆隱諸人。陳布雷先生說：「我在上海

復旦大學遇見這個人。他的毛病是鋒芒太露。」劉蘆隱說：「我不認識此人。不過，同樣的話一到他的口裡就有煽動力。同樣的文字一到他的筆下就有刺。」

最後的結果是中央經織部長陳果夫先生寫一封信給我。那信的大意是說：「我在年輕的時候，也和你一樣，喜歡批評和諷刺。後來年紀大了一點，才知道一個問題或一件事情不是那樣簡單，我的批評和諷刺並不是完全正確。你的年紀大一點就會了解這個道理。」

我繼續到中央大學上課，也繼續寄居大石橋那個簡陋房子裡。陳立夫先生未經預先通知，步行到我的寓所，隨意談論將近兩小時，才告辭而去。此番會談也就是這一事件的結束。

他將一年來的論文，收輯為一冊，名為《中國社會現象拾零》，仍由新生命書局出版。

上學期結束後，他接到北平師範大學史學系學生會的電報，請他允就師大教授。同時又接到北京大學法學院院長周炳琳先生的信，請他同意就北大教授。他決定接受北京大學的聘書。他回信給師大史學系學生會，說明他到北平之後，可兼任師大講師，講授一門功課。

這年夏季，南京大雨，到處積雨成沼。朱家驊校長冒雨來訪希聖，表示中央大學續聘之意，並且說明他的意思道：「一個大學的思想中心是在文學院，特別是中國文學系與史學系。從前的新文化運動就是從北大國學門與史學門發起的，請你繼續講授中國政治及社會史的課程。」希聖答道：「我是北京大學的學生。現在我的母校要我回去教書，我無法抵抗。我的學問不夠為人師，還要到北平去，與師友們切磋，尋求進步。」朱校長失望而去。後來朱先生亦在中央大學的學潮中去職。

這年八月，希聖個人先行北上。冰如留在上海，侍候他的母親。他的母親此時居留上海，因為故鄉倉埠曾經共匪大搶劫了一次，不能安居。

蔣夢麟先生就任北京大學校校長，並約胡適之先生為文學院院長、周炳琳先生為法學院院長。他們有一番抱負，也有一個計畫，要復興北大。各院都有新聘的教授陸續到來，全校呈現蓬勃的朝氣。不料就在開學之後，開課之前，南滿鐵路的日本軍隊，砲擊瀋陽的北大營。那就是第二次世界大戰的

先聲之「九一八事變」。

北平學界對於帝國主義者的武力侵略，同時對於東北軍「不抵抗」而撤退，同表憤慨。北京大學師生舉行大會。在大會中，有幾個左派學生演說「社會主義與社會革命」，為同學所鄙笑。一般學生發言，只是一致對侵略者表示抗議。

北大學生會邀請希聖在馬神廟（已改名景山東街）第二院大禮堂演講，那是晚間，禮堂之內及門窗之外，擠滿了聽眾，來聽取這尖銳而深刻的社會政治評論家的時局演說。他在北大二院演說之後，連續在其他大學演講。他提出「全民抵抗」的口號，喚起北平學生，集中做外交的後盾，準備做全民抵抗的前衛。

[自序] 我暫住王府井大街集賢公寓。行裝甫卸，即應北大學生之請，在馬神廟北大二院大禮堂發表演說，以〈國民外交與國民戰〉為主題。隨即應邀在中國大學，北平大學，法商，農學等院演說。在平津學生反日風潮中，此諸演說自有其或大或小之影響。

南京中央黨部同志友人得知此事，趕到上海，勸冰如迅即北上，說道：「希聖到北平又闖禍了。」

「九一八事變」激起了全國學生的抗議。這一對侵略者的抗議轉變為對國民政府的攻擊。十二月，北平和天津各大學有一部分學生搶上火車南下，同時杭州和上海各大學亦有一部分學生聯結起來，到國民政府和中央黨部請願，造成丁家橋侮辱蔡元培先生的事件。這中間顯然有共產黨的活動。但是在這次學潮中，北京大學未曾停課。各院各系教室內的講解與圖書館的研究工作都是平靜的進行著。

國立北平圖書館在北海與中南海的中間，「金鰲玉蝀」橋之一端，巍然矗立，規模壯偉，藏書豐富。有一日，中央研究院歷史語言研究所所長傅斯年先生在館內約集歷史學家及史學教授十餘人會談。他提出「書生何以報國」的問題，交換意見。會談的結論是集合大家的力量，撰述一部中國通史。後來張蔭麟先生在這一工作上有優越的成就，可惜依舊沒有一部完整的中國通史與國人相見。

　　此時上海又有一場「中國社會史論戰」。這一場論戰自然是民國十七年那一次論戰的延續。但是希聖不再參加論戰了。他反對公式主義的史論，力主以資料為根據，尋求社會演變的軌道。

　　北平各大學的左派學生對於「中國社會是什麼社會」這個問題，有很高的興趣。中共此時分為兩派。幹部派即史達林派認為中國社會是半封建半資本主義社會，因之中國革命是反封建的民主革命，而應由無產階級領導。反之，反對派即托洛基派認為中國社會是資本主義社會，因之，中國革命是社會革命。這一爭論在左派學生中正在進行。

　　中國大學的教授如黃松齡即為幹部派分子；如劉侃元為反對派的同情者；又如施復亮（施復亮即施存統）屬於反對派。馬哲民則接近幹部派。這班左派教授，除了這類問題之外，無學可講。他們上課就講這類問題，而講到這類問題即引起左派學生的爭執。幹部派學生攻擊反對派教授，同時反對派學生斥責幹部派教授。

　　希聖超出此一論爭之外，指出唯物史觀公式為反科學的方法，力主社會史觀，同時力主史學方法必須以歷史資料，不應先提一種呆板的架子，然後找出資料來填寫進去。假定必須獲得資料的證明，才可成立。初步成立的假定，應依第二步的資料加以修改。

　　十月，冰如帶著四個兒女由上海到北平，租住西單牌樓學院胡同一號。

　　[思歸] 南京的朋友叫人帶口信，說希聖在北平各大學演說，每次都是成千的學生集合講堂內外，鼓掌揚聲，眼看他要闖禍。他們勸我趕快北上，勸他少講一點。我知道他的脾氣，又是五卅慘案以後，北伐時期的那一套。聽眾越多，講演越起勁。我稟告婆婆，商量大嫂，立刻帶一群兒女，起程北上。

　　他到天津來接我，他租了學院胡同夏家的房子，左首小園裡，共有六間，就安家了。

　　希聖從前接受安徽法政專門學校的聘書，是二十四歲。他此時接受北京大學的聘書，是三十三歲。

［自序］希聖於北京大學政治系課程之外，可兼課每週四小時。乃以二小時在師大與北平大學法商學院輪授；二小時在清華大學與燕京大學輪授。

希聖講課以中國社會組織或結構為骨幹，旁及政治制度與政治思想方面雖多，實質上同條共貫。我自覺尺有所短，人謂我寸有所長。其長處在講義與講辭可以激起學生青年讀書與研究之興趣。

在北平講課六年，隨時抽身往南京，天津，濟南，青島，太原，武昌，開封，各地各級學校演講。我可以自負各地講話，各校講話，題材各別，不至雷同。

北京大學學生忽一日與我為下列問答：

問：「先生的學問究竟有多大？」

答：「我治學的心得，兩小時可以講完。」

問：「那您為什麼一門課要講兩學期？」

答：「因為學校的聘書是一年。」（大笑）

我對大家說：「講課最要緊不在教結論，而在教學生以如何達到結論之思想過程。我講中國社會史，要教你們的思想跟著我的思想走。」又說：「倘使我將心得二小時講完，對你們無益。如果你們得到社會的歷史學的思想方法與思想過程，你們自會研究，自有心得而且超過我以上。」

民國二十一年（1932）

去年十二月十五日，蔣主席宣布下野，汪精衛入京，就任行政院長。

希聖乘寒假訪問南京舊友，並轉上海省視母親，並與商務印書館總經理王雲五先生商談。倘如北平各大學經費不能照常籌發，而希聖的家庭生計不能維持，他仍將為商務撰寫書稿，希望王先生以稿費接濟他。王先生惠然承諾。但是一二八事件在上海爆發。商務印書館在閘北的印刷所與編譯所在戰火之中受到重大的損失。這一次商談是無從繼續進行的了。希聖在淞滬戰事中，搭怡和公司輪船經由海道到塘沽，轉天津，乘火車到北平。那天已經是陰曆臘月底。北平市民都在平靜的氣氛裡度過年節。

［口述］元月放寒假，遄赴上海省視母親，又巧遇「一二八」，我待在租界與各方聯絡後，發表〈十教授宣言〉。在北方，另有教授宣言，周炳琳也替

我簽了，我同時參加兩個抗日的宣言。

希聖這年上半年，繼續在北京大學講授中國社會史與中國政治思想史。他同時在師範大學史學系及北平大學法商學院政治系擔任同樣的課程。他辛勤工作，搜輯中國社會經濟與政治思想的歷史資料。他的《中國政治思想史》第一冊在這年出版。

他在這一冊裡，一面採取「疑古」一派的考證，將古代典籍中可疑的書及可疑的記載，重加估價，一面使用社會史的方法，將古代社會組織，政治制度與意識形態，重新考訂。他從商代起，至戰國時期止，輯為第一冊，交上海新生命書局印行。

一二八事件發生之後，國民政府以洛陽為行都。四月，國民政府在洛陽召開國難會議。希聖亦為被邀之一人。當他起程前往參加之前，有好幾批素不相識的人們訪問他。勸告他不必出席這種會議。他拒絕他們的勸告，決定動身到洛陽去。

民國前之庚戌及辛亥年，希聖曾在洛陽遊覽名勝。他到過東門外的夾馬營舊址的東大寺，寺內有枝幹盛大的牡丹，能開墨牡丹和綠牡丹。他遊過關帝塚，塚前有壯麗的廟宇，大殿的兩廊植立著兩大排青龍偃月刀，那是每年關聖節日，民間聚鐵打成上貢的。他遊過伊闕，那裡是有名的龍門刻石，山上山下，洞內洞外，到處是或大或小的完整的佛像。龍門的廟宇，名曰潛溪寺，他隨著他的父親在寺中面臨伊水的閣內寄宿一宵，在夜間，耳聽閣下的溪流，眼觀香山上的明月，那是何等靜美的景色。二十年的時光是過去了。希聖重遊洛陽，訪問古蹟，幾乎無人知道東大寺。關帝塚尚存，廟宇已殘破不堪。龍門的佛像，無論大小，大抵是殘破的，尤其是佛頭被人劖去在市場出賣。有名的「龍門頭」就是那北朝留下的古蹟的產品。

最使希聖為之感歎者，辛亥之夏，月波先生署理洛陽時，希聖遊潛溪寺，從閣上仰望山巖，見巖上一個佛龕，站立著四座佛像，其身長約與成人相等，每一座形相無缺，彩色鮮明。當時一度被人偷運下山，為月波先生所發覺，緝捕盜者，並以白銀四百兩贖回佛像，送返原龕。二十年之後，希聖重遊潛溪寺，佛龕尚在，四座佛像杳然無存。

國難會議的議場是在西工。西工是從前吳佩孚將軍駐洛陽時練兵的場

所，此刻作為會議舉行及會眾寄宿之地。黃土地帶，風沙襲人。在大會中，會眾的意見分為兩派。其一派主張召開國民大會，結束訓政；另一派反對此一主張。在雙方爭持未決之中，北平與武漢人士，如蔣夢麟，王世杰，皮宗石，錢端升，周炳琳諸人，希聖亦從中努力，提出一個折衷案，即在五院體制之下，召開國民參政會。這就是後來抗戰時期國民參政會的先聲。

[口述] 我與蔣夢麟、胡適、周枚孫等人乘平漢車南下。會址設西工，原是吳佩孚坐鎮洛陽時期練兵的場所。會員們分居兵房。蔣夢麟、胡適、梅貽琦，張伯苓、武漢大學斐中浩、王世杰，各省大學教授名流住一個小宿舍。有些人住大宿舍，甚至住統艙。我與南京來的幾位朋友住中型宿舍，頗覺安適。但是黃土遍地而又漫天飛揚。我帶著兩件襯衫，第一件的領子與袖口黃了，換第二件。第二件又黃了，再換第一件。無處可洗，只得把白的穿黃，黃的穿黑。

國難會議的會員包括海內外各界人士，亦有黨內與黨外人士在內。大會一片呼聲是召開國民大會，結束訓政。黨外人士有攻擊國民黨者，發言盈庭。海外國民黨僑胞領袖一面批評訓政，一面又為本黨辯護。有一位會員大呼：「我們國民黨員應該檢討本黨。我們不許外人攻擊本黨。」這顯然是黨的感情之流露。

陳果夫等曾到宿舍來找我們，商議是否可請北方學界出面說幾句話，我們又至小宿舍商量，結果提出一個折衷案，主張維持訓政時期五院體制，但召開「國民代表會」。這個折衷案獲得通過，從此北方各名流形成一個陣營。

國難會議閉幕之後，希聖與北大同事數人循隴海路，遊開封，再往徐州，轉天津，回北平。

此時，共匪乘九一八事變至淞滬戰爭的時機，擴大湘贛粵閩的「蘇維埃區」，在江西瑞金設立所謂「蘇維埃臨時政府」，並且陸續開闢「豫鄂皖區」，「鄂中區」，「鄂西區」，與「鄂南區」。在外患侵凌之下，匪勢如此猖獗，朝野一致要求蔣委員長復職。蔣委員長在淞滬停戰之後，宣布「攘外必先安內」的政策，確定第四次圍剿匪區的計畫。先從豫鄂皖三省清剿著手。

就在共匪豫鄂皖邊區潰敗，鄂西洪湖賀龍匪軍敗竄之時，日軍從東北窺

伺華北，使華北局勢更趨危急。但是北京大學師生保持平靜，照常上課。北平史學界的研究工作，幾乎每天都有一些新發現與新成績公布於社會。

希聖這年出版了他的《中國政治思想史》第二冊。這一冊是論秦漢至魏晉的社會結構，政治制度及政治思想的趨勢。

[口述]民國二十一年十月，發生一件有趣的事，即陳獨秀被捕。這是由上海的共黨幹部派告密，說某處是共產黨機關，那個時候國民政府已可派警察進租界逮捕共產黨員，果即逮捕了陳。其實此時陳在思想上已發生變化，幹部派為了打擊辯論的對手，故意告密，而政府實際上用不著抓他。但既然抓了，也不能隨便放，才交江蘇高等法院開庭審理，吸引了大部分人旁聽審判。此事激起北平各大學學生的關注和騷動。首先是北京大學學生在三院大禮堂集會，請胡適講述文學革命與五四時期的陳獨秀。有的學生來請我演講，我說：「我沒有資格講。為什麼呢？胡適、陳獨秀搞文學革命時，我是法學院的學生，我與他們無干，我沒有興趣。」所以一概辭謝。北平大學法商學院學生也發起一個演講會，邀請施復亮、許德珩、劉侃元等講述陳獨秀。事前，施復亮來找我，我勸他取消此約。我對他說：「你是要吃飯，還是要挨打呢？要吃飯，就不要去講了。你雖然與陳獨秀有很深的關係，但今天演講，必將受幹部派的打擊，犯不著。」他說：「我已答應了，怎麼辦？」結果還是去了。演講會開會時、許德珩，劉侃元皆未到，只有施復亮登臺講話。演講會結束後，施復亮面無人色的來看我。他說：「我沒有聽你的話，今天幾乎下不了臺。」

原來他上臺後，第一段講文學革命，推崇陳獨秀的努力，幹部學生蹉地板，反對派學生鼓掌。第二段講到武漢時期，批評陳獨秀幾句，則遭反對派的噓聲。至第三段，他歸結到獨秀被捕不屈，又讚揚幾句，結果幹部派噓聲大作，他只得悄悄的溜出講堂。由此可以想見，在人民陣線運動發動之前，學生已深受社會主義論戰的影響，而分裂為不同的陣線。

民國二十二年（1933）

民國二十二年一月，日軍侵入榆關。三月，長城之戰繼起。希聖趁寒假送家眷到太原，寄居天地壇。

[思歸] 二十一年底寒假裡帶孩子們到太原暫住，我在太原與高叔康家合租天地壇一所房子。泰來住小學，看到同學穿制服，很羨慕，他帶同學來我家玩，我用手比大小長短，晚上我做了一夜，那時候都是用手做。沒有縫衣機。第二天一早穿著去上學，非常高興。

希聖個人仍返北平講課，同時著手整理和修改《中國政治思想史》第三冊的稿子，到春假期間，帶了稿子到太原，繼續寫成，隨即寄到上海新生命書局付印。

段錫朋先生此時任教育部次長。他寄信到太原，轉達王部長世杰的意思，擬任希聖為湖北省教育廳長。希聖即回信，表示辭謝。他在信中說明中國社會經濟史及政治思想史的研究是在積極進行的中間，不能中途轉職，以致中斷。他在春假之後，返校上課。至暑假再到太原。

[思歸] 至五月間長城戰爭爆發，平津驚慌，有幾個學生來到學院胡同拉起希聖，同往西站，恰好有火車要開，車行很慢，希聖在石家莊轉正太路到太原。

七月間，四兒晉生出生。

[思歸] 民國二十二年閏五月二十三日，晉生在太原出生。

此時長城戰爭已告停火。冰如滿月之後，隨即偕回北平。

從夏季起，希聖著手寫《中國政治思想史》第四冊稿。

秋季開學後，他兼任清華大學史學系及燕京大學社會系的課程。同時，他在北京大學政治系開始講授「中國政府」一課之中央政府部分。他追溯中國政府制度之歷史的演變，以簡明的分析，尋求其演變的脈絡。

他創辦《食貨》半月刊，著重於中國社會經濟史資料的搜輯與方法的探討。這個刊物矯正了中國社會史兩次論戰的公式主義，使中國社會經濟史的研究走上依據歷史資料以求每一時代的經濟結構及其演變的軌道。

　　[傳記] 十二月，創刊《食貨》半月刊，撰〈編輯的話〉：「史學雖不是史料的單純排列，史學卻離不開史料。理論雖不是史料的單純排列可以產生，理論並不是儘原形一擺，就算成功了的。方法雖不是單純把史料排列，方法卻不能離開史料而獨立發揮作用。有些史料（尤其是社會史料）非先有透闢的理論與精密的方法，不能認識，不能評定，不能使用。

　　也有些理論和方法，非先得到充分的史料，不能證實，不能精緻，甚至不能產生。」並成立「食貨學會」。

民國二十三年（1934）

　　民國二十二年十月至二十三年十月，國民政府實施第五次圍剿計畫，得到全面的勝利。匪軍化整為零，偷出包圍線向西逃竄。

　　共匪對於國家安全所加的武裝威脅，既告解除，而國民政府的建設事業更步步進展。粵漢鐵路是在積極建築之中，法幣制度亦籌畫就緒。一般社會經濟欣欣向榮。北平各大學的經費從無匱乏。學術研究的風氣益趨旺盛。

　　[口述] 民國二十三年二月，蔣委員長在南昌發起「新生活運動」時，薩孟武等十位教授即聯名在南京發表〈中國文化本位宣言〉，我當時不在南京，由薩孟武等代為簽名。北平中國文化協會也即展開活動，並邀請我在中山公園會場演講〈中國文化本位之意義〉以與國民經濟建設相呼應。這時，陳序經（北大、南開教授）發表全盤西化論，提倡自由主義。聯名發表宣言的十教授只有我一人在北方，所以，我是一個人獨力對抗自由主義。

　　夏季，山東教育廳廳長何思源請我去演講。我先去濟南，隨後到開封、武昌等地演講。馮玉祥找人約我去泰山講演。我從南京回北平路上，就上泰山，在那住了幾天，共講了四次，內容包含《論語》、王安石變法等。我講孔子學說時，強調「以人度人，以己度人」的句子來解釋「恕道」，這是針對馮對人不近人情的作風，馮和他太太李德全聽了相視而笑，說：「我是學好，我總是做好的。」

　　馮玉祥後來帶口信給北平的西北軍郭明鈞等高級將領，要他們來找我演講，所以他們就到北大來旁聽。當時不點名。當時北大有個流行的說法：「正班不如旁聽，旁聽不如偷聽。」因為北大外系旁聽是對那門課程有需要，偷聽

是對那位教授講學有興趣。偷聽生寫出來的論文，有時比旁聽生和正班生還好。西北軍高級將領多人都在我班上聽課，後來他們每個月還聯合起來請我吃飯。偶爾這些人忽然都不見了，大概有緊急的事要應付。過一陣子，又忽然出來了。當時西北軍在華北支撐，與西北軍有關的人物皆成為平津要人。宋哲元任冀察政委會委員長、秦德純任北平市長、張自忠任天津市長、陳希文（在泰山時與我同住五賢祠，同遊泰山）任北平市警察局長、鄧哲熙任高等法院院長，其中像陳希文、鄧哲熙等常來聽課。

希聖的《中國政治思想史》第四冊即在這年年底寫成付印。同時，他用卡片把二十四史每一部裡關於社會經濟史的記載，分條記錄，分類彙存。他為使這一工作再加擴大的做去，籌設兩個研究室，一個研究室專攻唐代經濟史，一個研究室專攻清史。這兩個研究室於次年（民國廿四年）先後在北京大學第一院內成立。

《食貨》半月刊繼續編行，在中國社會經濟史研究的領域中，發生了重大的影響。各地的大學漸次開中國社會史或經濟史的課，而教授的中間熱心講授這些課程者亦益見增加。

[自序] 民國十八、十九年，日本學人關心或參加中國社會史辯論者，稱為「陶希聖時代」；若干年後，又有「中國社會史開山祖」之稱，希聖愧不敢當。考其實，《食貨》半月刊轉變此一部門之學風，亦是無可否認之事實。

清史研究室的經費是北大法學院補助的。經濟史研究室及《食貨》半月刊的經費由希聖自行維持。北大教授月薪四百元，另兼他校功課共計四小時，每月可得鐘點費一百元。希聖支給這兩項經費每月約二百元。

這年，由學院胡同遷居二龍路。

[思歸] 搬到二龍路，前院有客廳，後院有五間，是很寬大，北平本地人都知道二龍坑不吉利，我們有時出去買東西，夜間回時，叫洋車說是二龍坑，洋車夫不拉。我們在這地方住了兩年，兒女們多災多病。

民國二十四年（1935）

民國十七年（1928），共產國際第六次大會在史達林指導之下開會。大會通過了《殖民地半殖民地革命提綱》。那個文件就是中共匪黨企圖在中國藉土地問題來製造農民革命的最高根據。民國二十三年，國民政府第五次圍剿的成功，把共匪的農村暴動與蘇維埃政權的計畫，全部摧毀了。

民國二十四年七月至八月之間，（註：七月廿五日）共產國際第七次大會在莫斯科開會，在史達林指使之下，季米特洛夫（George Dimitrov）提出了「統一戰線」的報告，力主中共匪黨在中國建立「廣泛的抗日反帝統一戰線」。八月一日，中共首領從松潘發出宣言，提出這一口號，要求組織「全國人民聯合國防政府」，共同抗日。

[口述]此時莫斯科史達林已完成大整肅，整黨肅軍，連政治局的托洛斯基、季諾維夫等都先後被驅逐，於是大權在握，於七、八月間，召開共產國際第七次大會，會中通過季米特洛夫有關統一戰線之報告。八月一日，中共出席代表王明（陳紹禹）依據國際大會決議，發出〈組織全國人民聯合國防政府宣言〉，即所謂的「八一宣言」。這時，毛澤東，彭德懷正流竄到四川松潘，八一宣言形式上是中共從松潘發出，事實上是王明參加共產國際第七次大會後代表中共中央發出來的，中共不能違抗共產國際的議決。

九月十八日，上海抗日救國大同盟發表宣言，提出「停止內戰，一致抗日」的要求。這就是人民陣線運動的開端。

[口述]人民陣線（People Front）係很廣泛的聯合，不論組織，軍隊，政客、學生……只要能聯絡即聯絡，此種廣泛的聯合陣線在中國發展起來是反國民政府。人民陣線緣起於西班牙內戰。西班牙人民陣線取得政權，佛朗哥領導國民陣線進軍馬德里。英法等民主國家支持人民陣線，而德國希特勒，義國墨索里尼則支持佛朗哥。蘇俄更是支持馬德里陣線。雙方都供應武器，演變成「國際內戰」。共產國際把人民陣線運動推介到中國來，當然是師法馬德里的人民陣線，進行反國民政府的活動，上海抗日救國大同盟就是這個運動下的產物。

　　五次圍剿後，共軍雖遁入陝北，但只剩五千人。當此共產政權垮臺，且全軍離心離德之際，人民陣線如何組織呢？即趁日本組織偽滿洲國，發動長城戰爭，侵略華北之後，在學生中發動反日運動。當時共產黨利用學生抗日的情緒設法操縱北平學生聯合會，發動反政府運動，成為北平人民陣線的基地。馬德里是人民陣線的總部，馬德里如發出通報，北平人民陣線就立即接收。人民陣線除運動學生，並廣泛聯絡北平一般左傾教授。

　　北平的一班左派教授，如北京大學的許德珩、尚仲衣、中國大學的黃松齡、施存統（化名復亮）、馬哲民、清華大學的張申甫，都是。北平大學法商學院和燕京大學更是左派教授活動的園地。更有奇特之事，就是原屬章太炎先生的門下的一批教授為了反對胡適之而傾向共黨。如中國大學教授吳檢齋、女子文理學院院長范文瀾，以及北京大學教授馬寅初，是其中最顯著的實例。

　　[口述] 章太炎先生的門下原居北平學界領導地位，但因胡適等一批留美學人及陳獨秀等北大文科的一批人搞文學革命，鼓吹民主（德先生）科學（賽先生），領導五四運動，文學史學學風面目一新，至民國二十年北大改組，蔣夢麟任校長，胡適任文學院院長，周炳琳任法學院院長，還是居於主導的地位。章太炎先生的門下除了錢玄同是站在胡適這邊，其他的通通是反胡的，很奇怪的是他們也通通左傾了。他們並不曉得共產主義、人民陣線。可能純為「反胡」。

　　這時候的人民陣線是不講什麼主義的，只要能夠運用的，能對抗國民黨的，即與之聯合，也爭取地方軍人聯合。

　　北平學生聯合會秉承西班牙人民陣線的指導，在各大專學校中進行人民陣線的工作，北京大學亦有左派學生約有四十人，積極活動。

　　[語冰錄] 當時西班牙內戰方殷。人民陣線占據馬德里而國民陣線向馬德里進攻。於是國際共產黨與其同路人所在高唱〈保衛馬德里〉歌。

　　北平所謂學生聯合會原是人民陣線組織，而反共之學生組織被稱為「新

學聯」，彼等被稱為舊學聯。舊學聯既屬人民陣線組織，亦即接受馬德里人民陣線之通告與指示。

　　一日，清華大學學生以何炳棣為首，攻入學生會辦事室，搜出馬德里人民陣線之通告與指示文件，此事乃為學生界大眾所周知。

　　這年六月十日，何梅協定簽訂，二十七日秦土協定又簽訂了。日軍閥脅取這兩項文件，迫使中央軍由平津撤退，企圖設立冀察自治區。九月二十一日，宋哲元任冀察政治分會主席，二十九軍駐紮平津，即將宣告冀察自治。以北京大學的胡適與傅斯年先生為首，北平各大學師生力持反對。於是有「一二九」大遊行，震動了華北，喚起了全國的警覺與抗議。

　　[口述] 民國二十四年十一月十九日，宋哲元邀請北平各界若干人士至中南海懷仁堂，宣布日本策動華北（五省）自治的情況。傅斯年第一個站起來慷慨陳詞，堅決反對。胡適也發言，同申反對之意（因日人施壓力於宋），宋哲元由此確知平津學界領袖反對自治後散會。傅斯年與胡適回到北大後，即邀集教授同仁在馬神廟二院的一間教室集會，說明經過和看法，並宣布北大不搬走一部圖書，不移動一架儀器，堅決留在北平。只要在北平一天，就要作二十年打算。如北平淪陷在日本軍閥之手，同仁們南下，無論何地，只須搭一座茅棚，就可講學。當時一般教授，都贊成他們的意見。隨後胡適等又發表反對華北自治的文字，這些直接影響到華北的學生運動。十二月九日，便發生北平學生遊行請願反對華北自治。

　　十二月九日清晨，北京大學學生上街遊行，集中到北平西長安街與崇文門一帶，參加的人並不多，稀稀落落約有百餘人，但隨後各校皆有行動，其中活動較屬害的是中國大學、北平大學、法商學院，教授們也以這幾個學校為多。這次學生運動純粹是反對日本人製造華北特殊化，是親國民政府自動自發的愛國運動，看不出有任何左傾教授和學生發動和領導的跡象。而後來他們當然要從中活動，發生作用。

　　北平學生聯合會利用這個機會，煽動各大專學校及中學學生，發起「一二一六」大遊行。於是北平大學法商學院成為左派學生運動的中心，而北

京大學保持安定，不受那一運動的影響。因為北京大學學生大會否決了罷課的提案，左派學生的罷課運動亦告流產。

　　[口述]一二·一六事件是繼一二九後，經過一個星期的醞釀再發動的學生運動，規模較大，左翼分子相當活躍。這天不但有遊行，各大學還開學生大會。北大學生開大會時，我在會場後邊，眼見胡適進場，一上臺，左翼學生就蹉地板，擾亂會場。胡適指斥他們：「你們有話就直接說出來，不要這樣，下流！下流！」如此一來，大多數的學生鼓掌，將左翼學生的氣燄壓下去。左派教授和共黨分子有意策動罷課，但為大會所否決。北平各大學照常上課，保持著平靜的局面。

　　北京大學教授每兩星期以聚餐的方式，交換意見。馬敘倫及尚仲衣等屢次鼓動風潮，均被胡適之及陶希聖等力持反對，未見成功。

　　[口述]當時北大教授每月有一次餐會，在一二·九至一二·一六間正逢該月聚餐，餐敘時文學院教育系教授尚仲衣提出應改行一般教育為抗戰教育。胡適當場指責尚仲衣「曲學阿世」，並說：「大學教育就是大學教育，沒有什麼抗戰教育。」我接著說：「尚仲衣提出的抗戰教育還沒有我講的清楚，所謂的『抗戰教育』就是世界革命史、無產階級革命史、社會科學概論這一類的東西，內容一概是產業革命後階級鬥爭之馬克斯主義。我在北伐時，早已在軍校講過這種課。這種課講了就能抗日嗎？」此事遂告終了。

民國二十五年（1936）

　　這年一月，五兒范生生。

　　[思歸]二十五年一月二十日，我生了范生。琴薰希望我生個小妹，她放學回家，帶幾個同學到我家來，發現他又是弟弟，氣得跳起來。

　　民國二十五年二月二十六日，日本少壯軍人在東京發動政變，威脅其天皇，殺死齋藤首相。這一政變雖告敉平，但廣田的新內閣不敢不阿附軍部，

遂以強橫的態度提出「善鄰友好，共同防共，經濟合作」三原則，對中國政府提出交涉。

日本軍閥的勢力是那樣的強大，同時，俄蒙互助協定亦於三月間立。蘇俄的乘機漁利，又是顯明的事實。

華北的局勢益形險惡。冀察政治分會下令搜查北京大學三院，中國大學及清華大學，逮捕學生多人與教授數人。

[口述] 這次學生有三十左右被捕，教授中也有三個被捕，即許德珩、馬哲民、施復亮，這三個都是人民陣線，至於真正的中共分子先知道要抓人了，都隱藏起來，讓他們捧出來的人去受罪。所以這三個人很冤，學生也很冤。

我聽見宋哲元抓學生的消息後，立即找北大校長蔣夢麟出面解決。蔣校長說：「他們也要捕我，我也不能出頭。」於是又到米糧胡同，找胡適。我說：「今天的事很嚴重，不是單純的逮捕學生的事，因為國立大學代表國家中央政府，若與二十九軍對抗，則學生會說二十九軍賣國。二十九軍也許會說：我是賣國，他們是愛國，我就乾脆宰了他們。如此一來，局勢更糟糕。如果你肯支持，我願出面解決這件事。」胡先生問我如何解決？我說：「現在這些軍政當局者都是我班上的偷聽生，與我很熟悉；再則二十九軍都是從鄉下投軍行伍出身的，看到秀才舉人都覺得了不起，相當尊重。大學教授起碼算舉人進士，今天教授們若肯出面與他們打招呼，他們必然高興，問題好解決；三則國立大學若與二十九軍站在一起，則今天的華北局面尚可支持，否則情勢更加惡劣。況且二十九軍宋哲元等果真附日、親日嗎？不是的，他們與國立大學師生同樣愛國，不過為應付日本不得不如此。所以我們應諒解，共同來維持北方局面。」我又說：「今天大家都罵二十九軍賣國，如你不支持，我若與他們接頭，則是冒天下之大不韙。」胡適聽清楚後說：「你去。」我才進行活動。

四年來，二十九軍高級將領在北平居住者，或邀請希聖講述中國社會政治史，或到北京大學旁聽希聖的中國政治思想史，因而希聖與他們頗有友誼。此時他訪問北平市長秦德純先生，提出三項原則，請他向宋哲元將軍建

議，解除各大學與二十九軍的衝突。那三項原則是（一）學生如非另有參加共黨組織或機關的證據，不可以其參加遊行活動而即行逮捕。（二）教授如另有此等證據，可通知各該校長於其聘約滿期之時不予續聘。（三）被捕的教授及學生，交各該校長保釋。秦市長允為呈報宋哲元將軍。同時希聖亦將此項建議在北大及清華兩校校長及少數院長與教授的聚餐中，提出報告。雙方都同意辦理。此一事件遂告結束。

這年四月，由二龍路遷居西直門內大乘巷一號。

[思歸] 范生滿月之後，我們搬到大乘巷。大乘巷房子原是滿清時代的一個公府，前後三進。前院客廳，正院與兩廂房，後院一排五間。尤其是上房玻璃廊子，可以說是很排場的。

五月間，中共自陝北發出「停戰議和」通電，實際就是向國民政府投降。但是以救國會為中心，人民陣線在各大城市及各省普遍進行其和平宣傳攻勢。此時張學良率領東北軍在陝西剿匪，其軍中即發現「抗日不剿共」的宣傳品。其在北平居住的東北人士可分兩派。在東城居住之劉哲，王樹翰諸人主張擁戴中央政府。反之，在西城居住之王卓然、高崇民諸人，傾向共黨。

[口述] 我除了與西北軍將領有交往外，與東北方面的人也有相當的聯絡。東三省淪陷後，打游擊的人很多，他們的代表在北平聚集於宣武門內西河沿街的棧房，活動很多，有真有假；至於朱霽青在錦州一帶打游擊，有不少群眾，他在天津英租界設後方辦事處，我每逢假期總是去看看他或參加開會。

張學良原在北平。頂不住了辭職出洋，治好病再回國，到西安去。這時在北平的東北人分兩派，在東城的是元老派，西城是少壯派。住東城的以王樹翰為首，王擔任張作霖的祕書多年，曾任民政廳長、省長，為人正派。譬如張作霖家裡常有人推薦什麼人，有人干擾行政，王樹翰完全拒絕，不許公館的人過問政事，在東北行政官中頗有風格。元老派中以劉哲聲望最高。當時張漢卿的祕書吳家象也是這一派。吳當過王樹翰的科員，作到少校祕書，恂恂有儒者之風。據東北人告訴我，張漢卿的許多事也由祕書當家，像接見

賓客，招待酬酢都是吳安排的，張漢卿照准。東城元老派亦需通過吳家象才能見到張。我和吳的結交是經錢公來先生介紹的，每一、二個月，三人在西單牌樓北的同和居聚餐。吳家象話並不多，他願意與我們交往，可能因為我是個教授，又是國民黨。事實上我與中央黨部雖有通信，並沒有代表性。西城少壯派開口閉口就說民眾，所以又稱「民眾派」。代表人物有王卓然（東北大學教務長相當於代校長）、高崇民、閻寶航。其中高、閻二人可能與人民陣線聯絡。

希聖常與張學良的祕書吳家象晤談，亦有時應王卓然、高崇民等之邀，與之講談時事，因而深悉他們的傾向。希聖亦屢次寄信給南京的友人，說明東北的老成人士頗引張學良態度不穩為憂，並說明他們希望政府善為安排，庶幾消弭憂患於無形。

[口述] 由於吳家象與國民黨有點隔膜，因而影響東北軍與中央的關係。此緣於第五次全國代表大會，會前蔣委員長指示：注意東北軍方面一位姓吳的。後來選出的中央委員與中央候補委員中，東北方面果然有姓吳的，然而不是吳家象。這件事成為吳家象心中的疙瘩。從前，張學良身體不好，不耐煩見客，多由吳家象代為安排，那時他常安排元老派中傾向中央方面的人物與張學良見面。迨張學良自羅馬治病返國後，正逢救國會高倡「抗日不反共」，同時吳家象因為不滿中央，也逐漸引民眾派來見（民眾派常與救國會在一起）。

張學良到西安後，與人民陣線往來更為頻繁。據錢公來告訴我，民國二十五年六月，東城元老派的劉哲自西安回來，告訴東北元老說：「東北軍中流行『抗日不反共』的小冊子，軍心不穩。」眾皆憂心如醒。

這年秋季開學。北京大學法學院政治主任張忠紱先生休假一年，由希聖代理系主任。希聖增設中國地方政府一課，並籌畫一門中國地方行政，即所謂吏治之課程，將於下一年度增設。

希聖著手撰述《中國經濟史》一書，其第一冊稿子寫成，未即付印。

［口述］北大當時成為北方學界重心，一則因為學風很盛，再則每逢時局波動，教授則聚論時事，發表言論，領導學界，蔚然成風。如我則是社會史觀，有點類似實物史觀，與胡適、傅斯年等素不同派。他們是考據學派。史學系學生有時選題，如「隋末大業的農民暴動」，歷史系的教授就說：「這是陶希聖的題目，你去找他。」胡適曾經來信批評我無名師益友，但為文所向無敵，是不是運氣使然？我的答覆是：「武松打虎走滄州路，打盡天下無對手，但遇見張青與孫大娘，忽然心生感激與親切。而我見您的批評，亦生類似的感覺。」總之，我們的學派意見甚至黨派不相同，但同樣受到華北當局的重視。

七月，中央五屆二中全會開會。希聖訪問秦市長，力促二十九軍有關的中央委員和候補委員入京參加。他到秦宅之後，潘毓桂亦來。希聖知潘毓桂之來是反對他們入京者，仍繼續說詞，獲得秦德純先生入京的諾言而去。

十二月十二日，北平學生紛紛上街遊行。他們顯然是學生聯合會號召的。他們不知道遊行的目的。他們只知道參加遊行即可領取溜冰鞋一雙。幾年來，青年人冬季的賞心樂事莫如北海溜冰，所以學生聯合會利用溜冰鞋為號召，發動這天的遊行。

［口述］這一天，我一家人也到漪瀾堂前踏雪，經過北海到五龍亭，天氣好，發現滿湖都是年輕人在溜冰。到了夜半，才知道蔣委員長在西安蒙難。

這天的深夜，北平各大學才聽見西安事變的消息。這一消息震驚了全國，特別引起了北平的恐慌。宋哲元將軍此時恰好與中央政府更為接近，同時也當然受到日方的壓力。不料蔣委員長在西安蒙難，中央政局的前途如何，完全在未知之數。宋哲元即稱病，避免與各方接觸。

北京大學亦在震驚之中。教授聚餐在王府井大街豐澤園舉行。胡適之先生對希聖說：「我一向反對國民黨，現在要加入國民黨。蔣委員長如有差池，中國將要倒退二十年。」希聖說：「國民政府下了討伐令，預料張學良不敢加害蔣委員長。我們應該力持鎮定。」

[口述] 那時北平左翼教授約三十幾位，活動得很厲害。北大則力持鎮定，毫不動搖。事變發生後，國民政府下了三道命令：一、軍事委員會委員長不能行使職權時，由常務委員代行職權；二、行政院長一職由副院長孔祥熙代理；三、特派何應欽擔任討逆總司令。

北京大學教授群至王府井大街豐澤園聚餐。胡適對我說：「希聖！你們國民黨有讀書人，否則無法下這種命令，這是春秋大義。」我說：「我們國民黨本來就有讀書人，我推想這件事處理過程中，最具影響力的可能是戴（季陶）先生。」他說：「我不是國民黨，我一向反對國民黨，批評國民黨，但是今天我要加入國民黨。」我說：「你若加入，我做介紹人。」國民政府不受張學良威脅，使張不能挾持委員長來控制國民政府，安定了軍心與民心。春秋大義就是「喪君有君」。指宋襄公與楚國開弭兵大會，為楚所扣，祭仲立嗣子，楚無計可施，遂釋放宋襄公。明朝土木之變，英宗親征，為也先所俘，大學士于謙也力主另立新君，不受也先挾持。西安事變時戴季陶先生也施展此計。有位旅菲報人曾說：「西方國家靠一部《聖經》，而我們（中國）則靠一部《春秋》。」這話確實不錯的。

兩天之後，北大與清華兩校校長院長及少數教授的聚餐，在騎河樓清華同學會舉行。在座者有來自西安的東北大學農學院長金先生。金先生到北平來，要與國立大學同人晤談。兩校聚餐會特為邀他參加。他開宗明義，解釋張漢卿先生這次「兵諫」，完全為了要求蔣委員長領導抗日，絕無他意。胡適之先生首先說道：「金先生！蔣委員長如有差池，中國將要倒退二十年。張漢卿先生這一著是重大錯誤。」金先生立刻改變語氣，說明他不是張學良的代表。他不過將西安情形報告出來。

西安事變的次日，希聖召集政治系全體學生會談。希聖對學生們說：「蘇俄是一個國家。這個國家應付歐洲的局勢的時候，原有東顧之憂。中國抗日，可以解除蘇俄東顧之憂。中國祇有蔣委員長才能領導抗日戰爭。史達林作為一個國家的領袖，絕不做西安事變這種荒謬的事情。我可以斷定這事是共黨外圍之粉紅色分子做出來的。」

希聖的勸告是「你們不要聽那班左派教授的教唆。你們應該勸告全校同學，大家保持鎮定。」

　　北大教授同人大抵力主鎮定，當然發生重大影響。希聖的勸告亦有多少幫助。同時，中國國民黨籍的學生開始反攻左派學生，更有助於學校的鎮定。

　　十二月二十五日下午，希聖家中，泰來自製的小收音機收到廣播，蔣委員長脫險，由張學良陪同，飛抵洛陽。

　　次日上午八時，北京大學學生大會在三院大禮堂開會。首先是胡適之先生簡短有力的演說。其次希聖演說，大意是這樣的：

　　「莎士比亞的名劇《仲夏夜之夢》，青年人在森林中睡覺，小仙女拿著愛液，點在那些青年人的眼上。他們睡醒了，一睜眼看見誰，就愛上誰。一個青年人的政治覺悟是他一生最重要最可貴的事情。為什麼你們一睜眼看見張漢卿，就跟他走？張漢卿先生畢竟是一個豪傑之士，他親身送蔣委員長到洛陽。你們看北平的那些左派教授們，昨天晚上還在開會打電報到西安，主張人民公審蔣委員長。」

　　希聖接著說明他的推測，蘇俄作為一個國家，為了解除其東顧之憂，絕不做這種事。最後勸告同學們：「要做共產黨就加入共產黨，否則就只有反對它，斷乎不要做共產黨的尾巴，或是尾巴的尾巴。」當場有東北大學生來聽演說者，聽到這些話，不禁為之痛哭。

　　東北大學是左派教授的大本營之一。學生們居然邀請希聖到學校演說。希聖在演說中，再三勸告他們，「要沉著，要鎮定，要修養自己報國的能力，準備搭上抗日的列車。」

民國二十六年（1937）

　　太平洋學會之威特福格爾教授自去年秋季來北平時，與希聖口頭訂約，由經濟史研究室為他搜輯遼金及宋代經濟史資料，他每月補助一百元。今年六月，合約滿期。他帶了資料回美國去。

　　威特福格爾曾經發表論著多種，且曾為《食貨》半月刊投稿，認定中國社會是亞細亞社會。希聖與他談話，常駁斥此說。他問希聖，「你說中國社會是什麼社會？」希聖答道：「我不願使用一個名詞，來指稱中國社會形態。我認

為中國社會的演變可分為五個時期。」希聖的「五階段說」就是他六年來中國社會史研究的結論：

（1）他認為夏商周三代是三個部落聯盟的交替。所謂「夏」，或「商」，或「周」，不過是三個主族的名稱。夏衰而商起，商滅而周興。他使用民族的分析方法（ethnical analysis）將幾個大部落的社會組織加以分析。

（2）他認為由春秋到戰國乃是由部落演變為國家（from tribe to state）的過渡時期，亦即是由以血統與婚姻為紐帶的氏族社會（sibbe），演變為以權力（authority）為紐帶的國家之過渡時期。他認為秦漢大一統國家（empire）是以家長的家族制為社會基礎。其經濟組織是以工商奴隸與小農的生產制為骨幹。大體可以說是奴隸社會。

（3）他認為由東漢到唐代是中國的中古時期。社會組織是以大土地所有為基礎的大家族制，大體可以說是莊園社會。

（4）他認為中唐以後，經宋代至明清，是商業資本獨特發達的農業手工業社會。遼金元及清四朝的社會，由西北的游牧部落或東北的狩獵部落征服中原，最初形成封建制度，而後迅速轉變為君主專制（absolutism）。這四次轉變過程，可以說是由部落到帝國（from tribe to empire）的歷史之四回重演。

（5）他認為清代中葉以後的社會是在帝國主義侵略之下，農業手工業趨於破而工業革命未能順利進行的商業資本主義社會。

這就是希聖的〈五階段說〉的梗概。

唐代經濟史的資料此時編成八大冊。每一冊將資料分類編年，列為章節，以便讀者隨手取材。

第一冊是唐代經濟概觀，

第二冊是唐代都市生活，

第三冊是唐代農業，

第四冊是唐代手工業，

第五冊是唐代的交通，

第六冊是唐代商業，

第七冊是唐代寺院經濟，

第八冊是唐代的財政。

這八冊的稿子交給北京大學出版部付印，恰好在印刷中，盧溝橋事變發生了。

[語冰錄] 七七事變爆發，北大校務停頓，出版部亦封閉。威特福格爾博士、楊聯陞和我，各帶一冊《唐代寺院經濟》分途出走。唐代之交通與唐代土地問題兩冊亦有少數流傳外間。其餘五冊尚係散頁，從此佚失。

這年三月，希聖的岳父萬信民先生在武昌病危。希聖和冰如帶了三個年幼的小孩子到武昌省視，同時亦省視希聖的母親，當時亦住在武昌。

[思歸] 民國二十五年，我父病重，希聖偕同我由北平往武昌，省視婆婆，並看望我父之病。父氣喘體弱，臥床不起，見到我們，頗為欣慰，勉強坐起來，說話的聲音也響亮。他是如何高興，看到我帶一群小外孫，恆生、晉生范生都可愛，病情開朗一些。希聖接各大中學的邀請，去演講，每天總有一二次，要預備講詞修改紀錄，他忙了一陣子，時值春假，又應河南大學的邀請，往開封又是六天演講，過度疲勞，自回北平，想休息一下，不料就在這個時候，我父病逝。

三月間，希聖在武昌的中華大學及各中學演講多次，又接到開封各學校的邀約，於四月前往演講。希聖到開封只住了五天。第一天適逢黃沙霧，不能舉行演講。第二天至第五天，接連作二十一次演講。到了第十九次，他當場頭暈心跳，勉強完場。此後他的心臟跳躍過速的病，久未見好轉。

春假過後，希聖先回北平上課。四月下旬，岳父病逝武昌，冰如與小孩子們回北平。

[點滴] 民國二十六年五月，我從武昌轉開封回北平。冰如電報來，告知她北上的日程。我從北平搭火車到駐馬店去接她。我們同回北平之後，第二天就是五四紀念。這次五四紀念，新學聯約我去演講。我先以心跳病辭，但是後來為了支持他們，仍然答應了。

五月四日，希聖為了一次演講，捲進了兩個「學聯」鬥爭的漩渦。

北平學生聯合會為左派職業學生所操縱，而且接受西班牙人民陣線的指導。各校學生不滿者漸多。西安事變發生後，左派學聯的氣燄高張，更激起多數學生的反感。於是以國民黨學生黨員為中心，另成立學生聯合會。一般稱左派學聯為「舊學聯」，此新成立的學聯為「新學聯」。

五月四日，新學聯在宣武門外師範大學廣場開五四紀念大會，舊學聯分子亦到場。當主席團登台宣布開會之後，左派學生立即高唱〈保衛馬德里〉歌。同時臺上兩派學生發生爭執。舊學聯的學生將國旗扯下。一時之間，廣場上的童子學生為護國旗，與舊學聯學生發生衝突。

舊學聯為號召學生參加人民陣線活動，利用女學生吸引男學生，並鼓勵男學生。每有集會遊行，男女學生的人數幾乎相等。此刻廣場上發生混亂，童子軍全為中學生，而舊學聯的男學生急於保護女學生，只得紛紛退出廣場。

會場秩序恢復之後，希聖登臺演講，指責左派學生高唱〈保衛馬德里〉歌，顯然是分裂中國，演出西班牙內戰的慘劇，隨即對童子軍學愛國的忠忱，表示讚揚。

[語冰錄] 當時我被邀登臺演說。我首先詢問群眾：「他們剛才唱什麼歌？」會眾答道：「他們唱〈保衛馬德里歌〉。」我演說道：「西班牙人民陣線受莫斯科指揮。中國人民陣線又受馬德里指揮。奴才的奴才。」

散會後，舊學聯指使當場受有微傷的幾個學生向地方法院提出自訴。他們控訴新學聯學生以傷害罪名，並控訴希聖以教唆傷害罪名。

希聖首先在天津《大公報》發表短篇文章，其標題為〈殘餘的西班牙主義〉，指責人民陣線的活動顯以分裂國家，煽動內戰為目的。這篇文章引起北平學界軒然大波。

希聖自撰辯訴狀，以辯護人戴修瓚律師的名義，在北平《世界日報》發表。其中說明希聖演講是在會場糾紛之後，不得指為教唆。而全狀的主旨仍在指責人民陣線煽動內亂，分裂國家的企圖。戴修瓚先生是北京大學法學院法律系主任。這篇辯訴狀亦為北平學界所重視。

　　希聖又在北平《實報》連續發表小文二十篇，與左派教授們作筆戰。忽一日，希聖在中山公園今雨軒後園遇張申甫。申甫說：「你那篇殘餘的西班牙主義的文章，題目就不通，什麼是西班牙主義？」希聖答道：「西班牙主義就是人民陣線的國家分裂主義。你們人手多，我只是一人。我不能不採取攻勢，首先送一頂帽子給你們，那管通不通。」申甫說：「那又何必？」

　　又一日，希聖接到一封信，署名「凱豐」（自稱是共產黨人）。信的主要意思是力主調停。一兩天之後，北平大學農學院的一個祕書吳某約希聖在他家與凱豐晤談。那個共產黨人首先說明中共願意在蔣委員長領導之下，共同抗日，其次解釋共產黨的黨員從反對蔣委員長到擁護蔣委員長，一時實在轉不過彎。最後表示他願意調停北平學界這番衝突的意思。希聖答以個人願見此次糾紛的止息，但不信這班左派分子能識大體，顧大局。他再三說：「願意努力」，遂告辭而去。

　　這一番鬥爭，為時兩月。至六月底，七月初，在北平各報發表南京消息，說中央將邀請各界領導士人士到牯嶺舉行茶話會。並有平津學界名單見報。如蔣夢麟、張伯苓、胡適之及陶希聖等都在內。中央的請束隨即寄到。

　　此刻日軍（天津駐屯軍）進入豐台及長辛店兩車站，平津局勢極為嚴重。宋哲元將軍回到山東樂清故里以避交涉之衝。七月七日，北平市長秦德純先生邀請上項名單中之少數人士，在中南海晚餐。餐後，賓主走出那以玻璃為牆壁的大廳，在一片平臺露天圍坐。

　　在座的羅隆基首先發言，大意說日本軍人作成冀察特殊化，逼走關黃二師，要求國民黨黨部撤出，何妨將錯就錯，讓各黨各派來幹一下，聊將冀察作緩衝地帶，來避戰爭。

　　胡適之先生指著羅隆基說：「努生！這是什麼話？我一向批評國民黨，反對國民黨。但是訓政時期約法規定國民黨代行政權。國民黨在中國，等於日本的天皇。如果我們中國要求日本撤退天皇，那不是就要打仗？日本軍人為什麼要求國民黨退出華北，是因為國民黨抗日。你們各黨各派如果抗日，日本軍人也不容你們活動。你們如不抗日，那就是漢奸。努生！你的話說錯了。」

　　希聖接著說：「努生先生！國民黨黨部也許可以撤退，國民黨黨員不會撤退。我就是國民黨黨員。你們各黨各派要在這裡替日本軍人做工作，我們只

有堅強的鬥爭。」

胡適之和陶希聖問秦市長：「我們要到牯嶺去，你有什麼話要我們帶到中央去？」秦德純先生說：「我沒有別的話，只請中央相信二十九軍，相信宋先生。」

散會後各自回家。希聖回到大乘巷寓所，已經十一點了。希聖與冰如坐在炕上談話。他在北大教書已滿六年，下年度應該休假。他打算把家搬到武昌，他自己漫遊西南各省，作一番實地考察。他們夫婦談到十二點半，忽聽得遠處有隆隆的炮聲。他們知道戰事爆發了。

盧溝橋戰事發生之後，北平的東西兩車站都不能照常通車。希聖夫婦每日分途奔走，設法使希聖個人先走。他們奔走了好幾天，才獲得一條可走的路線，就是到西直門搭車到豐台，轉車到天津，再轉津浦路南下。希聖個人就是這個走法。他到了南京，遇見了平津的幾個教授，偕同乘船到九江，上牯嶺，已經是七月十二日。

牯嶺茶話會預定分三次舉行。七月十四日第一次茶話會開會，參加者以平津學界人士為主。

蔣委員長蒞會，發表了全面抗戰的談話。這一次談話震動了全國，也震動了全世界。

[口述] 茶話會主席是汪兆銘。蔣委員長蒞會致詞，全場肅然。這一篇講話就是後來修改發表的〈對於盧溝橋事件之嚴正表示〉，係程滄波起草，陳布雷修改後正式發表的。這一次的講話，有幾段未見於發表的講詞中，如：「什麼是何梅協定，我把它撕了；我已經命令關、黃兩師進駐保定，並且命令宋哲元回北平，他現已經過天津回北平。現在除非不打，否則戰端一開，即無中途妥協，中途妥協就是投降。」

仙巖飯店（即牯嶺94號）為主要客人的所在，胡適之的房間尤其是一個聚議的中心。這次會後，希聖與平津友人同往胡先生房間。大家判斷，抗日戰爭必將擴大進行。

[口述] 散會後，我們紛紛集合在胡適的房間討論和戰問題。有人說：「宋

明軒去北平，但在天津與日本人有所接觸，那是還有談判的餘地。」有人說：
「中央軍已有關，黃三師開到保定之北。委員長不是說過『什麼何梅協定，
我把它撕了』的一句話嗎？中國只有抗戰，更只有抗戰到底。」胡適前一晚曾
單獨見過委員長，他說：「委員長是決心打。」為什麼我們都懷疑是打還是和
呢？因為委員長已經叫宋明軒回北平去，好像是要談，而且我們家裡都在北
平，學校也在北平，在牯嶺開完會之後，究竟回不回得去？所以大家議論紛
紛。最後大家問張伯苓。張伯苓年紀最大，一直不發一言，靜聽大家說話，
到了最後，頭搖一搖才說一句：「這件事還在委員長心裡頭。」蔣夢麟即說：
「這個老狐狸。」

　　茶話會的來賓有各黨各派與無黨派人士。無黨派以大學校長和教授為
主。各黨派有青年黨、國社黨、農民黨、村治派、職教派、救國會的領導人
士在內。中國共產黨也被邀參加，有三個代表在牯嶺，卻未曾出席茶話會。
他們尚未公布參加抗戰宣言，那三個人就是周恩來、林祖涵、秦邦憲。

　　我認識的人很多。本黨同志之外，也與各黨派人士或一同或分別談話。
我亦曾偕同周佛海去看望周，林，秦三個共黨代表。他們與我談到北平的學
界的一些事件。他們的語調是和凱豐在北平所說一樣。周恩來說：「陶先生，
你在北平打得很苦！我們多年反國民政府，反對蔣委員長，今日一轉而擁護
蔣委員長領導抗戰，這一個彎是很不容易轉過來的，連我們幹部也轉不過
來。我們在延安費了很大的氣力說服大家。也難怪北方那些人不易說服。我
們還派了人去解釋。」

　　會議在七月十七日就發布了盧山宣言。第一期在會場中，實業部長陳公
博告訴我說：「這回茶話會是為了團結各方共赴國難的事。其中有一個重要的
原因，就是你們在北平的鬥爭。你們的鬥爭說明了各方的團結還要下一番功
夫。」

　　中央組織部長張屬生與我談話時，對於北平學界的反共運動，深致鼓
勵。中央宣傳部長邵力子與我談話，單談國共合作的事。原來北平的本黨組
織部是張部長直接領導的。反之，邵力子一向是親共的。所以他們兩人的態
度之不同，是顯而易見的。

　　有一次分組會談，在場者約三十人。希聖發言，稱道二十九軍擁護中

央。散會後，有一位南京友人來問：「你能保證二十九軍抗日嗎？」希聖說：「今日的牯嶺，我們說二十九軍可靠，他們就可靠。我們說二十九軍不可靠，那將有不堪想像的後果！」

又有一次，蔣委員長招待平津學界人士午餐。有人談到二十九軍時，蔣委員長高聲說道：「我相信二十九軍。他們是愛國的。」

[口述]這時，陳布雷來找我去見委員長。布雷說：「在會中，你是客人，現在則是以黨員的身分見主席。」蔣委員長見了我，說：「你在北平做得很好，你還是回去指導他們繼續努力。」我說：「總裁，國民黨有四個單位四個組織，我指導誰？」委員長起身說：「我叫他們聽你的話。」出來後，我問布雷：「這是怎麼回事？」布雷說：「這是命令。」我很惶恐，能不能回去還是一個問題，只得天天注意戰局的發展。

蔣委員長急遽下廬山，回南京。第一次茶話會匆促結束。第二次茶話會的客人原以上海南京學界人士為主，等到他們紛紛到達牯嶺，茶話會是不再開會了。

希聖與家屬的音信已經中斷。他在九十四號又住了幾日，才下廬山，往南京。到南京以後，適逢中央政治委員會設立「國防參議會」，被邀參加的人士有中共的周恩來、秦邦憲、林祖涵；中國青年黨的曾琦、李璜、陳啟天；國家社會黨的張君勱；救國會的沈鈞儒；職教派的黃炎培；村治派的梁漱溟；教育學術界的蔣百里、張伯苓、蔣夢麟、胡適、傅斯年、陶希聖。

[傳記]八月，加入委員長侍從室第五組（組長周佛海），擔任國際宣傳工作。

[口述]八月初，蔣委員長約了張伯苓、蔣夢麟、胡適之、梅貽琦和我到黃埔路官邸午餐。蔣夫人在座。委員長與夫人都表示抗戰到底的決心，夫人以航空協會祕書長的身分報告空軍的情形，說：「空軍飛機雖然不多，但士氣很高，有作戰的能力，可以作戰。」

蔣委員長並對我們說：「我要以戰略打擊敵人的戰略。敵人的戰略是要不戰而取，我要他戰而不取；敵人要速戰速決，我要他戰而不決。我們是一定

勝利的。」

　　張伯苓先生一開口，老淚縱橫，說道：「南開是被進攻天津時被日軍燒掉了。我幾十年的努力都完了。但是只要國家有辦法，能打下去，我頭一個舉手贊成。只要國家有辦法，南開算什麼？南開犧牲又算什麼。打完了仗，再辦一個南開！」委員長接著說：「抗戰勝利後，我還你一個南開大學。」

　　胡適之先生建議：「蔣先生要注意一件事：二十九軍撤退，宋明軒派張自忠代理冀察政務委員會委員長及北平市長。張自忠為北平城市與日本人簽訂停火協定，在國際法上，一個文化中心大都市被敵軍侵入的時候，市長為了保全這文化都市，與敵軍訂立臨時條款，以免城市遭到重大的破壞和犧牲，這件事在國際法與慣例上，是合法的，不應被譴責。上海與南京一帶的報紙不應該批評張自忠。希望委員長能注意這點。」

　　委員長說：「我立刻告知他們，不可攻擊張自忠。張自忠是愛國的，二十九軍是抗日的。」

　　胡先生又說：「兩國作戰，一方面作戰，一方面還是有交涉。外交部亞洲司高宗武這個人很好，可用。」委員長表示同意。

　　國防參議會每星期開會一次，都是由中央政治委員會主席汪精衛召集。中共代表未曾出席。

　　[口述]第一次會議在陵園的一個官舍裡舉行。梁漱溟起立發言：「我想教育應該改革，……我想村治應該推廣，……我想。……我想。……」說不完的我想。傅斯年忽然起立，指著梁漱溟說：「梁先生，今天不是你想做什麼的時候。你想的全沒有用。今天要打仗，要打勝仗。你要把學校制度推翻，實行你的書院，更是荒唐。」

　　第二次以後的會議是在中山路鐵道部舉行。因為八月十三日以後，日本飛機每天上午八時起隨時來襲。鐵道部有一座水泥鋼筋的建築，其中會議室可供開會之用。

　　蔣百里是在第二次會議之後才出席的。有人提議學校停辦，他起來說話，說到現在有人提議要把學校關起來，學生要參戰，這是萬萬不可以做的，要求政府把大學生、中學生留下讀書，以供長期抗戰中的工業生產與科

學發展之用。因為知識分子上前線，無助戰力，徒然犧牲而已，歐戰德國為什麼打敗，就是過度動員的原因。我們要讓學生安心讀書，否則將來科學人才缺乏，不是個大失敗嗎？他慷慨陳詞，聲淚俱下，在座都為之動容。

南京一度成立了大本營。大本營分為六部。其中第六部被稱為小參議會，因為這一部門亦聘請各黨派人士參加。如左舜生、羅隆基，甚至自稱為第二國際之楊某，都在聘任之列。

[口述] 大本營第六部設於陰陽營四號，部長是熊式輝，副部長是周佛海。這個部聘請各黨派人士為顧問或參議，號稱為小參議會。我以國防參議員的身分亦參加。第六部主管國際宣傳工作，為了參加這一個工作，同時又與各黨派人士聯絡，我有時到陰陽營四號會商事情。

當時出現一個低調俱樂部。宣傳部長原為邵力子，後來是葉楚傖。副部長是周佛海。周為人豪爽，與陳布雷相交甚密。中央要人及北方來者常至其處，因此家中總是高朋滿座。尤其遇敵機來襲時，躲在他寓所內防空洞最為安全。所以，我們平日常在西流灣周寓防空洞中閒談，交換消息。也不知怎麼的，就有「低調俱樂部」的名稱產生。

憲兵司令谷正倫，有一次曾善意的警告周佛海說：「你們這個低調俱樂部，小心點哦！」因此固然有低調俱樂部的名稱，實際上，不過是大家聊天，交換消息，並無其他目的。

大本營成立不久，即行撤消，第六部亦即撤消，但國防參議會後來發展為國民參政會。

[思歸] 日軍進北平之後，我帶一大群，走到報子街李實先生家暫避。我還是自己一人，往車站探問。一連跑了五天，平津之間開始通車。

八月十日，我們擠上火車，到了天津車站，下車步行，要過一座鐵橋，那日本兵站崗，凡是過橋的人都要檢查。我一手抱范生，一手拿芭蕉扇，走過崗位，那扇子觸了日軍一下，他喝一聲，不許走。我只得站住，心裡想，這回是死定了，不必怕他。一會兒日軍又去追一群女人，我混入人群之中，

走過鐵橋，便到了英租界。與我們同行的李實、邵子柱、趙普巨，他們知道有位朋友的住宅，到他家門口，那位朋友全家往南方去了。我們就在他家客廳打地鋪，暫住二天。

[泰來] 八月十二日晨五時餘至碼頭，搭一駁船，由小火輪拖著，十時左右開船，下午到大沽口。準備搭乘名叫「恆生」的貨輪，前往青島。那時天氣炎熱，船上沒有任何設備。我們用四百元，買了水手艙位，一家人勉強擠在一起。天氣酷熱，不能存身。

十三日下午六時，恆生輪方始啟椗。那船載了不止一千人，貨倉下面空氣很壞，大家都擠在甲板上，變成上重下輕。顛簸起來，大家都暈船。

十四日上午，到達煙台，大家商議，前途風浪更大，不如就在煙台上岸，改走陸路。住進旅店，警察就來通知，上海已經打起來了，叫我們趕緊走。

十五日晨七時，我們搭煙濰公路長途汽車。晚十二時到濰縣火車站，凌晨二時左右擠上膠濟路火車。十六日上午十時左右抵濟南，晚十時到火車站等車。

[思歸] 又是半夜兩點鐘，火車一到，大家搶車。我上車無坐位，只有靠壁站立，恆生、晉生在我腳前，睡在地上。旅客們擠來擠去，我口裡說，求你們做好事，不要踩我腳前的孩子。坐位上有一位善心人要下車，他叫我把孩子抱上來，在坐位上睡，我已當面謝過了。火車到站，那位旅客一起身，忽然一個東北人，他由坐位上翻過來，並將兩腿伸到我的衣服上，一人占了兩個位子。我站在車上，一直站到浦口。

冰如帶領兒女到浦口，此時京滬已在日本飛機時時空襲之下。冰如和孩子們一到浦口，即在車站躲警報。

[思歸] 火車到了浦口站，旅客們前推後擁的下車，忽然防空警報大放起來，警察催旅客快進車站大廳，我們這一群也擠進去。盛夏的熱天，范生一直在我手中抱著，他的屁股與臂都爛完了。我的右臂也爛了。車站裡人多，空氣很壞，范生一直哭，大家叫起來，要把哭的孩子打死，不要叫日本飛機聽見，下炸彈。我只得抱起他，走到警察面前。求他們做好事，讓我抱他出

外。他們說有掃射。我說總比打死好多了。我一帶他出去，他就睡覺，不再哭吵。

解除警報，希聖從車站外走進來，我們跟隨他過江，在下關乘車進了挹江門，暫住挹江別墅。次日又逢警報，大家集合在樓下。眾人叫喊要打哭的小孩。警報解除後，我們搬到郭心崧住宅，在三樓打地鋪，暫住三天。

希聖在南京有職務，一時走不開。李、邵、趙，都安排有事做。我們搭江輪西上武漢。我的母親住操家塘，這時候母親下鄉去了，無人作主。我與諸兒，又無衣服，又無被褥，秋天到了，晚間很涼，如何是好。我急於找房子安家，手上又無錢。房子租好，一定要交錢，實在無辦法。

萬般無奈，我只好去找陶家八嫂。去年八嫂在北平住協和醫院，診治瘤症，住院兩月，治癒南歸。此刻我由北平回來，見了八哥八嫂，坐了幾十分鐘，不好開口借錢。因我雖窮，一向未借過錢。八哥猜想我們手上為難，我這才說出租房子無錢，八嫂立刻去拿一百元交給我。感激之餘，告辭出來。

正衛街，地方清靜，很好住家。房子租在 35 號，但沒有家具，如何是好，我決定不再奔走求借，到家具店去租。客廳桌椅及床鋪等用具，每月大洋三元。

婆婆從鄉下回來了，帶來棉衣棉被。我母子得到這些棉衣棉被，大家身上溫暖，很高興。

希聖一度由南京回武昌。

[口述] 一天，蔣委員長召見我，他說：「武漢鬧得不成樣子，你去一趟，傳達抗戰的宗旨與目的，是在三民主義的指導原則下進行抗戰。我叫立夫給你安排。」那時中共在武漢活動，我黨必須予以抵制。於是，二十六年十月，在敵機連續空襲南京的緊張狀態下，我搭乘龍興號循長江西上，抵漢口後，再轉武昌。

委員長要陳立夫為我安排，等於要湖北黨部等組織聽我的話。我去了就召集湖北省黨部漢口市青年團等組織，安排下星期一開擴大紀念週，發表演說。

　　他在閱馬廠湖北省黨部大禮堂，對黨政各界演講，提出一個口號「為三民主義建國而抗戰！」因為當時，中共及其同路人在報紙與刊物上，連篇累牘，發表文章，把抗戰分為兩種，一種是「民主抗戰」，一種是「獨裁抗戰」。一般人士又只是高唱「抗戰第一，勝利第一」的論調。希聖這次演講，指出了「戰爭的政治目的」。他指出了抗戰是手段，三民主義建國才是目的。

　　他接著在糧道街中華大學，曇花林華中大學，及其他學校，演講多次，先後一貫強調抗戰的政治目的在於實現三民主義，建設獨立統一的現代國家。

　　他指責左派人士所謂民主抗戰與獨裁抗戰的分別之荒謬。他指責他們所謂「民主抗戰」只是為了鼓吹其所謂「人民民主聯合政府」的主張。他指責他們的「聯合政府」就是一九一七年俄國的克倫斯基政府，好讓他們奪取政權。

　　西安事變之後，中國國民黨的一般黨員誤認蔣委員長對中共提供了什麼諾言，或答應了什麼條件。抗戰發生以來，左派分子氣燄高張，而國民黨員心懷疑慮。八月二十一日，中蘇互不侵犯協定簽字，左派分子更散布流言，說是蘇俄將要參戰，共同對抗日本，因而他們鼓動所謂「聯合政府」，更加有力。九月二十二日，中共發表〈共赴國難宣言〉，向國民政府提供四項諾言：遵奉三民主義，取消暴動政策及赤化運動，取消蘇維埃政府以期全國政權之統一，並取消紅軍名義和番號，改編為國民革命軍。這一宣言雖已明白表示中共所謂「共赴國難」實際就是投降。但是事實上，一方面共產黨及其外圍的鬥爭工作毫無改變，而另一方面國民黨員的疑慮心理仍未解釋。

　　希聖此時在武漢振臂一呼，共產黨及其外圍分子的聲勢為之一挫。他逗留數日仍返南京。

　　十一月，淞滬之戰是在擴大進行之中。這一戰役，日方最初只調動了一個軍團，後來繼續增援，由兩個軍團竟增加為七個軍團。我方集中兵力亦達五十萬人，都是國民革命軍精銳的部隊。這一戰役是在上海這個國際都市周圍進行，對於國際社會與政治，有重大的影響。九國公約會議在布魯塞爾舉行，更在國際間擴大了中國抗戰的聲勢。

　　中央政府機關向武漢及重慶疏散。希聖與國防參議會一班人士同乘疏散輪船回到武漢。這個會議仍然每星期在漢口商業銀行樓上舉行。希聖與沈鈞儒等常起爭論。十二月十二日之前三天，左派分子籌畫在十二日這天召開大

會，並在武昌和漢口分途遊行，藉西安事變一週年紀念，鼓吹其所謂「人民民主聯合政府」。

希聖在國防參議會提出這件事。他激動的，堅決的說道：「東戰場的戰事正在慘烈進行。共產黨和外圍分子要在後方以紀念西安事變為名，鼓吹所謂聯合政府。我老實說，我們國民革命軍在前方用長鎚打敵人，中國國民黨在後方仍可用短槍平叛亂。」沈鈞儒說：「這件事真相如何，要問董必武。」黃炎培素來慣用悲天憫人的腔調呼籲團結，此刻又用同樣的腔調說道：「這事萬萬不可行，我們去找董必武。」

董必武是共軍改編為國民革命軍第八路軍之後的駐京代表，此刻在武漢。沈鈞儒、黃炎培諸人經常在政府與八路軍之間奔走。

黃炎培說話之後，希聖說道：「董必武對人說：只怕國民黨關門，只要他們的門開一條縫，我們便擠進去。門縫擠大了，我們便撞進去。門撞開了，我們便打進去。你們諸位去找他說話好了。」沈鈞儒說：「董先生真有這句話麼？不可信，不可信。」

十二月十二日的左派舉動果然取消了。但是聯合政府的口號還是喊得很響亮。有一天馬哲民來到正衛街與希聖談話。他說道：「他們的計畫，中央軍在東戰場失敗之後，國民政府沒有作戰能力，他們就將要求在西安組織聯合政府。」接著黃松齡來問希聖：「東戰場消息如何？」希聖答道：「我若說消息好，你們不信，若說消息不好，你們就要組織聯合政府。老實告訴你，東戰場的陣線是不能不後撤了，但是國軍在那一方面至少還有三十萬以上的實力。」馬哲民與黃松齡原是北平中國大學教授，馬是共黨的外圍分子，黃是共黨的幹部。黃聽了這話，看了希聖的臉色，立刻起身，不辭而去。

希聖對共產黨及其同路人的爭執繼續進行。上面所說，不過是其中之一二實例。

十一月二十日，國民政府宣布遷重慶繼續長期抗戰。統帥部在武漢指揮作戰。

十二月十三日，南京撤守。

[口述] 日本〈中支方面司令官〉松井石根指揮七個師團，突破我方宜興一帶堅固國防線，進向南京。其時，日本軍部原想逼迫政府簽訂城下之盟，

故透過德國駐華大使陶德曼提出調停中日衝突之議。東京方面正在磋商，並命令松井石根不可攻進南京城，但是日軍不受約束，非但衝入南京城，並且大肆屠殺，破壞了城下之盟。

　　日軍的大屠殺不只是簡單的軍事行動；是由於日本少壯軍人認為占領中國首都南京，就是等於滅亡中國，充滿瘋狂氣燄，松井本人也瘋狂了，縱兵屠殺。日本軍人還更進一步想毀滅中國歷史文化傳統。中國人一向講孝道、貞潔；重視「老吾老以及人之老，幼吾幼以及人之幼」，所以日本對老幼婦孺特別殘酷；拿槍將小孩挑在半空中，強姦婦女，並用刺刀屠殺。這種悽慘實非單純獸性的爆發，而是蓄意破壞中國道德，滅亡中國文化。

　　當時國民政府已遷都重慶，委員長則駐節武漢，惟為便於指揮作戰，委員長暫時停駐於南京附近的長江兵艦。於是，外交次長徐謨陪同陶德曼大使乘輪船東下，到南京進謁蔣委員長。蔣委員長自然不會接受城下之盟，不過藉陶德曼調停以為緩兵之計。

　　陶德曼調停會場設於漢口中央銀行的會議廳，會議廳裡面是汪先生辦公的地方，國防最高委員會也設在這裡。調停由汪先生主持。

第三編　烽火中的政論家（一九三八—一九五三）

民國二十七年（1938）

軍事委員會參事室成立。蔣委員長官邸每星期舉行參事會議一次，由參加者討論國際局勢，並就外交內政各方面提出意見，藉供委員長參考。關於日本的情報大抵是由王芃生提出報告。關於中蘇關係及時局問題以《大公報》張季鸞說話最多。關於國際外交之意見，以北京大學政治系教授張忠紱提出者為多。希聖參加這一會談。他對國際問題亦經常提出意見。

《大公報》主筆張季鸞經常跑駐在漢口蘇俄大使館，開口盧幹茲，閉口亦是盧幹茲，頗啟在坐者之厭惡。有一次，張季鸞發言，指責《掃蕩報》駁斥左派分子的「改良人民生活」的言論。他說：「改良人民生活，是可以反對的嗎？」他又說：「聽說漢口有個機關，專門反共，專門製造摩擦，那是要不得的。」希聖站起來說：「戰爭打得如此激烈，那裡還能高唱改良人民的生活。那種改良生活的論調是別有企圖的。《掃蕩報》沒有錯。」

蘇俄駐華大使原為鮑格莫洛左夫。他簽訂了中蘇互不侵犯協定之後，即被召回俄。抗戰爆發之後，共黨及其外圍組織散布謠言，說蘇俄將要參戰。一般人屬望於蘇俄參戰，而共黨及其外圍組織獲得良好的機會，肆行滲透與發展。統帥部從南京撤到武漢之後，新任蘇俄大使盧幹茲來華。他一到武漢，就召集中共及外圍若干重要分子，告訴他們說：「中國抗戰可以解除蘇俄東顧之憂，你們必須支持國民政府，爭取勝利。蘇俄不會參戰，你們應該立即停止蘇俄參戰的宣傳。」

當抗戰發生之後，陝北中共政治局的決議是：「抗日戰爭中，國民政府必將失敗，我們雖然參加抗戰，但須保持獨立行動。」南京撤守後，中共政治局又決議：「國民政府必將失敗，我們應以全力向長江以北的地區發展。」到了盧幹茲來華，指示他們支持國民政府，中共政治局的決議改為「國民政府有勝利之可能，我們支持抗戰，但須保持獨立行動。」

此時，藝文研究會業已創辦起來，在漢口第三特區天津街設立辦事處。周佛海為總務總幹事，陶希聖為研究總幹事。這個研究會的主要工作是創辦刊物，編印叢書，聯絡各報紙及各民眾團體，與共產黨及其外圍組織對抗。這個會訂定宣傳綱領，並提出「內求統一，外求獨立」；「一面抗戰，一面建國」的口號，作為宣傳的重心。

　　[何茲全]陶先生和周佛海組織「藝文研究會」。周當時好像是國民黨中央宣傳部長。周兼任藝文研究會總務總幹事，陶先生任設計總幹事。實際上周不管事，藝文研究會的事由陶先生總管。會址在漢口英租界。

　　藝文研究會下分五個組。研究組由陶先生兼任組長，請了北大盧逮曾為副組長，代他管組裡事。組員有：鞠清遠、武仙卿、沈巨塵、曾謇和我。曾謇、鞠清遠在西南（貴州？）作社會調查。武仙卿、沈巨塵在組內辦公。我不去上班，在家裡主編《政論》。藝文研究會每月補助《政論》二百元印刷發行費。在藝文研究會工作的還有薩師炯。他似乎是兼職，不到會辦公，見面不多。鞠，武、沈、曾、薩和我，都是陶先生的學生。鞠清遠是北師大畢業的，我們幾個都是北大畢業的。這是陶先生的「親兵」。

　　武漢時期，陶先生精神很愉快。工作之餘，常常和我們一塊聊天。「過去辦《食貨》連稿費都發不出，現在可以批錢給人。將來抗戰結束，送你們出國讀書。回國後在各大學開中國社會經濟史，創始一個學派。」

　　我們當時也都很高興。

　　[自序]此會之活動實為中央宣傳部之別動工作。創辦刊物，出版圖書，宣揚抗戰建國之宗旨，隨宜批判中共及其外圍分子與團體所謂「民族統一戰線」及「民主統一戰線」，尤其是「人民民主聯合政府」之口號、理論與策略。

　　藝文研究會設分會於香港，其工作為搜輯英美日諸國書刊有關世界形勢與國際政治之論著，隨時摘要，報告本會，提出參事會談，並提供本會研究編輯同人參考。

　　希聖為文分析國際問題，以評論表明國民革命與抗戰建國之立場與政策，即自此時開始。當時致力中國外交史、外交政策與國際問題之研析與講述者，不乏知名之士。但能以二、三篇評論喚起政治社會各方之警覺與理解者殊少，而我寫此類文章，頗能汲取讀者注意。由此遂得以開闢抗戰時期及戰後以新聞記者論政之門徑。

　　希聖在地方黨部與民眾團體領導人士的集會中，對於國共關係是這樣的解說：「古代兵法家常說：受降如受敵。今日我們受降的共產黨，在本質上原是敵人。我們必須堅守陣地，隨時準備作戰，而後我們的統帥部才可運用自

如。」又說：「黨與黨依政策而分合。當黨與黨合作時，只有黨的中央可以決定一切。若是每一個黨員都去合作，黨就只有解體了。」他的結論是「黨員要有鬥爭的能力，而後本黨才能與共黨合作。」

藝文研究會的刊物《政論》發表陳獨秀的文章，引起軒然大波。

[口述] 陳獨秀文章，提出希特勒的法西斯是極右，史達林的共產黨是極左，兩者都是反民主的，希史現在鬥爭，有一天他們會合在一起。這篇反納粹又反共的文章，引起了軒然大波。

第八路軍駐武漢辦事處及其代表周恩來發表談話，指責陳獨秀接受日本的津貼，每月三百元。這一談話顯然是謊言。陳獨秀在監獄裡五年，抗戰之初，以政治犯的資格開釋出獄。他隨即由南京遷居武昌，由藝文研究會補助他的生活費。周恩來謊言既出，希聖亦聯合幾位同志發表聲明，為陳獨秀辯誣。武漢各報為之轟動。

新華社記者有一日到天津街訪問希聖。希聖將實際情形告訴他。這一日的晚間，希聖從漢口過江到武昌，回正衛街。那一條街沒有路燈，漆黑一團。他扣門進內，忽然發覺背後跟進一個灰色軍服的軍人。那軍人開口就說：「我來談一談獨秀的事。」 他兩手插在灰色大衣的口袋裡，似乎要拿出手槍就放。

其時家人已睡，而且只是婦女與小孩，即令驚醒亦無濟於事。他很鎮定的對那個軍人說：「請坐下談談。只是對不起，兩三分鐘就有客人來開會。」那人從容坐下。他的右手從口袋裡拿出一個日記簿和一枝鉛筆，幸而不是手槍。他自稱原是共軍的軍人，被捕入獄七年之久，現在出獄到武漢來，看見報上說獨秀接受日本津貼，那到底是什麼事？希聖說明獨秀被中共整肅之後，匿居上海，後來被幹部派告密，為政府逮捕判刑。現在政府釋放政治犯，他也就出獄。他沒有任何政治活動，只發表幾篇文章。說到這裡，果然來了一個客人，就是中華大學校長陳時（叔澄）先生。那軍人告辭而去。

希聖每星期總要去看陳獨秀先生一兩次。有一次，他進陳宅，適逢李公樸匆匆走出。他到客廳坐下之後，獨秀告訴他說：「剛才公樸來談，碰了我一個釘子。我對公樸說，你們跟著史達林喊口號反法西斯，那是對的。可是你

們要提防有一天蘇德要合作。公樸說：蘇德合作是有可能的。我（獨秀自稱）說，你們抗日的口號是喊得那樣響，假如有一天蘇日合作了，你們怎了？說到這裡，公樸的臉通紅，回頭就走，我也不送他了。」獨秀說了這話，希聖說道：「公樸的臉是那樣黑，怎會紅起來呢。」二人拊掌大笑。

又有一次，獨秀談到總理孫先生的聯俄政策。他告訴希聖說：「孫中山先生聯俄，是為了民族主義聯俄，不是為了社會主義或共產主義聯俄。孫先生以廣州為國民革命根據地，廣州是在英國的勢力之下，他不能不反英。為了反英，才去聯俄。共產黨人借著聯俄政策而圖發展，是一種策略。國民黨人如為聯俄而傾向共產主義，就不是孫先生的意思了。」

三月底至四月初，中國國民黨臨時全國代表大會舉行於武漢。大會通過了抗戰建國綱領。大會閉幕之後，中央籌開國民參政會，希聖對於學術界人選參加意見，他本人亦列為參政員。

[口述] 臨全大會是第五次全國代表大會再召集的，所以叫臨全大會。這個代表大會在當時是極重要的，因為訓政時期政權是屬中國國民黨，而國民黨的黨權則在全國代表大會手中。當時有兩件事：

（1）推選總裁、副總裁：此時黨的領導人係中常會主席，由蔣先生擔任；汪先生為副主席；中央政治委員會則以汪先生為主席，蔣先生為副主席。臨全大會時提議推選總裁、副總裁，實際上雖等於中常會主席、副主席；但總裁名義很大，有如總理。

（2）臨全大會發表宣言，委員長先以十行紙列舉出二十一條，並分出主要與次要項目，交給陳布雷。

當時我與陳布雷、周佛海常在一起，在蔣、汪二人之間從事溝通工作。布雷對委員長說：「汪先生對宣言很有興趣，是否交由汪先生起稿？」蔣委員長說：「汪先生有興趣寫，那更好。」所以布雷過江（蔣在武昌，汪在漢口中央銀行樓上）拜望汪先生，請他起稿。汪先生很高興，找了我去，對我說：「我見你們藝文研究會的緣起很好，拿一份給我看看。」我問汪先生，打算如何寫。他很衝動的說：「預備由自從……寫起。」我告訴他，蔣先生最不喜歡用自從……汪先生就說：「我看藝文研究會的發刊詞頭幾句很好，可否拿來一用？」我回說：「當然可以。」這頭一句就是：「中國現在正面臨五千年空前未

有之戰局……」突然一起，氣氛很好。

　　我每天上午由武昌至漢口，晚上則自漢口搭輪渡回家。一天下午我至漢口開會，在船上駕駛艙後邊，遇見幾個人來問我，為什麼中共一方面共赴國難，另一方面仍唱反調？我說：「這是人類權力慾的表現。舉例說，二個小孩只有一個泥菩薩，若我向你要，你不給，我就一巴掌擊落泥菩薩，打一個粉碎。」回頭一看，葉劍英就站在後面笑笑。我們認識，是因為一九二五—一九二七年，我在武漢分校任政治教官時，葉劍英是學生總隊隊長及黃埔分校青年團領導人。我們常見面，非常熟悉。武漢時期，葉劍英是中共代表團的一分子。後來我又敷衍了幾句就算了。

　　七月六日，國民參政會開幕。中共參政員陳紹虞（即王明）約希聖會談，周恩來亦同來。他們指出國民參政員以國民黨籍人士居大多數，希望國民黨尊重少數黨的意見。希聖答以國民黨黨員人數雖多，但其組織不如中共之嚴密，因而國民黨籍參政員不至有操縱國民參政會之事。他們表示對此語不能置信。希聖解釋道：「自總理孫先生組黨革命，本黨即是全民的黨，而不是階級的黨。因而本黨黨員與黨外人士之間，殊少明確的界限。本黨如過於狹隘，所得必不償所失。中共的組織是嚴密的，但是全國之內，多數人被排斥與被鬥爭，其所失者比其所得者為大。」希聖的結論是希望中共有民主的風度，在參政會中，討論一切問題。

　　在國民參政會會議中，共黨代表們採取溫和而堅定的態度，以博取會場的同情。反之，那些左傾的外圍分子則從事鬥爭。漢口有一咖啡廳名為「美的咖啡」，為學術界參政員時常聚談的處所。有一次，希聖與北京大學同人同坐，偶然發言，指出「中共做好人，外圍做惡人。外圍分子的特性是對於中共有自卑感，他們願做中共所不屑做的事」。許德珩大為憤激。他說：「你說誰是外圍分子？」他拉住希聖的袖子，要揮以老拳，為同人所勸解而去。

　　[口述] 北方來的教授，對中央體制並不熟悉。我們很注意陶德曼調停的消息。我住在武昌正衛街，每天都到漢口中央政治委員會開會。我跟我的孩子說笑話：「如果有好消息，我就從漢口『美的咖啡館』帶可可糖回來。」有一天，我帶了一大包可可糖回家，孩子們都跳起來，很興奮的問道：「是不是

調停成功了？」我說：「就是調停失敗了，所以索性帶一大包糖，讓你們吃個夠。」

[泰來] 七月八日，我家啟程前往四川。乘江輪上溯至重慶，然後僱汽車到成都。

[思歸] 我們到了成都，租住一幢小樓房。白米成囤，蔬菜便宜，橘柑尤其甜美，日常生活安穩下來。

[口述] 武漢會戰，日人逐步逼近，我內人帶著家眷先到成都，我一個人住在漢口商業銀行樓上國防參議會會場。後來國防參議會編入參政會。當時武漢展開國防文藝大結合，藝文研究會也有文藝活動加以支持，惟未形成大風潮，不過是些演講談話而已。藝文研究會香港分會提供不少資料，有助我研究國際形勢，所以我在刊物及演講會上，存有影響力。北方一些研究中日問題，國際形勢，外交史的教授們，如張忠紱、陳之邁等人，我們有時也聚在一起談談。有一次閒談，他們說：「你不是專門研究國際形勢的，為什麼現在在報上發表的文章彷彿很叫座，打得響，我們的反而不行？」我說：「我可不認為自己打得有多響。不過我可以告訴你們，報上文章一篇才二千字左右，你說得太多，人家反而不看。你們從事研究，寫一篇文章說：1，2，3，4，5……大家一看這麼複雜，而且結論是或許這樣，或許那樣，自己都沒有確切判斷，如何叫別人相信呢？」他們問：「你的辦法是什麼呢？」我回說：「我的辦法是把問題拿來一刀切下去。」他們說：「這個危險呀！國際問題不是你一個人的，也不是中國一個國家的，你怎麼把問題拿來一刀切下去呢？這一刀若錯了，怎麼辦？」我就說：「你們有沒有看過蒸氣火車？馬達前後帶動車子前進，你們是兩邊扯，輪子不轉火車就無法走了。我是前後動，所以走。我的判斷是這一刀若錯了，我還是預留了後路。至於怎麼留法，就不能再告訴你們了。」我這樣並不是欺騙人們，因為一刀下去多少對客觀形勢有判斷，對國家政策有所了解，所以是存有幾分信心的。因國際政治的判斷，是替外交政策說話，所以我將抗戰建國，為三民主義而戰的論調提出來。

九月間，中共參政員全體回陝北去了。他們是為了參加中共「中央第六次全會」而去延安。此時，日軍採取其所謂「中央突破」的策略，直攻武漢，而國際調停的事件連續發生。中共的全會尚未開完，而周恩來匆促來武漢，

呈遞毛澤東「長期戰爭與長期團結」的長函與蔣委員長。

　　[口述] 武漢時期是對日抗戰的重要樞紐。陶德曼調停失敗，戰爭長期化、全面化。周恩來於國民參政會期間，返延安參加中共中央全會，會議未完，即帶著毛澤東給蔣委員長的一封信回武漢，內稱「今天合作抗戰，明天合作建國」，表示長期合作之意。同時，蘇聯史達林也寫了一封親自簽名的信給蔣委員長，表示繼續支持抗日。武漢戰局是抗戰的一個關鍵，在共產黨看來是極其重要，是戰爭的轉機。當時幾個大都市北平，天津，上海，南京皆已淪入日寇手中，若武漢一戰下來而敗，廣州亦失，幾個大都市都淪陷了，則戰爭能否再持續下去，是一個問題。且近衛展開大的政治攻勢，武漢會戰下來，日方的和平攻勢是否會轉變戰局？所以毛、史來信，皆主張繼續打下去，如此一來，他們就勝利了。

　　因此，在武漢時期幾次的和平試探，調停，是很重要的。我國在香港和平試探也進行中，確實是和、戰的關鍵。又隱伏堅持抗戰與全面崩潰失敗的危機。

　　汪精衛與蔣委員長之間曾經有多次的分離與合作。此時的合作最為密切。汪對希聖說：「我同蔣先生這次合作，要合作到抗戰最後結局。」汪對於德國大使、義大利大使，以及英美兩大使的調停，固然希望其有所成就，但是他並無違背蔣委員長而主張和議之意向。

　　[自序] 漢口天津街藝文研究會，對國際政治及問題之研究報告，有時摘要報告汪精衛。汪時為副總裁，抑或摘報蔣委員長。

　　但藝文研究會香港分會，竟與日本參謀本部派駐上海之特務機關取得聯絡。其所得情報，送交本會，亦循上述途徑，報告汪並轉報蔣委員長。

　　有一日，唐紹儀先生的大小姐諸太太來到武漢，替日本方面試探和平。她要求見汪，開宗明義即說明日方不以蔣委員長為對手，而希望汪出面主和，並與日方談判。汪率直的拒絕她的要求，並聲明他將以此語報告蔣委員長。諸太太得不到一句話，悄然回港。但在八月間，陳璧君往香港停留了一

個時期。汪精衛忽離武漢到長沙，對各界發表演講，並與各界人士會見。他回武漢後，有「落葉又歸根」之詩。實際上是陳璧君自香港帶信到武漢，要汪到廣州轉香港，提出和議。汪走到長沙，中途折返武漢，不肯南下。

[口述] 武漢時代除了陶德曼調停外，另有三次：一為義大利駐華大使，他是墨索里尼的女婿，花花公子，與陳公博是好朋友。他至武漢提出調停之議，由汪先生接見。第二次是英美大使居間，也是汪先生接見的。第三次是盛宣懷的長女即諸青來夫人，她經香港到漢口，專誠見汪，說明日本政府不以蔣委員長為對手，卻希望汪出面講和。汪的答覆是他離開抗戰而獨自言和，是不可能的事。他告訴盛大小姐，這件事要立刻報告蔣委員長，並勸她立刻回香港去。顧孟餘與陳公博是汪最重要的左右手，這時陳公博是國防最高委員會的委員，我與他不常見面。顧孟餘在香港。他曉得汪夫人陳璧君在香港活動。有一次，陳公博特別告訴我：「孟餘來談，他說有人在香港活動，與日本交涉。他勸汪不要聽他們的話，並說：『陶希聖的話還可以聽，因為他是講學問的讀書人。』」

我對汪先生說：「孫先生過去之後，汪先生與蔣先生兩人的分與合，關乎國民黨的生死存亡，也關乎國家前途。這回的抗戰與以前的內戰不同，內戰時，北平猶可以開擴大會議，廣州也可以開個會。然而抗戰則與民族存亡有關，非合作到底不可，沒有第二個意見。」顧孟餘從藝文研究會的文章，知道我的看法，所以同意我的見解，才會對汪先生說：「他們的話不要聽，有事可以問問陶希聖的意見。」此時我與陳布雷、周佛海在汪、蔣間擔任聯絡人，使雙方聯絡密切。

藝文研究會為了觀察世界局勢及研究國際問題，在香港設研究所，由梅思平主持。每星期有通信及剪報寄到本會。希聖參考他們提供的資料，在參事會談提出報告。高宗武是外交部亞洲司司長，亦往來武漢與香港之間。梅思平與他奉陳璧君之命，試探日方的根本企圖與和議條件。

[口述] 藝文研究會香港分社負責人梅思平及外交部亞洲司司長高宗武皆在香港工作，他們與日方時有接觸。每次交涉後，皆有詳細報告送至武漢，

由我與周佛海轉送汪先生，其後再由汪先生送交蔣先生。所以和平試探是由汪先生主持，而非蔣先生負責。

台兒莊之戰，日本兩個師團慘敗。板垣師團長自稱他應該切腹以謝國人。

［口述］日本攻陷南京後，計畫南北會師，擊破我野戰軍，故分由津浦路南北兩端進軍，企圖會師於徐州。是時，委員長坐鎮武漢，親自策劃、部署了一個袋形陣地，等待日軍自投陷阱。日軍兩個師團由板垣征四郎指揮，果然墮入委員長乾坤袋中，打了一個大敗仗，被國軍殲滅三分之二以上的兵力，此即台兒莊之役。這一戰非常重要，將戰局完全改觀了。

日軍一戰而敗，始知「三月亡華」已不可能，而「速戰速決」宣告失敗，板垣征四郎戰敗回日，自稱應該切腹以謝國人。

當時，以同盟社主腦之松本重治及犬養毅之子犬養健、西園寺之孫西園寺公一等，促成近衛文麿組閣。

［口述］日方舉行大本營和內閣聯絡會議，決定停止「和平交涉」，並公然向全世界宣稱：「今後不以國民政府（蔣委員長）為交涉對象，期待於即可成立的新政權。」試圖在南京建立傀儡政權。這時北平王克敏主持偽「中華民國臨時政府」，南京梁鴻志主持偽「維新政府」，皆受日本操縱、控制。

高宗武與松本及犬養取得聯絡，且祕密往東京一行。宗武得知日本軍閥不以蔣委員長為對手的決定未可改變，參謀本部力主與汪謀和。他回港之後，派周隆庠攜帶報告，到武漢見周佛海，然後轉達汪精衛。汪看了這一報告之後，立即原件轉達蔣委員長。汪對希聖說：「我絕不瞞蔣委員長。我單獨主持和議是不可能的事情。」這是九月的事。

九月底，希聖將藝文研究會遷往重慶。希聖本人隨即於十月初，從漢口乘水上飛機到重慶。會址設在菜園壩，他亦寄居會內。他的家屬已另由漢口乘江輪至宜昌，改搭小輪往重慶，再搭長途汽車到成都娘娘廟街居住。

[何茲全] 到重慶後，藝文研究會在菜園壩租用一棟兩層的小樓。這時陶先生的精神似已不如在武漢時期好。沈巨塵、武仙卿到我家閒坐，有時就說：「昨晚誰（如梅思平）來看先生，談到深夜，不知談些什麼？」

汪精衛此時亦由漢口移駐重慶，住在上清寺。十月二十五日，漢口撤守後，蔣委員長由武漢南下。十一月二十五日在南嶽召開軍事會議。汪精衛在黨為副總裁，兼國防最高委員會主席。蔣委員長專心致志在前方整軍抗戰，希望汪在後方主持黨政。陳璧君從香港到重慶。高宗武與梅思平一度由港祕密往上海。他們與影佐禎昭談商的結果，得到四個條款。日方希望汪精衛脫離重慶，另組政府，談判和平。這四個條款由梅思平帶到重慶。

上清寺汪公館連日舉行會商。參加者為周佛海、梅思平與汪夫婦。他們最初主張不邀希聖參加。但汪則力主希聖參加，並電邀陳公博由成都到重慶共同商議。陳公博此時任四川省黨部主任委員，駐在成都。他未到重慶參加會商，一時摸不到頭緒，比及知有此種條款，不禁驚惶失措。

[傳記] 十一月十九日，汪妻陳璧君密令梅思平、高宗武赴上海，與日本參謀本部中國課長影佐禎昭、軍部今井武夫大佐舉行會談。二十日，簽署「中日關係調整方針草案」，汪兆銘召集陶希聖、周佛海、梅思平、陳公博會商多次，不能作決定。

汪在會商之外，單獨接見希聖，詢問他的意見。他說：「在武漢時，先生曾說這次合作，必須合作到底，絕不中途分手。我希望先生貫徹初衷。」汪頗以為然。會商多次，不能達到最後的決定。陳璧君乃堅決表示：「你們只要是有骨頭的，便決定走。」又說：「這一談判，斷無長保祕密之理。若是洩露了，你們的生命都不可保。」

於是初步決定，由梅思平回香港，繼續籌畫。陳公博與陶希聖均往成都。

數日之後，陳公博再往重慶。此時梅思平由香港有隱語電報到重慶，催汪速走。汪乃再召公博會商。

[思歸] 希聖從重慶來成都，只有兩次。第一次是十月間，回家看我們母

子生活的情形，並在四川省黨部講話。成都軍政首長的應酬也有些忙，不到十天，仍返重慶。第二次是十二月，他來到成都，對外不公開，只見省黨部主任委員陳公博。公博與他談話之後，即往重慶。再過兩天，公博電報來，他接到電報，臉色大變，心神焦灼，這才告訴我，說他決定去昆明，在昆明與汪精衛、陳公博諸人會同出國。他叫我隨後往昆明，暫且住下，等候他的消息。我又疑惑，又憂慮。他也知道事情不妙，但是他從十七年在武漢，十九年在上海，二十六年再到武漢，一直是汪派，他們決定走，我阻止不了，也只好走。我們的成都生活，便是這樣結束。

[自序] 希聖更無自主與自由行動之餘地。

希聖以視察西南各地為名，由成都逕飛昆明，在旅舍暫住數日。汪夫婦與陳周諸人分別來到昆明會合，同乘一機，續飛河內。此時已是十二月中旬。

[何茲全] 陶先生去昆明講學，飛機從菜園壩江中心飛機場起飛。這個飛機場，江水小時，和江岸連成一片；江水漲，須坐船；江水大，機場便被淹沒在水下。那天是中水，我們送他上船去飛機場。我的印象，那天他很沉悶。

[思歸] 成都打金街一位王先生，受希聖之託，來看我家，又替我們買飛機票，幫助我們往昆明。

我們到了昆明，在圓通寺街分租兩間房子。昆明地勢高，天氣朗爽，昆明湖與西湖風景絕佳。但我自己覺得身體不好，有些氣喘，而且心情很壞。孩子們跟隨學生們，有鞠清遠諸人去遊湖登山。我除了買菜之外，很少出門。這一住就是三個月。

汪夫婦在河內寄居朱培德夫人的寓所，其他諸人寄寓都城飯店。旋皆轉往河內附近的山中，名為「丹島」（Dam Dau）的避暑地。當地旅舍頗多，除此一班人之外，別無旅客。

汪的心神不定，日夜沉思，忽然跌在地板上，將一腿跌傷。

十二月二十二日，日本內閣總理近衛文麿的聲明發表。汪在臥榻中起草

聲明，響應和議，由公博將稿帶到香港。公博到港後，持稿與顧孟餘先生商議，顧先生堅決反對其發表。公博電汪得覆，仍然發表。這就是所謂「豔電」。

近衛聲明所謂「與更生中國調整國交」，即是促汪另組政府與之談和，亦即是根據上海梅機關（即影佐機關）協議而來。其所謂以「日滿支協同一致」為中心之「東亞新秩序」，到底有什麼內容，此刻汪精衛等亦茫然無所知。

[分統] 蔣委員長於十二月二十六日發表演講詞，嚴正指斥近衛聲明，是日本要併吞我國家，根本消滅我民族。並揭穿日本滅亡中國的計畫與工具已經一切齊備，侵略併吞的手段與心事已表露無遺。

此刻有一基本觀念，在隨汪出走之諸人的中間，頗有歧異。陳公博與陶希聖得知近衛聲明的要點以後，主張汪精衛遊歐，不應該進入日軍占領地區組織政府。反之，周佛海與梅思平力主到上海去，進行談判。兩種意見折衷的結果，汪夫婦留在河內，其餘諸人轉往香港，暫為觀望。

民國二十八年（1939）

自去年（1938）三月，納粹德軍侵入奧地利，並將奧地利與德國合併。三月至九月，希特勒企圖分裂捷克。英國首相張伯倫兩次往德國會晤希特勒。九月二十九日，英國首相張伯倫、法國總理達拉第、義大利首相墨索里尼，與希特勒及李賓特羅夫在慕尼黑舉行會議，將捷克瓜分了。

在東方，近衛聲明發表之後，蔣委員長發表演說，痛加抨擊。不過一星期，近衛內閣總辭職，而平沼內閣成立。國民政府堅持抗戰，沒有一點動搖與妥協的跡象。日本侵華軍事更陷入膠著狀態。

這年一月，希聖由河內轉香港，與周佛海、梅思平同住九龍約道。二月，希聖到海防接家屬到香港，住九龍太子道。周梅兩家家屬先後到港，亦住九龍太子道。

[思歸] 我們由昆明搭滇越路米契林車。一路上穿山繞嶺，動盪搖擺，車行快速。我頭暈眼脹，到海防下車，坐在地上，不能行走。安南海關法國人

檢查行李，翻箱倒篋，苛擾難堪。我們行李簡單，他們把我帶的蒸雞湯的汽鍋，當作古董收稅，反而又拿去了。

到了海防，我與希聖會面，住天然客棧。安南是魚米之鄉，一日三餐，我們大人小孩都喜歡吃魚蝦，特別是小蝦。我們到街上去看商店，法國人管制安南人的鐵器，要是買一樣東西，包紮貨品，用玻璃割繩子，剪刀不准存用。安南人拜樹神，樹上都是采緞，除了女人下田耕種之外，就是拜樹神。

[泰來] 三月四日上午，搭「小廣東」號，下午開船，直駛香港。六日抵香港。上岸之後，即轉九龍，住太子道 351 號二樓，是一幢三層樓公寓式的房子。

這年（1939）三月，捷克遂為納粹德國併吞。三月至四月，希特勒更進而壓迫波蘭。

這一班人，除經常會談，交換意見，並與河內汪夫婦通消息之外，毫無發展。而汪精衛應否進入淪陷區之爭議，愈趨激化。希聖乃另在山林道租樓房，獨自居住。陳公博亦來此寄居。每夜執筆記述過去的舊事，並與希聖談論那些舊事。他在談論之間，特為感慨的有兩點：其一「汪先生沒有璧君不能成事，沒有璧君亦不至敗事」。其二「我（公博自稱）與孟餘一同跟隨汪先生多年，二人不同之處，是孟餘冷得下來，我冷不下來。」他接著說：「所以這次孟餘脫離了汪先生，我仍然跟著他走。」希聖從河內到香港時，即派武仙卿往北平，考察北平淪陷之後的情況，特別訪問周作人（豈明）。武仙卿由北平回香港，到九龍山林道報告他到北平考察和訪問的經過。他到九道灣訪問那個苦茶齋主人周作人時，周對他說：「日本少壯軍人跋扈而狹隘善變。一個宇垣一成大將，被他們抬高到九天之上，又被他們壓到九地之下。他們對本國的軍事首長尚且如此，對於外國的政客如何，可想而知。」周作人託武仙卿帶給希聖的口信，是「幹不得」。

[何茲全] 陶先生的親兵，只有我一個人留在重慶。我給陶先生信說：「只有在重慶國民黨幾百萬大軍的基礎上，和日本才有和談可言；離開重慶這個基礎，只有投降，沒有和平」。這封信可能使陶先生很受感動，這由他回信可知。他回信說：「手書至為感動。弟現正在於懸掛空中之境遇。弟以為中國對

敵『戰則全面戰，和則全面和』。至其主體則『戰由國府戰，和與國府和』。如此始可不至於『戰既不能，和不由我』，此昔在國內時，曾為當軸深言之者也。」陶先生人是絕頂聰明，就是疑心大。越是大事，往往越猶豫不決。據我想，他去香港前，已經猶豫苦惱了好久，和汪是舊關係，禁不住汪的強拉，就跟著跑了，一走出國門就後悔了。我的信，正合了他後悔的一面。

（六月五日希聖寫給重慶何茲全的信）

茲全兄大鑒：手書至為感動。弟現正在於懸掛空中之境遇。弟以為中國對敵「戰則全面戰，和則全面和」至其主體則「戰由國府戰，和由國府和」，如此始可不至於「戰既不能，和不由我」。此皆在國內時曾為當軸深言之者也。迄今仍堅持不變，此堅持不變之立場不因他人之轉變而動搖，以至自處於十二萬分之苦境，然亦不怨也。

敵國對中國之政策目的在結束戰爭，然亦不辭長期戰爭。蓋敵國已苦於此戰，故亦不辭長期戰爭也。

以汪樹立新中央政權為其長期戰爭中不可免之事，然由彼之結束戰爭之期待而言，則此舉止有延長戰爭之效，故彼固不亟亟於此也。必其無法劫制國府講和，始出此一著。故汪之於彼更無具體切實之把握。彼雖不棄汪，亦不願即斬斷國府之路。因之謂汪即將組府者，姑無論汪之下有人力主與否，斷不能很早成為事實也。倘使三個月內無此事之發生，則戰爭之結束未始無望。此間盛傳秋季結束戰爭，蓋非無因。

汪之舊人不惜離去以相爭，只有某某新交力主組府。然組府豈易為哉。弟今已在離去之夕矣。

河內曾仲鳴被刺，對汪精衛是很大的刺激，對留港諸人而言也是個大問題，已陷入無路可走的絕境。

希聖與公博仍留九龍。約在五月間，汪精衛派人到九龍邀陳公博及陶希聖到廣州。此時廣州已經淪陷。日軍司令官為佐藤。

公博與希聖初到廣州，即被接至愛群酒店。公博先往東山汪公館。數小時後，始有人來接希聖到東山。後來才知道汪夫婦此時對於希聖，已有猜疑之意。

公博希聖小住數日，仍返九龍。汪夫婦亦由廣州轉往上海。他們到上海

之後，屢次派人到九龍催促希聖前往。陳璧君亦一度來九龍面催。七月，希聖乘日本郵船往上海。

　　[點滴] 古詩箜篌引〈公無渡河〉序：

　　箜篌引者，朝鮮津卒霍里子高妻麗玉所作也。子高晨起刺船，有一白首狂夫，披髮提壺，亂流而渡，其妻隨而止之，不及，遂墮河而死，於是援箜篌而鼓之，作公無渡河之曲，聲甚悽惶，曲終亦投河而死。子高還，以其聲語其妻麗玉，麗玉傷之，乃作箜篌引，而寫其聲。其詞曰：

　　「公無渡河，公竟渡河！渡河而死，將奈公何？」

　　[琴薰] 我雖是一個稍大的孩子，但父親從來不和我談什麼政見。不過自出國到香港以後，父親和母親憂愁悲傷的情緒，卻是我看得出的，尤其是在他離港的前夕，向我說的那一段沉痛的談話，是我永遠不能忘記的。他說：「春秋時代，楚國有兩個人：一個是伍子胥，一個是申包胥。他們二人是好朋友，但他們的志向卻完全相反。伍子胥對申包胥說：『我立志要亡楚』。申包胥發著誓的回答道：『我立志要存楚』。這是一個著名的故事。現在，我要到上海去，為的什麼呢？周佛海、梅思平兩先生立志要送汪先生進到南京，我立志要去阻止他。我留在香港沒有用，一定要到上海去救出汪先生。我要保存中華民國的體制，要去把『主和』與『投降』兩件不同的事分開。

　　「我是一個書生，過去的幾十年，本著祖傳的家教，研究了十幾年的法律。我不曾作過一件對不起人的事。然而從前我把周佛海、梅思平引見汪先生，現在竟成為我良心上的苦痛，這是我追隨汪先生十餘年來唯一對不起他的事。現在我便是想賭著生命到上海去糾正他們，以盡我心。

　　「我早已告訴過你們，我的生命安全是絕無保障的。今天我活著，也許明天我就死了。上午我是和你們在一起，下午或者就會遺棄下你們。這一次的走，尤其是可悲的。以後我四周的危險會更多些，更密些，你們是知道我的，留下的那一本我的日記，等待我不幸死後，你們再細細地看吧！」

　　八月，蘇德協定訂立。九月，德軍侵入波蘭。蘇俄亦同時向波蘭進軍。英法兩國乃對德宣戰。這就是歐洲局勢演變的過程。

　　汪與周梅諸人均住虹口。希聖到上海下船，即被接至虹口。虹口是日本

軍區，隨處有日軍警戒。兩三日後，汪夫婦及一班人均由虹口轉往滬西極斯非而路七十六號，參加所謂「全國代表大會」。

極斯非而路七十六號是一座廣闊的院落，其中有樓房。院落左右兩鄰的樓房均已租用，為警衛人員居住。院後的一幢小樓，駐紮日本憲兵隊。院內及樓房上下，到處是參加大會的人們以及持槍警戒的人們。

汪夫婦到七十六號，即被導引到二樓。有幾個人在他的休息室會商「中央委員」的名單。李士群提著手槍，帶著四五個持槍的人，走到那個房間，要求增加特工人員的「中央委員」十名額。一班會眾眼看著這一幕，無不面容變色，相顧無言。大會草草閉幕之後，汪、周、梅，及希聖同往愚園路一條衖子裡，分別居住。一進衖口，即是日本憲兵隊辦事處。再向內走，左首是汪公館，右首是陳春圃住宅。衖底有三幢房屋，由周佛海、梅思平與陶希聖分住。

大會閉幕之後，汪精衛指定周佛海為「中央」祕書長，梅思平為組織部長，希聖為宣傳部長。這所謂中央執行委員會名單公布了。國民政府下通緝令，中央監察委員會亦決定開除黨籍。但在通緝與開除黨籍的名單中，除去了希聖的姓名，這一點頗為愚園路及日本憲兵隊猜疑。

上海一般市民稱滬西為「歹土」。所謂滬西，是指公共租界越界築路的區域而言。此一地區為日本憲兵警戒。公共租界的巡捕不能執行職務。

希聖自知其既已進入滬西，即不易脫身回港。數月來，他與周梅諸人之間，隔膜甚深，實際情況如何，無由詳悉。他先往法租界金神父路葉蓬住宅，詢問一切。葉蓬說明他們的爭執之後，且以和解自任。

八月間，蘇德協定訂立了。日本平沼內閣總辭職，而阿部內閣成立。

九月底，歐洲戰事爆發。日本與德國、義大利及蘇俄四角關係益見密切。蘇俄駐上海領事館址原在外白渡橋北之蘇州河口。日軍占領上海，劃虹口為軍區，蘇俄總領事館遷往法租界。歐戰爆發之後，蘇俄總領事館仍遷回蘇州河口原址。蘇俄總領事館人員與日軍人員往來頻繁。總領事對於影佐表示汪精衛在南京組府，蘇俄有承認之可能。

歐戰爆發之後，影佐機關積極活動，促使汪精衛組府。第一步，汪偕影佐往南京與華北聯合政府之王克敏及南京維新政府之梁鴻志會商，覓取統一組織的途徑。

　　[口述] 由上海到南京的火車行程，都在日軍戒備之下。車到下關車站，汪先生一行下火車，乘汽車。最先是日本憲兵的摩托車十幾輛，隨後每輛汽車，夾著一輛日本憲兵車，最後又是日本軍車若干輛。一路上幾十輛車排列前進，馬路兩旁十步一哨，警備如此森嚴，是怕重慶方面的人襲擊，日本大將亦有所恐怖。

　　一行至傅厚崗一幢洋房，日本派遣軍駐在南京的高級軍官兩排迎接。當晚在大廳舉行宴會。酒過三巡，菜上四道，高宗武忽然臉色蒼白，頭呈昏暈。我們頓覺有集體中毒的危機，一時頗為恐慌。宗武被扶至一間臥室裡，稍為休息，數分鐘即見好轉。一場虛驚，才告平靜。

　　他們在日軍戒備森嚴的傅厚崗一幢樓房裡舉行會議。當汪精衛提出統一組織之後，梁鴻志說道：「這件事要待我們商量，才能答覆。」王克敏率直的說：「我們答覆也沒有用。這事還是由日本特務機關他們決定就好了。」這次圓桌會議未能達成任何協議。

　　[口述] 王克敏所說的「他們」，就是汪背後的影佐機關、梁背後的原田機關，以及他自己背後的喜多機關。上午汪、王、梁會商無結果，下午逕由影佐、原田、喜多三方會商。

　　我和佛海、思平夜間寄宿於這幢房子後門對過的屋子裡。我們談話之間，說到一個譬喻，就如同四個人打麻將，每個人背後各有一個參謀。打了兩圈之後，四個參謀都伸出手來，直接的打了起來，那坐位上的四個人只落得束手旁觀。

　　這次南京之行，希聖偕同周佛海、梅思平隨汪前往。他眼見著所謂「華北政府」與「華中政府」不過是百分之百的傀儡，不僅以日本特務機關為後台，而且那些特務機關直接出面到前台來導演傀儡劇。他們到此更覺寒心。

　　汪精衛從南京回到上海，已經是十分懊惱了。十一月初，影佐機關提出〈日支新關係調整要綱〉，交給汪方，並要求立即開始談判。雙方談判的序幕是在江灣六三花園舉行。那幾次會談，僅僅是由日方說明〈要綱〉的內容而已。汪方參加會談的幾個人是周佛海、梅思平、陶希聖及周隆庠（翻譯）等。

[口述] 高宗武當時與黃瓊往來密切。黃瓊是清末民初研究系的一分子，曾在天津辦銀行，為研究系周轉金融。袁世凱組籌安會圖謀帝制時，梁啟超乘日本運煤船至海防，再穿上日本和服混入日本總領事視察團中，由河內經滇越鐵路逃至昆明；其後蔡鍔由北京溜出水關，上國際列車，至天津搭船離去，兩樁脫走案都是黃瓊一手策劃的。所以，汪先生知道黃瓊至上海與高宗武來往，口中就常念著「這黃瓊，這黃瓊……」，認為高宗武要出問題，因此不讓他參加。

六三花園會談結束之後，周梅等將〈要綱〉帶給汪夫婦，並報告會談經過。忽一日，陳璧君於早餐之後，與希聖單獨談話。陳璧君問希聖研究〈要綱〉所得的結論如何？希聖說道：「從前蒙古入主中原的時候，將黃河流域看做『腹裡』，指長江流域以南方為『南人』，置於圈外為其剝削之用，今天日本軍部的計畫，是分割中國為五層。最深的內層是『滿洲國』，第二層是『蒙疆自治政府』，第三層是『華北地帶』，第四層是『華中地帶』，第五層是『華南地帶』，而海南島則為日軍在南海的軍事基地。〈要綱〉所謂『緊密協力地帶』與『協力地帶』，要分為這幾個層次來研究。」

希聖又說明〈要綱〉之內，並不包括外蒙，新疆，西藏，以及西北，華西與西南。因為那是要讓給蘇俄與中共的。老實說：那就是德蘇瓜分波蘭之後，日蘇瓜分中國。〈要綱〉的談判，不過是這一瓜分契據，由幾個中國人簽字而已。

次日清晨，早餐之後，陳璧君又與希聖單獨談話。她告訴希聖說：「昨天我把你的解釋轉告汪先生。我說得不完全，也不細密。說到後來，汪先生落淚不止。他（指汪）聽完之後，對我說：『日本軍閥能夠征服中國，就去征服好了。他們征服中國不了，要我在他交給我的文件上簽字。這種文件說不上賣國契。中國不是我賣得了的。這簡直是我的賣身契。』

汪夫婦此時密謀，想就兩種方法之中採取其一。第一是從愚園路遷居法租界的住宅，發表聲明，停止所謂「和平運動」，然後亡命海外。第二是命葉蓬帶領他訓練的「軍官團」到廣州去，並要求日軍退出華南，讓汪精衛在華南繼續活動。

汪夫婦命希聖將第二案與葉蓬密商。葉蓬認為此案無法執行，並轉告周

佛海和梅思平。汪自己將第一案與周梅商量，他們堅決反對。

　　影佐禎昭立刻知道這些消息，當即見汪。汪對影佐敘述他自己如何脫離重慶，如何響應近衛聲明，一直說到〈要綱〉，懇切聲明他不能接受，最後說明他將要移居法租界，閉門思過之意。

　　影佐低著頭，一面聽，一面筆記。他聽到後來，兩淚直流，點點滴滴，落在筆記簿上。汪說完之後，影佐委曲陳詞，說〈要綱〉是參謀本部提出的方案，其中頗有與近衛聲明不相符合之處。他同意汪夫婦布置法租界住宅，以備移居，但是他要求汪許可他親往東京一行，叩請近衛公出面干涉。汪當即同意這樣辦理。

　　影佐退出汪公館之後，果然通知法租界捕房，請其戒備汪公館。一時之間，法捕房動員了巡捕二百人，在汪宅四周布置崗哨。

　　汪亦立即召集會議，首先說明他的意思，以及他對影佐如何說法，最後說到影佐一面筆記，一面流淚，把淚珠滴到筆記簿上。汪說：「看來影佐還是有誠意。」希聖當即站起來，說道：「汪先生是不是相信影佐的眼淚？」他還未能說出第二句（第二句是：那是鱷魚的淚）。周佛海高聲說道：「希聖太刻薄了！你有成見！」周與梅同聲說道：「已走到這一步，還有那條路走？」他們拂袖退席而去。

　　第三日清晨，早餐之後，陳璧君告訴希聖說：「影佐昨已飛往東京，等他回來再說。前天商量的事，暫且擱起。」

　　幾天之後，影佐從東京回上海。於是〈日支新關係調整要綱〉第二步的談判在愚園路周佛海住宅的樓上大廳中開始進行。前幾天的一場風波，再不提起了。

　　日方談判者為影佐、犬養、谷荻及翻譯官。汪方談判者為周佛海、梅思平、陶希聖及周隆庠（翻譯）。這一切都沒有高宗武在內。因為他們懷疑高宗武替重慶做情報。

　　[口述] 這時，我已陷入極端痛苦的狀況，寫了一封信給駐美大使胡適，沉痛的訴說一念之差，想到和平談判，那知落入日本全盤征服中國，滅亡中國的陷阱，現在無路可走，只有一條死路。當時七十六號已有打死我，嫁禍重慶的陰謀。

[琴薰] 所以後來父親的每一封家書中都含有大量的沉痛之語，不過當時我們這些小孩子並不十分明瞭其中的許多內幕，只在他十月二十日的信中看到：「我自投到山窮水盡的境地，又不肯作山窮水盡的想頭。譬如污泥中的一粒黃沙，自己不想做污泥，卻已是污泥中的一分子了。有時一兩個好友在一起，談起我們所處的環境，總覺得只有研究如何的死法：投水呢？觸電呢？自戕呢？然而這一粒黃沙還有留戀著不能死的必要。我的名譽地位，是我自己從千辛萬苦中奮鬥出來的，為什麼我要讓它們埋沒在污泥中，自尋毀滅？」

[思歸] 我拿信給連士升看，他兩眶眼淚直流，他立刻打電報叫鞠清遠來商量。

此時，希聖派鞠清遠到香港。他一到香港即過九龍，在太子道住宅，將希聖處境危險的情況告知冰如。他們經過了兩天的商量，冰如認為家眷不到上海，希聖即無法遷出愚園路，亦即無法脫離上海的圖謀。於是冰如帶著一群兒女，從香港乘輪船到上海，租了環龍路的一幢房子住下。這是十二月初旬之事。

[琴薰] 那時我和母親便知道他想回港而不能，所以我們便計畫著到上海去把他搬回來，不過具體辦法當時尚未想到。

十一月十二日信又云：

「你們欲來滬，極為安慰懽忻。我月底以後，個人生活恐有大變動，然此變動全合乎你們之心意，故你們之來，不但可堅定我心，且可從中幫忙。」

[思歸] 十一月廿五日，鞠清遠從上海來了，他說汪日談判在進行中，聽說年底要簽字。他與連士升主張年底以前，將老師解救出來。

我對他們二位說：「我帶兒女去，才能解救他離開愚園路，先回到私宅，再想辦法。」他們說：「師母和世兄都陷入虎口，又如何得了？」我說：「我全家人在上海住下來，那汪周不會懷疑，七十六號也不會監視，他才有脫走的辦法。」我們就這樣決定。鞠清遠返上海，在法租界租了房子。我帶孩子們到上海去，便在環龍路安家。琴薰與泰來在法租界找到學校，交學費每天上課，家中準備久住的布置。

[琴薰] 十二月十三日那天，我們便出人意外的全家到了上海。

［泰來］搭法國郵輪「貞那波」號，船行二日到上海。

　　在〈綱要〉談判中，汪夫婦派人往香港力促陳公博來滬面商。公博到上海時，談判將近結束，而時間已是十二月下旬了。

　　汪召集會議，公博亦參加。汪說明要綱大意，及談判情形，並說出這樣的話：「同志間意見不同，甚至發生衝突，這樣下去，將有殺人流血之事。」散會之後，公博拉著希聖到他房間裡（公博住在汪公館的二樓），問道：「汪先生為什麼說殺人流血的話？你們衝突到這樣麼？」希聖答道：「殺人流血的話有什麼根據，我全不知。我們意見不同是有的，殺人流血或者不至如此吧。」公博說：「別的不說，我非趕快走開不可。」

　　［琴薰］父親到上海後，最初他忍受一切刺激，並不感到意外的苦痛，只盡可能的向他們陳說一切利害關係和阻止他們組府。他曾將偽政府的成立日期拖延了兩次 —— 十月十日拖至十一月十二日，又拖至今年一月一日，眼看著一月一日又被拖延過去了。這種舉動，竟使周梅等由公怨而引起私仇了。他們不但在他的四周又增了些舊的刺激和新的恐怖，並且決定如果這一次組府再因他而不得成功的話，他們一定要以暴力處決他了。

　　十二月二十八日，雙方談判已畢，約定三十一日簽字。希聖夫婦密商，唯有脫離上海，重返香港，才可避免簽字，並保持生命。因為此時，日本憲兵隊與七十六號特工已密切監視希聖。如果他不簽字，即將置於死地。自二十九日起，希聖在環龍路住宅稱病不出。

　　［口述］十二月二十八日，雙方談判已畢，約定三十一日簽字。我當晚回環龍路寓所，在臥室中，卸下了隨身配帶的手槍。內人把手槍奪去，擱在枕邊，以堅定的口氣說：「我問你，陳公博走了，你怎麼不走？」我說：「我在監視之下，我走不了。」她問：「你走不了，那有什麼打算？」我答道：「我走不了，一個不好就死了。」她問：「你簽不簽字？」我答道：「不簽字就死在此地。七十六號的計畫是殺了我開追悼會。我要是簽了字，就比死還要壞。」

　　內人說：「我把全家的生命帶來住在上海替你，你走。如果走不出去，我

夫婦一同死在這裡。如果你簽字，我就打死你。」我那時已接近精神崩潰之際，等於病了，第二天即稱病臥床不起。

[思歸] 我每日上街，替他辦相片、黃皮書與船票。相片是泰來去照相館，我託他照老一點。有了相片，一切手續我都辦好。

民國二十九年（1940）

[思歸] 二十九年元旦，希聖勉強起床，抱病往愚園路拜年。陳璧君主張要他補簽，汪精衛要等他病好了再補簽，說是新年不必談這些事。

次日高宗武來看望希聖。我們請他進臥房，坐在床邊。希聖告訴他說：「他們早已監視你，現在你更有生死危險。」高宗武說：「走了吧！」

我們便把離滬往港的事大略商量一下，他告辭而去。

三日的夜間，希聖把辭別的信寫好，留在我手上。四日上午，他乘車往大馬路國泰飯店，由大門進去，由後門出來，坐上街車，直往黃浦碼頭，從旅客中登胡佛總統號郵船。碼頭上有日本憲兵巡邏，其中也有認識希聖的，以為他去港有祕密工作，也就不問，讓他過去了。

一月四日，希聖與高宗武分別祕密搭乘美國胡佛號輪船離上海，往香港。輪船出吳淞口，到達公海時，希聖致電告知冰如。冰如立即派人將希聖留別汪夫婦的信件送達汪公館愚園路，諸人大為震驚。

環龍路陶宅遂被便衣人員監視。米麵菜蔬均不能採購。冰如乃電話請見陳璧君。

[琴薰] 父親走後，我們坐在屋中，說不出是悲是喜，是苦是樂，只是在他「安抵香港」的電報尚未到達我們手中以前，我們確曾懼怕得坐臥不安啊！尤其是我們知道了周佛海已在起疑心，我們更不能安寧。

五日的中午，我們將父親留給他們幾人的信分發出去了。立刻，那未曾想到過的恐怖便罩滿在我們的四周，甚至於父親的幾個學生。他們一方面命令將高宗武先生的親屬多人抓去；一方面使人通告我們即速搬入愚園路一一三六弄漢奸集中營，想對我們這幾個吃盡辛苦的孩子們施行扣留的手段。幸虧朋友某君在他面前力陳：「如此應付，實為汪先生之恥。」我們才未

被遷去。可是，住宅四周特務們的看守，卻是夠嚴密的啊！

八日晚上，汪特派某先生來見母親，強迫母親拍電報促父親歸滬，被母親理直氣壯的拒絕了。當時雖明知我們的性命完全要由他們支配，可是父親已走，即使我們真會被判死刑，又有什麼關係呢？所以，看到某先生掃興而去後，我們也不過嘻嘻地笑一陣罷了。恐怖密蓋著我們，我們卻泰然地過著，這是不是可以稱為一群大膽的孩子呢？哈，哈！

母親究竟是母親，看到我們嘻嘻哈哈的無憂面孔，真是心痛極了。所以九日、十日、十一日三天內，她獨自去把船票買好，準備祕密的帶我們再冒一次險，跑回香港去。可是，十一日的晚上，朋友某君突然跑來，神色倉皇的告訴我們：「愚園路的人都知道你們十三號要走了。不是好玩的啊！這個險冒不得的，被日本兵抓到虹口去，可就沒有活路了。」商量了一夜，不得已才想到汪先生面前去討命。

[思歸] 我決定親身去見汪尤其是汪夫人。我打電話給汪公館，汪夫人的回話是：「現在就來。」我說要帶我的大女兒同來。她說：「可以。」我和琴薰就這樣進了愚園路。汪夫人在客廳裡接見我母女。

她問：「你是陶太太？」

我答：「是。」

她問：「我沒有見過妳？」

我答：「我是做家務事，從來不出門。」

她問：「希聖走，妳知道麼？」

我答：「他的事，我不過問；他為什麼要走，我不知道。」

她問：「他走的時候，對你說了什麼？」

我答：「我只知道，他這回走不是他的本意。」說到這裡，有位副官進來，看見我，他說：「妳不是陶先生親戚麼？怎麼妳又是他的太太？」因為這個人每次送信到我家，我都自稱為親戚，他見我多次，認為我是陶家親戚。

汪夫人追問：「妳在家裡是不是做什麼政治工作？」

我從容的答道：「我是個鄉下女人，做的是燒飯、洗衣服、養孩子，不懂政治。」

她：「他到底為什麼要走，走到那裡去，老實告訴我。」

我答：「他是高宗武約他走的。他跟汪先生十五年，現在已經跟汪先生

從重慶出來，就不能回重慶。他不願簽字才走，他走到香港為止，不會回重慶。」

她說：「可派一個學生去找他回來？」

我答：「學生不行。他現在與宗武住在一起，還有一位黃先生在那裡。他的學生見到他，不能分開他們，也不能商量什麼事。只有我去可以分開他們，拉他回來。」

她說：「妳去香港，要問汪先生，我不能作主。」這時候，汪下樓來到客廳，聽見我往香港去的話。

汪問：「妳自己去，能勸希聖回上海麼？」

我答：「他可以回來，但有幾件事要說明白。」

汪問：「什麼條件，我都可以答應。只要他回來。」

我答：「他不簽字，他與他們爭執得太厲害，不願住愚園路。」

汪說：「我都答應，只要他回上海，就住在妳公館裡，或者另外找所住宅都可以。」

我答：「聽說七十六號要殺他，再開追悼會。」

汪說：「你們如果不信，我派我自己的護衛保護他。」

我說道：「事不宜遲，我自己去勸他回上海。若是遲一兩天，他在香港說一句話出來，就收不回，我去也無用。」

汪說：「我派妳去香港。」他返身上樓，拿二千元送給我。

汪夫人問：「妳怎樣去法？」

我答：「帶兩個小孩一同去。三個大孩子，還在這裡上學。另外帶一個學生去。」

這一下子陳璧君也放心，她說道：「妳的大孩子，我照應他們妳放心去，趕快同希聖一道回上海。」

我起身告辭，汪夫婦送我到大門口，叫人招呼陶太太上車。

[滬上往事] 汪精衛起先還不肯答應，雙方正在討論，—— 我們那邊卻算準了時間，一封急件送到汪公館。內定偽宣傳部部長林柏生拆開一看，大吃一驚，立刻跑進客廳交給汪精衛。

汪精衛接過信來，一瞥之下，頓時臉色大變，他把信遞到陶夫人手上，說：「請你看看。」

陶夫人故意的搖了搖頭說：「我不識字，看不來信的。」

汪精衛點點頭，頓時就改口說：

「好的，妳帶兩個孩子，到香港去走一趟。見到了陶先生，妳跟他講，只要他回上海，任何條件都可以辦到。還有，請妳在一個星期之內，給我一個確定的回信。」

陶夫人如願以償，大喜過望。她當天就買好船票，帶著最小的兩位公子：晉生和范生，乘法國郵輪赴香港。

[口述]信上表示：我由重慶出來，家眷也跟著出來。這回我走，希望你不要扣留他們，即令你們扣留，也沒有用。並提到「殺妻有妻」，意即殺了也沒有用，我已走了。

汪先生看後，說：「希聖這個人說『殺妻有妻』，那有這麼狠，還是勸他回來吧！」

[思歸]我回到環龍路，先打電報給希聖，說我即刻往香港，面商一切。我帶著晉生與范生，另帶曾資生一同走。我們到十六鋪搭法國郵輪，琴薰、泰來牽著恆生到碼頭送我上船，琴薰站在碼頭上大哭，我在船上扶著欄杆哭泣，不能停止。母女遙望對哭。這次是生離，也許是死別，誰也不知道，何時在何地。

冰如到港後，與希聖會見於九龍尖沙咀亞敘里道。此時中央通訊社社長蕭同茲先生已由重慶飛抵香港，準備發表〈日支新關係調整要綱〉。希聖與杜月笙先生商議，派曾資生潛往上海與杜公館之萬墨林聯絡，協助環龍路陶宅留下的三個大孩子（琴薰、泰來、恆生）。

[點滴]墨林原住法租界華格臬路杜月笙的老公館。上海淪陷後，他移居杜美路新公館。新公館的牆外，是一座煤球廠。資生與墨林聯絡好了，便打電話給琴薰，指點了一個辦法。

[泰來]一月十八日，曾資生先生突來上海，約姊姊往會面，商議離滬之策。十七、十八、十九，一連三日，適逢姊姊投考學校之期。遂藉口考試，與曾先生商定，准乘廿日義大利輪返港。曾先生擔任購票及找特務保護。曾先生電話裡並且暗示：家裡的汽車司機是七十六號派來的，行蹤必須對他保

密。但是我們出門又不能不坐他車子,姊姊和我商量之後,想了一個計策。那時二伯和五舅,也住在上海。琴薰以電話和五舅聯絡,然後急忙收拾兩件隨身的細軟,由五舅攜去她家寄放。又往百貨公司買皮箱一口,送五舅處盛物。(註)父親的二姊,我們稱二伯,嫁給陳家。母親的五妹,我們稱五舅,嫁給夏家。

廿一日清早,先命李天錫僱一輛黃色出租車到五舅處。姊姊先去學校,我及恆生坐家裡汽車,說是往二伯伯家去玩(實則去與姊姊會合)些時,命車先回,午後來接。俟車走後,我們就向二伯伯及蔡生表姊辭行。乘洋車赴五舅處。

李天錫僱的汽車到,遂攜那口箱子上車,直到霞飛路一家電影院門口等待,見曾先生乘車來到,兩車相率而行,到了一個地方,進了一間黑黝黝的房間。那房間裡一燈如豆,只有一張辦公桌。我們等了幾分鐘,來了一位先生,也不打話,做手勢叫我們跟著他走,去到黃浦江邊一個裝卸煤球的小碼頭。那人從口袋裡掏出一條白色的手帕,向江心揮舞,忽然駛來一艘小汽艇。我們上了汽艇,曾先生把船票分給我們,並且告誡說:「此去登上大船,我們的艙位是分開的,上去之後,彼此當作不相識,千萬不要交談,以免被日本憲兵一網打盡。」

那海輪停靠十六鋪碼頭,遠遠看見許多日本兵在入口處檢查。我們乘坐的小汽艇竟從船尾繞過去,到了船身的另側,水手放一條繩梯下來,把我們接上去,立刻分房安頓。不久之後,就聽見有日本憲兵上來查船。紛擾一陣,竟然無事。

一月廿日傍晚,我們乘坐義大利郵船「Counte Verdi 康悌扶地」號離開上海,船出吳淞口,到了公海,曾先生來召集我們去餐廳吃大餐,這才鬆了一口氣。那郵輪的義大利菜很豐富,可是船行不久,遇到風浪,船身向左右傾斜,桌上的杯盤滑落,吃餐的人都悄悄溜走,最後只剩我們一桌硬撐。那侍者對我們特別殷勤招待,送上許多點心來,可惜都無法消受。

一月廿三日上午十時抵達香港。遙望碼頭上,連士升先生雀躍而來,慶賀脫險,蓋廿一日父親已將密約發表,我們真可說是從虎口逃生了。

一月二十一日,〈日支關係調整要綱〉在香港、重慶、昆明及國內其他各

地同時見報。希聖隨即將日汪談判經過，及密約的條款之意義，作為專欄文章，交中央通訊社分送各地報紙發表。

　　希聖由亞敍里道遷居上九龍塘根德道。由下九龍塘到上九龍塘只有一條馬路。杜月笙先生派定便衣人員在路口暗中警戒。希聖每日米麵菜蔬均由冰如自行購取，並時時改換菜場，以免日汪人員暗算。

　　[思歸] 港政府華民司派人到杜公館，詢問陶希聖的住處，杜月笙不答覆。那人說道，你們不說，我們早已知道。我今天正式問你，你們不說。你們如將陶希聖住處通知我們，我們對他的安全負責。你們不告知我，就由你們負責。杜先生答道：「他的安全由我負責就是。」

　　（一月廿七日寫給何茲全的信）

　　茲全兄大鑒：弟出生入死以求主和與投敵之限界，至今始為主和者吐氣矣！日本自廿一條為顧少川揭發以後，從來不肯以全面侵華計畫示華人。此次對汪將全案於提出，與知者在中國只有九人，而全案印件入中國人手者只有四份（汪、周、梅、弟），其慎重為何如。乃今弟破人情，壞友誼，冒陰險毒辣之詈而揭發之，使國際得知，使國人警醒。其於國不無裨益而弟心亦破碎矣。清遠、仙卿、巨塵現尚在險中，弟正設法救助。資生已隨弟出滬來港。

　　回憶弟往滬之前曾函告我兄以志願。此後四個月中，衝突激盪於日本憲兵與丁默村特務之下，毫不畏葸，最後始覺努力無效而安全不保，乃決然一走。其走為極密，為清遠、仙卿、巨塵所不知。弟走後彼三人受盡危難，而弟家屬亦受之，幾於俱淪毒手。今家屬分批逃脫而三人者亦或有出險之望。若能再聚港九則如天之福矣。倘如有一日弟能再作研究，仍希我兄能攜手同行。此函未知能否到達尚望兄時時賜教益也。

　　　　　　　　　　　　　　　　　　　　　　　　弟希上 一月廿七日

　　[口述] 我天天待在家裡看報，慢慢的情況稍為轉好。有一次，香港的皇后電影院放映《維多利亞的英宮六十年》。我很想過海去看，又怕暴露形跡，於是帶上從上海街買來的一撮鬍鬚，到尖沙嘴搭輪前往。尖沙嘴過海的輪渡是港九間的咽喉，任何人從那兒走過，必然會遇著熟人。果然，第二天，杜

先生就派人來警告我，說：「你戴假鬍鬚，更容易被人發現。其實，你就這樣過海也不要緊，不過事先告訴我一聲就是了。」

希聖又在九龍尖沙咀柯士甸道創辦國際通訊社，邀約友人，編印《國際通訊》週刊，分寄國內各地，以供關心世界局勢及國際問題的機關和個人參考。這一小刊物的內容是選譯英美各國雜誌報紙的論文，有時亦刊載社友們的國際時事評論。

[何茲全]陶先生在香港辦了個《國際問題通訊》，由我每週把重慶各報的社論和時事評論文章剪了寄給他，我並寫一篇一週時事評述。陶先生每月寄我三百元。這時期，陶先生和我不斷通信，討論國際形勢和國際問題，發表各自的看法。

陶先生由上海回香港時，只有曾謇一人跟他回來，到香港不久就回湖南老家去做田舍郎了。鞠、武、沈三人，沒有回來，他們和陶先生鬧僵了。陶先生的「親兵」這時只有我一個人，這是我和陶先生的關係最親近的時候。

[自序]希聖尤其留心第二次世界大戰中，武器之功能及其發展，戰爭之性質與形態以及戰略與戰術之演變。克勞塞維茨《戰爭論》，李德爾哈特《間接作戰》乃至戴高樂《現代軍隊》等論著之研讀即在此時。馬克斯說：「我的哲學不是解釋這個世界，而是要改變這個世界。」馬克斯主義是要用階級戰爭改變世界。恩格斯的軍事學即是以克勞維茨戰爭論為基礎，轉變國民戰爭為階級戰爭。一九一七年俄國革命，列寧逃往芬蘭南部，其手邊攜帶為指揮革命戰爭以研析國際共產黨之戰略與戰術。

國際通訊社社友有、洪力生、連士升、戴杜衡、林一新諸人，當地的著名體育家余啟恩管理會計事務。希聖的家屬由根德道遷居柯士甸道。其戒備亦稍見鬆弛。

[語冰錄]國際通訊社每期所載之論著出自各人手筆，譯稿取材於英美刊物二十種日本報刊十餘種，俄文書刊數種，名為雜誌，實有其一貫之宗旨。國際通訊社（自稱為國際問題研究社）編譯者為連士升、戴杜衡、林一新、李毓田、唐錫如，而洪力生與黃薔薇即在其列。

連士升先生為經濟史專家。戴杜衡及林一新兩先生為經濟理論家，對馬

克斯主義有甚深研究，而一新且通俄文。李毓田先生為日本早稻田大學畢業之經濟學者。唐錫如先生精通英美文學。

洪力生先生為美國印第安那大學法學博士，長於國際法。黃女士即洪夫人，長於英美文學，當年新婚。

我等所持立場，為抗戰求勝利。我等所持觀點，從世界資源再分配與國際貿易再改定，以及世界戰略形勢與交通路線，諸現實資料上，推斷日本侵華戰爭必敗之事理。

社址在九龍柯士甸道，一幢大廈之二樓。每日由內子冰如炊爨午飯，以六菜一湯送左樓辦事室聚餐。舍下在右樓，只備大鍋菜一件佐飯。

這年一月十四日，日本阿部內閣總辭職，而米內內閣成立。三月三十日，汪偽政府在南京成立。

四月九日，德軍占領丹麥，並侵入挪威。十日，德軍侵入比利時，荷蘭及盧森堡。六月十三日，德軍占領巴黎。法國政府一遷杜爾，再遷博爾多，三遷維希。貝當組府求和。六月二十二日，法德休戰協定簽字。七月十六日，近衛文麿再度組閣。七月二十七日，德義日三國軍事同盟成立了。

納粹德軍進展如此其迅速，使世界為之震動。希聖此時對戰爭哲學與軍事技術頗感興趣。他首先研究克勞塞維茨的《戰爭論》，而後探求英法聯軍失敗與納粹德軍制勝的經過及其軍事因素。

希聖經常過海到香港別發洋行（Kelly and Walsh Co.）選購圖書，洋行約定每有國際戰局的圖書來到，即送九龍柯士甸道，由他選擇。

《大公報》張季鸞時相過訪。他力勸希聖到重慶去。希聖認為他自己到重慶，無益於抗戰，不如留在九龍，尚可繼續作國際形勢的研究。有一次，張季鸞與胡政之兩先生同來拜訪，邀請希聖擔任《大公報》主筆。希聖以神經衰弱病力辭。

希聖經過了一番大風波之後，患失眠症，由莊兆祥醫生診治，久未痊癒。但是他寫作與讀習的工作未曾間斷。他的寫作，除了批評日汪關係及動態而外，就是世界形勢及國際問題的探討。

[分統] 八月一日，日本外相松岡洋右向法國駐日大使安里提出「日軍在

安南過境及使用其飛機場」的要求。法國維希政府於八月三十日與日本訂立有關日軍進駐安南的〈松岡安里協定〉。八月二十六日，日本「印度支那派遣軍」占領海防，掌握其進入安南的港口。

　　十一月，泰國與法屬東印度之間發生國境糾紛，引起軍事衝突。日軍乘機以武力為威嚇，強行居間調停。將泰越拉進其所謂「大東亞共榮圈」。

　　[傳記] 十一月二十九日 日本正式承認「汪政府」。

　　這年十二月，六兒龍驤生。

　　[思歸] 民國二十九年十二月二十日，我生下龍生，排行第六，名字叫龍驤，因不好寫，改為龍生。

民國三十年（1941）

　　民國二十九年（1940）八月二十三日蘇德協定的簽訂，促成了歐洲戰爭。三十年四月十三日蘇日中立協定的簽訂，促成了日本的南進，引起了太平洋戰爭。那蘇俄與德義日軸心的結合，早有許多跡象可以追尋。但是這中間忽然插進了德軍侵入蘇俄的火熾無比的一幕。那日本主持簽訂軸心軍事同盟的近衛內閣亦就只有垮台之一條路。這年十月，東條組閣，乃將日本的國命「孤注一擲」，決然續行南進。

　　日本軍閥南進的兩大基地是台灣與海南島。早在二十八年二月，日軍已侵占海南島，太平洋的戰略形勢已為之一變。二十九年九月二十二日，日本向越南「和平進軍」，它的南進更是成為定局。當時，日本新聞記者太田來到香港與希聖晤談，提出一個方案，即除了東北的偽滿洲國之外，日軍均可從中國戰場撤退，其主要條件是國民政府領導中國協同日本與 AB 集團（即英美集團）作戰。太田的意思顯然在向國民政府試探其有無談判之可能。希聖答道：「日軍南進即是完成其對中國的封鎖，日本北據我東北，中據我台灣，南據海南，已經封鎖了中國的東南海岸。 今若南進，日軍更可從馬來半島包抄我中國西南後路。國民政府如接受這種條件，停戰議和，使日本以其侵華部隊轉向南進，將來日軍包抄中國後路的工作完成，再取中國如探囊取物。 國民政府當不至愚昧至此。」希聖認為他這一試案不能轉達。這是二十九年九月

的事。

[分統] 二月二十二日，英荷澳舉行防衛遠東協同作戰計畫會議於新加坡。這就是一般所謂〈ABCD包圍圈〉。英國海軍宣布封鎖新加坡海港。美國亦宣布警戒太平洋上各戰略要區。美英中荷聯防計畫形成。

日本南進雖成定局，而三十年四月十三日的蘇日中立協定，更對日本軍閥「馬上加鞭」。

但是六月二十二日，納粹德軍突然侵入蘇俄，這一事件使日本陷入危疑震撼的境地。香港報界對於日本是仍然南進，還是轉向北進，頗存疑問，且有爭議。希聖此時，常與《大公報》的徐鑄成，《立報》的成舍我，《國民日報》的陳訓悆，《星島日報》的程滄波諸人，每星期一次在華人行八樓大華酒樓聚餐，就國內外時局交換意見。

這年七月，希聖由柯士甸道遷居亞皆老街。

[泰來] 新居房屋為電力公司所建，除面向窩打老道與亞皆老街交會口為其辦公大樓（聖佐治樓）外，另兩棟雙併式三層樓公寓出租，內部設備全電氣化，在當時為最高級之住宅。

[何茲全]（九月二日的信）

茲全兄大鑒：八月二十七日手示敬悉。國際通訊未到係由於經手郵寄者有問題。此刊出版之初，即未能得法，迄今已成一無可奈何之無用長物，蓋初則弟不能到社，繼欲遷在住宅一起以資整頓，則又患病，久不能做事。現弟病癒一個月餘又復再病，致令此物拖延下去，無可奈何。以弟觀之，非停辦另起爐灶將無他法也。

[泰來] 濟舟二舅經手郵寄國際通訊，竟吞沒好幾期的郵資，不予付寄。此事由會計余啟恩告發，只因是自己人做的醜事，無可奈何。

長女琴薰畢業於培道女子中學，往昆明進西南聯合大學。

[泰來] 姊姊讀培道高中二年級，暑假期間，重慶政府辦僑務工作者，

招收海外學生歸國，因此有西南聯合大學在香港招生之舉。姊姊雖只高二肄業，但是可以報考同等學力。她日夜苦讀該是高三的功課，終於通過考試。到了放榜之日，看見榜上有名，那時的欣喜，真非筆墨所能形容。十月間，她乘飛機去昆明入學。

十一月下旬，杜月笙先生來談，重慶有電報，叫他先到重慶去，一有消息，當即來電通知希聖，立即啟程回國。他促希聖早作準備。希聖與冰如過海，到香港買了一只航空箱，將幾件衣服裝進箱子，隨時可以提著就走。

十一月底至十二月初，香港九龍演習燈火管制，並將一部分居民編為防空隊。英政府調遣加拿大部隊到港九增援。

[語冰錄] 自中華民國二十九年六月至三十年九月，香港《國際通訊》週刊出版，計六十六期。至三十年十月十日，由小型週刊改為大型半月刊，只出一期而太平洋戰爭爆發，遂致停刊。

十二月八日清晨，日軍偷襲珍珠港，同時有海上飛機五架到達九龍上空，向啟德機場投彈。從此每日都有日機飛臨港九，從五架減為四架，三架乃至一架。英軍未曾調度飛機到此應戰。

[出] 十二月八日上午八時，忽聽見轟炸的聲音，接著就是警報，許多人都以為又在演習防空。

啟德機場受了轟炸，附近一家電影攝影棚燒了。這電影公司是王先生（或許就是王元龍）開的。他就住在我的樓下。他一家男女大小二十多人，都到對面的山裡去躲轟炸。我們家裡的人都只在大門後的過道裡躲警報。

日本陸軍從新界進攻，英印軍節節後退。九龍的商店紛紛關門，居民無處可買食物。

[出] 街上所有的店鋪都閉門不賣東西。菜場裡也很少小菜出賣。巴士減少，車上的人擁擠不堪。街車不易僱得，人力車價飛漲。滿街上都是步行的

人。無論有警報沒有警報，街上的人都是擁擠的。

　　夜間的燈火管制，用不著防空人員沿家干涉，自然的好了，港九一片漆黑，街上的人漸漸靜了下來。我睡不著，心裡想著港九陷落必不在遠，個人必死，國家必興。這兩句話「個人必死，國家必興。」，一直都在腦子裡盤旋著。心是很安定了，耳朵裡聽見有飛機來機場降落，隨即飛去。幾小時內，一連有兩架飛機來往。我知道是重慶有飛機來接重要的人們。

　　九日夜半，柯士甸道國際通訊社駐社的職員萬濟舟接到杜公館電話，叫他們轉告希聖立刻到啟德機場，搭中國航空公司專機回重慶。萬濟舟步行到達亞皆老街，再與希聖同往杜公館，無法到達機場，仍回亞皆老街。

　　[出] 半夜一點半鐘過了，忽然國際通訊社萬濟舟君持電筒趕到我的住宅來。他說接到電話，中航公司通知我乘飛機回國。要在一小時回答一個電話。我住宅沒有電話，也沒有汽車，更僱不到汽車。我只得步行到杜月笙公館去問訊。萬君與我的大兒子提了小箱子跟著走。到了杜公館，再打電話去問中航公司，沒有人接。杜太太和杜維藩兄都起床幫我張羅，毫無辦法。我只得走了回家。一夜就在步行裡過去了。

　　九日街上更是擁擠。食物很不容易買到。一日夜細雨，夜間飛機來往多次。我的鄰居陳清華先生許我借用電話，一夜都沒有電話來。十日情形完全一樣，巴士更少，街車只有防空人員坐得到。一夜沒有飛機往來聲。我想離港的機會是不會有了。心更定了下來。這兩天，許多朋友都接了頭，陷落後應有的準備，有了一些。只是食糧買不到手。

　　十一日，英印軍從九龍退出，日軍尚未開進。九龍到處都有搶劫之事發生。胡敘五先生由尖沙嘴北京道來，轉達重慶電報，叫希聖立刻到啟德機場，專機降落，即行登機起飛。但至此時，九龍秩序已亂，他仍然無法到達機場，而專機亦無法降落了。

　　[出] 十一日上午十時半，胡先生來電話說中央派飛機來，並電託某君開列名單。十一時半又來電話，說有電來要我與某公立即到飛機場去候飛機，

飛機一到立即登機起飛。正打電話時，我們前街上三五成群的人已在打劫過路的人。有一個人拿小刀打劫另一個人，那被劫者忽出手槍，反把劫路者搶了。大門外聚了不少的人，手指目示，打劫我們居住的兩座樓房。樓房一共十二家，有一家已被打進去了。那打電話的胡先生，後來告訴我說，他打完了電話時，他住的那條街已經劫掠一空了。

我看見九龍軍警已退，料想日軍就會進來。我恐怕交通阻隔，不能離開住宅，立刻從後門出去，攀援上山，由山上到太子道，繞彌敦道，到山林道上分租的房子裡去暫住。

在彌敦道上，由三五成群的人，舉手一呼，立刻便是好幾百人一群，一路把守兩旁的騎樓上，把一間一間店鋪打開，用劫住的汽車，搬運貨物。行人只能走街道的中間，不許走近兩旁。每個行人都被搜劫。我走過了好幾個大群。他們舉手高呼，我也舉手，卻不曾高呼，便走過了。他們沒有搜我。我便一直走到了山林道。

他的家屬亦隨後到達（但泰來一人被阻，留在亞皆老街）。

次日，日軍占領九龍。

他一家在山林道住了幾天，無米無水，

[出] 港九本地不出米，新界農村出一點米，斷不能供應百八十萬人。被侵前米價飛騰，港府不得已把米改歸官賣。戰事一起，買米立感困難。九龍陷落，缺乏食糧的貧民隨著群眾，把各街的食物店，打劫一空。打劫和被劫的人有時互鬥，路旁伏屍，所在皆有。我走過彌敦道時，見年老貧婦，流血倒臥；也看見壯年男子，死在路旁。群眾的兵器，有斧，有刀，有鐵條，有木樁，有手槍，也有長槍，空手的人更是多數。

十二日，九龍倉被打開了。九龍倉沒有米，只有麵和各種罐頭。山林道旁有三五女僕人舉手一呼，幾十個女人結成一群，一會兒便去搶了很多的麵袋和罐頭箱。我寄居的一間房，只有林一新先生借來的半袋米和幾個罐頭。冰如和四個小孩來看我，便阻隔在山林道不能回家。我們一家每天只分食一個罐頭，每人每餐只分得一湯匙牛肉或沙丁魚。四個小孩飯量大增，平日只吃半碗飯的，此時每餐卻要吃三碗，還不肯放下來。每一小孩用一湯匙菜下

三碗飯。九龍倉搬食物的群眾，擁擠踐踏，死傷一百多人，成了九龍戰時死傷的最高紀錄。但因此使尖沙嘴區域得到食物，沒有餓死人。

除了尖沙嘴一區之外，深水埔、九龍城，到都有餓死的人。這些區域，便搶也搶不到米和麵。

廣東人不會吃麵，也不慣吃麵。他們沒有米吃，只好每天吃兩頓漿糊。我家在這時，有很少的米，又得不到麵。起首三四天，我們把菜合理化了，後來也只得把米也合理化。每天改吃兩餐稀飯。十三日，有人擔菜到門口來，我們很高興，可以吃青菜湯飯。

不料水沒有了。水比米和菜更為迫切。十四日、十五日，我們把水也合理化。不獨不喝茶，並且不洗臉。抽水馬桶早已不抽水了，現在又不許沖水。一層樓四間房子住下十幾人，都逼得到樓後廁坑去。

英軍從香港發砲轟擊日軍在天文台所設砲兵陣地時，有一砲擊破山林道寄寓的後房。他們只得落荒而走。從彌敦道，過上海街，意圖回歸亞皆老街寓所，尋水度日。如此數日，無法到達。

[出]十五日，我們後門外天文台山上架了日軍的炮。日軍從山上向香港發砲。一下午一夜間，炮就在我們頭上開。下半夜，香港英軍向天文台還炮。英軍還炮還得很準，半夜裡炮彈和雨一樣向我們頭上傾了下來。窗口上火光閃閃。房頂上破片紛紛。十六日正午，一炮把我們十幾人共用的廁所和廚房打碎了。兩個同住的受了傷。大家都扶老攜幼的逃走了。我夫婦和四個小孩一個女工沒有處所逃，逗留了半天和一夜。這一炮把我房的一個窗上玻璃震碎了。玻璃和雨一樣向我五歲的小孩頭上插了下來，卻沒有傷著他。這一夜炮火不斷在我們頭上紛飛著，菜、米、水，都不成問題，此刻的問題是怎樣跑回我們原住的家裡去。

原住的家在亞皆老街。由山林道到亞皆老街平時走彌敦道，此刻彌敦道禁止通行，我們回去，要從山林道穿過彌敦道，走上海街。由上海街向北，到旺角碼頭，這裡有一個日本兵崗位。每天只有上午七點以前，下午七點以後，可以通過，白天很少能夠通過的。我們夫婦帶了四個小孩一個女工，走兩天走不過這個崗位。每天我們坐在上海街騎樓下，等候這個崗位，一等就

四五小時。那些領到袖章和通行證的小奸徒們，每逢通過這個崗位時，向坐候立候的幾百幾十人誇耀著說道：「沒得通行證是行不過的了。」小奸徒們從我們的肩頭上越過，著實得意。

有一次隨著一群人從旺角碼頭的街口越過彌敦道，不料那一段彌敦道，房屋正靠著山，一頭是大華酒店的街口，一頭是窩打老道口。這兩個崗戒備森嚴，不能走過。我們想再回上海街，又被禁止。我們只得找人家的門樓下坐地。人家驅逐不許多坐。一連轉了三個門樓洞，一共坐了六七小時，小孩們分吃最一個牛肉罐頭。手頭只賸最後一撮米，還有兩把青菜。

忽一會，我們通過了大道，再回上海街，正值旺角碼頭上那個崗位開放。我們很快的向北走，直走到亞皆老街離開我家只有幾十步路的鐵路橋下，有一崗位，不許通過。這時一家人真疲憊極了，只得在菜園下一個小木樓門口台上坐地。

他們在中途借住一所木屋的小樓，等候日兵崗位放行。

[出] 這小木樓共住三四家，卻沒有驅逐我們。我託他們燒了一餐飯，我們的一撮米還剩了半撮。這房子有一間空房，房主是一個木匠。他留我們住下了。

[點滴] 這日子是不能持久的。泰來一直留在亞皆老街住宅。我有一個親戚陳厚安，那是不可靠的人。我夫婦總是懷疑泰來會被他陷害，老不放心。我們飄流在外，又沒有飯吃。我們無論如何，還是要闖回去。

[出] 我們住在這裡等候鐵路橋下崗位，一心望一通行便可以到家。幾天來這道崗位是上午七點前和下午三點至四點，及七點後可以通過。可是這一天正值日軍調往九龍城去打香港銅鑼灣，企圖登陸。亞皆老街是調兵要道，不得通行。

[點滴] 木匠是個可愛的青年人。他知道我家急於要到九龍城探親。有一晚，他對我說：「你們要到九龍城，明日一早跟隨我走。」

[出] 木匠引我們隨九龍城賣菜的人繞到深水埔，翻過鐵路，越過鐵柵，走到九龍塘。想再從九龍塘通過太子道，南行可以到我家。我們走了十多里路，最後走到太子道，又走不過。一家人又餓又疲，實在走不動了。可是，

九龍塘街上無處容身。到處都是「維持會」的標幟。還有許多家宅門口首貼一個「和」字。又有一些人家有認識我的人，無奈何跑到一個友人家裡，匆忙的吃點稀飯。小孩們隨著母親回到橋邊小樓去。

數日後，希聖繞道九龍塘，想往那裡回到亞皆老街，不料中途仍然不通，只得在徐寄廎先生寓所停留。幾為日本憲兵所搜捕。

[出] 我個人留在九龍塘一家那裡。我想次日絕早再翻鐵路，不料一連三天，九龍塘特別戒嚴，走不出去。

我寄居的友人房東不許停留。這三天，我又改住在鄰近的一家的汽車房間樓上。每夜從樓上看到香港那邊的火光，聽見日軍射擊香港的炮聲。香港油池的火光和煙雲，更可以看得清楚。這三天，四個小孩，只有半撮米，料想是要挨餓的了。卻又無法找得食物，更無法通過去送給他們。

如此展轉周折，至廿三日，忽然解嚴。才回到亞皆老街寓所。

[出] 廿三日，上午十點，忽然解嚴。我拿了友人的麵餅一包，急行越過鐵路向木匠的小樓奔去。比及我過了鐵路，日軍已用開槍禁止越過鐵路了。後來知道我離開九龍塘後一小時，日本憲兵搜查那家人家，凡兩小時，沒有結果始去。

我到了小樓，小孩們和他們的母親及女工已經帶了被褥上街去了。這時上街，最好是帶褥，因為一上街便不知何日何時可以回轉。不能不準備在街上露宿。我探問木匠，才知一家大小有三天沒有飯吃，只有最小的一歲的小兒吃點米粉；次小的五歲小兒有時由木匠給一碗飯。他接著這碗飯的時候，很驚訝地問道：「這是給我吃的嗎？」他等到肯定的答覆，便兩三口吃光，大的小孩眼看著嘆氣。

等了兩小時，我從窗口看見他們從街上回來。他們看見鐵路橋下崗位開放了，便不到小樓這面來，一口氣過鐵橋回亞皆老街住宅去了。再過一小時，我緩步回家去。

原來在家的人（我的大兒子，和兩個親戚）有十多天沒有上街買食物。他

們靠家中零星找到的食物度日子。日本兵於十一日的夜間曾進到廚房燒飯。十二日以後,每天都有日本兵進來要鍋,要碗,要被褥。

再數日,又遷居山東街及彌敦道。

[出] 我回家後,鄰居的陳先生來警告,要我早些離家。不料街上又戒嚴了。不能走出。原來日軍二十日(或二十一日)在香港登陸,以為馬上可以占領全港,所以九龍解嚴。後來日軍戰死了六百多人,故又戒嚴。我因在家中一連幾天。我此時看清了各處的情形,知道日軍一切都無頭緒,也就安心住著。

二十五日香港陷落。於陷落以前,香港英軍向九龍各處日軍炮兵陣地還炮,仍然準確。二十五日正午,我由深水埔朋友處回家,路過太子道橋外廣場。我剛才走過,英軍炮火把廣場上日軍屯積的汽油打毀不少。九龍塘的房屋受了英軍猛轟,到處都有彈下。不料一陣炮擊以後,炮聲便停止了。次日,九龍到處都通行了。

隔鄰來了日本中地區警備隊官兵,把隔鄰一座樓內六家驅趕到我們這座樓的六家來。我家中加入了二十餘人。到夜間客廳裡地毯上都睡滿了。這一混亂,使我更安心住在家中。

從這一天到一月三日,每天總有三四批以上日本兵到家中來。他們要床,要桌子,要毛衣,要攝影機,要買紙菸的錢。門是全天不關的。家中全天都有日本兵。最後他們通知我們這座樓的六家搬出去。

[點滴] 我家合住的是上海項老先生一家。項家工廠的高彤階先生,就是此刻合併時與我熟識的。因為項家有年輕的少奶和小姊,他家特別著急。彤階到處尋覓可以隱藏的處所。他找到了山東街的一家工廠。那工廠有閣樓,頗為寬大,可以隱藏眷屬。當時項家、陳家與我都從亞皆老街搬到山東街。

[泰來] 銀行關門。五十元以上的大鈔不能用,只流通小鈔。這上海項老先生,二百萬的局面一天完事,一百多工人要十元五元買米吃,銀行存款取不出來,五百元票換不出去。他一著急,三十六小時便死去了。因此山東街不能住了,再由余啟恩先生安排遷往彌敦道黃醫生家暫住……

[思歸] 彌敦道黃醫生診所樓上,大門都有鐵柵,非常嚴密。我們一家

人擠在三樓房間裡，龍生的週歲就在這小房裡度過。他爬在窗子裡向外看，下面是一條街，一個垃圾箱，一具死屍倒在地上，黑頭蒼蠅堆滿，臭氣往上來。

[何茲全] 香港淪陷後，住在香港的，當以聖師為最危險。飛機一批一批的載人回來，有的說聖師已歸來，有的說未有。傳說紛紛，莫得真相。時我正鄉居，不能時來城探聽，飛機已不能再通了。我從忠綏師的信中，知道聖師確未出來。此後對聖師的傳說漸多。我曾誠心敬意，為吾師祈禱。我本不迷信，但確誠心誠意的為吾師卜課。卅年十二月廿六日，晚飯後，同院蔣汝銘先生從審計部回來，他參加同事的婚禮，席間有重慶來客，說陶希聖先生已自殺了。並且說消息是從于院長處得到。聖師自殺有可能，何況消息又是從于院長處來呢？我當時說不出的難受。當時我退到我的屋裡，靜靜坐下寫了，下面幾句話：

「我現在說不出的悲傷。聖師這樣一個好人，年來經過這些挫折，竟得這樣一個下場。我要把三年來聖師給我的信整理出來付印，作為我對聖師的一點紀念。」

民國三十一年（1942）

經過了四十八天，希聖才得參加東江難民隊離九龍，由大埔乘漁船，到葵涌，登陸步行，二十餘日，經河源，轉老隆，到韶關，再轉衡陽，循湘桂鐵路到桂林。

[泰來] 一月十日。我往九龍塘黃老先生處。黃老先生說，胡敘五先生現住紅十字會，囑我們務必要和他聯絡，以謀出走之路。

十一日。上午，我去柯士甸道紅十字會。那會所在一高台上，為兩棟大樓之一。我到高台前面的石階入口，只見階旁掛一張白布寫的布告，大書：「入出立禁，違者銃殺。日軍某某部隊告示」。我看得呆了，不知如何是好。逡巡良久，不敢冒險。

從前面轉到後面，一樣也有告示。等了許久，忽見一著普通西裝的人逕自走上石階，好像若無其事的樣子。我的膽子一壯，也跟在那人的後面，一齊上去。找到了胡先生。他見我進房，吃了一驚。他說：「那張告示是日本部

隊貼的,昨天他們調走了,但是布告沒有拆下來。幸好你是今天來。」他說十三號早上有一批難民疏散惠州。他已決定隨走,若我父願走,則他可讓我父先走。我就邀胡先生到彌敦道與父親商量一切。

[點滴]一月廿八日,胡敘五先生來領路。我們一到廣場,天色已亮,群眾紛紛結集。我們一行是三十六人。蔣伯誠先生領隊。楊克天先生是我們的總幹事。伯誠穿著淡藍色的綢襖褲,任何人都看得出他不是惠陽難民。而我呢?同行的朋友們看見我來參加,無不提心吊膽,加倍恐慌。我是一個被日偽搜捕的人,隨時可使同行者受到嚴重的威脅。

我們夾在人群裡走。當時所有的車輛都被日軍集中了。一些難民最多只能將溜冰鞋兩雙當作四個車輪,上面加一木板,作為搬運行李之用。我們一行連這種臨時車子也沒有。我們步行到大浦,趕上漁船。黃昏的時候開船,連夜趕往沙魚涌。

次日清晨,船行在海灣的中間。我在艙中,聽見槍聲。我那兩條腿實在不能用了,站也站不起來。同行者說:「海盜來了。」我勉強將兩手撐著,伸頭出艙,果然是海盜,而且是蒙面的海盜。我們一行的帶路人黃先生與海盜答話,大家是自己人。於是每人出錢五元,送給他們做為見面禮。這驚險的一幕是過去了。

傍晚,我們的船到了葵涌。我們捨舟登陸,步行了半夜,才走到一個村落。原來我苦於失眠症,每天注射「布羅姆」。此刻沒有藥吃,只望早得休息。我擠在一間房子的一角,一堆稻草之上,一伸腿便睡了。次日清晨醒來,原來睡在尿缸的旁邊。一路上,失眠症完全好了。後來到了重慶,這個毛病依然復發。

日軍的政治部獲得情報,陶希聖一行三十六人走了。我們出發的第二天,有一群三十六人從九龍走到深圳。那是俞大綱先生一行。他們在深圳被日本憲兵截留。其中有一位會說日語,便與憲兵交涉。憲兵將他懸在梁上,五個人換班拿著皮鞭打,要他供出陳策與陶希聖。這位先生將兩手一抱前胸,挨了幾小時的打,沒有招供。那憲兵隊便把他們一行釋放了。這位先生就是游彌堅,他替我受了苦。

我們一行向惠陽進行。我們得到消息,惠陽又被日軍占領。我們在路上逗留和迂迴了好幾天,才由橫瀝上船,循東江到龍口。

　　[口述]蔣伯誠是我們的領隊。當我們走到惠陽的時候，自惠陽方面來了一隊人馬，由何大隊長領隊，說是替蔣參議來接我們的。當時我們缺少盤纏，有像「在陳絕糧」的情況，蔣伯誠就向何大隊長開口借四萬元，並言明到重慶後加倍奉還。何大隊長當時一口答應了。這何大隊長所領的這一隊，都是幫會的人，他們的關係很好，同時應付這種場面也是很有經驗。這一路上，法律是管不到的，行旅的安全，只有靠他們幫忙。

　　由橫瀝上船，循東江到河源。抵達河源脫了險，我身上已經沒錢了，剩下四百元法幣在開水壺中，另外帶著內人蒸的兩個饅頭，饅頭中包的兩個金戒指，還沒有用掉。我趕緊電匯一筆錢給琴薰，並打通電報給重慶的杜月笙先生。杜先生轉報陳布雷，陳又打電報給西南聯大校長蔣夢麟。蔣先生拿了電報後，通知琴薰說：「你父親出來了。」這時，中國銀行分行也通知琴薰去取款。琴薰接到匯款通知，到中國銀行分行時，行員一齊集合在櫃檯裡，看著這個悲喜交集的女孩，說：「你父親沒有死！」結果，反忘了兌錢。由河源轉到龍口，已是臘月三十。我與馬子元、萬濟舟至街上買雞、魚，正用洗臉盆煮雞時，廣東省政府主席李漢魂先生乘小汽車來接我，於是同乘車到韶關。

　　我從龍口乘省政府的小汽車到韶關，已經是陰曆的除夕。鄭彥棻先生是省政府祕書長，他接我到李主席的公館吃年夜飯。

　　[口述]在韶關，我寄住在省政府招待所互勵社。不論認識不認識的都來看我。一天下午，有客來看我，我看那位客人是如此年輕，以為他是我的學生。我問他：「你貴姓？請進。」他答道：「我是廣東省政府祕書長鄭彥棻。」他來接我到李主席家吃年夜飯。

　　[出]我一到韶關，即時打電報給桂林《掃蕩報》。報紙發表我到韶關的消息，就是冰如孩子們第二次脫險，走到桂林的那一天。

　　（二月十四日自韶關寫給琴薰的信）

　　「琴兒：我一家自淪陷後均平安，雖謠言甚熾，追捕甚緊，但國際社及家宅均為日兵占據，無痕跡可尋。一月廿八日步行隨難民疏散，由大埔出境行舟行十七天始到龍川。昨李主席邀同來韶。汝母及諸弟另由澳門回國，或走廣州灣或走西江，汝處得消息或較我早。初陷時無米吃，小兒等有三天不得食者，後稍好。刻苦蓄積皆淨。只要家人能再完聚，不必計也。我恐汝憂

思成病，如病可休學，俟一家到渝後，來渝聚首可也。

父字」

　　他的眷屬另隨海南島難民隊，乘白銀丸到廣州灣，再由廣州灣經陸路到桂林。希聖一家在桂林聚首。這已經是陰曆年關之後，初春的時候了。

　　[泰來] 一月卅一日。早上六點多鐘，高先生率領大家往尖沙咀進發，去到水師碼頭。難民人潮擁擠，直到十點多鐘，好不容易才衝上「白銀丸」，於十二時正啟錨，出鯉魚門，航向外海，我們終於脫離了日軍魔掌。

　　二月一日下午約摸六點鐘，白銀丸駛抵廣州灣的西營。在旅館休息一夜。次晨去碼頭領了行李，僱車到赤坎。

　　我們在赤坎亞洲飯店住了一星期。探聽路途的狀況，並且等候重慶的消息。關於路途的狀況，我們知道從赤坎出去是廣東省廉江縣地界，其與廣西省接壤處，有一座「十萬大山」，形勢險惡，現在有土匪盤踞。因為國軍退守廣西，將這一條路線的公路全部破壞，所以從這裡到廣西鬱林旱路六百里，須要坐轎子走六七天。到鬱林以後才有公路汽車去柳州，再轉火車到桂林。重慶方面則由杜月笙先生派了范瑞甫先生來和我們接洽，要護送我們到桂林。他說儘量不出面，一切仍由高先生辦理，如遇問題，他自會解決。安排妥當之後，我們就準備上路。

　　二月九日。我們僱了幾乘轎子，我和恆生徒步跟隨，向鬱林出發。日行八十里。

　　二月十日。當天我們走了七十里路，到達廉江縣，住一家旅店休息。不久，廉江縣的縣長來到旅店。他說：「明天要過十萬大山，不很安寧。我派八位衛兵，是我的親兵，護送到山那邊。那以後就不屬廉江縣的範圍了。」

　　十一日。縣長派的親兵果然來到。一行人跟隨親兵上路。我們從赤坎出發時，氣候炎熱。但是一夜之間，變為風雨嚴寒的冬天。我們穿的衣服都很單薄，凍得發抖。過午之後，遠遠望見山頭上有一人手持長槍站立，向下面打手勢。我們一行沿著山徑轉折，到一個峽口。有幾個匪徒，守著一個大木箱，箱子上插一面白旗，寫的不知什麼字。保護我們的親兵和他們交涉，結果每人以及每件行李各繳三元，納入木箱中放行。下午到達宿頭後，幾個親

兵乃告辭而去。

以後幾天，我們就努力趕路。經過盤龍、良田、烏石、米場，都是很小的村集。沿途的公路橋梁都已炸燬。河上搭的便橋又窄又軟，幾乎是獨木橋。轎子到橋頭時，人必須下轎步行過橋。

十四日上午抵達鬱林。住進鬱林旅館。因為恰好是陰曆年三十，裡面並無其他旅客。那旅舍房大窗多，冷氣逼人。各店家停業休息，街市冷靜，高彤階立刻出動，去找菜場買菜。他說菜市下午就收了，必須趕快。買些菜回來交給旅舍的廚房，我們就這樣過了一個悽慘的舊年。

年節時長途汽車不開，我們只得在鬱林住了兩天。

十六日。從鬱林乘長途木炭汽車前往柳州，

十八日中午抵柳州。有軍警檢查行李，也盤問旅客。范先生任務完成，告辭而去。在柳州見報，已知父親於十四日抵韶關。當晚乘火車往桂林。

十九日上午，我們全家安抵桂林。住環湖旅社。

[思歸] 我們看到《掃蕩報》顯明地位的新聞，知道希聖走東江到了韶關。當時這是大新聞，因為傳說他已被日軍抓去，說是剝了皮。如今他並沒有死。這消息一經發表，桂林也為之轟動。我的孩子們更是大喜若狂。我心裡是悲是喜，只是眼淚止不住的滴下來了。

希聖從韶關，經衡陽，轉桂林，一路受到各界人士的歡迎。識與不識者絡繹不絕，到他的寓所，甚至火車上慰問。

[口述] 我由韶關乘火車到衡陽時，衡陽市長朱玖瑩先生曾請我吃飯。他對我說：「請多吃魚，到重慶就不易吃到這樣的大魚。」

我接著乘湘桂鐵路的車到桂林，一家人總算重新團聚了。桂林行營主任李濟琛，還有李宗仁，都請客。李宗仁請客時，吃了一種很好吃的魚，後來李夫人才告訴我，這是娃娃魚。

他到了桂林之後，各方請吃飯的，請演講的，紛至沓來。新任我國駐美的軍事代表團團長熊式輝（天翼）將軍此時亦到桂林。他在樂群社（廣西省政府的招待所）約希聖談話。他有意邀希聖參加代表團的工作。希聖答以：「今

後行止，要到重慶請示。」熊將軍說：「明天我乘飛機往重慶，請你一同去。」他把熊太太的飛機票轉讓希聖，催他同飛重慶。希聖次日起飛，其家屬仍留桂林七個月，才搭長途汽車轉往重慶。

[思歸] 振濟會在各處設分會，我們到一處就去找他們，幫了我們很大的忙。

桂林辦事處主任是林嘯谷先生，他接到杜月笙的電報，叫他好好的照顧我們，至為周到，旅館一切費用，都是他招呼的。希聖到桂林，一日兩餐，都有人請客，他抽出功夫來，請林嘯谷吃飯，表示感謝之意。

[口述] 青幫的組織以「仁濟會」為名，推許世英為會長，做了不少救濟的事。他們的組織早已存在，原來就有很多的幹部。抗戰時期，有所謂「法幣路線」，我們也叫做「法幣戰線」，使用的是法幣。日本只能占據若干的點，推行的軍用券出不了他們的占領區。此時，各口岸與內地亦進行貿易，對旅客、貨物等的安全維護，都是靠幫會他們幫忙。當時的法幣戰線也都是跟著幫會的路線走，任何地方都有線可以牽。當時我走東江，我家人走柳州、桂林去重慶，都是靠他們幫忙照應，才順利抵達重慶。如果向他們請求幫助，只要是答應了，那一定是幫忙到底的，也就是重「然諾」的表現。

[口述] 我到重慶，任軍事委員會侍從室第二處第五組少將組長。我到第五組時，只有我一個人。侍從室是個很機密的地方，我一個人一間辦公室。第四組則是背對背辦公，各守祕密，可說是六親不認。一次宣傳部一位朋友來看我，開口就問：「汪先生為什麼走了，你為什麼又回來了？」我立刻站起來說：「我不接受任何訪問，而且你所問的問題，也許我終生不會有答案。」接著，那人就獲得一個警告，以後不可再去訪問陶本人了。這樣一來，我就有個地方隱藏。

第五組負責研究及撰述，經常收到我駐外使節報告的副本，及軍事委員會駐延安聯絡參謀報告，平常與各國使館有來往，所以我很了解國際動態與延安情況。

希聖到重慶後，奉命為軍事委員會委員長侍從室第五組組長。他住在上清寺美專校街陳布雷先生的樓房左側另一樓房。他的失眠症在長途旅行期間

完全消失，到重慶後仍然發作，但較輕微。他從陳布雷先生那裡分得安眠藥劑，每夜或隔夜服半粒即可安睡。

[泰來] 桂林曾經遭日本飛機猛烈轟炸過。居民每天早起來就把細軟收拾一個擔子，警報一響，挑起擔子就跑。桂林的天然山洞很多，每個洞都可以躲幾百甚至幾千人。我們住在那裡的時候，日本飛機每天大約八點鐘左右就來。警報擴音喇叭從獨秀峰廣播：「敵機Ｘ架，到達賀縣。」這時我們就要決定到那個洞去躲了。

有一天下午，忽聽機聲隆隆，街上的人說：「飛虎隊來了！九架，九架！」第二天早上，獨秀峰的擴音機報道：「敵機十七架，經過賀縣。」那一仗結果，日機被擊落十一架，其餘落荒而逃。

從此以後，日本飛機就不敢再來了。沒有空襲之後，大家心情放鬆。我們弟兄和馬子元等人，在黃昏的時候，常去灕江邊戲水。那水清澈見底，游魚歷歷可數，真是世間少有。

第五組的工作是研究與撰述。他在那一場大風波之後，又得到讀書與寫作的機會。他尋得了《中國政治思想史》的舊書，加以修訂，他又寫了《論道集》二冊，分析孔子以下儒門治學方法，均交南方印書館重新排印發行。

[自序] 軍事委員會委員長侍從室第二處主任陳布雷先生，承蔣委員長之命，安排希聖為第五組少將組長。侍從室第二處係陳布雷公館稍為擴充。第五組工作名為研究與寫作，實際上希聖在戰時軍政樞密關所之內，無異於海上孤帆得此避風塘。個人以獲此讀書寫作之良機為幸事，古人所謂「大隱隱於朝」者，是耶非耶？希聖一心感激委員長不殺之恩，殊未料委員長知我之深，甚至畀我代大匠斲。我明知其有傷手之虞，亦唯有盡心悉力捉刀以為之。

他的家屬由桂林到重慶，即住在南方印書館印刷廠內。那個印刷廠和書店是陶鈞（子欽）先生與幾個湖北同鄉創辦的。印刷廠設在南岸。陶先生將他的住宅撥了一半，借給希聖家屬居住。

[泰來] 七月廿四日，我們由桂林啟程乘火車去金城江。下午二時抵柳州，不料前途遇山崩坍方，火車停在柳州南站，不能通行。我們只好在車站對面的一家小客棧住下來等。每天到車站去問消息。

廿九日第二次離開柳州，火車到中途坍方的流山，旅客下來走兩里路，到另邊去搭接駁的火車。卅日清晨一時許，到達金城江。

八月一日晨，分搭二輛貨車向貴陽出發。五日中午到達貴陽。

我們在貴陽候車等了五天。八月十三日搭乘川黔公路木炭車往重慶。十六日上午，到達重慶南岸海棠溪。父親來接我們去住南方印書館。

希聖每星期六過江回家，星期日仍返美專校街寓所。

[點滴] 那房屋是在山坡上開闢小廣場建築起來的。房子的後面，再上一層坡，就是兩湖同鄉的公共墓地。許多墳墓，有的還有墓碑，有些墓碑已經改做鋪路的石塊。孩子們最初很怕見那些墳墓。我對他們說：「那都是兩湖同鄉。他們和我們有鄉誼，也有個照應。怕什麼？」

我自己仍住重慶美專校街。每星期六的晚間，拿了手杖，從兩路口，走到望龍門，搭小火輪渡江回家。星期日下午，再走到龍門浩搭輪返重慶。

委員長侍從室第五組的工作與中央宣傳部有密切的關係。希聖為此參加中央宣傳部社論委員會。每星期一次參加會議，共同商訂各地黨報的言論方針。

[何茲全] 在和陶先生的談話中，我希望他離開侍從室，到一個大學去教書，研究中國經濟社會史去。他說我不懂事。他說：他留在侍從室，罵他的人看見他也得說兩句好聽的恭維話。如果到一個學校去教書，人人會踹他兩腳，指著背罵「莽大夫」！我問過他，外人講蔣汪是唱雙簧，是否如此。他說，不是。「好比喝毒酒。我喝了一口，死了半截，發覺是毒酒，不喝了。汪喝了一口，發覺是毒酒，索性喝下去。」

三十一年可以說是世界形勢大轉變的樞紐之一年。

三十年（1941）八月十四日，美國總統羅斯福與英國首相邱吉爾發表了聯合聲明，確定了戰爭的政治目的。那就是〈大西洋憲章〉。三十一年一月一日，世界上反對侵略與愛好和平的各國在華盛頓簽訂了〈聯合國宣言〉，這一宣言確認了〈大西洋憲章〉的和平原則，並且預期戰後成立保障世界和平的機構。稱為「聯合國」。我中華民國代表首先在宣言上簽字。

十月九日，美英兩國政府分別向我國駐美英的大使館表示，決定放棄他們在中國的治外法權及有關的特權，並將提出平等新約的草案。十月十日，美英兩國政府同時發表聲明，宣布這個決定。

這是美英兩國與我國的關係之一方面。另一方面則為蘇俄與我國的關係，恰好與此作強烈的對照。

三十年六月之後，德軍侵入蘇俄的期間，中共採取謙卑甚至屈從的態度對付國民政府。所謂「精誠合作，永遠團結」，一時成為中共首腦們的口頭禪。到了三十一年二月一日，毛澤東在延安發起了整風運動，為的是建立毛澤東的一元領導地位準備著全面的叛變。

當美英與中華民國寄託其希望於大戰之後的世界和平之際，史達林已經在克里姆林宮裡著手於戰後的世界戰略計畫。毛澤東的整風運動就是史達林這一計畫之一角。

［泰來］八月下旬，姊姊也到重慶，從西南聯大轉入中央大學。恆生、晉生和范生都進後山坡上的儲才小學。泰來本該於到重慶後參加大學入學考試，可是鐵路坍方延誤了行程，以至所有學校都已考過，乃經當時之經濟部長翁文灝介紹到順昌鐵工廠實習，於十月十六日前往報到。工廠地址在貓兒石，是嘉陵江的對岸。泰來初到時，老闆對他很客氣。過了一星期，父親知道情況後，就叫泰來帶一封信給那廠長。於是泰來就被派到廠內設置的「技工速成訓練班」，接受嚴格的學徒訓練。

自十月十日起，蔣委員長著手起草一本書。書的目的是在指出百年來所受不平等條約的束縛，一旦解除，一般人應如何以獨立國家自由公民的資格，與世界各國的國民平等相處，同時應如何自立自強，共同致力於建國的事業，使中國真正成為獨立自由的現代國家，與世界上愛好和平的各國分擔

世界和平的責任。蔣委員長要在這本書裡，誠懇的坦率的喚起中共黨徒以及一些附和中共的人們，放棄武裝暴力與政治詐術，參加建國的事業。

蔣委員長要在這本書裡，提出戰後十年建設計畫，鼓勵一般青年努力學業，準備做建國的人才。

蔣委員長指定希聖擔任搜輯資料，整理文稿的工作。最初的文稿不過三萬字。經過了蔣委員長將近二十次修改之後，全稿已在十萬字以上。蔣委員長為了草擬與修改文稿，在黃山潛心工作將近五十天之久。

[口述] 十月十日，蔣委員長於重慶夫子祠慶祝國慶會場宣布英美放棄在華的不平等條約，並發表文告。會後委員長找我去，要我寫本書。我就接了下來。最初完成文稿三萬字左右，十二月經委員長攜至黃山修改後，越寫越長，差不多有十萬字。

委員長到黃山，我就到南岸南方印書館去等，那兒有軍用電話可通。忽一個電話來，說稿子來了，要我到差船碼頭去等。我就去了。第四組是政務組，公文多，所以經常使用差船，如俞國華時任侍從室祕書，公文來往多，所以用得很多。第五組一向不用。有一次我到碼頭對管理員說：「我是侍從室第五組組長，有公事要過江。」他看著我，不認識。當時船在對岸，他就打電話過江，說：「有一位組長要差船，開過來。」後來，我又去了，他就打電話說：「上次來的那個組長又來了。」我心想，這話可不太好，你這個組長怎麼用差船呢？這一天，我在南岸，黃山來電話，通知我先到差船碼頭等，公文立刻送下來。我到碼頭後，不與管理員說，就坐在那兒等。一會兒，黃山下來一輛摩托車，來人下車向我敬禮，並將公文雙手送給我，那管理員見了馬上打電話，說：「開船了，開船了！」這次實在痛快極了。

這期間，我住在美專校街，陳布雷因病赴成都休養，我就乘布雷汽車去上清寺官邸。有時剛回住處，又來一通電話要我再去。一天晚上，委員長問我說：「現在可以不改了吧！」我心想，這下可好，回說：「大概可以不改了。」委員長遂交代我定稿。

[泰來] 二月廿一日日記：

蔣委員長著一本書，由父親執筆寫初稿，改正校對，付印出版，完全一力承擔，忙得不亦樂乎。自舊曆年起，直至今日，每日忙碌。預定三月十二

日出書，將來並譯英文在美國英國印度問世。這書名為《中國之命運》。

委員長行伍出身，眾所周知，故對其著述之事，咸表懷疑。實則此書之材料和意見，均出於其本人，父親不過執筆編排而已。謠傳紛紛，均謂非其所著，冤哉。

蔣緯國曾來父親處挑剔錯誤。父親將原稿拿出來說：「全部初稿完全經委員長改寫，不見我的筆跡。」方才罷休。

初稿完成，交南方印書館印製二百冊，分發本黨中央及政府負責人士研討並簽註意見。他們的意見書仍由希聖收輯，呈請蔣委員長核閱。

〔口述〕委員長先給吳稚暉與戴季陶看。戴季陶大表贊揚，認為第一章闡明中華民族是多數宗族融合而成，如《詩經》上說：「文王孫子，本支百世。」就是說同一血統的大小宗支。《詩經》上又說：「豈伊異人，兄弟甥舅」，就是說各宗族之間，血統相維之外，還有婚姻的繫屬，所以中國人同姓皆為兄弟，異姓皆為親戚。二百冊分發出去後，共收回百餘份意見，批評最多的是關於不平等條約的弊病。如王寵惠表示中國正與英美並肩作戰，不宜於此刻批評不平等條約。王世杰則以十行紙書寫好幾張交給我，他們還當委員長的面批評道：「是那個幫你寫的，這人仿佛是學歷史而不是政治家，因為政治家是不該這麼寫的。」

委員長說：「你們留學英美的，只曉得不能批評英美，但是如果不說出不平等條約的弊病，那我們打了幾年仗才得的結果，豈有價值可言？同時也顯不出撤廢不平等條約的好處。」他們就不好再講了。後來委員長仍將他們的意見交給我斟酌，我大體都採用。

在初稿印出之後，由王寵惠先生（國防最高委員會祕書長）主持翻譯英文的工作。其執筆譯述者十餘人。譯稿經溫源寧、吳經熊諸人校訂，最後由王先生核定。

希聖此時集中精力於《中國之命運》中文稿的整理與校對。他對於全稿的章節甚至每段的文字，都在記憶之中。

[口述] 本書翻譯由王寵惠先生主持，印製及翻譯所需經費、紙張，需與其他部門交涉，但侍從室對外一向由陳布雷署名，從未對外行文。況布雷先生亦不在重慶，故問題重重。有一天委員長垂詢印刷情形，我報告：「馬上可印刷，但侍從室沒錢，王亮疇那邊翻譯要經費，印刷要紙。」他問：「有什麼問題？」我報告布雷先生不在，不能行文報經費。他馬上叫來第一組組長，指示第一組付錢，並要我署名去信經濟部索取紙張，可知當時國力之艱難。全書修訂後，書名請沈尹默先生題，「蔣中正」三個字則請委員長自己寫。

同時王寵惠先生致力於英文譯稿的校改與整理，亦是夜以繼日。他記得住每一章節甚至每一段的文字。

本黨中央及政府負責人士的意見集中之後，希聖將各種意見分類編排，呈請蔣委員長決定其取捨。大部分意見都在採納之列，只有一點，雖多數意見皆主張刪除，而蔣委員長堅持不改。原書第七章第四段有這樣的話：

「中國往昔的命運是以不平等條約能否取消這一舉，來決定其盛衰榮枯。而今日不平等條約既已取消了，則中國今後的命運乃就要決之於國內政治之是否統一，與國力之能否集中的一點之上。這是我們中國命運之分水嶺，其決定即在此抗戰時期，而不出這二年之中。」

這裡所說「不出這二年之中」的一句，就是預料抗戰勝利將不出二年以外。黨政各方的多數意見，認為這一句應該刪去，因為沒有人可以預料二年之間，抗戰可以勝利結束。但是蔣委員長堅持不改。

此後的事實如何？《中國之命運》是民國三十二年正式出版的，而抗戰勝利結束是在民國三十四年。時間的距離不過二年六個月，與著者的預料是「若合符節」。

[自序] 委員長「抗戰勝利之決定不出兩年」之判斷，與戰後十年建設之號召，激發海內外愛國同胞抗戰必勝，建國必成之信心，同時給予延安中共及其國內之外圍與海外之同路人以重大之政治心理的壓力。

於是中共及其外圍與同路人集中火力，攻擊希聖。一葉扁舟被拖出避風塘，揚帆泛海，猶不勝其遍體鱗傷之苦。

民國三十二年（1943）

民國三十二年一月十一日，中美及中英平等互惠新約簽字。

這中間有一插曲。不久以前，十二月中，蔣委員長定稿之日，指示希聖說：「中美及中英新約預定明年一月一日簽字，在華盛頓、倫敦與重慶同時公布。公布之前，應守祕密。」三天之後，希聖參加中央宣傳部部長張道藩先生召集的社論委員會。他進入會議室時，參加會議諸人恰好討論平等新約簽訂與公布時，在宣傳上應作的各項準備。希聖聽了他們的意見，立即說明在新約公布之前，不可洩露日期。會議諸人似乎不甚注意此點。兩天之後，希聖清晨起床，翻開《中央日報》，即發現一則花邊新聞，透露了一月一日公布新約的消息。他大吃一驚。接著就是張部長道藩的電話：「《中央日報》發表這個新聞，如何是好？」

新約簽字與公布原定一月一日，忽然改為一月十一日，其原因何在，不得而知。然中美英三方曾經約定之事前不可洩露，而《中央日報》竟在事前洩露，那就是中國方面違反約定。這件事引起了本黨中央改組《中央日報》之舉。不過半年，而希聖與胡健中及陳訓悆兩先生一同進入《中央日報》工作。

中美及中英平等互惠新約公布之後，《中國之命運》新書隨即由正中書局正式發行。一時之間，在國內各地銷行到一百三十萬冊以上，海外銷數尚不在內。

中共及其外圍組織攻擊此書不遺餘力。美國的左派同路人趕出一個譯本，加上小註，痛詆此書為法西斯主義。尤以他們眾口同聲，指斥希聖為執筆人，使他陷入極度不安的心境。

[口述] 延安、美國、英國皆有反應。英國大使館立即翻譯大意，送交倫敦唐寧街十號首相官邸交首相祕書，祕書將稿交給副相工黨領袖克利夫。副相指示，未得其同意，不得交給首相，並告訴國際宣傳處駐倫敦代表葉公超，中英正並肩作戰，首相若知可能生氣，所以壓下不上呈首相。

美國左派人士立即翻譯、出版，並批評此書富含法西斯主義。認為此書具有「民族的尊嚴」，中國人在租界治外法權下，民族尊嚴受到損害，現在要做獨立自主大國民，但發揚民族主義，帶有法西斯色彩。

延安由陳伯達主筆，批評《中國之命運》。當時中共在名義上仍受委員長

指揮，故箭頭指向我，寫了無數文章罵我。美國左派亦稱我為「ghoast 陶希聖」。另有許多人寫信來罵我，指責我是三家村的秀才，不識大體。甚至在罵我之餘，咒我的孩子將因而發痧子。那時重慶正流行痧子，我的孩子也巧在發痧子，幸遇留德博士周綸治癒。

當此書準備正式出版之時，希聖建議，此書出版後，立即由中央通訊社發布新聞，述蔣委員長以四十多天的努力，撰述此書之經過。蔣委員長不允。

此書出版之後，有一次蔣委員長約集本黨負責人士會餐，希聖亦在座。有一位先生提出：「《中國之命運》出版之後，外間頗有批評。」意在指責執筆之不當。蔣委員長答道：「我發表了一本書，當然引起人們的批評。如果出書之後，沒有反響，那書就失敗了。」

[口述] 一天，（委員長）召集國民參政會黨員講話，湖北參政員孔庚提出幾件事，他說：「第一，目前地方政治與北洋時期相比，沒有什麼進步；第二，委員長雖為人才，但所找的人才為您寫書，卻遭人家罵，可見用錯人才。」委員長說：「孔先生，你們這些老同志，是我最欽佩的，不過你說現在政治比不上北洋時期，這一點我不服！至於說我用錯人才，寫書遭人批評，您知道誰批評得最屬害嗎？那個批評的就是你老先生打頭陣，替他們說話。沒有你替他們說話，還有誰會替他們說話呢？你千萬別當他們的傳聲筒！」

後來，有兩位侍從將老先生扶了出去。我們老鄉長為了我的事，受委員長批評，真讓我覺得過意不去。

傳教士畢範宇從成都來，建議蔣委員長將原書說明國民黨及三民主義青年團之第七章刪去。他說：「外國友人都是希望委員長做全國的領袖，不做一黨的領袖。」蔣委員長答道：「沒有國民黨領導的革命抗戰，就沒有中華民國的國家。」

這類批評不一而足。蔣委員長對此書所持的觀點，仍然堅定不移。

《中國之命運》是不是法西斯主義呢？不是的。希聖讀此書最熟，知其內容最深。

《中國之命運》是要教導不平等條約束縛之下的國民，鼓舞其民族自尊

心，與世界各國國民平等相處。民族主義與法西斯主義斷乎是不同之二事。倘如中國國民不能保持其民族尊嚴，建設中國為民主統一的國家，那就是五十年國民革命與六年抗戰（當時只有六年，此後還有兩年）不僅是等於徒勞，而且將為國際共產黨所乘，使中國重陷於共產帝國主義的侵略之下。

蔣委員長在此書第八章裡，明白確切的指出了下列一點，二次大戰之後，世界與亞洲局勢的發展，一切不出這一點預期之外：

「亞洲的面積居全世界面積四分之一，而亞洲的人口居全世界人口三分之二以上。亞洲各民族又多與我們中國有同樣被壓迫的痛苦經驗，且其被壓迫的痛苦亦同樣至久而至深。中國不能獨立自由，則亞洲各民族均將同陷於敵寇鐵蹄之下，而世界和平即不能有堅強的基礎。故中國之自立自強即所以安定亞洲，而亞洲的民族自由與國家平等，即所以保證世界的永久和平，而祛除世界戰爭的根源，使戰爭的惡魔不再發現於世界，以毀滅我們人類的安全和幸福。」

這話在當時是就日本侵略來說的。蔣委員長的遠見與卓識，當然受到國際共產黨及其同路人的嫉視與仇視。

王寵惠先生主稿的英文譯本最初決定暫不出版，後來有鑑於國際共產黨及同路人的挑撥與曲解，才正式發行。

[口述] 蔣夫人在美來信，說明左派歪曲本書的情形，建議趕快譯成英文本。同時再寫一本書。所以後來蔣委員長要我找張公權收集資源經濟方面資料再寫一冊《中國之開發》。

《中國之命運》出版之後，蔣委員長又指定希聖搜輯資料，準備撰寫一個姊妹篇。其書名預定為《中國之開發》。這書的主旨是秉承國父《實業計畫》的遺教，預期抗戰與世界戰爭同時結束之後，基於主權平等的原則，將中國的資源向世界開放，並藉國際資本與技術的合作，開發中國的國民經濟，貢獻於世界人類的幸福。這書將分中國為五大經濟建設區：

（1）中區以武漢為中心，為全國交通網的集中點；

（2）西北區以天水區為中心，為全國陸空軍的基地；

（3）西南區以昆明為中心，為重工業及東南亞交通要道；

（4）東南區以玉山區為中心，為輕工業區及海空軍的基地；

（5）東北區以瀋陽為中心，為國際紛爭之所在。

蔣委員長預定在這書裡假想第二次大戰之後，主要的敵人在西北方。預期西南區與東南亞的通路仍然在國防上有其重要地位。同時，遵循國父的遺訓，在咸陽設「陸都」，為陸上權力之中心，並在南京設「海都」，為海上權力之中心。至於東北區則為國際紛爭之所在，必使其在中國主權之下，將資源提供國際的開發，而貢獻於國際市場，才可消弭國際紛爭於無形。

但是希聖搜輯的資料尚未足以供這本書之用，而蔣委員長在此抗戰接近勝利，同時中共準備變亂的時期，無暇執筆。於是《中國之命運》的姊妹篇《中國之開發》一書半途擱置，沒有成就。

[語冰錄] 抗戰期間，我奉命協助中國哲學會復刊《哲學雜誌》，由馮芝生（友蘭）主編。在此時期，馮芝生著《新理學》與《新事論》二書，風行於世。《哲學雜誌》亦流通甚廣。

熊十力先生在北碚設書院講學，有時來南方印書館陶子欽先生住宅，小住數日。每星期六及星期日之夜，我由上清寺回家，即有機會與十力先生暢談。我在此時，寫《論道集》兩集。上集論孔子、孟子、荀子、董仲舒及揚雄之治學方法，即下學而上達之方法。下集則論王安石與張居正。

我未嘗學哲學。我從法律與歷史之研究與講論上，或者達到哲學的境界。我託友人刻私章二顆，其一曰治律明經；其二曰讀史論道。所謂論道，即指此集而言。

[泰來] 七月間，姊姊帶恆生去報考南開中學，結果考取，暑假後到沙坪壩學校住宿……

三十一年（1942）十一月八日，美英聯軍在北非洲摩洛哥及阿爾及利亞登陸，法國守軍稍作抵抗，即談判休戰，並參加聯軍對德作戰。三十二年一月十四日至二十四日，美國總統羅斯福與英國首相，在北非之加薩布蘭卡舉行會議。羅斯福總統在會後宣布他們決定於一九四三年內採取攻勢，要求軸心

國家「無條件投降」。中國政界人士的判斷，認為美英對德義要求其「無條件投降」，這一決定有兩項效果，第一是迫使德義堅持抵抗，因而延長戰爭；其二是歐洲戰爭的延長，有利於蘇俄，而不利於英美。希聖之意見亦同。

　　三十一年十二月底，史達林格勒之戰，俄軍獲得勝利。德軍從史達林格勒退卻，而俄軍開始追擊高加索的德軍。史達林開始以新沙皇的氣派，重新標榜舊沙皇如大彼得，及舊來的名將如古圖佐夫、沙伏洛夫等。他在此時，開始策畫大戰之後的世界戰略藍圖。三十二年五月二十三日，他宣布解散共產國際，同時中共的毛澤東的整風運動亦告結束。毛澤東在整風運動中，提出了「馬克斯主義中國化」的口號，並認為「毛澤東思想」就是「中國的馬克斯主義」。史達林與毛澤東如此安排，顯然是對世界人類的一大騙局。在這一大騙局之下，美國共產黨及其同路人以各種方式，告訴美國政府及人民說：「中國共產黨不是一般共產黨。它是中國農民的共產黨。它是中國的『土地改革者』。」

　　[口述] 周恩來為了表現「中國化」，父親死時在《新華日報》上刊登一個訃文：「不肖周恩來，不自隕滅，禍延先考，……府君……」

　　中共開高幹會議，一連開了四個月。期間毛澤東指示檢討陝甘寧特區的開闢與建立，整肅新幹部，剔除國際派老幹部，走高崗路線。同時提出四鎮，其中之一的關鎮（保安隊）由康生主持整肅新幹部，提高老幹部地位，用以控制紅軍。

　　八月八日，莫斯科出版的《戰爭與工人階級》雜誌發表了塔斯社中國分社社長羅果夫的長篇通訊，指斥國民政府中有綏靖主義者，失敗主義者及投降派的陰謀活動，並指出中國將發生「內戰」。這一長篇通訊一時之間成為美國共產黨及其同路人的宣傳方針。

　　在中國抗戰初期，中共及其外圍組織在各種報刊上將抗戰分為「獨裁的抗戰」與「民主的抗戰」兩種。他們說國民政府的抗戰是「獨裁的抗戰」，反之，中共的抗戰才是「民主的抗戰」。到了此刻，他們又分中國為「封建的中國」與「民主的中國」。他們說國民政府的中國是「封建的中國」，反之，中共控制的地區才是「民主的中國」。所謂「兩個中國」的論調即以此為起源。

這個時期可以說是中蘇關係的轉紐期。中國的國家與政府開始在國際與國內受到各種誣蔑與打擊。

就在這個時期，《中央日報》改組，以胡健中先生為社長，陳訓悆先生為總編輯，而希聖為總主筆。一個報社有「總主筆」的名義，希聖實開此一例。他擔任這一名義之後，改變教授的生活方式為記者的生活方式。《中央日報》的社址是在化龍橋，他的寓所是在上清寺，他的家屬是在南岸。每天的節目是在化龍橋做了夜工，到清晨回到上清寺。上午睡覺，中午起床，下午在美專校街辦公。每星期只有一天，拿了手杖走到望龍門，過江回到南岸的家。

[自序] 報社之有總主筆，自希聖進《中央日報》始。惟我未接《中央日報》社長之聘約，亦未得中央宣傳部之命令。我是以侍從室第五組組長，由委員長指示，布雷先生轉達，即偕胡社長及陳總編輯一同到社，做夜勤工作。

在變化多端的世界戰局之下，有時候他每天的夜間寫社論，一連串寫六天，寫十四天，甚至二十多天。當然社論工作是應該平均分給幾位主筆，輪班撰寫，但是遇有重大問題或緊急局勢，他不能不自己執筆，而且無法推諉其應負的責任。每一篇社論，無論是誰執筆，只要是受了批評，就是總主筆的責任。他認為責任既無可推諉，不如自己寫下來。他認為宣傳的第一禁律是各人說各人自己的話。實際上，每一主筆都是說自己的話。年輕的主筆的文筆太嫩了。年老的主筆又有自己的信條，那信條就是報紙的文章要批評政府，才可寫得好。但是《中央日報》是中國國民黨的機關，國民政府是中國國民黨主持的政府，《中央日報》不能批評政府，那社論如何寫得好。希聖對於他們這一信條不能同意。他認為民主政治即是政黨政治。一個政黨有它的機關報，作為宣達它的政策的工具。黨報社論作者要說政黨的話，不應說各自的話，這是不待多言而自明的道理。但是這一淺顯的道理，卻要求執筆者有深遠的觀察力（perceiving power）。希聖為了這一點，開始他勤奮勞碌的夜生活與內勤工作。

[自序] 委員長對《中央日報》言論與新聞之指示是：參預機密而不可洩

露機密。希聖深悉如此課題甚難解答。若不參預機密，即不能表達委員長所決定與秉持之政策，若洩露機密，即敗國家與政府之事，更為國法與黨紀所不許。

華府為對軸心國作戰之決策與指揮中心，每日戰報與政情之報導，常在午夜到達重慶。我往往午夜執筆作文，思路閉塞，則有四顧茫然之感；思路暢通雖得心應手，仍須趕寫發排，爭取出報時間。三更燈火五更雞，為甘為苦，備嘗之矣。

我認為作文如作戰。首先確立戰略（拿定命題）；繼而檢討敵我形勢（搜集資料）；最後撇開一切情報與疑慮（跳出所有資料與觀念）；堅決貫徹最初確立之戰略原則（凌空下筆，放手為文）。此皆得自克勞維茨《戰爭論》之心得，或可為識者道，不可為一般論者言。

［泰來］十一月十九日。到父親處，見樓梯門關閉，上貼一字條寫道：「強睡時間，勿開此門，失眠苦境，萬乞原諒。」原來父親清晨由《中央日報》回家，須睡至午後二時方醒。我在曾資生先生處稍坐即走。

在重慶幾種報紙中，《新華日報》是中共的機關報，《大公報》是獨立的報，《中央日報》是本黨中央的機關報。《中央日報》的言論，要照顧《新華日報》與《大公報》兩面。因為張季鸞先生去世之後，王芸生主持《大公報》的筆政，最初有時立異鳴高，後來走向親共。當時政界中有些人以獲得《大公報》的讚許為光榮，又有些人以《大公報》發表文章或談話為得意。《中央日報》不能不宣明本黨及政府的立場，端正政治心理的趨向，因而一面與《新華日報》鬥爭，而一面與《大公報》對抗。

七月十日，美英加聯軍在西西里島登陸，二十二日占領這個島嶼的主要部分。二十五日，羅馬政變，迫使墨索里尼及其內閣總辭職。二十八日，巴杜格里奧政府解散法西斯黨。九月二日，美英聯軍從西西里島渡過海峽，在義大利南部登陸。巴杜里奧政府隨即簽訂停戰協定。德軍救出墨索里尼，另組共和法西斯黨，並由德軍控制羅馬，不過三個月，在義境的德軍終於敗退。

德義日三角同盟已經崩解了地中海這一角。還有太平洋上的一角亦節節失利。民國三十一年（1942）五月七日，珊瑚海之戰，就是日本在太平洋戰

爭中失敗的起點。六月四日中途島之戰，十一月十二日所羅門島之戰，次年（1943）三月四日，新幾內亞的海戰，及此後南太平洋的逐島戰爭，證明了日本海軍沒有對抗的能力。

但在同盟國方面，蘇俄對於中華民國，一步一步的歧視、排擠和打擊。這年十月，莫斯科舉行四國會議。蘇俄原來企圖排斥中華民國，而英美則認為中美英蘇四國團結在一起，比美英兩國或美英蘇三國會議更有力量。中華民國參加會議，簽署宣言，但蘇俄歧視的跡象仍頗為顯明。

十一月至十二月之間，中美英三國的開羅會議與美英蘇三國的德黑蘭會議分別舉行，主要原因就是史達林對於中華民國的歧視。

十一月下旬，軍事委員會委員長侍從室同人都知道蔣委員長有熱帶之長途旅行。侍從室同人的習慣是對於蔣委員長的行止，不僅不對外透露，並且對內亦不互相討論。

[口述] 當委員長坐機起飛後，我由美專校街辦公室走出去，遇見一個不相干的人，他告訴我說：「委員長到非洲去了。」我嚇了一跳，這種事怎麼會傳出去？我問他從何得知，他說：「消息源自王世杰公館傭人與司機。」原來這是十一月下旬，王世杰的祕書收拾夏裝至王公館，與王世杰同乘汽車出去，而且憲兵沿路布防至珊瑚壩機場，由此可知他們將飛至一個很熱的地方——非洲。

葡萄牙首都里斯本是個情報集中地，一天里斯本路透社發布：三巨頭正在開羅開會的消息，中、英、美新聞局彼此追問消息從何走漏的，他們都懷疑是國民政府傳出的，追查結果是英國路透社的中國記者趙敏恆傳出的。當時，三巨頭在距開羅十五里處開會時，一天晚上，委員長至參謀住處巡察，發現燈火通明，但無人影，委員長大發脾氣。原來這些隨員溜出去玩，恰巧被趙敏恆看見，因此發出電訊。這件事也有損中國的信譽。

十二月一日，中美英三國領袖的開羅宣言發表了。宣言允許日本保有其固有的四個島嶼，並允許日本國民自行選擇其政治制度。這就是說，日本國民如果願意，仍可保有其天皇制。這一點是蔣委員長提出，而獲得羅斯福總統與邱吉爾首相同意的。開羅會議這一決定，與加薩布蘭卡會議要求軸心國

無條年投降的精神，大異其趣。此後的事實可以證明，日本天皇制的保持，使日本戰敗之後，保持其國內的秩序，同時結束其國外的軍事行動，不至發生混亂的情事。

蔣委員長及隨從人員由開羅回到重慶，所有記錄與報告，均交希聖整理。因而希聖得知其會議的經過與內容。

［口述］委員長回來後口頭上談過另一件事，但未留下紀錄，不過後來我在雅爾達會議紀錄中發現資料，就是雅爾達會議羅，邱對話時，羅斯福說：「開羅會議上我兩次問蔣，法屬印度支那你要不要？蔣回答說：不要。第二次問他印度支那你要不要？為何不要？蔣表示東南亞的民族很多文化與中國不同，不應該由中國管理。我又問他可不可以託管？蔣表示未嘗不可。」

在開羅會議中，蔣委員長及中國參謀團特別關切的一件事，就是東南亞戰場的開闢，與中國西南路線的打通。但是邱吉爾首相迄未肯定的同意於調度英國海軍到東南亞戰區，支持其陸軍作戰。

在開羅會議的前後，希聖屢次告訴《中央日報》主筆諸人，勿在社論中提出東南亞戰區的問題。希聖認為黨報的言論，絕不可〈人云亦云〉。黨報對於某一事件反覆申明，固然是宣傳上應做的工作，同時，對於另一事件保持緘默，尤其是宣傳上應守的規律。

民國三十三年（1944）

民國三十三年一月四日，歐洲方面，美國第五軍進入羅馬。一月至二月之間，德國損失了飛機一千架以上，空軍的戰鬥力顯已衰落。六月六日，美英聯軍在法國諾曼第登陸。

太平洋方面，南太平洋的逐島戰爭，由馬紹爾群島、瓜甲連，乃至新幾內亞島與馬利亞拉島，美軍節節勝利。

蘇德戰爭方面，俄軍解了史達林格勒之圍，繼續從德尼卜河向德尼斯特河推進，並擊退了克里米亞的德軍。

同時，國際共產黨及其同路人誣毀中華民國，和打擊國民政府的宣傳活動，積極展開。而中共對國民政府所提出的要求，更加提高。中共顯然逐步

展開其全面的政治鬥爭。

　　此時國際共產黨及同路人的宣傳活動與中共的政治鬥爭，乃至中美兩國的交涉，集中於一個焦點，就是史迪威事件。中共要求國民政府將同盟國援助的武器分配於十八集團軍（即中共的部隊），並解除國軍對中共地區的封鎖。史迪威將軍相信，若是國軍解除封鎖，使中共部隊開出作戰，再給予軍事裝備，必能大為增加抗日作戰的實力。同時，美國參謀首長亦相信史迪威將軍如能獲得全權，整理國軍並指揮共軍作戰，必有助於抗日作戰。如此三方面的壓力集中於一點，再加以國際共產黨及其同路人大肆其對於中華民國國家與政府的批評與攻擊。於是史迪威事件遂成為國際政治的軒然大波。

　　[點滴] 史迪威事件是美共及其同路人的傑作。史迪威將軍主張使用美援武器裝備十八集團軍（即中共的軍隊），主張撤除國軍防共的防線，要求指揮國軍乃至改編的全權。倘使中國戰區統帥蔣委員長接受他的主張和要求，國民政府那個時候早就在共匪的武裝顛覆之下受了沉重的打擊，而失掉其控制國家全局的能力。但是美共及其同路人的陰謀是通過美國參謀總長會議而達到羅斯福總統，然後由羅斯福總統向中國戰場統帥提出。這一事件的往來文件都是極端機密的。國際共產黨及其同路人是在那裡公然圍攻我們的國民政府。我們卻不能公開評判美國政府，特別是他們的總統。所以我決定了保持緘默，不發一言。

　　[口述] 美國參謀總長會議主席馬歇爾支持史迪威，他認為中國軍隊不能作戰，而能作戰的不作戰，即使予以軍援，但地方大，據點多，怎樣援助也強不起來的。但現成的蘇俄是強大的，打了德國再打日本。因此，與其以武器供給國軍，不如拉蘇俄參戰。他曾批評中國說：「你們要飛機？連機場都守不住，還要什麼飛機。」所以，以羅斯福名義發出責備中國不能作戰的電報，一封一封如雪片般飛來。中國人的禮貌，頭一句不說 No，必先說 Yes，然後再說 but，所以又吃了大虧。

　　羅斯福後來親自來電向委員長表示：「以我的名義所發電文皆係參謀本部所起草的，若有傷及你的威嚴，請勿責怪。並請另派你個人的代表駐華府，可隨時與我談。」後來即派孔祥熙為代表。與史迪威衝突期間，羅斯福派赫爾利、威爾遜來華，我方由王世杰（蔣委員長外交法律顧問）、何應欽、宋子文

與之磋商，如何劃分史迪威權限。有一次正在黃山官邸商議時，史迪威氣勢洶洶而來，赫爾利問他何事，史迪威表示持有羅斯福電報要親遞委員長。赫爾利說：「我乃總統特使，既有總統來電，是否由我送？」史迪威不肯，直接進委員長辦公室。蔣委員長遂下決定撤走史迪威。赫爾利遂趕緊要威爾遜回去報告。馬歇爾是支持史迪威的，幸而羅斯福還有一個私人諮詢的參謀長，即李海，他簽署意見是撤回史迪威。羅斯福終於將史撤回。

　　希聖在《中央日報》所持的方針，是對於這一事件保持極端的容忍與緘默。自抗戰發生以來，中美兩國一直保持友好與合作。此時關於史迪威事件的兩國交涉是在祕密進行之中。《中央日報》既不能揭破這一事件的真相，又不可單在表面上對中美關係一味讚揚。遇有中美之間的問題，希聖常自己執筆，以求其分量相稱，而不輕於假手主筆同人。這是他主持黨報筆政的最苦的一個時期。

　　這年二月，希聖的母親在貴陽寓所患病。他搭郵政車往貴陽視疾。他到貴陽的時候，母親的病狀業已好轉。他應貴陽各界人士的邀約，作多次演講。他指出空軍及空運的發達，已將世界帶進航空時代。他採取 Alexander de Seversky 的學說，預測在戰爭中，空中權力可以制勝。希聖這年以「方峻峰」的筆名，在《中央日報》發表了專論多篇，對於世界由航海時代轉入航空時代的演變，詳加論述。

　　[泰來] 我陪父親去貴陽，留在那裡一個半月，俟婆婆病癒後，接老人家與五爺搭公路木炭車來重慶同住。如此反而增加了父親的家庭負擔。

　　[點滴] 每月有配給的米，由冰如自己篩過之後再做飯。配給的煤由黃山官邸袁科長派挑子送到。再加以自家的收穫物，也就不必拿錢上街買什麼了。其實，我的少將組長的薪資是不夠用的。我一家八口連同我的母親和妹子，只是依靠著米煤配給和土地的產物，清淡而快樂的度過戰時的生活。

　　[泰來] 八月間，我報考大學，結果考取重慶大學。九月十六日，我到沙坪壩入學。當時琴薰在中央大學外文系三年級，恆生在南開中學初二，校址都在沙坪壩。我們姊弟三人時常有機會碰頭。我和恆生每周末都是相邀一起回家及返校。

　　十月，魏德邁將軍來到重慶，繼史迪威將軍之後，擔任中國戰區美軍司令官，兼任中國戰區統帥部參謀長。當史迪威將軍撤調回美之際，希聖訪問美軍司令部的友人。他告訴希聖說：「美軍司令部同人均表憤慨，並且準備撤退回國。」魏德邁將軍來華就職之後，不過三星期，希聖再訪美軍司令部的友人。他說：「魏德邁將軍來華之後，經過一番安排，我們才知道史迪威將軍雖然是好戰將，卻不是好參謀長。魏德邁將軍才是好參謀長。他知道如何才能獲得統帥的信任。」希聖答道：「史迪威的缺點在於不知尊重中國人的民族尊嚴。他傷害了中國人的民族尊嚴，反而批評那是法西斯主義。」

　　［口述］當時我與美軍司令部中尉情報官林白樂（Paul M.A. Linebarger），交情很好。他父親老林白樂（Paul M.W. Linebarger）是國父老朋友，宣傳實業計畫，主張國際資本開發中國；小林白樂的博士論文是三民主義，一直到現在外國人提到三民主義還沒有這本書好，可說是兩代交情。重慶天氣很冷，與林白樂常常圍爐而談。

　　這年七月十八日，東條內閣總辭職，而小磯內閣成立。八月十一日，中太平洋的美軍占領關島。十月十九日，南太平洋的美軍占領雷多島。二十日至二十二日，菲律賓海峽的海戰，日本海軍大敗。日本的頹勢已達到無可挽回的階段。

　　［口述］美國駐重慶大使館的新聞處長約我吃飯。我到那一看，只請了我一個人，並且見其辦公室貼了一張很大的太平洋地圖，我心中即略有所感。
　　他說：「日本在太平洋上占領了許多島嶼，現正由美軍逐個收回，預備戰後交由他國託管。至於台灣，係日本海空軍基地（海軍基地設於高雄，空軍基地設於新竹一帶），駐有重兵，東部多山，難以登陸，所以欲由西部登陸，一舉控制鐵路，須付出極大的犧牲；二則高雄港工程尚未完成，美方若打下台灣，將繼續完成建築，並擴充新竹空軍基地；三則日本有計畫的經營台灣農業，機械水準很高。據此三項理由，將來台灣是否與太平洋其他島嶼一樣交由託管？」
　　我認為這位新聞處長與我談，是在試探我方態度。我說道：「我們全中

國的土地人民在這次戰爭中付出的犧牲，代價是無法估計的。我們戰爭的目的就是在求全中國領土主權的完整，與東方世界的和平安全；何況開羅會議的宣言中明載有收回臺澎，所以你以朋友的關係，與我交換意見，則我可以表示我的意見。若是想與陳儀談（當時主持收復台灣訓練班），則根本無法可談。」

他又問我：「赫爾利大使能否與蔣委員長談？」

我告訴他：「可以談，但是蔣委員長也不敢做決定，因為這是領土主權的問題，也是我國戰爭目的問題。」

我回去後，立即向上報告。這個問題後來並未再談下去，因為美軍轉打琉球，不攻打台灣。不過我們可由此知道台灣託管的問題即源於此，是美國國務院、國防部有計畫的。

但中國戰場的形勢反而惡化。這年四月十八日，日軍發動全面軍事攻勢。四月二十二日侵入鄭州。五月二十日進犯信陽。六月一日攻平江，十四日攻瀏陽，二十日至二十三日，經醴陵、株州、湘潭及湘鄉，迫衡陽。衡陽守軍堅強抵抗兩個月之久。九月，日軍由衡陽進犯桂林。十一月桂林失守。十二月五日，日軍經六寨到貴州之獨山。

[泰來] 那時全國青年學生群情激動，掀起十萬青年從軍的熱潮。沙坪壩各大學學生也熱烈響應。許多同學參加，去雲陽集中，等候飛往印度接受訓練。

泰來也曾於十二月十三日報名海軍，廿一日參加中大航委會體檢，結果均因眼睛近視五百度，體檢未能通過。

當日軍從衡陽侵入廣西，攻陷桂林，並從廣西侵入貴州進迫獨山的時候，重慶各報大抵避免評論，而希聖獨在《中央日報》發表〈論山嶽戰〉的社論，指出了日軍從廣西仰攻貴州高原，乃是必敗之戰。

[口述] 戰況惡化時，軍事發言人發表戰報，每次一行半，甚至一行，簡直無話可說。《大公報》亦避而不談軍事問題，顧左右而言他。一天，據前方

報告，貴陽南邊歇馬場起火，貴陽驚慌。社長（胡健中）問我，今天社論談什麼問題，我說：「談前方戰爭。」社長說：「這個問題不能談！」我回說：「這時不談，什麼時候談呢？今天晚上的社論不給你看，否則你不敢發表。」我寫了多年的社論，得意之作不過是二篇半，這篇是其中之一，題目叫〈論山嶽之戰〉。

那時，我很喜歡研究克勞塞維茨，他的《戰爭論》指出，山嶽地帶是難守易攻的陣地。因為山嶽防禦陣地是個個據點強而全面陣地弱。攻擊者固然不易行軍，防禦者亦難於運動。所以攻擊者如一面從正面仰攻，而另一面側面迂迴，即可制勝。但是如果山坡上面是一個高原，防禦者能夠前後運動，同時兩翼展開，那就可以擊敗敵人的迂迴，取得完全勝利。世界上這種防禦陣地是少見的。我援引此說，指出貴州是世界上此種最好的防禦陣地之一。所以日軍仰攻是必敗之戰，我軍出擊是必勝之戰。

社長認為我太武斷了，我說：「社論就是一種力量，我敢自誇，如果電台將我的社論向日本廣播，他就立刻退兵。」

這篇社論發表之後，立即為事實所證明其正確，國軍收復了獨山，而日軍從此山嶽陣地敗退。

[口述] 第二天，日本退兵。社長又來問我：「你昨天的判斷，是否早有情報？」我說：「是有一點情報，因為魏德邁這回指揮戰爭，集中美軍軍用車，同時蔣委員長又調集胡宗南軍隊及漢中地區的戰車，因此軍隊運送及前後方聯繫快速。」

社長又問我，寫時還有何問題？我說：「除非我們的軍隊不開槍，否則日軍立刻潰退。」

由四川進兵貴州，山路狹窄而盤旋。事後我才知道，單線進兵（如漢高祖沿棧道行軍）是極困難的，車輛老舊，汽油亦不充分，若有一車拋錨，所有車子都動彈不得。何參謀總長因此下令，組織一支摩托車隊，到前面傳令，那一輛車拋錨，就推入山谷，以後再行賠償。摩托車隊隊長是時任砲兵團長的彭孟緝，此乃其建功的第一戰。我的社論效力當然沒有這麼大，主要還是魏德邁調集美軍車輛，使前線得以行軍，打開戰局。重慶原想撤退，將

軍用倉庫等予以爆炸。我們湖北黃岡、黃安、麻城縣商家，常由漢口販棉到重慶，再由重慶販生鐵回漢口，所以重慶棉花街住的都是我們同鄉。那時他們到我家來打聽消息，見我家沒有動靜，事後問我：「當時是否準備搬家？」我說：「重慶都守不住，還能搬到那裡？」這並不是說我們這些人打算殉城，事實上的確是重慶都守不住，還能上那去？委員長雖經營西康，派賀國光率參謀團進西康，但經營西康是一件事，重慶各機關是否能撤移，是另一個問題。幸而日軍攻至獨山，即倉惶撤退。

在此時期，中共對國民政府，提出更高的要求。十一月毛澤東力邀美國駐華大使赫爾利將軍往延安商談。他提出了「聯合政府」的要求，並提出了民主鬥爭的一些口號，作為政治條件，交赫爾利大使帶回重慶。

此時國際共產黨及其同路人對於東歐各國所取的聯合政府戰略尚未表演。我國民政府首先應付中共這一戰略，當然不是容易的事。但是抗戰發生以來，中共的「聯合政府」口號，喊了七年之久。他的政治陰謀何在，早已為蔣委員長所洞察。此刻，蔣委員長答覆赫爾利大使是除了「聯合政府」不能接受之外，其餘均可商談。

《新華日報》大事鼓吹「聯合政府」。希聖在《中央日報》發表的社論，屢次指出中共的「民主鬥爭」戰略之「聯合政府」，與一般民主國家為應付戰爭而組織聯合政府根本不同，他努力喚起國內外愛好民主的人士對此提高警覺。

這年是甲申年，郭沫若發表了一篇長文，並印成一個小冊子，以「甲申三百年祭」為題，其中敘述明末崇禎年代的歷史，指出崇禎的獨裁，朝臣的腐敗，農民暴動的發生與發展，明朝遂以滅亡。他對於流寇李自成的匪幫，特別推重「李公子」。他認為李自成如能聽從李公子的意見，必能維持他的統治，不至於失敗。他那篇長文，顯然影射當時的政局，暗示中華民國國家滅亡的命運。

希聖在《中央日報》發表社論，以「亡國主義」為題，指責郭沫若那篇文章是假借明末的事情，誣毀國家，散布亡國主義的流毒。當時郭沫若住在重慶近郊，以為政府必將採取行動來對付他，因而大起恐慌。但是那篇文章不過是喚起一般讀者的警覺，並沒有懲治郭沫若的目的。

此時，學術界人士頗喜講談地略學。曾在德國留學的地略學家大抵對陸權國與海權國對抗的形勢，斤斤剖析。同時，國際間有一種關於空軍在作戰中的地位的辯論。有些軍事學家講求陸海空三軍配合作戰的方法，又有些軍事學家認為空權可以單獨制勝。

民國三十四年（1945）

歐洲戰場的形勢急轉直下。俄軍從東面，美英聯軍從西面，進攻德國。一月十二日俄軍攻入華沙，二月二十日進迫柏林。二月二十日，聯軍渡過魯爾河，三月七日，渡過萊茵河。四月二十八日，北義大利之德軍潰散，墨索里尼被捕。五月一日，柏林之戰，希特勒死亡。

太平洋方面，二月十九日至三月十七日，琉璜島的慘烈戰鬥，使美國取得了逼近日本本土的海空基地。四月一日，美軍進入大琉球島。從海上乃至從成都基地起飛的空軍轟炸，使日本本土陷入癱瘓的境地。

[口述] 三月五日，中美英蘇四國發出請柬，邀請四十六個國家至舊金山召開聯合國大會，並於會中宣布以中美英蘇四國外長為大會主席。

當時蘇聯除反攻德國，並向東歐發展，所到之處共產黨群起，侵略之火瀰漫。蘇俄素不打白仗，除向東歐擴張勢力，瓜取領土，需索特權，對中國亦有其企圖，甚至以不出席會議為要脅。

中國正進行國共和談，且共方條件一次比一次高。

英國雖於美蘇之間居中調停，然而，對於遠東甚至中國仍有其主張，尤不放棄西藏與香港。

所以，舊金山會議雖然依計進行，背後則暗潮洶湧，激盪不已。羅斯福甚感憂慮，唯為達其理想，仍事事遷就蘇俄。因而美國雖付出龐大的犧牲及人民生命、財產、國家資源，工業來支持第二次世界大戰，僅得到一個理想 —— 聯合國 —— 而已。某些觀察家禁不住慨嘆「贏得戰爭，失去和平」！

重慶《大公報》幾乎每天鼓吹蘇俄參加對日戰爭，似乎非蘇俄參戰便不能屈服日本。希聖對《中央日報》主筆諸人的指示是對這一點保持緘默，因為蘇俄如果參戰，必然提出苛刻的條件，使中國陷於艱困的地位。

二月七日至十二日，美英蘇三國的雅爾達會議席上，史達林果然提出蘇俄參戰的條件，當時三國政府均保持祕密。

[自序] 雅爾達路線為何？雅爾達路線乃是史達林的聯合政府戰略實施的里程。史達林為中國及歐洲諸國共產黨定下一個公式：第一步，共產黨以自由之口號爭取合法地位，第二步參加當地政府，組成聯合政府；第三，以行動委員會實行政策，取得政權。

雅爾達會議採取此一路線，解決中國國共之爭以及波蘭華沙政府與盧布林政府之爭。

[口述] 雅爾達會議開會，而中共代表周恩來赴重慶跟國民政府進行第三次和平談判。

一般紀錄上，和談歸和談，雅爾達歸雅爾達，實際上中共為何在雅爾達開會之際派員進行和談？這中間他們（中共、史達林）有聯繫。周到重慶名義上是和談，其實沒談什麼。

他在重慶住一段時期，表現得很和氣。中華民國未參加雅爾達會議，羅斯福總統雖了解蔣委員長的立場，但未不顧國民政府與中共關係問題。他在雅爾達所得情報說國民政府與中共關係很好，大有進步。羅斯福以為如此，是以提中國政府擴大政府基礎的方案，亦等於對國共關係作了決議。羅斯福在雅爾達並無意損害中華民國與蔣委員長，但有關蘇俄參戰條件及內政決議，已造成極大損害。史達林要求羅斯福說：「現決議成立，但要保密。若你告知蔣委員長，等於告知全世界。」羅也同意了。這我們吃很大的虧。

一來中華民國未參加；二來一直被羅斯福保密。

四月十二日，美國羅斯福總統突然病逝，副總統杜魯門繼位。至六月間，美國駐華大使赫爾利才將這一祕密協定通知國民政府，而此事仍嚴守祕密。

[口述] 杜魯門繼任後發現雅爾達決議，交赫爾利大使先帶到莫斯科，再帶回到重慶。關於雅爾達是這樣的：

羅說：「我們雖然決議了，但蔣答不答應，沒有把握。」史達林要他勸勸

蔣，他亦答應了。

　　《中央日報》至此時，才發表社論，提出蘇俄參加對日作戰的問題。希聖在那篇社論中，援引開羅會議宣言為根據，聲明中國抗戰之目的在於恢復領土主權的完整。此一論點就是針對著蘇俄要求外蒙古獨立以及中東鐵路與旅順大連灣的特權，而暗示反對之意。

　　[點滴] 蘇俄駐華大使館認為，這篇社論就是中國政府對於雅爾達密約的答覆。數日之後，英國大使館有一酒會，我在會場上遇見蘇俄大使館中文祕書費特倫科。他說：「你陶先生是歷史學者，為何不講歷史？千島群島和庫頁島原是俄國領土，你主張交給美國託管？你這是幫助美國帝國主義說話。」我答道：「講歷史，話就長了。在歷史上，西伯利亞極東的海濱省是中國的土地。千島庫頁亦然。我說交戰勝國託管，並不排斥蘇俄，只須蘇俄參戰而獲得勝利，那就有談判的餘地。」這篇社論的餘波是如此其盪漾不已。

　　《中央日報》總主筆的夜勤工作，使希聖的健康受了重大的損害。報社雖由市外的化龍橋遷入市內的黃家椏口，他每夜工作完畢之後，於四點或五點鐘回到美專校街寓所，服安眠藥就寢。這種生治頗為辛苦，而內心的憂思更集中於中蘇談判與中國國民黨第六次全國代表大會之二事。

　　[口述] 國民政府派王世杰赴莫斯科談判時，政府內部反對聲浪很高，如外交部美國司司長張忠紱因此事與王世杰絕裂，我也曾上一個祕密簽呈，認為中蘇談判蘊藏很大的政治陰謀，應有所警覺。

　　希聖認為大戰結束之後，蘇俄侵略的主要目標就是中華民國。無論中蘇談判之有無及條約之訂否，它的侵略之進行是一樣的。談判與條約不過是侵略者利用來束縛國民政府並欺騙世界而已。希聖認為中華民國最大的憂慮乃是美國政府受了國際共產黨及其同路人的影響，幫助中共施展其「聯合政府」的戰略陰謀。在中蘇談判及簽訂條約的過程中，《中央日報》受了拘束，不能揭發蘇俄的政治陰謀，但是《中央日報》的反共立場並不因此動搖或放棄。

　　《中央日報》副總主筆胡秋原自己印刷一項聲明，分發中美友人。他的聲明揭露蘇俄要求外蒙獨立，其目的不止將此一戰略地區作為南侵中國的基地，亦且完全改變亞洲太平洋的形勢。希聖雖與胡秋原先生完全同感，但以《中央日報》的地位，不能不同意他辭去副總主筆的職務。

　　[口述] 胡秋原跳起來反對，《中央日報》當然無法刊登他的意見，他就自己印製傳單，分發與中美兩國有關係的友人。內容大致揭露蘇俄要求外蒙獨立之目的，不只在作為侵略中國的基地，進而完全改變亞洲太平洋的情勢。我陪胡秋原至美大使館求見赫爾利大使，赫爾利很生氣，說：「這次大戰，犧牲了許多美國孩子的生命，蘇俄參戰的條件，美國同意，並轉知國民政府，美國有什麼過錯呢？」

　　胡秋原說：「你不要發脾氣，你看看中國地圖，蒙古若給蘇聯，則東邊的東三省與華北只剩一個走廊 —— 山海關。至於西北新疆，蘇俄仍繼續侵略，蒙古東三省新疆相繼失去，中國還能存在嗎？你說八年抗戰，我們付出的犧牲更大，得此結果，你能說我的抗議錯了嗎？」

　　赫爾利說：「好！好！你請坐，我們慢慢談！」

　　委員長指示我及張群（國防最高委員會祕書長）說：「你們總以為胡秋原可用，我總覺得他不可用，他個人怎麼講都可以，但是身任《中央日報》的副總主筆則不可如此講。」

　　於是，我對胡秋原說：「你的意見我完全同意，但是我不能不讓你辭職。」

　　中國國民黨第六次全國代表大會於五月五日在重慶復興關國民大會會場開幕，二十一日閉幕。希聖曾參與這次大會，但從大會的實際情況中，看出了本黨組織渙散與派系紛歧以及思想混亂的缺失。

　　[口述] 當時大會中有三派一團，即組織部陳果夫立夫派、朱家驊派、吳鐵城派及青年團，激烈的爭奪中央委員的名額。

　　另有使人傷感的事，即大會宣言與政綱。大會有宣言起草委員會，由陳布雷主稿，然而大會中有人反對，逼得陳布雷先生眼淚都快流出來了。他覺

得黨內同志怎麼是這樣的呢？

　　至於政綱，是委員長交給布雷先生，布雷再交給我。我參考二份文件：一，美國羅斯福總統新政的四大自由；二，英國的 Beveridge Report 提出的 Social Security，起草了三份內容類似的政綱，各為十八條、廿四條及卅二條，結果委員長採取了廿四條。

　　我對布雷說：「每次全國代表大會中央黨部皆成立有聯絡委員會，政綱要想順利通過，似乎應交聯絡委員會先至大會協調、活動，否則恐怕不易成立。」布雷先生說：「現在他們要清君側，你曉不曉得？清君側就是要打倒侍從室，你想我們還敢說話嗎？」

　　這個政綱是總裁交議的，當時張治中（青年團書記長）另提出一份政綱草案，會場居然有人將政綱分為蔣案與張案。總裁交議的案子在會中由戴季陶先生說明，也不知怎的，立即造成會場中普遍的反感。

　　一天晚上，總裁在復興關會場外草地舉行談話會，與會代表皆在場。由於當天早上我在《中央日報》發表一篇社論，評論社會安全，主張在國家建設計畫內人民有經濟自由。政綱草案中有此一條，而這篇社論就是為這一條說話。所以晚會時，有人站起來說：「報告總裁！《中央日報》是黨報，全國代表大會是黨最高權力機關，全國代表大會召集期間，黨報怎麼可以有評論呢？」

　　委員長和氣的說：「社論的內容談些什麼？」

　　那人回答道：「社論中提到經濟自由。」

　　委員長說：「哦！那一篇社論，我叫他寫的。」

　　第二天，總裁曉得政綱草案發生問題，在會中很溫和的說：「你們要左傾，不過左傾應該有個標準。我們若以蘇俄為標準，左傾也不該比蘇聯更左吧！」為何有此一說呢？原來他們在另一政綱中提出勞工管理工廠條例。如此一來，總裁交議的政綱才通過了。不過，左傾傾向在決議中仍可見。

　　同時，毛澤東在延安舉行中國共產黨第七次全國代表大會，毛澤東於會中說：「我們不怕資本主義多，我們只怕資本主義少。」這現象很令人驚奇；因為中國國民黨六全大會內有左傾傾向，而中國共產黨第七次全國代表大會反而有右傾傾向。當時我們雖然了解共產黨的意思，但是黨內一般同志並未察覺。情況實在不妙。

第六次全國代表大會閉幕後，第一次中央全會舉行。蔣總裁有長篇的演講，指出了中產階級小康之家乃是社會經濟的安定力。民主政治的基礎在此，民族主義的基礎亦在此。這番訓話仍然為了糾正黨內思想紛歧的錯誤。

〔琴薰〕七月自中央大學外文系畢業，獲學士學位。在重慶美國新聞處任翻譯。

八月初，希聖為貧血及神經衰弱症所困頓，實已無力工作。他聽從周綸醫師的警告，準備回南岸家中，臥床休息。而美國空軍向廣島投下第一顆原子彈。他仍然執筆，在《中央日報》發表社論，指出第一次大戰因聯軍的坦克出擊而結束。第二次大戰必將隨原子彈出擊而結束。他提出了「第二次大戰是世界歷史上最大的戰爭，希望其為世界歷史上最後的戰爭」。這篇社論引起了中外軍事學家的注意。

〔點滴〕次日，《中央日報》記者訪美軍司令部。那些軍官們問他：「你們的社論是那位軍事學家寫的？」記者答道：「是本報總主筆的手筆，他不是軍事學家。」他們聽說，頗感驚訝。

希聖隨即回南岸病臥。不料日本宣布投降。

〔泰來〕八月十日晚上九點多鐘，父親由城裡回家，正吃完飯，在談原子彈的事，並說美軍總司令部判斷日本不出三天，必定投降。忽姊姊來電話說：美國新聞處得到舊金山廣播云，日本接受三國公告，無條件投降。

〔思歸〕日本宣布投降。我們二人聽見這個消息，不由得淚流滿面，先叫泰來去買爆竹，我跑出去，站在坡上，叫起陶子欽太太、戴杜衡太太、余啟恩太太，說日本投降，抗戰勝利了。幾位太太各從自己屋裡出來，都是喜極而泣，一會兒遠處近處爆竹之聲，震動天和地，一起響起來了。

希聖對我說，抗戰是勝利了，還有二十年大亂。我們二人徹夜失眠。想到國家危難，故鄉殘破，我們自己兩手空空，什麼也沒有，怎樣重整田園，

心裡倒是茫然。

《中央日報》主筆王新命先生執筆為文，主張廢除日本的天皇制。這篇社論發表了，外國的新聞記者誤認為蔣委員長改變了開羅會議宣言的決定。希聖甚為焦急，仍抱病過江一行，力圖補救。

[點滴] 我從病床跳了起來，立刻過江到報館，查問這篇違反開羅會議宣言的社論的由來。但是「一言既出，駟馬難追」。萬料不到我為了黨報言論方針，用盡了心力到了抗戰勝利之最後一夕竟有這樣的重大失誤。

八月十四日。《中蘇友好同盟條約》在莫斯科簽字，戴季陶及張道藩兩先生往黃山集議，希聖亦力疾參加，共商蔣主席向最高國防會議及立法院聯席會議發表聲明的要旨。

[點滴] 我們於晉見委員長請示之後，午夜聚談，戴先生談話最多。聲明稿亦經戴先生修訂，然後呈閱。我們都是滿懷憂慮，同時又認定中蘇之間如能長期和平，固然更好，即使蘇俄直接或間接侵略中國，也有這個條約做表尺，作為衡量蘇俄行動的標準，好叫全世界共見共聞。

《中蘇友好同盟條約》及換文公布之後，我與加拿大駐華大使歐德倫將軍晤談。他請我到他的辦公室後面的房間，那裡陳列一幅中國大地圖。我們交換意見，達到一個結論，就是中蘇之間有這個條約，或沒有這個條約，最後結果是一樣的。蘇俄利用中共匪幫侵略中國，無論有無這個條約都不至有何改變。不過這個條約也有兩方面的效用。其一是中國將受一點拘束，不能作反蘇的宣傳。其二是蘇俄的侵略亦容易表現於世界。

希聖仍回南岸。他在養息之中，提出兩項建議。其一是日本投降後，收復區產業的接收，在華北者，先接收華北開發公司，而後經由總公司接收其子公司。在華中者，先接收華中振興公司而後經由總公司以接收其子公司。如此統一接收，始不至發生混亂。這一項建議，經蔣主席採納，交行政院實施。其二是建議戰後復興建設應以發展輕工業及農業為主。只須人民各安生

計，且生活水準得以提高，即可抵抗國際共產黨主義的侵略。一般以為國家建設應以重工業為根本，此說不然。第二次大戰後，世界進入原子能時代。原子武器乃是一般工業及科學進步的產品，而非單獨發展重工業所能為力。這一項建議經蔣主席採擇而納入雙十節告全國國民書。

此時陳布雷先生積勞久病，辭去侍從室第二處主任之職。侍從室亦即撤銷。希聖轉職為國防最高委員會參事，仍兼《中央日報》總主筆。雙十節後，以留居南岸養病之時間為多。每星期過江到報社處理主筆事務兩三次。

八月二十七日，赫爾利大使往延安接毛澤東到重慶，經四十一天的會談，至雙十節發表〈會談紀要〉。此時希聖未嘗與聞會談的內容，不過就會談事件的表面上，與主筆諸人商量如何論述而已。

〔點滴〕毛澤東由重慶返延安之後，匪軍到處竄擾。在抗戰結束之時，所謂「特區」或「邊區」不過四十餘處，此刻擴大到二百縣之多。

十二月十五日，美國杜魯門總統發表對華政策聲明。馬歇爾特使隨即專程來到中國執行杜魯門聲明所賦予的調處國共衝突，促成聯合政府的使命。

〔分統〕馬歇爾臨行，杜總統的參軍長李海上將問他的做法？馬歇爾答道：「我告訴蔣委員長，你不把中共搞好，我們便不支持你。」

〔口述〕抗戰勝利時，我們國庫還有九億美金，都是孔祥熙主持財政存下來的，戰時法幣對美金比例是二十元，始終未變，美方屢次派人交涉，他始終不肯讓步，所以存了不少外匯。戰後蔣委員長想要回來，以此整理幣制，但是美國不支持，黃金存款也不支持，並不是要美方拿錢出來，而是只要表示支持，可加強金融力量。宋子文任外長，極力爭取美國貸款與物質援助，但是胡適只論原則，不談錢，兩人發生爭執，胡遂被撤職，由魏道明接任。此事引起軒然大波，駐重慶美國大使館每天將美國剪報裝箱，內容多是惋惜胡適離職，並表示不支持魏道明。就國際慣例與禮儀而言，這是變態的，干涉盟邦外交使節的更替就是妨害外交，這事使我們在外交宣傳上吃了大虧。

此時希聖健康略見恢復，仍以其全力主持《中央日報》的言論。

　　[分統] 重慶集合了世界各國使節及代表。捷克初告光復,亦派使來華。有一天,美國大使館舉行盛大酒會。希聖在會場晤見捷克武官,舉杯為貝內士總統祝福。在言談之間,這位戎裝莊重,風神爽朗的軍人忽發警語,稱道貝內士總統的教訓:

　　一個國族,不能在敵人的惡意之下安眠,亦不能在友人的善意之上建國。

　　當日本投降消息初傳之日,希聖與若干親友均有「涕淚滿衣裳」之感。此後一時之間,政府未能立即還都,而個人東下之計更茫無頭緒。

　　長女琴薰先往上海,在狄思威路租得一幢房屋,自己料理其與沈蘇儒結婚之一切事務。希聖隨即飛往上海為之主婚。他們的婚禮舉行之後,希聖仍返重慶,繼續工作。

　　[希聖口述,恆生筆記] 琴薰與蘇儒的婚禮,是民國三十五年一月在上海舉行的。禮堂是金門飯店八樓大宴會廳,以茶會招待賓客。證婚人是上海市長錢大鈞將軍,介紹人是上海《申報》總編輯陳訓悆先生。

　　當時抗戰勝利不久,重慶政府尚未還都南京。但蔣委員長領導八年抗戰得到最後勝利,中國躋身世界五強之列,其聲望與威嚴,正是如日中天。我以軍事委員會委員長侍從室第五組組長的身分抵達上海,自然備受各方尊崇。所以這場婚禮,真是賀客如雲,金門飯店門前更是車水馬龍,極一時之盛。

民國三十五年（1946）

　　民國三十五年一月十日,國民政府頒發停戰命令,中共亦將停戰命令下達各部隊。政治協商會議同日開幕。

　　[口述] 國民政府代表團為孫科、吳鐵城、張岳軍、陳布雷;中共由周恩來擔任代表團長,其他各黨派亦有代表參加。

　　周恩來代表團,身後有一個團隊,內有通信無線電台,電台設於美專校

街山坡左下洞內，侍從室就在美專校上邊。周恩來每次開會的紀錄，記載詳盡又快速，會後就立刻電報至延安。我們由山上下來，總聽到他發電報的聲音，通常上半夜他由重慶打到延安，延安的毛澤東立即召開會議，下半夜再拍回電，第二天周恩來即據此回電開會發言。

國民政府方面，紀錄則不甚詳盡。因為孫科先生不太動筆，而且也不到蔣主席那兒作報告；吳鐵城先生會後到蔣主席那兒頂多十分鐘口頭報告，大而化之；惟有陳布雷記錄詳細而快速，到主席那兒報的較為詳細。這是兩方面代表團的情形。

周恩來最初採孤立戰略 —— 聯合各黨各派孤立國民政府與國民黨。這種聯絡工作在當時很容易。一則政權公開，國民政府邀請各黨派的人集會；二則當時國民政府買了很多紫色汽車，接送與會人士，黨員心中皆感不服，認為辛苦作戰八年，自己是以竹竿（指手杖）代替汽車 —— 即以三條腿走路，而他們一來即享受汽車。開會時，蔣主席上台，發表開會辭，即以虛心而客氣的說明舉國一致共同努力，同時宣布釋放政治犯，改組國民政府委員會等。這一番話發表之後，周恩來有兩天沒有發言，因周在等延安方面的指示；且沒有想到蔣主席這麼開放。這次可說是國民政府取得了主動。周恩來必須改變戰略。

在政治協商會議二十一天之內，希聖參加了《和平建國綱領》修訂的工作，同時在《中央日報》一連串的寫了十篇以上的社論。

[自序] 民國三十五年一月以後，國民政府召開政治協商會議，作為五項協議之時期，希聖曾經一連串寫下四十篇社論，與《新華日報》作戰。

他在那些社論中，批評中共提出的「憲法草案修改原則」，指為「肢解中國」的手段。因為中共策畫的憲法草案是改變中國這個單一國為聯邦制，並且在聯省自治之上的中央政府又是一院制的內閣。多黨的議會政治之下的內閣，斷乎沒有一日之安定。一個不安定的中央政府與分崩離析的聯省自治，那就是中國只有瓦解與滅亡的一條路。

二月十四日至二十五日，軍事小組舉行了多次會議，簽訂了〈關於軍隊

整編，及統編中共部隊為國軍之基本方案〉。希聖在《中央日報》社論中，指責了中共對蘇北駐紮共軍及保持中共政權之要求，並徵引了東晉時代淝水之戰的歷史故事，說明淮水對於長江安全的重要地位。中共的要求極盡其狂妄之能事，而《中央日報》社論甚至提出「三戶亡秦」的憤慨之語，向中共提出警告。

[點滴] 邵力子和雷震（政協祕書長和副祕書長）對陳布雷先生訴述《中央日報》的反共言論，指為妨礙政治協商和軍事調處，引起中共代表周恩來的抗議。布雷先生轉告我，我說：「新淝水之戰就在眼前，我們不能不大聲疾呼，警告國人。」

這年一月二十三日，俄軍從長春撤退，中共軍即擅自開進長春市。《新華日報》社論大事鼓吹其所謂「民主聯軍」的勝利。同時《大公報》亦以〈望長春〉為題，發表社論為中共幫腔。

俄軍與共軍互為勾結，在東北阻撓國軍接收主權。馬歇爾特使與政府及中共代表之三人會議，屢次商談東北問題，迄無協議，而中共在東北更加擴大變亂，軍事調處小組無由進行調處，國軍被迫作戰，三月二十二日收復長春。《中央日報》即以〈慶長春〉為題，發表社論，指出那阻撓國軍接收主權之共軍及所謂〈民主聯軍〉完全是違法犯法的武裝叛亂之局。

蘇俄指使中共阻撓國軍接收東北主權，同時俄軍在東北拆遷工礦設備，及其擄掠姦淫的暴行，激起了全國學生青年愛國家與反侵略的潮流。二月二十二日，重慶學生慷慨激昂的大遊行，使夾道環觀的市民無不揮淚高呼，與遊行者呼應。

[泰來] 張莘夫事件引起的重慶學生二二二大遊行，泰來自始至終熱烈參加，並且被大會選出執筆寫〈告全國青年書〉，沿途散發。遊行隊伍早上九點從沙坪壩出發約在中午到達重慶市區。經過上清寺時，見父母親及家人均站在台上觀看。那隊伍行經《新華日報》門口，群情激憤，竟將其門窗搗毀。《新華日報》對此啞口無言。

[分統] 一九四六年三月，邱吉爾在美國密蘇里州之富爾敦，發表震驚世

界的演說。他向世界宣告：

從波羅的海到亞德里亞灣之德利斯特是一道鐵幕，在歐陸下垂了！當時，加拿大派駐重慶之歐德倫大使問我：「您看邱翁的富爾敦演說，意思何在？」我反問他的意見。他說：「英國人看得深遠，美國人還是幼稚。可是英國沒有力量；美國孩子們有手槍，不知道使用呀！」

此時希聖在《中央日報》發表〈國際問題國際解決〉的社論。說明東北問題不在政治協商的範圍之內，共軍在東北阻撓國軍接收主權之暴行全為非法，指出東北問題為國際問題，應由國際解決，並主張東北資源惟有在中華民國的主權之下，提供國際開發，始可消弭國際紛爭，杜絕未來的戰機。這一論點，一時引起國內及國際間的注意。

當時希聖已由南岸遷居重慶市內天壇新村。

[思歸] 南岸住宅與商店，本來密集的地方，尤其是湖北人最多。抗戰結束，大家各奔前程，各人回到自己的鄉土，南岸漸成了一片荒涼景象。我們也不得不搬進重慶，先頂了一處竹籬茅屋，每天夜間小偷把家裡東西偷光。後來再租下天壇新村，與戴杜衡家分住。

梁漱溟為了這篇社論，特來訪問希聖。

他說：「為什麼不將東北問題提出政治協商，卻要請美國干涉？」

希聖答道：「民主同盟如能以拒絕美國干涉的精神，拒絕蘇俄及其工具之侵略，我就佩服他們了。」

梁漱溟說：「中共與蘇俄有關係，我們民主同盟沒有關係。」

希聖說道：「你們與蘇俄無關，但與中共似乎有關。」

梁先生說：「我們民主同盟主張公道。你這話我可告知同人。」

國民政府原定於三十四年十一月十二日召開國民大會，結束訓政，開始憲政，因中共及民主同盟反對而延期。政治協商會議的協議，定於三十五年五月五日召開國民大會，制定憲法，並在增加台灣及東北區域代表及職業代表一百五十名之外，又增加黨派及社會賢達七百名，其分配方法另定之。到了四月底，中共及民主同盟拒絕提出他們的代表名單，因而國民大會又不得

不延期。

此時青年黨與國社黨（後來與民主憲政黨合併，改名為民主社會黨）的領導人士紛紛來到重慶，其中頗有希聖的鄉友與舊友。希聖乃與國民政府及中央黨部同志密商，願奔走兩黨人士之間，促成他們與政府及本黨的諒解，使國民大會召開與國民政府改組之兩項協議，不受中共及民主同盟的要挾與阻撓，而得以付諸實施。

中共及民主同盟力主國民大會延遲，召開日期應再開政治協商會議來作決定。兩黨人士與希聖聯絡，他們對國民政府決定十一月十二日召開國民大會之事，表示諒解。

五月還都的時候，希聖及家屬跟隨那一機關還都的飛機東下，幾乎沒有著落。後來幾經波折，才搭中央宣傳部的專機到南京。南京《中央日報》馬社長星野撥給田吉營一所房屋，勉強住下。一家人除了隨身的衣服行李之外，一無所有。

[思歸] 五月還都是國家大事，更是人民喜事。我們在這大喜的中間，實際的情形可就慘了。希聖可以領兩份還都費，一份是國防最高委員會參事，一份是《中央日報》總主筆的還都費。他只接受《中央日報》一份，退回國防最高委員會的一份。

我家行李衣服書籍等收拾好了交給國防最高委員會，由水路運往南京，交運的東西，共二十件。後來只落得破箱子與破網籃各一件。我們一家八口，好不容易搭上宣傳部還都的專機。上機之後，部長吳國楨與希聖打了個招呼，一路上無話可說。到了南京之後，《中央日報》給我們一幢房子，在田吉營。低窪潮溼，稍為整理一下，就住進去。

[泰來] 五月三日，父親、母親、晉生、范生、龍生乘飛機到南京。五月五日，他們乘火車到上海，在狄思威路姊姊家小住，到廿日，再回南京。

[思歸] 端午節，我到新街口菜市場去看看，那些坐吉普車的太太們，一提一提的魚肉雞鴨，掛在車上就走。我手上沒有錢，只買了幾個粽子與鹹蛋，回家作為這個節氣的點綴。有一天中午，陳立夫先生來我家，進門便說，我特來吃飯。希聖說，家裡一點也沒有預備，怎麼辦？賓主二人商量吃雞蛋炒飯。我送出兩碗炒飯，一碗蛋湯，就這樣招待客人。

又有一次萬武樵二哥在午飯時來到田吉營。希聖對這位湖北省政府主席說，今天沒有預備什麼菜，大妹去上海，大司務也去了。武樵二哥問：大司務為什麼不在家裡做飯？希聖說，因為大妹就是大司務，所以飯是無法子吃，只好相對大笑而已。

自五月還都之後，希聖繼續各黨派聯絡的工作，奔走京滬之間。到上海時，住在狄思威路，如有請客之必要，即由冰如自做幾樣菜以為應酬。他不願請領任何機密費之類。他尤其厭惡雷震以政治協商會議祕書長的名義，乘專車招搖京滬路上。

［泰來］五月還都的時候，各大學的學生自填志願，教育部依照其志願分發到他想去的地方入學，並且發給還鄉的旅費。重慶大學因係本地學校，原不在內。經過重大戰區同學向教育部請願獲准，亦可比照辦理。我申請了上海交通大學，限時報到。恆生住南開中學初三，必須讀到畢業，再到上海或南京讀高中。所以我就和他兩人留在重慶沙坪壩。

重大四月廿七日，南開五月廿三日放暑假，我們即展開奔走回南京的路線。首先向行政院登記飛機票，只能到漢口。拿到號碼後，又遇中航公司鬧工潮，復工後竟將漢口線停航。

［口述］我兒子在重慶讀書，也想回上海來，但等排機位等了一個多月都排不到位置。有一天我到杜（月笙）先生的一家銀行，遇到一位剛從重慶回來的人，他說：「我這次回上海只排了三天就有座位了。這主要是因為有兩種人沒問題，可以很快。一種人是管飛機的主管，另一種人就是像我們這種人，你送紅包都沒有用，管排機位的也不敢收的。」

［泰來］一直等到八月三日，我們才搭上宣傳部的專機飛南京。

「辦報的人不見報」，原是新聞界的常例。希聖往來京滬多次，都未曾見報。他那多次奔走的主要目的是在萬一中共及民主同盟不參加國民大會亦不參加政府之時，促請青年黨與民社黨仍然參加。

兩黨友人與希聖每次商談時，最重要的事項，其一是國民政府提出國民大會的憲法草案必須根據政協的憲草修改原則；其二是他們參加政府的其他

條件，如國民政府委員及各院的名額之類。

　　七月下旬，希聖與兩黨人士祕密諒解初步達成，即由上海密電蔣委員長牯嶺行邸報告，隨即奉電即往牯嶺仙巖飯店，候命行止。

　　這年夏季，《中央日報》社在牯嶺租了一所房屋，裝置簡單的印刷機及排字間，每日出版小型報，名為《中央日報牯嶺分版》，當時《大公報》發出「美蘇調停」的論調，以響應蘇俄干涉國共問題的企圖。希聖在牯嶺分版發表社論，痛加駁斥。這篇社論由中央通訊社分發京滬平津各報，引起國內及國際各方人士的注意。

　　此時美國杜魯門總統已派司徒雷登為駐華大使，協助馬歇爾將軍進行其軍事調處與政治解決的工作。希聖在北平教書時與司徒雷登相識，此刻在牯嶺亦幾次會見。

　　八月十日，馬歇爾將軍與司徒雷登博士發表聯合聲明，其最後一句，暗示蘇北問題為國共和談之一個難解之癥結。希聖為此訪問當時亦在牯嶺之某國大使。此一外交使節，曾與希聖相約，對於馬歇爾特使的調處事宜，隨時交換意見。

　　某大使見希聖即問道：「你知道馬歇爾將軍與司徒雷登博士聲明的本意麼？」

　　希聖答道：「我即為此事來談。」

　　某大使說：「那聲明只有半篇，不是全文。」

　　希聖問道：「下半篇是什麼？」

　　某大使說：「下半篇即是馬歇爾將軍回國。」

　　希聖問：「馬歇爾將軍果然回國麼？」

　　某大使說：「他不回去，因為杜魯門總統還沒有改變他十二月十五日的政策，所以馬歇爾將軍必須停留在中國。」

　　希聖問：「他停留在中國做什麼？」

　　某大使答道：「他既不回國，便要做一點事。中共既不讓步，他只得希望國民政府能讓一步。」

　　希聖問：「他要國民政府怎樣讓步？」

　　某大使說：「杜魯門總統交給他三本卷子：軍事調處，收編共軍，國民政府擴大政治基礎。只要他不是三本白卷，他就不回國了。」

[點滴] 馬歇爾將軍手裡有三本卷子要交。其一是政治協商；其二是軍事調處；其三是改組國民政府為聯合政府，實施憲政。國民政府怎樣讓步，才能幫他至少交一本卷子呢？有名的八上廬山，就是為了解決這個問題。

希聖當即將這一問答，密呈蔣委員長，蔣委員長經過多方面考慮後，於八月十四日發表聲明，以期打開僵局。這一聲明提出六項主張，最重要的是十一月十二日國民大會必須如期召開，暗示可用政協憲法草案，以和平建國綱領為施政準繩，以及只要求共軍撤出若干已經構成和平威脅與阻礙交通的地區，其餘均可商談。

八一四文告由陳布雷先生起草，希聖與聞其事，並經蔣委員長多次修改，然後發表。

九月初，馬歇爾特使又上廬山。適逢希聖決定下山回京。蔣委員長命陳布雷先生寫信，交給希聖帶到南京，面交行政院長宋子文先生。原來國民政府與中共的爭議是這樣的：即國民政府堅持先解決軍事問題，而後解決政治問題；反之，中共堅持先解決政治問題，再解決軍事問題。此次馬歇爾將軍二到廬山，帶來了司徒大使與周恩來商談的結果，即一面由三人小組繼續調處軍事衝突，同時另組五人小組商談國民政府改組及國民大會問題。馬歇爾將軍並懇切表示，他希望國民政府委員會改組之後，軍事問題亦在會內自求解決。蔣委員長立即接受他的建議。陳布雷先生的信就是傳給宋院長的指示。

希聖由九江搭飛機回南京，即往行政院傳遞這封信。三天之後，他到美國大使館訪問司徒大使。

希聖見面即問：「大使很忙吧？」

司徒說：「我不忙，我專等一個人。」

希聖問：「等得來麼？」

司徒說：「等不來，也要等。」

希聖說：「把美國的援助這筆帳，寫在中共的戶下，他為什麼要來呢？」這話的意思是說，美國的政策是要中共參加國民政府，擴大其政治基礎，才給予國民政府以援助。那中共為什麼要來參加國民政府，來促成美國的援助呢？

司徒大使說：「明知他不來，我仍然只有等。」

後來的事實，證明了周恩來翻了案，拒絕參加五人小組進行政府改組及國民大會問題的商談。

九月二十日，共軍迫使軍事調處小組退出張家口。張家口是北平天津之北面重鎮。軍事調處既為共軍所破壞，則平津的安全受到共軍的威脅。於是國軍不得不集中張家口的周圍，準備作戰。十月五日，蔣委員長接受馬歇爾將軍的意見，決定停戰十日，俾三人小組商談軍事問題，同時五人小組亦商談政治問題。

希聖趁此十日停戰的期間，急往上海，分別會晤青年黨與民社黨人士，促其最後決定參加國民大會並參加政府。希聖率直的對他們說：「這十日是一個關鍵，或者國共可以妥協，或者國共全面決裂，而全面決裂的成分較多。兩黨是否離開政府而參加中共的叛亂，即當趁此十日之內，決定參加國民大會並參加政府。時機一失，即將陷於徬徨失措的境地。」他們毅然決然同意了。

周恩來亦在上海遊說各黨派，促使他們共同行動。但是他們只是保持居間調停的立場，對於共同行動一節，不願作任何承諾。

馬歇爾將軍趕往上海，移樽就教與周恩來商談，毫無結果。十日屆滿，國軍遂進兵收復張家口。

這一期間，希聖在《中央日報》發表的社論，一面指責中共破壞軍事調處，企圖阻撓國民大會，一面仍鼓吹舉國一致，召開國民大會，制訂憲法，實施憲政。每篇社論都暗示或明示政局的動向，而為各方所重視。

[點滴] 辦報的人不見報，是報業的信條。政協的副祕書長雷震每次往返京滬之間，都掛專車，發新聞。我的行蹤是保持祕密，絕不見報。

有一次，在夜間，我剛才由報社回家，即接吳祕書長電話，叫我立刻往上海一行。我看錶已經是十點半，立刻乘車趕到下關，搭上十一點的火車。那頭等車並沒有暖氣。我臥在坐椅上，蓋上兩件大衣。次日清晨，車到上海，身上披著皮大衣，手上拿著呢大衣，坐上三輪車。殊不料上海的天氣是那樣熱。我是汗流浹背，而且感覺著街上路旁的人們看到我就會發笑。

上海的《申報》是潘公展先生與陳訓悆先生主持。新聞報是程滄波先生主持。兩報駐京特派員與希聖密切聯絡，幾乎每夜在《中央日報》總主筆室聚談，決定三大報的頭條新聞，以期其切合政局的動向。北平的《華北日報》及天津的《國民日報》亦與京滬三大報攜手同行。

十一月十二日，國民大會開幕的日期是一天一天的接近了。《中央日報》發表了一篇社論，主張以基於政治協商會議修改原則之憲法草案提出國民大會。南京市黨部認為黨報應主張五五憲章，不應主張政協憲草，向中央黨部檢舉《中央日報》違背黨義。希聖乃親往南京市黨部陳述蔣總裁八一四聲明的主張，即為《中央日報》社論的根據。市黨部才不加抨擊。

中央黨部此時召集「聯絡委員」，為國民大會開會前及開會中，與本黨籍代表取得聯絡。此約三十人委員會在中央黨部開會時，有二三同志發言，以為：國民大會開會後，政府提出的是政協憲草，但大會通過的仍然是五五憲法。希聖當即起立，反覆陳述八一四聲明發表的經過與主張的內容，指出「總裁有了這一諾言，然後各黨派決定參加國民大會。如本黨籍的代表仍然通過五五憲法，勢將造成各黨派退席的後果。今日之事，是針對中共的政治戰鬥，不能拘泥於五五憲法。」

十一月十一日，蔣主席發表聲明，表示希望中共提出代表名單，參加大會，並表示「政府擬向國民大會提出政協的憲草審議會未完成的修正草案。此次大會閉會六個月內，即依據憲法舉行全國普選，各黨派與全國人民屆時均可自由競選，以產生下屆國民大會，根據憲法所規定而行使其法定之職權，故各黨派在下屆國民大會對於憲法如有修改意見，仍可依法提出修正。」蔣主席這一聲明是希望中共代表參加大會，尤其即令中共代表不來，仍期待各黨派代表參加大會。至於政府對此次大會仍提政協憲草，如各黨派有修改之意見，無妨在下次大會提出。這一句話當然是指著本黨籍代表的意向來說的。這一聲明發表後，中共拒絕提出代表名單，而各黨派代表紛紛來京報到。國大開幕後，立即決定延會三天，如中共及民盟代表仍然不來參加，才再行開議。

中央組織部夜以繼日，約集本黨籍國大代表舉行會議，再三再四說明政府不能不提出政協憲草的原委，並希望本黨籍代表在大會中支持這一草案，使其得以通過。這一屆國大代表是在抗戰之前全國選舉的。本黨代表在全體

代表中占大多數。他們信仰總理的五權憲法遺教，尊重國民政府立法院制定的五五憲法草案，此刻本黨中央要求他們通過政協憲草，當然引起激烈的爭論。

在另一方而，各黨派代表雖在大會中是少數，但是他們採取一致的態度。關於憲草某一條或幾條若有修正案，本黨必先與他們商談，達成協議，才能修正。有時一言不合，他們便聲言退席。

希聖亦以遴選代表的資格參加大會，對於大會中幾項大辯論，或參加，或不參加。如第一條「三民主義的民有民治民享的民主共和國」的辯論，首都所在地的辯論，以及國大代表可否兼任官吏的辯論，邊疆政策的辯論，都留下了甚深的印象。

希聖雖為黨派聯絡而奔走，並為政協憲草而爭論，但對政協憲草的弊害，亦知之最深。十二月二十五日，憲法三讀會已告完成，大會就憲法全文作最後的表決，大會會場原裝有表決器。當全體代表齊按電鈕時，表決牌上滿天星斗一般，小電燈通盤發光，全場鼓掌歷久不息。

傅斯年先生的席次在希聖席次之後一排。他走到希聖的席次，說道：「火延崑岡，玉石俱焚。」

希聖說：「何謂也？」

他說：「這部憲法實施之後，下自縣市，上至中央，每一級政府每一天每一問題，都要發生政潮。從此天下大亂。」

希聖深為感慨，與有同感。

國民大會開幕之後，美國宣告放棄調處，馬歇爾特使隨即回國，中共亦即公開的全面叛變。

民國三十六年（1947）

民國三十六年一月一日，國民政府公布中華民國憲法，隨即公布行憲的各項法律，如國民大會及五院組織法，以及國大代表及立監委員選舉法等，並即依法籌備各項選舉。

[自序] 三十六年一月以後，國民政府委員會及行政院邀各黨派無黨派人士參加，在實際上，構成「無共產黨的聯合政府」，辦選舉，行憲政。希聖仍

以新聞記者往來南京與上海之間，以觀其成。

　　同時，改組國民政府與行政院的工作亦積極進行，務期在改組後的政府主持之下舉行各項選舉，以符政治協商會議的協議。當時國民政府祕書長是吳鼎昌先生，但是改組政府的幕僚工作卻又落到陳布雷先生的身上。他的職務是國防最高委員會副祕書長。希聖仍然繼續與各黨派人士聯絡商洽。

　　青年黨決定全面參加政府。所謂「全面參加」就是參加國民政府委員會，並且參加行政院。民社黨總部常務委員十三人一致主張全面參加，但張君勱先生單獨反對參加政府。再三折衝的結果，民社黨只是參加國民政府委員會，卻不參加行政院。

　　改組後的政府乃是各黨派及無黨派人士共同組織而無共黨在內的聯合政府（Non-Communist Coalition）。各項選舉即由這個聯合政府籌備和監督舉行。

　　中共展開了全面武裝叛亂，民主同盟亦揭開了中立主義的面具，對政府作凶狠狡獪的政治鬥爭。各地學潮及反徵兵與反徵糧的運動，都是由民主同盟來煽動和組織，天津、上海的《大公報》及南京、北平的《新民報》亦成為民主同盟的宣傳機關。

　　三十五年十一月四日，中美商約全文公布。民主同盟在各地組織的反美運動委員會發起了〈反中美商約運動〉。十二月二十四日北平沈崇案發生，各地職業學生更組織〈抗暴聯合會〉，擴大其反美鬥爭。三十六年二月，上海各大學職業學生又組織〈抗議美軍駐華暴行聯合總會〉，要求美軍撤出中國，同時民主同盟在上海發起〈抵制美貨運動〉，公開反對美援。

　　美國政府亦即陸續撤退其駐在各地的美軍，並停止其軍事援助，恰如國際共產黨及其同路人所期望者，一一實施。

　　中共的首領毛澤東至此認為他們的〈革命高潮〉是來到了。

　　全國各省市、各地區，以及各職業團體都在辦選舉。每一縣市都有國大代表的選舉。每一特別市及每一省的各區有立法委員的選舉。每一全國性的職業團體亦有同樣的選舉。邊疆地區亦同。再加以各黨派要配額，要保障。競選者互相傾軋，並平行競爭，真是鄉里失和，六親不認。這些事項給予中共及其同路人以各種滲透顛覆工作以莫大的便利。

因為候選人應由政黨提名，所以各地競選者從縣市到省市，再從省市到中央，個人的活動與群體的請願，使中央常會以及參加會議的人士忙得不可開交。

希聖此時任中央宣傳部副部長，仍兼《中央日報》總主筆。

[自序] 比及憲政實施，希聖應聘為總統府國策顧問，又奉命為中央宣傳部副部長，仍兼任《中央日報》總主筆。

有某些省黨部主任委員到宣傳部來聲請協助他們立法委員候選人提名。希聖勸告他們說：「一般民主國家的政黨是抬轎子的。政黨應該抬出適當的候選人，好像是運動會挑選手一樣。黨部不宜自己坐轎。」他們亦有其必須自己競選的理由，說道：「我們在地方辦黨十年至二十年，難道立法委員都沒有份嗎？」

希聖亦曾在《中央日報》發表社論，舉淺顯的譬喻，勸黨中同志在選舉時通力合作。他說：「譬如五個人只有一頂轎，最好是四個人抬著一個人就走。如果五個人都要坐那頂轎，其結果把轎子拆毀了。五個人都只得步行了。」但是這種言論並不發生任何影響。

希聖是湖北省黃岡縣人。湖北省政府主席萬耀煌將軍勸成他在第二區競選立法委員。中央組織部長余井塘先生亦鼓勵他競選。

[點滴] 湖北省政府主席萬武樵（耀煌）先生來到南京。他到田吉營來談。他說：「湖北省第二區立法委員選舉，你有意參加，我可協助。黃岡縣縣長是朱懷冰兄，他也可協助。」我答道：「聽說立法委員競選，要有兩億開支。我如無兩億，就不能競選，如有兩億，也就不願競選。」

我們談到朱懷冰先生做過軍長，民政廳長，並代理過省主席，今天自願回到黃岡來做縣長，不只同鄉欽佩，亦可為一省乃至各省的地方官示範。我們也談到立法委員競選並不如一般傳說那樣花錢，地方人士還是有公道的。我們也談到地方長官主持選舉事務，也無法協助某一方面的人，使其當選。我再三表示無意競選。

湖北同鄉人士頗有支持我競選者。武漢報紙也發表新聞，說我要競選。

我託人帶口信給徐克成（源泉）先生：「如果徐先生在黃岡競選，我就放棄。如他不在黃岡競選，我可考慮這件事。」克成原想在漢口市競選，後來仍決定在黃岡出馬。我聽到這個消息，託中宣部長李惟果先生轉達我的意思給余井塘先生（中央組織部長），說道：「徐源泉在黃岡競選，我願退出。」余井塘先生的回話是：「中央對於立法委員的本黨陣容要作通盤籌劃。請他（指希聖）不要退。」

余井塘先生這句話我感激非常。

三十六年春季，希聖與冰如同歸武漢省親，並召集湖北省及漢口市黨部同志會商反共宣傳工作的組織與方針。他便中探詢第二區立法委員選舉的情況。當時徐源泉將軍已經聲明競選，希聖自願在本黨提名時退居候補立法委員的地位。黃岡縣各界人士聽說他從南京回到漢口，紛紛表示願為奔走選票。他感於競爭過於激化，乃匆促離漢口返南京。他夫婦臨行之前夕，到武昌與母親見面，不忍說出即將回京的話。殊不料這次竟成為他母子最後的離別。

[思歸] 三十六年初陰曆正月，我們帶龍生往武漢一行。我們住在省政府新聞處招待所，在漢口前花樓，處長是魏紹徵。由漢口到武昌，往返都坐省政府專用小輪船。

希聖在短短幾天之內，祕密會報，公開演講，各方應酬，節目甚多。我每天過江，去看望婆婆，陪老人談話。老人家已經八十二歲，親自到廚房做菜，要我一起吃飯。我們只能住一星期，便要回南京。臨走的前一天，我夫婦帶龍生去婆婆那裡，說要過江去漢口，老人說明天我燉一鍋湯，要你們來吃。她送我們到門口。我們不忍心說出回南京的話，含淚告別而去。我們知道這是我們與婆婆最後的一面，老人還不知道明天我們就要搭船東下。我們在輪船上淚水未乾。這次離別的時候，老人家已經八十二歲。我嫁到陶家是二十歲，已經侍候三十年，就是這樣別離了。我們每次想到武昌拜別的情形，總是悲傷不止。

我們在大冶源華煤礦公司有老股。我們向大冶調度法幣一筆，黃岡有人自願為希聖做競選工作，來支領少數路費。除此以外，還有多餘的錢，我們

路過九江，上岸去買了二十件瓷器，帶回家做日常用途，也就用完了。

這一年的中間，希聖在《中央日報》兩次發表社論，嚴厲批評《大公報》的王芸生。

[自序]《中央日報》社總主筆室經常為上海《申報》與《新聞報》、天津《國民日報》、北平《華北日報》、武昌《武漢日報》，各報駐京特派員往還會商之場所。此諸報每日頭條新聞，往往決定於茲室。中央宣傳部無線電台每週一、二次，將社論通電全國十九個黨報，統一發表。

第一次是為了共產國際情報局發表聲明，譴責南斯拉夫的狄托事件。《大公報》近年隨史達林的腳後跟，稱讚狄托元帥，抬捧到肉麻的程度。此刻史達林的共產國際情報局卻一轉而譴責狄托了。《中央日報》乃以〈王芸生的第四查〉為題，指責王芸生一年以來做了三次共黨的應聲蟲。第一次是鼓吹美蘇調停；第二次是反對美國扶助日本；第三次是呼籲美軍退出中國。這三次已經證明他是共黨的義務宣傳員。現在我們要實行「第四查」，要看王芸生是否跟著共產國際情報局，公然譴責他幾年來捧上天堂的狄托元帥。

王芸生對《中央日報》友人說：「陶先生這樣批評我，我無從回答。我對狄托事件還沒有說話，他先罩住我。」友人以此轉告希聖。他笑道：「請看王芸生是不是被我罩住了。」果然，《大公報》此後半年的社論未曾提到狄托事件。

第二次是為了《大公報》鼓吹聯邦制。王芸生在社論中屢次說地方分權才是民主，甚至主張新疆應與蒙藏一樣，構成聯邦的一邦。希聖乃在《中央日報》的星期增刊中，發表論文，指責王芸生的政治主張是要分裂中華民國，以五分之四交給蘇俄，而賸下的五分之一還要中共參加統治。倘依王芸生的主張，東北、河北、山東、山西，乃至蘇北，都交給中共駐軍，而外蒙、新疆與西藏都改為聯邦，而中央政府還要中共參加，那中華民國還能生存下去嗎？

王芸生對《中央日報》的友人說：「我讀了陶先生的文章，整整六夜睡不著覺。但是我也不答覆了。」友人又把這話轉告希聖。他笑道：「只要王芸生

為此失眠，就說明他還有一點愛國心。」

所謂「第四查」者，是借用中共的土改鬥爭的用語。三十六年九月，中共公布〈土地法大綱〉，沒收一切地主的土地所有權，組織貧農團以清算地主，分配土地。貧農團對於每一農民要「查階級，查思想，查作風，查三代」，使一般農民陷入極端的恐怖。這就是所謂「三查運動」或「四查運動」。

[點滴] 所謂「第四查」是借用共匪的土改鬥爭的名詞。共匪全面叛亂之初，施行〈土地法大綱〉，對於一個農民要「查出身，查思想，查作風」叫做「三查」，或者再加「查九年，查三代」，那就有「五查」了。

「三查」或「五查」把匪區農民陷入恐怖與屠殺的深淵。這鬥爭已經足夠證明共匪不是「農民民主黨」，也不是「土地改革者」，而是壓榨農民，驅使其作為侵略戰爭的工具了。

中共這一激烈的土改鬥爭，是足夠證明當時國際共黨同路人硬說中共不是共產主義者，而是農民民主黨，甚至是溫和的土地改革者，是怎樣荒謬的了。但是中共的全面武裝叛亂大勢已成，中華民國的危局已經是難於挽回了。

民國三十七年（1948）

三十六年七月四日，政府下令動員戡亂之後，國軍每一次集中力量對匪作戰，都取得了勝利。延安的收復，沂蒙山區與山東半島的戰役，以及三十七年夏季的豫東戰役，共軍都遭受了國軍的重大打擊。

軍事情勢頗為良好，政治情勢卻甚惡劣。由於政治情勢的惡化，而軍事情勢亦轉向惡化。這就是三十七年的經歷。

三十七年二月，陰曆新年正月上旬，希聖奉召到牯嶺。冬末春初，牯嶺的氣候並不是想像中那樣嚴寒。中午前後，頗覺溫和。但是太陽光轉眼即過，而冷氣來襲罷了。

蔣委員長交給希聖的工作是校訂《新剿匪手冊》的稿子。原稿計在十萬字以上，每日披閱並修改，且有增訂之處。這本手冊的主要內容，是將軍事戰

與政治戰並重，而對兩種戰爭的策略與方式再加分析，使各級軍事幹部了解共軍的各種戰法，同時掌握國軍對匪作戰的各種戰法。

[點滴] 一個夜間，委員長吩咐了一件事，使我大吃一驚。那就是手冊各章節裡，引用步兵操典〈總綱〉的條款，要把條款原文寫出來，因為一般軍官的手上，很少有步兵操典可以隨手翻閱。我心裡想著：「一個軍官依照步兵操典的指示打仗，未必打勝仗，但是他忽視步兵操典，自作聰明，便必然打敗仗。為什麼一般軍官的手上沒有步兵操典呢？」

元宵節後，希聖回京。

由三十三年冬，到三十四年春，希聖與戴杜衡先生合作，編印《拿破崙兵法語錄》又將《孫子兵法》中英文兩面對照，以便讀者閱讀。又翻譯克勞維茨的《普魯士太子進講錄》，以《戰爭原理》的書名出版。當時滿以為那是抗戰期間，兩書問世，定可暢銷。不料兩書剛才出版，抗戰已告結束，竟未能行銷。

此刻勘訂《新剿匪手冊》，預定軍政部印發各級軍事幹部，自與私人譯述大不相同。但是手冊稿子終竟未能付印，而軍事形勢已轉惡化。

[點滴] 政治形勢極其惡劣。即如我逗留牯嶺的那幾天，美國駐華大使司徒雷登在南京發表一篇文章，鼓吹中國青年革命。一個外交使節在他的駐在國內鼓吹革命，實在出乎一般有常識的意料之外。他這篇文章毫無疑義是給予民主同盟的學生運動以有力的支持。這可以說是政治惡化的實例之一。

忽一日，有一燕京大學老學生到田吉營來見我。他告訴我說：司徒大使的情報是多方面的。燕京大學歷屆畢業生頗有一些經常與他通訊。些通訊就是他的情報來源。國務院很重視他的情報。他告訴我：司徒先生的政治見解有下列幾次改變。

（1）當對日抗戰期間，司徒先生在山東濰縣的日軍集中營裡，對一同拘禁的幾個老學生說：「伊甸園裡，有亞當、夏娃與蛇三者在內。看來夏娃必將與蛇結合起來，創造新局面。」他這話是主張國共合作的意思。

（2）當馬歇爾特使調處國共之爭的時候，那些老學生問他的意見。司徒

先生說：「伊甸園裡，亞當、夏娃，當與蛇並存。三者缺一，即不成其為伊甸園。」他這話是主張國共並存的意思。

（3）到了馬歇爾將軍調處失敗之後，司徒先生答覆老學生問話是：「伊甸園裡雖然有蛇的存在，但是蛇終竟是蛇。」他這話是說，中共終竟是共產黨，並不是土地改革者。

那位老學生的一段話，可以說是司徒大使的政治見解最恰當的表達。

三月間，第一屆國民大會開幕。那是二千幾百位代表集於一堂的大會。而首都的大會會場亦至為宏偉堂皇。但是政治的惡劣情勢，可以預卜國家的危難命運。

在本黨中央臨時全會即將召開之前，蔣總裁以總統候選人提名之事，諮詢吳稚暉先生的意見。總裁擬提名胡適博士為總統候選人，稚暉先生極力贊同。總裁乃指示陳布雷先生草擬聲明，準備提出臨時全會，並公布全國。布雷先生草擬文稿之時，希聖亦與聞其事。

青年黨領袖陳啟天先生得知此事，特來田吉營訪問希聖。他說：「憲法的政治制度不許名與權兩者分離。在訓政期間，國民黨為執政的中樞，所以蔣先生有時兼任國民政府主席，有時單任軍事委員會委員長，名與權可以分離。現在是憲政時期，憲法上總統的大權豈可輕易授之於人？」他表示反對此事。希聖說道：「我在北大讀書時，曾遊居庸關。在山嶺叢集之中，每次走到谷窮路盡時，轉一個彎，又是一個山谷，一條大路。今日中國在蘇俄與美國兩大壓力之下，蔣總裁首當一切誹謗與攻擊之衝。與其當選為總統，不如轉一個彎，反而有平坦的大路可循。」陳先生說明他仍抱憂慮，告辭而去。

中央臨時全會開會，希聖以中央宣傳部副部長列席。上午的會議，首先是吳稚暉先生發言，力主另提總統候選人，隨即有二三位中央委員贊成此議。下午的會議，許多位中委相繼發言，反對此議。蔣總裁聽取了大家意見之後，以沉重的語氣，對全會說：「你們只是討論人事，未曾討論政策。今日反共是要全國反共，不是我一人反共。你們推舉我做總統候選人，要我做總統。我做了總統是一人反共。你們以為可以做六年。不，不能到六年，也不能到三年。我可以斷定一年之內，政府就要失敗。」在這一指示之下，全會暫告延會，另作決定。

　　李宗仁早已明白告知中央，他決定競選副總統。至此，他更進一步對中央說明如蔣總統不做總統候選人，他決定競選總統。他早已在國大代表們的中間，展開活動，並對中央作堅強的表示與無理的要挾。政界人士及國大代表有種種傳聞，說是李宗仁做了總統，才有民主，且有和平。

　　這一情勢是確切說明憲政制度之下，名與權不可分離。於是中央全會決定提名蔣總裁為本黨的總統候選人。

　　副總統候選人原應由總統候選人提名。但因李宗仁力求中央提名之故，中央遂決定副總統自由競選。在大會中，代表們依法簽署提名的副總統候選人為于右任、孫科及李宗仁三位。

　　[點滴] 副總統候選人有四位提名。本黨的候選人是孫科、李宗仁、于右任等三位先生。黨外的一位是莫德惠先生。

　　《中央日報》對於三位副總統候選人的新聞與廣告，都慎重的公平的同等處理，無所軒輊。至希聖本人則參加孫科的助選活動。每日到《中央日報》社隔壁的廣東館「金龍酒家」參加那一助選俱樂部的會議。

　　[希聖日記] 四月廿二日副總統票價至 350,000,000 元。民青兩黨俱有出賣者。

　　廿三日　正午副總統投票，李宗仁 255、孫科 559、程潛 522、于雖為黨支持，只得 492，莫德惠 218，徐傅霖 214。孫堅決競選副總統，聲明放棄立委（吳鐵城欲為立法院長，傳總裁話走樣，以至於此）。今只有支持孫為副總統，但李現用錢，又得一切反對中央者之擁護，恐難免成功

　　廿四日　下午一時副總統第二次投票畢：李 1163、孫 945、程 616。3045 過半數 1523。明日上午舉行第三次選舉。

　　夜間楊光揚來謂民社黨中常會決議支持李德鄰。君勱態度如此轉變，殊出意外。蔣勻田、孫亞夫、戢翼翹均力主支李。程潛決定放棄，山西、湖北、東北、四川票均有轉與李者。

　　廿五日　上午三時李德鄰送稿到新民報，聲明放棄。七時半余得電話始知。上午九時官邸開會。

十時半記者來告大會被擁李叫囂，不能開會。主席宣告休會一天。（白部長九時到官邸對主席有強硬之說明。黃紹雄昨日下午已向張院長吐露如主席施用壓力，李可放棄，但會開不成，「我們亦將採取行動」云云。）

廿七日　今日社論表示《中央日報》不偏，但提出「整肅選舉風氣」暗指賄選。

廿八日　國民大會續會。李 1156、孫 1040、程 515。

明日上午九時舉行四次選舉會。今日社論表示無記名之投票可保障選舉人意志自由。

廿九日　李 1438，孫 1295。正午一時開票結果，李宗仁當選。

蔣總裁當選第一任總統，原是全國國民眾望所歸。李宗仁當選副總統，一經公告之後，政治社會各方人士大抵可以預見此後政局必將多事。

[點滴] 當國民大會的總統選舉會將選票唱名的時候，蔣總裁當選的趨勢和結果，激起了首都大街小巷一片爆竹的浪潮。

到了副總統選舉會唱名選票時，街頭巷尾和家家戶戶的收音機，播出了「李宗仁」，「李宗仁」……之聲，誰也懷抱著一片隱憂。首都也就是一片沉寂。為什麼人人皆看得出的危機，終竟無避免之法呢？誰也不知其道理之所在。

國民大會大多數代表主張修改憲法。張知本先生領銜的主張修改憲法的提案，連署者已達一千五百人以上。其時本黨與各黨派商談，一方面勸告本黨籍代表將修憲案暫行擱置，一方面經由代表們簽署，向大會提案，依憲法第一百七十四條第一款修憲的程序，制定臨時條款，授予總統以緊急處分的權力，同時預定兩年之內召開國大臨時大會，審議修憲各案。這一場修憲的大風波遂告結束。

八月二十日　總統依據臨時條款公布財政經濟緊急處分令，實施四項辦法。

[希聖日記] 廿一日　總統發布電令，貫徹經濟管制（芷町手筆）。余上午

三時至七時，起草總統談話稿，十一時送呈。下午九時召見，略有修改。

廿二日 上午八時第二次稿送呈。十時召見，增加一段。下午一至三時半電話修改數處。五時董局長邀集中外記者分發中英文談話稿。

廿三日 下午六時二十分凱旋車赴滬，十一時五十分到站。

廿四日 上午九時至十時與中央廣播電台及各方電話接洽。十一時到中央銀行與俞鴻鈞、蔣經國、林崇墉、劉攻芸諸人商談。下午與馮有真接洽，發出社論一篇。

昨今兩日銀行錢莊開市，兌換金鈔銀元者頗擠。今以金兌金圓者五千餘兩，美鈔八十萬元，而銀根較鬆。食油與棉紗漲價。下午五時餘新聞界談話會，說明報紙價問題（以兩張一角為準，每加減半張加減二分），但本府主張延至九月十日再改以金圓鈔計算。

廿六日督導員決定檢查倉庫，沒收三個月前囤貨，此項囤貨大抵為各銀行所存者。

國民大會舉行大選之後，九月間，立法院與監察院亦集會於首都。總統提名翁文灝為行政院院長，徵求立法院同意。希聖在《中央日報》屢次發表社論，對立法院提出諍言，有時引起立法院本黨同志的抗議。陳布雷先生詢問希聖為何如此。希聖說道：「國會與輿論為民主政治兩大支柱，相得固然益彰，相反更可相成。憲法賦予立法院以極高的權力，只有輿論才能制衡。所以《中央日報》仍將繼續此等諍言，以盡其輿論界一員的職責。」

〔希聖日記〕九月廿九日下午六時半凱旋車（偕冰如及龍生）赴無錫。九時半到錫，遍覓旅舍不及，至公園路有新雅者尚有破舊房間，只得暫息。

三十日 上午至玉興記早點，人力車遊蠡園、黿頭渚。中午即在四宜吃飯。下午搖櫓過小萱山至梅園，天雨，回城。下午在市上遊。夜間有蚊及臭蟲，睡不甚安。

十月一日 上午未雨，遊惠山，在第二泉吃茶，購碑帖三種。下山後，購泥人，遊寄暢園，回旅舍。中午晴，在太山旅舍午餐，無錫多蠅，此餐無之，食甚安心。下午同冰如在美琪拍照，為五十生辰作紀念。

下午二時普通快車往蘇。三時到站。四時在蘇州國際飯店下榻。四時半

僱汽車遊虎邱，天氣晴朗，在山頂吃茶，在二仙亭前攝影。回城在蘇州老正興晚餐。蘇州少蠅，食甚安。夜間旅舍多蚊及臭蟲。

二日 上午遊獅子林，冰如甚欣賞山石疊景之雅，拍照三張為紀念。往車站與中國旅社虞淦如君接洽，得金陵號頭等票三座。午間在老正興吃飯。下午二時半到站，三時半上車回京。七時四十分到車站，候車相接，九時始抵家。

十月末，蔣總統在北平，召希聖前往助理文書工作。

[點滴] 十月下旬，我奉召到北平，助理文書工作。我自南京明故宮機場搭飛機。那飛機到達北平時，已是黃昏。飛機在北平的上空盤旋至半小時之久。我從飛機俯視這舊遊之地，故宮，煤山，白塔寺，頤和園，清華大學和燕京大學，歷歷在目，我下飛機，行邸有車相接，車由南苑機場直駛崇文門大街勵志社招待所。我認得這座招待所，在抗戰以前原是德國飯店，以西菜著名。戰後改隸勵志社，一切陳設都很整潔，菜飯亦好。惟一缺點就是沒有煤爐或暖氣，早起晚睡，頗感清寒。

《華北日報》張社長明煒另外定下北京飯店的房間，作為我接待賓客之用。實際上，我經常留在招待所，沒有時間接待友人，只得每天下午抽一時間到北京飯店的房間，收取大批名片，知道前來探望的來賓是誰，衷心銘感而已。我辭謝了一些應酬。每天清晨在招待所早餐。中午到東安市場去，獨自吃涮羊肉，或對蝦。這種小吃都是從前學生時代的老地方老方法。

有一天，是我的四十九歲生日。按家鄉的習慣，滿四十九歲就要做五十歲，家族聚餐是少不了的。這天，適逢總統邀約北京大學胡校長適之晚餐，令我作陪。我中午在東安市場東來順吃了涮鍋子之後，到中山公園走了一趟。公園裡的景況，只見松柏之茂如昔，只是闃無遊人。上林春關門，同生照相館閉戶。寒氣肅然，使我瑟縮。下午在英文報社王社長兆槐住宅工作。至晚餐時，以電話向行邸告假。直到八點半，持稿往行邸請示。十時辭出，再往東安市場，各個飯館已經關門。我在王府井大街和金魚胡同，找遍了才發現空軍的一所俱樂部。時間已過十一點，此處還有菜飯和點心。我叫了一客西餐，豐富而炙熱，非常愉快的吃了一頓。十二點半，我回招待所，繼續

工作，至兩點就寢。

[點滴] 總統在北平對美國記者斯梯爾的談話，向世界發出警告：「沒有主權完整的東北，就沒有獨立自由的中國，也就沒有和平安全的亞洲和世界。」

此刻美國政府業已承諾的武器及軍用物資未曾如期到達。即如汽油一項，由於美國商務部無故遲延出口執照，致令三個月以上未曾運到中國。國務院且有將武器直接援助中國各地有作戰能力的部隊之意向。東北的長春與瀋陽形勢危急。北平與天津為之震動。平津的防務是由傅作義部隊擔任。總統此次駐節北平，以保衛平津的任務完全付託傅作義。不料他誤聽美國某些同路人的遊說，有意將他的部隊向天津集中，以便從那個海港接受美援。

適之對我說，他屢次忠告傅宜生，千萬不要誤聽那些不負責任的美國人的話。他也曾對美國駐北平的總領事提出忠告，希望他轉達國務院，越過中國政府來援助地方部隊，將使中國軍事系統造成混亂。適之認為總統的談話最好不必提及這件事，因為明白指責，徒然留下一道裂痕。總統聽取了適之的建議，對斯梯爾的談話未曾提及這件事。

蔣總統回京之後，希聖亦回京。

[點滴] 總統離北平返首都。傅作義受命獨當一面，衛戍平津。他在總統啟行之際，請示平津危急時最後方針，總統的指示是向綏遠集中。他未曾遵守這一方針。他聽了美國左派同路人的話，想把部隊最後靠向天津，接受美援。他先把軍事幹部的眷屬集中天津。他的部隊分為三截，就是綏包、北平與天津。到後來匪軍向平綏之間，以及平津之間從中一插，就打得他首尾不能相應。

[希聖日記] 十月廿二日 上午十時訪張岳軍先生，彼告以立法院內對翁內閣及蔣經國有反對運動，彼謂立夫可以一試，但現況如此，任何人上台亦難有辦法。余勸彼對內外政策作綜合打算，向委員長進言，無大變動即做不下去，無大號召即無以振奮人心，必須有現實而遠大計畫迎接美國新遠東政策及進一步之援助。

十一月六日 總裁召岳公組閣，岳軍要先訪美再回國組閣。余為布公

言，杜魯門連任總統，岳軍往美難有把握，不如先組閣，拉住巴大維，將一億二千五百萬軍援用完，再候明年一月二十日國會開會，派人訪美。

十一月十二日 硬幣支持金圓辦法今公布。

[希聖日記] 十一月十一日 下午三時參加翁院長、徐財長（可亭，今日發表財政部長）約，改訂金圓及金銀外幣辦法。政府鑄造金銀硬幣與金圓券同時流通，人民得持有金銀外幣，但只有銀元可自由流通。以金銀外幣兌換金圓者，金1000，銀元10，美金20，以金圓券兌換硬幣者，如存圓入銀行1000，即可另以1000換硬幣。

十一月初，長春陷落之後，瀋陽陷落。

[希聖日記] 十一月十三日 上午十時半，陳修平兄正在寓談時局，蔣君章電話，請立即往湖南路。余即搭修平車往，過經濟部，易車送往。至湖南路508號門口，見陳熊兩醫官匆卒進門，叔諒含淚，知不妙，急入上樓，見布雷先生仰臥，面色黃，口張不閉。陶副官查安眠藥瓶，知其已吞150粒以上。醫生注射強心劑無反應，已於三小時前逝世矣。惟果芷町後來，見遺書致余等三人者，皆哭。遺君章書命注意發表消息，勿為反動派所利用，乃商發一新聞，謂係心臟衰弱及失眠症，心臟突發致死。正午總裁接遺書，欲發表。余往述遺書云云，乃決仍余等所發新聞。

十六日 總裁囑將布公兩書影印，余託博生辦理，守祕密。但流言盛行，謂布公主和，或反對出賣台灣等。

治喪會定十八日移靈，十九日到杭州。下午布公大殮，祭者多哭失聲。

十九日 布公遺書見報。

十二月初，蔣總統派希聖再往北平，邀請胡適博士入京，任行政院長。胡先生是北京大學校長。他認為平津危急之時，不能離開北京大學。並且他有多年的心臟病，不能勝任繁劇的政務。希聖回京報告胡適博士力辭不就。蔣總統改提孫科（哲生）先生為行政院院長。

此時徐蚌戰爭已經開始進行。

［摘存］徐州會戰開始。此雙方兵員各在五十萬以上之大會戰，將決定長江流域之安危。

十一月二十日，徐州東面黃伯韜兵團擊退共軍陳毅部隊。但共軍隨即反攻。黃伯韜兵團被圍。參謀本部命令徐州西面之邱清泉兵團東進解黃兵團之圍，邱兵團分兩軍東進，未能突破共軍之包圍線。

［泰來］十一月廿二日，黃伯韜兵敗自殺，其指揮下四個軍共十個師約十萬人，全軍覆沒。

［摘存］從阜陽方面進軍徐蚌間之黃維兵團被共軍包圍。邱清泉兵團放棄徐州而南下，欲解黃維之圍，亦被阻於徐州之西南。蔣總統調武漢守軍張淦兵團東下解黃維之圍。華中剿匪總司令白崇禧阻止張淦兵團，不使其參加蚌埠前線之戰鬥。黃維兵團於無救援之情形下突圍，其內部有楊虎城的舊部一百一十師叛變投共，使其軍情外露，突圍計畫失敗。多數部隊均被殲。蚌埠剿匪總司令部由蚌埠向滁縣後退。

［泰來］有一天我們去到陳廣煜醫師家，見他新買一架「滿天飛」（Murphy）名牌的收音機，問他何故，他憤憤不平地說：我所有的家當都換了金元券，今日只落得這架收音機，若不趕快買，恐怕連這也享受不到了！

［希聖日記］十二月十七日上午六時起，冰如龍生往滬，買票轉港。昨前線消息矛盾。國防部宣布黃維兵團於孤立作戰二十日後與李延年兵團會師。中央社則謂蚌埠剿總後退滁縣，黃維兵團已經消滅。（中央社恐未發表）究竟如何，尚待詢問明白。冰如預定一個月回京，能否如願，端看此一消息之正確性。

一時之間，失敗主義流行於政治軍事乃至社會各界之間。美國軍事代表團首先撤出南京。國防部的軍事人員搬行李，送家眷，下關車站站台上，箱籠堆積，婦孺擁擠。這種現象更使人心動搖，至於極點。

［摘存］十二月十三日，共軍兩路滲入張家口與北京之間，及北京與天津之間。傅作義部隊之幹部大抵為綏遠察哈爾人。傅在張家口對共軍作戰，得

到張家口民眾之擁護。現在傳為欲接受美援，決定以天津為最後基地，但張家口民眾挽留傳軍。故傳軍主要部隊尚留張家口，而共軍即進兵將張家口北京與天津三市隔離。

[口述] 十二月十七、十八日，總統找我到官邸，起草元旦文告。稿子經過多次修改，我常改到夜裡兩點或三點鐘，將改訂稿交給阮繼光複寫，然後就寢。次日上午九時左右，攜稿晉見請示。

[泰來] 這時母親率領全家先到上海住狄思威路，我們都在三樓打地鋪。過了幾天，我弟兄從上海搭四川輪去到香港。逃離上海的人潮洶湧，有幾艘江輪滿載難民向台灣行駛，不料裝載過重，翻沉於吳淞口，造成淹死上千人的慘劇。我和恆生登上四川輪後，信步走到船尾，忽發現後面停靠兩條駁船，滿載赤條條的死屍，其狀真是慘不忍睹。我們在四川輪，睡在貨艙蓋上，夜晚海上風浪打上來，鋪蓋盡濕，只有蒙頭瑟縮而已。船過基隆港，停泊裝貨，卻是幾百籠火雞，其臭無比，害得暈船的人更是大吐不止。我們到香港之後，先借住九龍新界余啟恩家，三星期後，遷至大南街租住之屋。

[晉生] 十二月十二日早晨上船。十四日抵台灣基隆。十五日下午航向香港。十七日抵九龍。

美國駐華大使司徒雷登的私人祕書傅涇波請見孫哲生院長。他對院長說：「國共如今非和不可，倘如蔣總統考慮下野，對於和談必大有助益。」
孫院長問道：「這是你的意見，還是司徒大使的意見？」
他說：「這是我的意見，也可說是司徒大使的意見。」
次日，孫院長約司徒大使來談。
孫先生問他，傅涇波昨日說話是否他的意見。
司徒大使答道：「作為外國的外交官，我不能說什麼話。但是中國是我的第二故鄉。若以中國教育家的資格說話，我以為蔣總統似可考慮這問題。」

[點滴] 傅涇波與甘介侯接觸頻繁。南京和上海充滿國共和談及總統下野的空氣，大抵是他們對外國記者以暗示或明示的方式散布的。

河南省參議會發出通電，主張和談。湖北省參議會副議長艾毓英力主響

應，議長何成濬（雪竹）先生被迫往滬。西南各省參議會紛紛發表文電主張議和，而長江上游的壯丁，糧食，乃至東下增援的兵團，均被阻於武漢。

十二月二十日，武漢方面主張重開和談，並要求美蘇調停的電報到達首都。

二十五日，白崇禧將軍主和電報到達南京。電文主張與共黨進行和平商談，並邀請美蘇兩國調停。

[口述] 一天，總統由馬褲中拿出一份電報給我看，原來是武漢行營主任白崇禧打來的，表示時機危急，不能走錯一步，請示可否請美蘇調停恢復和談。電報收件處寫著「張長官治中親譯」。

至此十七日到廿二、廿四日改過多次的文告稿又重寫，並增兩段話：

（1）申明和平解決中共問題，至於「個人進退出處，不以縈懷，而一切唯國民之公意是從。」

（2）主張淞滬決戰。

這時事態已極為嚴重，白崇禧在武漢展開行動，非但扣留中央存武漢銀行之銀元，且羈押西南增援之軍糧、壯丁。徐蚌戰爭期間，停發黃維兵團火車，致部隊行動緩慢。同時撤退駐九江的軍隊。李宗仁方面，也提出政治主張，由其幕僚甘介侯奔走。

希聖此時適在準備元旦文告的初稿。二十七日，洪蘭友先生電話，告以陳立夫先生要到田吉營晤談。希聖答以：「此刻有事在手上，半小時內即往見立夫先生。」蘭友說：「立夫先生拜望你，就是為這件事。」立夫先生到田吉營，說道：「聽說元旦文告要再與中共和談。現在人心惶惶，和談一開，必定潰敗。」希聖告以此事不易挽回，一言難盡。立夫先生慨嘆而去。

元旦文告稿屢經修改，未能定稿。至二十九日的夜間，總統諮詢閻錫山、張群、王世杰諸先生及力主和談的邵力子、張治中的意見，而文告的要點才作最後決定。這一文告，首先聲明和談可以重開之意，最後表示淞滬決戰的決心。其中有「個人之進退，不以縈懷，一唯國人的公意是從」的一句話，他們幾位的意見頗為紛歧。總統最後仍決定加入。

[自序]二十九日夜間，總統官邸小型會談，王雪艇（世杰）先生力主刪去「進退出處」之句。最後閻百川（錫山）先生說：「不到黃河心不死。若無此句，元旦文告便無意義。」

總統請張岳軍（群）轉告希聖維持此文句。希聖起草文告之事乃隨之公開。

[摘存]蔣總統對白崇禧之和談建議，予以善意之考慮。閻錫山將軍由太原飛南京，參加蔣總統於十二月二十九日召開之會談，亦主張總統採納白氏之建議。

白崇禧之建議本為一平常之事，但白將軍建議之背面為一軍事行動。倘中央政府拒絕此一建議，則廣西軍隊將由武漢南移，而中共部隊即從長江中游渡江南進，南京上海將從西面受其襲擊。

三十一日，行政院新聞局同人趕譯英文，而中文稿仍在修改之中。下午五時，希聖親往新聞局校閱譯文。局中同志告訴他說：「現在外國記者紛紛催發英文稿。如到六時尚未發出，他們就打出電報，說總統元旦宣布下野。」希聖急以電話報告總統。總統指示可將英文稿先發。

是日下午八時，總統召集中央常會及政治委員會（國防最高委員會於抗戰結束後，恢復戰前的原名）委員們在黃埔路官邸晚餐。至九時，希聖攜帶油印的中文稿，趕到官邸。其時晚餐業已開始，希聖不再進大廳參加，只是檢出文告稿一份，託武官進呈總統。總統閱畢，認為可用，一面指示武官轉達希聖，將文稿送中央通訊社發出。一面指示侍從人員將印件分發在座的各位委員，徵詢意見。

各位委員讀了文稿，為之震驚。谷正綱先生慷慨陳詞，聲淚俱下，堅決反對「個人進退不以縈懷」的話。其他各位，多沉默不言。其發言者均與谷正綱同調。總統最後指示，「一般人都認為非和談不能救國，並不領悟過去幾次和談的教訓。我反對和談，不足以服人心。不如再提和談，讓和談的痛苦教訓喚起大家的覺悟。」

希聖於十時到中央通訊社發稿，隨即回田吉營就寢。十一時，張岳軍先生電話轉達總統的指示，立即發稿。希聖至此才放下一顆心。

[自序]我回舍，倒頭就寢。總統忽有電話。簡單問答如左：

　　總統問：「發了沒有？」

　　希聖答：「發了。」

　　總統說：「好。」

　　希聖極其惶恐，若是不發，又將如何。後來得知當晚餐畢，總統將文告分發各位委員。谷叔常（正綱）先生慷慨陳詞，力表反對「進退出處」文句。王雪艇先生亦重申此意。此外各位皆變色緘口。總統解說文告大意，決定全文發表，即散會。

民國三十八年（1949）

　　元旦文告見報。首都呈現一種惶惑與恐慌的狀態。張道藩先生力主召開中常會，而中央常務委員在京者不多，即在京者亦零落消沉，難於集會。

　　[口述] 元旦清晨，我起床出門，總覺得首都的空氣呈現一種蒼黃色，使人沉悶。張道藩先生打電話詢問我：「怎麼這樣一個文告？我想召開中央常會也找不到人。」我說：「一言難盡，過兩天再說罷！」

　　希聖於二日清晨訪問張道藩先生，陳述文告草擬及決定的經過，說明此事難於挽回。

　　[摘存] 元旦文告發表以後，中樞人士反對和談者繼續活動。一月三日，中央委員談話會情緒尤為激昂。但彼等漸悉李副總統及白崇禧將軍之密謀，此一運動亦漸歸沉寂。

　　張治中的職務是西北軍政長官，此時卻在南京，專為和談奔走。希聖專誠約見，問以和談的根據何在。他告以和談是蘇俄駐迪化的總領事說過，蘇俄願意調停國共衝突，促成和談。其主要條件是組織聯合政府。此外別無根據。

　　[摘存] 蔣總統元旦文告發表後，行政院於一月八日決議由外交部吳鐵城部長向美蘇英法四國駐華大使提出備忘錄，說明政府對中共之和平建議，並

請其促成和平商談之開始。

當時李宗仁與司徒雷登的聯絡，是通過甘介侯與傅涇波，同時，他與中共的聯絡是經由黃紹竑在香港與潘梓年接頭。李宗仁提出的和談條件，除了釋放政治犯、言論自由、兩軍各退三十里之外，最離奇者是改組上海市政府為各黨派無黨派聯合政府，而後以上海為和談的處所。

此時，「非蔣總統下野不能談和」、「非蔣總統下野則美援不來」種種流言，傳播社會。

[摘存] 一月九日，張群、黃紹竑由南京飛漢口，與白崇禧晤談。黃到漢口後即轉香港，繼續與共黨代表接洽蔣總統下野後全面和平商談之步驟。白氏對外表示備戰謀和之方針，但對張則流露蔣總統下野之要求。武漢、長沙等地和平運動及要求總統下野之運動繼續進行。

其時南京盛傳總統下野之消息，大抵由外國記者自李副總統親信甘介侯及司徒雷登大使私人顧問傅涇波等訪問得來。

蔣總統為顧全大局，三度與李副總統交換意見。一月二十日，總統引退文告及李副總統代行總統職權之聲明，均由總統府祕書長吳忠信準備。

[點滴] 一月十一日 共黨廣播邱兵團殲滅。

一月十四日，發表毛澤東「時局聲明」，提出八項條件：

　　（1）懲治戰犯；

　　（2）廢除憲法；

　　（3）廢除中華民國法統；

　　（4）依「民主原則」改編政府軍隊；

　　（5）沒收官僚資本；

　　（6）改革土地制度；

　　（7）廢除「賣國條約」；

　　（8）召開「沒有反動分子參加的政治協商會議」，成立「民主聯合政府」，接收南京政府及其所屬政府一切的權力。

[摘存] 十五日下午，蔣總統官邸舉行會談，咸認為毛澤東所提八項條件，證明中共絕無謀和誠意，但政府為求內部團結起見，暫不宜表明何種態

度。

[希聖日記] 一月十五日，下午四時官邸會報（岳軍、文白、鐵城、禮卿、少谷、顯光、惟果、俊龍、彥棻等），討論結果，暫時不表示態度。雪艇主張及早結束和平運動，岳軍、文白等主張暫時沉默，並徵求黨內外人士及各地政府主席議會之意見。（余在此會中分析毛聲明八點為開一不可走之門，中央不走，別人要去，故不能拒絕。）

[希聖日記] 一月十六日　天津失守。

一月十九日，總統府祕書長吳忠信（禮卿）先生以電話邀希聖與陳方（芷町）到府。吳先生對希聖說：「歷史的文件兩件，請你們兩位起草。」又說：「中共用土法子把我們的政府打垮了，又用政治方法把我們的政府打垮。」那兩件文件一是蔣總統引退聲明，一是李副總統代行總統職務的聲明。

[摘存] 十九日上午九時，行政院政務會議，決定發表簡短之聲明：「願與中共雙方無條件停戰，並各派代表開始和平商談。」

[口述] 吳祕書長對我和陳芷町說：「歷史的文件，請你們兩位起草」。他說：「中共用土法子把我們的軍隊打垮了，現在又用政治的方法把我們的政府打垮了。」土法子就是徐蚌戰爭時，美方斷絕汽油，我方坦克車無法行動，共軍遂挖壕溝，把邱清泉團重裝備坦克大炮團團圍困；政治方法則為迫使蔣總統引退。

[自序] 二人出府各回住宅。芷町起草前者，希聖起草後者。兩稿草成，均由希聖進呈總統核定。

希聖的田吉營住宅電話日夜不斷，都是中外記者詢問「總統下野聲明何時發表」的。希聖仍只有一概不接。

[口述] 這時候，外國記者和中國記者紛紛打電話來問：「元旦文告的聲明是什麼？」我答道：「元旦文告與我無關，應由行政院內機要人員寫。」

記者又問：「誰寫這次文告？」

我答道：「裡層內閣。」

問：「誰是裡層內閣？」

答：「你連裡層內閣是誰，都不知道，那就無話可說了。」

接連不斷的電話，都想追問總統下野的聲明。

總統引退聲明定於二十一日發表。

二十一日上午，希聖到黃埔路官邸晉見總裁。總裁問：「你的意見怎樣？」希聖說道：「中央宣傳部的牌子立即拆下，移到廣州。中宣部印攜帶出京，並通電各地各報，社論委員會在何處，即接受何處的指示。」希聖建議，中央黨部立即遷往廣州，總裁指示：「你與鄭秘書長彥棻商量。」

[點滴] 官邸的客廳只有幾位客人。我聽說總統業已頒布兩道任命，其一是任命陳辭修（誠）先生為東南行政長官兼台灣省政府主席。其二是任命張岳軍（群）先生為西南行政長官，駐在重慶。這兩道命令頒布後，陳張兩長官立即分途遄赴任所。

財政部長兼中央銀行總裁徐可亭（堪）先生亦在座。我對他說：「財政部的大印要緊，請帶廣州。」我又說：「中央宣傳部立即搬往廣州。」總統接見，就問：「你怎樣？」我報告道：「中央宣傳部立刻搬往廣州。我在杭州上海待命。」

希聖由黃埔路回田吉營，即收拾一些零星物件，準備隨時可以出京。希聖的家屬先已離京赴滬轉往香港去了。下午二時半之後，中外記者仍有電話來問訊，希聖仍一律不接。

二十一日下午二時，蔣總裁召集中央常務委員及中央政治委員在黃埔路官邸集會。總裁宣布引退聲明。二時半，蔣總裁到明故宮飛機場，乘機飛往杭州。

[摘存] 二十一日下午二時，黃埔路總統官邸舉行去年除夕同樣之會議。總統及副總統均出席。蔣總統宣布其引退文告。出席之中樞要人沉默，憤慨；有泣不可抑者。

[自序] 希聖將兩項文稿交中央社，面告同人道：「發，未得我同意，不

得改一個字。」

　　二十二日上午八時，希聖接李代總統公館電話，約他於十時往見。希聖於八時半，約同葉公超先生並接胡適之先生同車往紫金山頂。三人下車，環繞天文台四周，遠望首都景色，下山之後，希聖立即由田吉營到下關車站，擠上火車，前往上海。

　　[點滴] 我指示中宣部專用電台，一連三晚，通電十九處黨報和二十三處省報，說社論委員會所在，即是中宣部所在。此後我或在上海，或在廣州，或在溪口，每星期至少兩次通電各報，與之聯絡，就是用這個名義。

　　[希聖日記] 一月廿三日 李代總統發表聲明，接受中共八點。

　　[摘存] 中國國民黨在立法院為多數黨，故行政院亦以國民黨人為中心而組成。在蔣總統當政時期，每有重大決策，常先提出國民黨中央政治委員會，取得黨中諒解，然後由行政院討論決定，並由立法院中國民黨議席予以支持。李代總統一月二十二日聲明，未經此項程序。國民黨中央對於和平商談以毛澤東八點為基礎未能諒解，而行政院孫院長認為李代總統之決策並不提出行政院，或徵詢行政院長之意見，乃使憲法上之責任內閣無法對立法院負其責任。因此，孫院長與李代總統之間，常起衝突。立法院內對和談之意見更為紛歧。遷往廣州之立法委員均反對和談，最低限度亦反對政府接受毛澤東八點為談判基礎。逗留南京上海者有一部分為中共之外圍分子，為中共作宣傳活動，一部分附和李代總統之主張，而仍有一部分對和談抱懷疑之態度。其遷居台灣者則多持中立立場，以內部團結為重。

　　[希聖日記] 二十五日，中共發言人談話：（1）與南京政府談判，並非承認南京政府，乃因其尚控制若干軍隊；（2）談判地點俟北平「解放」後在北平舉行；（3）反對行政院所指定之代表中彭昭賢為代表；（4）戰犯必須懲治，四十一名乃首批。

　　三十日，新華社廣播，要求李代總統逮捕戰犯十三人，始可言和。四十三人包括蔣總統、何應欽、顧祝同、周至柔、桂永清、湯恩伯、陳誠在內。

　　此時，天津淪陷。傅作義投降。北平亦入中共掌握。

　　廿四日，中午社論委員會，余宣布此為最後一會。並宣布宣傳指導離

京，《中央日報》應遷台灣。此後黨報應作運動，不須代政府發言。下午四時飛快車離京，晚發社論不承認以共黨八點為接受。

中常會（上午）決議中央黨部遷廣州。

這時已是陰曆歲尾，冰如攜帶六兒龍生從香港到上海來，仍住狄思威路。

[口述] 胡適之先生要到美國去，當時總裁從溪口來電話，要我去邀胡適之先生到溪口，我就到上海愛文一路交通銀行的分行去看胡適。胡先生正在整理行裝。我去看他，說蔣先生的意見，請你到溪口去。胡適之先生說：「沒有這個必要，我這回去，是有個艱苦的任務，在現在這樣……總統引退，政局如此形勢之下到美國去，我知道這是個非常艱難的局面。但是就因為這樣，我立下決心，我去。你去溪口回報蔣先生，就是在國家最艱難的時候，我跟蔣先生站在一起。還是這樣的一句話。」就這樣胡先生走了。我回報總裁。

[摘存] 一月九日，黃紹竑到漢晤白崇禧，隨即往港，向共黨代表提出兩項要求。其一為蔣總統下野之後共同對蔣，以防止其再起；其二為中共與李代總統進行全面和平談判。

駐在石家莊之毛澤東不作答覆。比及蔣總統宣布下野之後，毛之答覆到港，說明蔣已下野，第一點無須再商；白崇禧將軍如願望和平，可與劉伯承將軍直接談判。此即說明中共所期待於白氏為所謂「局部和平」，即以傅作義為例之投降。至此，白崇禧將軍一面公開談話，強調備戰，一面致電溪口，希望待機晉見蔣總裁，藉以增進諒解。

李代總統至此雖看透中共之騙局，但彼及其左右仍慮及和談決裂即為李氏政治生命之斷絕，故對和談之成功仍抱幾微之期待。彼等一面散放流言，認為李代總統促進和平之各項措施，如南京上海之解嚴，及各省徵兵徵糧之停止等，多受蔣總裁之牽制，不克貫徹；一面呼籲政治軍事改革，指責蔣總裁領導下政治軍事之腐敗，以打擊蔣總裁之信譽。彼等指責蔣總裁雖退處溪口，仍為和平改革之障礙，發起請蔣出國之運動，迫使蔣總裁離開國境。

陰曆新年一過，希聖偕冰如、龍生由上海搭江靜輪船往寧波。冰如與龍生住旅舍，希聖往溪口拜謁總裁。他到溪口，住武嶺學校。

[點滴] 寧波市上，商店都是關門閉戶，冰如和龍生只是枯坐旅舍，即上街覓飯館亦不可得。我在溪口武嶺學校小住三四日，返寧波與他們同回上海。自此以後，我往返上海與溪口之間數次。

總裁住在王太夫人墓廬，經國先生隨侍在側。隨從者只有祕書周宏濤、武官夏公權，另一祕書曹聖芬此刻回湖南故鄉一行，不在溪口。

[口述] 總裁住在王太夫人墓園，問我有什麼意見。我說：「我是研究歷史的，我對歷代國家的興、衰、治、亂、安危，往往很用心的研究。像北宋末年，開封政局崩潰，康王南渡，那時凡是國軍就打敗仗，凡是賊軍就打勝仗。為什麼？因為國軍積下傳統的包袱，士氣軍心渙散、衰敗，不能打仗；但是如果國軍變成賊軍，又打勝仗，那時沒有傳統的包袱、壞習慣、人自為戰，就能打勝仗。像岳飛，他本來是韓家的佃戶，組織忠義社五百人，他就可以打勝仗，義軍即可打勝仗。那時黃河沿岸許多義軍都起來了，也打勝仗。我想現在這情況，國軍渙散、衰亂、忠誠的將校可能起來，重新建軍。還有一點，總裁決定陳辭修先生到東南任職，我想從台灣復興，這是將來的希望。因為英、美是海權國家，一到台灣，以海洋為基地，可與太平洋對岸的美國打交道，這中間還大有可為。」總裁說：「我的意思是黨的改造與總理於十三年廣州改組一樣，是個基本之途。你留下來住幾天吧。」

[點滴] 時夏功權為空軍中尉武官，總裁赴碧瑤時，假以上校。

京滬之間有少數同志到溪口見總裁。總裁每日上午接見來賓，下午步行出溪口，遊妙高台、雪竇寺及天童寺諸名勝。

[摘存] 軍政中堅幹部在蔣總裁領導之下二十餘年，其變節者則投降中共，其忠貞者對總裁之信任與尊重，不因其下野而有所改變。彼等不經思考，大抵相信李副總統此次代行總統職權，乃以促成和談為目的，如和談決

裂，則蔣總裁必將重蒞總統府視事。蔣總裁對京滬訪問溪口之中樞人士，屢次表示其支持李代總統進行和談之意向，尤望國民黨同志精誠團結共挽危局。

陳立夫先生亦來溪口小住。在元宵節前，有越劇團在溪口演出。希聖在溪口時，常於夜間陪同立夫先生看越劇。立夫問：「你懂得幾成？」希聖答：「我可懂六成。」立夫說他只懂四成。希聖說道：「我聽出三成，猜出三成。」

希聖幾次往來上海溪口之間，在輪船中及武嶺學校相遇者，張道藩、谷正綱、黃少谷、袁守謙諸人。這些人在上海經常聚會，力謀黨中同志之聯絡與團結。

[口述] 在上海有一個小組，大概六七人。這個小組是湯恩伯將軍召集。湯恩伯那時是淞滬警備司令，召集這個小組討論集中軍隊淞滬決戰的計畫……當時最大的努力是要集中國大代表、立監委員同志到台灣去。

總裁的願望，在從根本上改造本黨，使其為革命民主政黨，並確信唯有恢復總理民國三年組織中華革命黨，及民國十三年改組中國國民黨的革命精神，改造本黨，才是救國建國根本之圖。

二月間，《中央日報》社由南京遷移台北。南京仍然出報，台北亦開始出報。希聖偕冰如攜龍生與報社員工一批同乘民生輪到台北。初住中山北路台北招待所，後住仁愛路馬社長星野公館。此時是和談期間，台北的房價跌落。董顯光先生力勸希聖趁此時頂下一幢房屋。這就是新生南路的住宅。

[希聖日記] 二月十七日 下午八時乘中興輪往台灣，冰如攜龍生同行。

十八日 上午六時船開，天氣晴冷，海面如鏡。

十九日 船搖動甚烈，冰如龍生均暈。下午三時進基隆港，天氣晴明。省府、《中央日報》、中經社均有車相接，即轉台北市，寓台北招待所。

二十日 中午《中央日報》聚餐。上午遊動物園（馬社長夫婦陪）。下午遊市街，馬社長陪。晚餐由中央社葉主任招待，在台北第一位酒館（新中

華）。

　　廿一日　上午馬社長、鄭副社長（中經社）同余夫婦龍生往遊草山。下午三時轉士林《中央日報》宿舍，為同人談時局。

　　廿二日　夢麟、顯光兩公均主余轉居台，擬在台頂一小房。

　　[自序]我到台灣大學晤傅校長孟真（斯年）先生。孟真說：「希聖！你以為我是來做校長，我死在這裡。」不幸孟真此話竟成讖語。

　　希聖在台北住了兩星期，仍往香港，其時家屬已租住九龍旺角大南街甚為逼仄的一層樓房。

　　[泰來]我們到香港後，余啟恩來接到新界他家暫住。我們在新界住了約三星期，姊姊從上海來，找房子搬家。她找到深水埔大南街一處新建的石屎樓房，租了一層。

　　這大南街的 1-3 號，開了一家茶樓，名叫「一定好」。我們住 5 號三樓，和他們隔壁。

　　大南街樓層，面積很小。除廚房廁所外，我們用「灰把」隔了前後中，三個小房間，勉強擠住，日子很不好過，大家的情緒都很壞。

　　三月初，希聖初到廣州。中央黨部業已遷到廣州。中央宣傳部亦已遷到廣州。自一月至此，希聖照料部中同志由南京遷廣州，並在廣州妥為安置，鼓勵他們努力工作。

　　[點滴]祕書長鄭彥棻先生對我說：「中央各部只有宣傳部安頓得好。同志們也未曾發生紛爭。」我引此為欣慰之事。

　　三月八日，他安排了一個小型午餐，約集廣州各報社社長聚談。臨時到會者有各報記者八十餘人。他們以為那是一次記者招待會，都來參加了。

　　記者問：蔣總裁今日與政府的關係如何？

　　希聖答：蔣總裁是本黨的領袖。他今日以本黨總裁的地立，支持政府。他只問本黨的政策，並不過問政府的政務。

問：李代總統主持和談。如和談失敗，是否蔣總裁即將復職？

答：蔣總裁支持李代總統領導政府。無論和談成敗，都予支持，並不是和就是李代總統領導，戰就是蔣總統領導。

問：李代總統與行政院孫院長之間，不甚和諧，確否？

答：我不知道詳細情形。我知道的，是李代總統視事之初，即發表聲明，承認毛澤東的八條為和談的基礎。他這一聲明未曾與孫院長商量，更未經行政院會議通過。在憲法上，行政院院長要對立法院負責任，孫院長為了和談，如何對立法院負責任呢？有些人指責蔣總裁是獨裁者。從前訓政時期，總裁為了決定一個政策，在黨內要提出中央政治委員會討論和決定，在政府裡要交行政院執行。現在憲政時期，總裁尤其尊重行政院的職權，任何政策非經行政院會議決定，絕不以總統的地位，自行決定與宣布。毛澤東一月十四日〈時局聲明〉的第八條，顯然是招降而不是言和。李代總統一朝視事，即發表聲明，接受其為和談的基礎。如此重大的決策，在黨內未經中央政治會議，在政府未經行政院會議，使孫院長不能對立法院負責任。孫院長怎樣幹下去呢？這不是很明白的事麼？

問：盛傳南京方面希望蔣總裁出國遊歷，此事如何？

答：總裁領導國民革命，完成了國家的統一。在憲法上，人民有居住的自由。二十年統一國家的革命領袖，如今引退還鄉，就失去了居住故鄉的自由麼？

希聖這次談話由中央通訊社電發各地。廣州各報次日亦皆刊載。中央常務委員某前輩先生問他：「你為何如此聲明總裁不復職？」他答道：「我有兩個理由：第一，我從溪口來，深知總裁專心黨務，無意復職。第二，倘使李代總統及其左右諸人誤認和談失敗即將下野，那就使他們對中共任何苛酷的條件都要接受下來。」

中國國民黨十九個黨報分布全國各地，每日均以中央宣傳部「社論委員會」的電報指示為處理新聞及評述時事的重大參考。只有長沙《民國日報》有靠攏共匪的傾向。只有那個報紙對於希聖以中宣部副部長的資格發表的談話，加以抨擊。由此可以證明他這次談話是中共及其外圍分子所痛恨的了。

中央通訊社的電訊到達南京。據說李宗仁看見之後，手示左右諸人，暫時不可再說要求蔣總統出國的話。

希聖由廣州到香港，籌畫中宣部經費，並將上海中華印刷廠遷到九龍，復返上海。

[泰來] 中央宣傳部中華印刷出版公司下屬有上海、南京、漢口三個廠。漢口廠廠長魏紹徵，將機器拆遷，運到了衡陽，隔於戰火，未能到達廣州。南京廠長劉世海，將較值錢的銅模運至台灣，賣給國防部印製廠，機器運到香港交給國民日報。上海廠廠長沈任遠，將機器拆裝運香港，但其本人卻不離開上海，乃至上海廠的機器到港後，幾乎被鄧葆光賣掉。父親好不容易把提單要回來。

[希聖日記] 四月三日　葆光欲乘余不在滬時，將遷港機器出租，以排除啟恩並轉移機器之所有權。余回滬制止之。

此時孫哲生先生辭去行政院長之職。李副總統提何應欽（敬之）將軍組織行政院。何院長任中宣部部長黃少谷為行政院祕書長。中央常會通過程天放先生為中宣部部長。希聖仍為副部長，仍往來於廣州與上海之間。他在廣州住窩後舊前。

[希聖日記] 四月七日　冰如攜龍生往港，龍生病。蘇儒偕琴薰明日由港往滬，因此冰如急往港勸其留港也。

八日　蘇儒琴薰仍往滬，冰如阻止無效。

[泰來] 沈蘇儒由上海到九龍來，要接姊姊回上海，父母親力勸不果。其時因大南街房屋逼仄，姊姊借住她的同學家。沈蘇儒和她何時離港返滬，泰來及諸弟均未知悉。

何院長就職之後，即到廣州。中央常會與中央政治委員會舉行聯席會議，決定和談的條件。在聯席會議席上，何院長對希聖說：「北平方面責難政府，說我們的宣傳部堅持反共，阻礙和談。他們拿出宣傳指示為證。」希聖解答兩點：其一是社論委員會每日或隔日發出通訊，使各黨報不至失去聯絡；其二是通訊的內容雖批評共產黨，但無阻止和談之意向。

　　[摘存]國民黨中央常會決定和談原則五條如下：

　　（1）為表示謀和誠意，昭信國人，在和談進行開始時，雙方應立即下令停戰，部隊各守原防。共軍在和談進行期間，如實行渡江，即表示其無謀和誠意，政府應即召回代表，並宣告和談破裂之責任屬於共黨。

　　（2）為保持國家獨立自主之精神，以踐履聯合國憲章所賦予之責任，對於向以促進國際合作，維護世界和平為目的之外交政策，應予維持。

　　（3）為切實維護人民之自由生活方式，應停止所有施用暴力之政策。對人民之自由權利生命財產應依法予以保障。

　　（4）雙方軍隊應在平等條件下各就防區，自行整編。整編方案必須有雙方互相尊重同時實行之保證。

　　（5）政府之組織形式及其構成分子，以確能保證上列第二三四各項原則之實施為條件。

　　上述五項原則，將南京與廣州兩地中樞負責人士對和談之意見溝通統一，政府對中共所提條件，即以上述為標準而決定其可否接受。

　　四月一日，和談在北平進行。李宗仁指派的和談代表團張治中、邵力子、章士釗等到北平之後，中共拿出八條二十四款，叫他們接受。他們派黃紹竑把那個招降書帶到南京，限定其於二十日正午以前答覆。當時希聖在上海，忽然接到黃少谷祕書長的電話，邀往南京，商量如何答覆。同一時間，溪口電話，囑其即往一行。他決定到溪口，不往南京。

　　[摘存]四月四日，毛澤東及中共外圍諸黨派首領共同簽發在第二次大戰中助同蘇俄作戰之宣言。國民黨中央常會所定第二項原則已與此不能契合。

　　四月十五日，中共提出其所謂和平方案八條二十四款，由政府代表之一黃紹竑帶往南京。依此方案，南京政府不僅負責率領國軍投降中共，並須協助中共將國軍繳械收編。中共並明白表示，無論南京接受條款與否，共軍必須渡江南進。

　　中共之招降書限定南京於四月二十日正午十二時以前作可或否之答覆。鐵幕中之政府代表張治中、邵力子等致電李代總統，勸其接受條款，並於共軍過江後，不必離開南京，或竟飛往北平。

　　李代總統及何院長均認為中共此項招降條款，絕非政府所能接受。於二十日上午對代表團發出訓令，予以拒絕。李何兩氏並於十七日聯名致蔣總裁，請其復行視事，領導反共戰爭。

　　何院長嚴正的堅決的拒絕共匪的條件。共軍業已從南京上下游兩路過江，對南京兩面包抄前進。

　　李宗仁致電溪口，請蔣總裁約定時間及地點會商。總裁約定二十二日在杭州會談，隨即偕同吳禮卿先生、王雪艇先生及希聖由溪口飛往杭州，在筧橋航空學校下榻。

　　二十二日，何應欽院長、張岳軍長官、白崇禧長官先到，李代總統隨後亦到。當即在航空學校舉行會談。李宗仁首先聲明，懇請總裁復職。總裁說道：「此刻要談政策，不談人事。」

　　[摘存] 廿二日蔣總裁由溪口到杭州，李代總統及何院長由京飛杭晤見。對當前時局及政府今後之政策鄭重商討，當經一致決議四事如下：

　　（1）關於共黨問題，政府今後惟有堅決作戰，為人民自由與國家獨立奮鬥到底。

　　（2）在政治方面，聯合全國民主自由人士共同奮鬥。

　　（3）在軍事方面，由何院長兼國防部長，統一陸海空軍之指揮。

　　（4）採取緊急有效步驟。以加強中國國民黨之團結及黨與政府之聯繫。

　　會談的結果，由希聖草擬公報，經決定後，交何院長帶到南京發表。公報首先聲明共匪破壞和談之後，惟有團結作戰。其次決定何院長兼國防部長，指揮三軍，並決定組織非常委員會為黨與政府聯繫及決策的機構。公報之外，會談決定南京立即撤守。

　　[摘存] 李代總統何院長會後即回南京。白長官遄返漢口。何院長並於夜間發表會談決定之公報，申明團結反共奮鬥到底之方針。全文如下：

　　行政院新聞處二十二日發表公報稱：政府為謀取全面和平，使人民獲得休養生息之機會，派遣代表前往北平與共黨商談停止戰爭恢復和平之辦法。

經兩週有餘之折衝，迄未能達到協議。最後共黨竟提出所謂"國內和平協定"並限期答復。全文八條廿四款，完全為征服者對被征服者受降之處置。其目的在施用武力以消滅國家軍隊，造成恐慌以摧毀人民自由與社會安全，一面更發動全面攻擊，強行渡江。至此共黨毫無謀和之誠意而甘心破壞和平擴大戰亂與國家人民為敵，已大白於天下。

會談之後，李代總統與何院長返南京，白將軍回武漢。張岳軍先生留杭州。夜間，吳禮卿、張岳軍、王雪艇諸先生及希聖，在西湖湖畔市政府招待所大廳裡長談之後，各自就寢。

［摘存］四月二十二日之夜，國軍開始由南京撤退。何院長飛往上海。李代總統則逕飛桂林。

諸人認為總裁宜即離開溪口，並認為廈門亦非安全之地。諸人一致主張總裁以本黨領導者的地位，往廣州、重慶及成都各地巡視，以激勵軍心與士氣。

二十三日，張、吳、王諸先生分途離杭州。總裁偕希聖回溪口。

二十五日，希聖在武嶺學校執筆屬稿的時候，總裁傳話，叫他到王太夫人墓廬的山下，總裁下山，囑希聖同車，偕經國先生，及周宏濤、曹聖芬兩位祕書，及夏武官諸人，車過奉化城，又走了一大段山林之間的公路，到達一個港口。一行人員下車之後，步行踏泥濘，乘小艇，到太康艦旁。總裁首先登艦，隨行人員陸續登艦。希聖至此才知道那港口乃是乍浦港的一個小汊。

［點滴］當徐蚌會戰之際，第二艦隊巡邏長江。匪軍渡江之前夕，江陰炮台司令叛降共匪。第二艦隊司令在其旗艦上召集各艦長會議。他提出投降之議。各艦長或當場表示反對，或默不發言。他們分別返艦，立刻開始行動。

有一運輸艦，原無炮位。艦長率領官兵，拉出迫擊炮，向北岸匪炮還擊，並衝過江陰炮台。有一兵艦，那艦長宣布投靠匪方。軍士們走進艦長室聽令，突襲艦長，將其擊斃。他們決定向下游直駛，行經江陰炮台，開炮還

擊，突圍而過。

第二艦隊的艦艇此刻全部集合上海。艦艇長會齊，到復興島進見。總裁勉勵他們團結反共，繼續努力。他們同深感奮，有墮淚者。

海軍總司令部頒令，任太康艦黎玉璽艦長為第二艦隊司令。這一艦隊為國效命，在海軍歷史上造成輝煌的紀錄。

[希聖日記] 四月廿三日　共軍前晚從江陰渡江，迫常州。海軍不發炮。何決定於昨晚下令撤退南京。李德鄰今飛桂林，何出京是否往穗抑到滬未明。

首都撤守，城門大開，共黨已有入城者。

總裁命余草告軍民書（為首都淪陷）。

南京陷落。李飛桂林，何飛上海。

廿五日　今日下午三時往象山灣（汽車、人力車、長靴踏泥、小船上輪）乘太康輪（黎艦長）往滬。

廿六日　下午到滬，文告交公展帶中央社譯英文。

太康艦連夜航行，至次日傍晚，到達上海之復興島停泊。總裁即在艦上召見空軍總司令周至柔、海軍總司令桂永清及湯恩伯總司令、潘公展議長、陳良代市長及中央銀行劉攻芸諸人。總裁指示湯恩伯將軍提用中央銀行存儲的銀元，發軍餉，勵士氣，準備淞滬決戰。總裁隨即將〈為南京撤守告全國軍民書〉交潘公展先生轉交中央通訊社發表。總裁在文告中，表示支持李代總統及何院長領導反共戰爭。

[摘存] 四月二十七日蔣總裁發表其在溪口草成之告全國軍民書，呼籲全國軍民團結一致，堅持反侵略反極權的民族民主戰爭。其文中表明下列之一點，重申杭州會談公報之意旨：

當此國家民族存亡生死之交，中正願以在野之身，追隨我愛國軍民同胞之後，擁護李代總統暨何院長領導作戰奮鬥到底。

[希聖日記] 廿八日宿艦上。下午入市，電話找巨塵，彼夫婦與琴薰等均遷西康路。

上海市長原是吳國楨。他看見時局不好，力辭市長，企圖逃避。市議會

及各界多方挽留，一律不聽，離棄職守，到台灣去了。此刻市長職務由祕書長陳良代理。總裁到上海之次日，議長潘公展先生亦離上海往台灣，隨即轉往美國。

　　[摘存] 在四月二十日之前，李代總統對京滬杭警備總司令湯恩伯將軍屢加責難。第一，李代總統命令湯總司令解除京滬杭區之戒嚴令；第二，李代總統徇華中剿匪總司令白崇禧之請，下令抽調湯總司令精銳部隊西移，以填補白將軍駐防江西一帶之部隊向武漢集中所遺留之防務。湯總司令認為和談成敗尚未可知，如弛懈京滬之防務，則一旦和談決裂，共軍渡江，即無以應戰，故屢次進京請求李代總統允許其繼續戒嚴。至抽調防守京滬線之部隊西往安徽南部之命令，湯總司令認為防守京滬之部隊不宜分散，以減低實力，屢次爭持，未獲諒解，湯終於聽從調度。

　　共軍突破江陰，渡江而南，京滬線上駐軍向上海外圍集中，上海市民在此動盪之中，異常驚恐，市面呈混亂狀態。而湯總司令部隊調往皖南之部分陷入共軍包圍。上海可以集中之兵力苦於不足。金圓券急遽貶值，陸海空部隊之副食費及其他軍費，不敷供應。

　　蔣總裁為使此諸問題迅速解決起見，延長其駐滬時間，召集軍事、金融、及市主管者連日會商，次第確定支持前線之各種辦法。而總裁四月二十七日文告既見報端，總裁亦親巡市街。陸海空軍將士暨一般市民，在精神上咸為振奮。上海頓從混亂轉入安定。

　　二十七日，總裁乘車巡遊上海市區，人心士氣為之大振。一般商店久已陷於關閉或半關閉狀態，至此紛紛開門貿易。銀元上市之後，市場益形活躍。

　　南京撤守之日，張治中等聯名由北平致電李宗仁，叫他到北平去，否則「開府桂林」，勿往廣州。李宗仁果然飛回桂林，意在開府。其時駐在廣州的中央常會及中央政治委員會決定推閻錫山及居正等元老到桂林迎接李宗仁到廣州。李提出幾項條件，交給他們帶回廣州。他指責蔣總裁干涉政治，妨礙和談，為和談失敗的主因。他要求中央銀行將搬往台灣的現金及外匯交給政府，要求將海空軍調集廣州，要求將美援軍火分給各軍，最後希望蔣總裁出

國遠遊。

　　何院長派林蔚文將軍乘專機攜帶李宗仁的條件，飛到上海，進呈總裁。

　　[摘存]李代總統談話紀錄首先認為軍事之失敗由於政治之不修明。和談之失敗「固由於中共所提條件過於苛刻，使政府無法接受，不能不毅然拒絕，然政府內部意志之不統一，步驟之不一致，如政府謀和措施之不能執行，未能示人以誠，亦不能不認為一重大因素」。彼申述其改革政治及謀取和平兩大主張均未能有所成就，應當引咎自責。

　　其次說明共軍已渡長江，首都淪陷，滬杭危急，「自請解除代總統職權，仍由總裁復任，負責處理一切」。彼本人願「以副總統資格，出國從事國民外交活動，爭取國際援助」，最後說明，如總裁不願復行總統職權，則彼要求總裁同意實行下列六項：

　　（1）憲法上規定關於軍政人事，及凡屬於總統職權者，彼應有絕對自由調整之權。

　　（2）所有前移存台灣之國家銀行外匯，請總裁同意由政府命令運回，以應政府急需。

　　（3）所有前移存台灣之美援軍械，請總裁同意由政府命令運回，配撥各部隊使用。

　　（4）所有軍隊一律聽從國防部指揮調遣，違者由政府依法懲處。

　　（5）為確立憲政精神，避免黨內人事糾紛，應停止訓政時期以黨御政之制度。例如最近成立非常委員會之擬議，應請打銷。所有黨內決定，只能作為對政府之建議。

　　（6）現時危事急，需要外援迫切，擬請總裁招綏懷遠，俾收內外合作之效。

　　總裁此時暫住金神父路勵志社，閱悉之後，當即口授大意，命希聖記錄下來，整理成為函稿呈核。總裁再加修改。這封信交林將軍帶回廣州，交何院長轉達中央。

　　[希聖日記]五月二日，住勵志社。經國為向空軍接洽，將琴薰、巨塵等

送出。蘇儒不欲去滬。

　　五月四日　余擬總裁答函，至夜半四時。

　　［摘存］總裁鑑於李代總統之誤會與猜疑如此其深，乃覆函何院長，請轉達李代總統應立即蒞廣州領導政府。第二說明政治改革非二三個月短時間內所能收效，必須樹德養威，開誠取信，持之以久，行之以恆。第三說明，彼無復職之意。第四對於李氏六項要求之前五項，作如左之答覆：

　　（1）總統職權既由李氏行使，則關於軍政人事，代總統依據憲法有自由調整之權，任何人不能違反。

　　（2）彼「總統」在職時，為使國家財富免於共黨之劫持，曾下令將國庫所存金銀轉移安全地點；引退之後，未嘗再行與聞。一切出納收支皆依常規而進行。財政部及中央銀行簿冊具在，儘可稽考。任何人亦不能無理干涉，妄取分文。

　　（3）美援軍械之存儲及分配，為國防部之職責。彼引退之後，無權過問。簿冊羅列，亦可查核。至於槍械由台運回，此乃政府之權限，應由政府自行處理。

　　（4）國家軍隊由國防部指揮調遣，凡違反命令者應受國法之懲處，皆為當然之事。

　　（5）非常委員會之設立，為四月二十二日杭州會談所決定。當時李代總統曾經參與，而且共同商討其大綱，迄未表示反對之意。今李既打銷原議，彼自可請中常會復議。惟民主政治為政黨政治，黨員對黨負有遵守決議之責任，黨對黨員之政治主張有所約束，與訓政時期以黨御政者自不可混為一談。

　　蔣總裁次對李代總統請其出國一事，答覆如左：

　　若謂中不復職即應出國，殊有重加商榷之必要。中許身革命，四十餘年，始終一貫，為中國之獨立自由而奮鬥。只要中國尚有一片自由之領土，保持獨立之主權，不信中竟無立足之地。

　　在漢口時，曾對禮卿（吳忠信）文白（張治中）兩兄言：「前此他們（指李等）要我下野，我自可下野；現在若復迫我出國亡命，我不能忍受此悲慘之境遇。」今日所懷，仍復如此。

　　且在過去，彼等（指李等）主和，乃指我妨礙和平，要求下野。今日和談

失敗，又賈我以牽制政府之罪，強我出國，並賦我以對外求援之責。如果將來外援不至，中又將負妨害外交、牽制政府之咎。國內既不許立足，國外亦無處容身。中為民主國家之自由國民，不意國尚未亡，而置身無所，至於此極！

復次指出和談破裂，應由中共負完全責任，李代總統不應為中共辯護，以為政府亦應負責。最後申述：

中自行引退以來，政治責任已告解除，而對革命責任仍自覺其無可逃避，故德鄰兄凡有垂詢，無不竭誠以答。但絕不敢有任何踰越分際干涉政治之行動。

今日國難益急，而德鄰兄對中隔膜至此，誠非始料之所及。而過去之協助政府者，已被認為牽制政府。故中惟有遯世遠引，對於政治一切，不復聞問。

此函於五月六日交國防部林次長蔚文乘專機攜往廣州。總裁即於是日傍晚乘靜輪，駛往舟山群島。

次日，總裁乘江靜輪，並由太康艦隨行，環遊舟山群島，不與廣州通消息。中央諸位委員聽取何院長報告並讀悉總裁的書信，又無法與總裁通訊，大為震驚。李宗仁鑑於中央的責難，才由桂林飛到廣州。

[摘存] 江靜輪繞穿山、東沙角、島山澳、普陀、梅山、瀝港諸港之間，至五月十七日，總裁從舟山島乘飛機到達澎湖群島中之馬公島。總裁逗留三日，轉往台南。在此期間，迄未與廣州通訊。中央政府無人得知總裁現在何地。

總裁巡視舟山群島的時候，希聖亦乘機遊覽諸島，特別是佛教的聖地普陀山。

[自序] 群島之中，普陀之名最高。大小寺院林立，而紫竹林、百步沙、望日亭最為特色。我自幼即聽說普陀，迄無機會一遊。此次初遊，有欣然與愴然兩種情緒，交織寸心。若是當初嚴父教我作詩，能用心學習，則此行應

有詩篇留為紀念，可惜我有負先嚴之期望，未能做到。

[希聖日記] 五月十一日 再上普陀。天陰涼，適於遊覽。上午逕往法雨寺（後寺）。正午即在彼處午飯。下午循千步沙尋紫竹林、潮音洞、觀音跳至文昌閣食麵，重入前寺（普濟寺）觀眼玉佛，歸舟遇雨。

廿四日 蘇儒琴薰決心不離滬。彼等前途悲慘而不自覺，可哀也。余夫婦均已盡心助其出險，余並為設各種情形之下離滬之方法，彼等不聽，無可奈何。

廿五日 共軍從高昌夜入上海市區。國軍向蘇州河北退，由吳淞口撤退。為琴薰及寧寧悲傷。彼等之悲慘命運乃自取耳。

[摘存] 蔣總裁覆何院長函到廣州後，中央政府及中央黨部負責人士鄭重會商，推閻錫山將軍往桂林，敦促李代總統即到廣州。白崇禧將軍亦自漢口電桂林，力勸李氏迅歸中樞所在地。李乃於五月八日飛廣州，並發表聲明和談失敗，仍望中共幡然悔悟。如中共繼續進攻，政府不得已而戰，其責任在於中共。

五月十七日，隨總裁乘飛機到澎湖馬公島。希聖自幼時即知甲午戰後，日本割取台灣澎湖諸島，總以為澎湖既是台灣海峽的戰略要地，一定是雄偉挺拔的海上關山。那知道飛機臨到澎湖的上空，才看出了那是許多塊平原排列海上。

總裁原擬在馬公島設立訓練機構為黨的幹部訓練的場所。但是馬公的氣候、建築和補給，都感困難，在此小住數日之後，遂轉往台南。

[點滴] 我在馬公島小住三四天，即搭飛機去臺南。馬公經常有風，樹木只能生長與牆頭齊。耕地與園圃均須以牆垣遮蔽。大風季節，出街行路，必須兩人以上互相攀援，才不至吹倒。

我和曹聖芬先生同住一幢日式房屋，原是炮兵司令的官舍，頗為整齊。只有一樣，夜間入睡，每為室內「邦邦」之聲所驚醒。至此才知道這裡的壁虎是會叫的。

我由馬公飛臺南。那架飛機是王叔銘將軍自己駕駛，客座之上只有我一人。這次飛行，叔銘與我永在記憶之中。

當時立法委員分走三地。一部分到達廣州，另一部分遷往台灣，還有一小部分往桂林。至此各方均向廣州集中，而立法院遂得在廣州復會。

[摘存] 五月十五日，白長官撤退武漢守軍。二十一日又撤退九江守軍。渡江共軍長驅直達浙贛路。五月二十五日，上海陷落，華南局勢頓轉緊張。

中央推于右任、閻錫山、吳鐵城等五位先生到台南晉見蔣總裁。李宗仁託帶信呈總裁，信裡說何應欽將軍堅辭行政院長，力挽不得，請總裁指示以何人繼任。實際上何將軍並未辭職。他那封信無異於迫使其辭職。

[摘存] 中央推閻錫山，吳鐵城，陳立夫，朱家驊代表前往台南，謁見蔣總裁。李代總統託呈一函云：

杭州聆訓，感奮至深，仁以德薄能鮮，主政四月，無補時艱，有負期許，彌滋慚恧。乃承勗勉有加，中樞各同志復紛相督促。際茲黨國危急存亡之秋，何敢自逸，惟有誓竭駑鈍，共圖匡濟。一息尚存，義無反顧。今後局勢，逆料必益趨艱難，但在鈞座德威感召之下，吾人果能精誠團結，以犧牲奮鬥之精神，併力共赴，仁固敢堅信必能轉危為安，卒獲最後之勝利。

此間同志均亟盼鈞座能蒞臨主持，仁亦深望能朝夕有所秉承。如一時不克前來，即懇賜一時間，使仁得親趨承訓。

李代總統復託閻錫山氏口頭轉達蔣總裁以五項原則，其最後一項「何敬之三次懇辭行政院長，且有不准辭即自殺之語，何院長辭職後，請示以誰繼任為宜」。

蔣總裁答覆李代總統函云：大局縱極艱危，吾兄對於領導政府一事，既有負責到底之決心，政府內部自可堅定振作，積極剿共矣。內閣人事問題，弟個人殊無成見，如非常委員會能早日成立，則對此等要務之解決，必有助於兄之決策。嗣後有事相商，中當可隨時前來政府所在地會晤，絕不敢勞駕。在此時局動盪之際，兄更不宜輕離廣州也。

五月二十八日，五代表回廣州。三十日出席中常會，報告此次進謁總裁經過。當時何應欽並未向李代總統提請辭職。但李向蔣總裁詢問行政院長繼任人選之一事，不啻暗示何院長必須辭職。於是何向中常會請求黨中央同意

其辭職，同時向代總統提出辭呈。

於是李代總統向立法院提名居覺生（正）先生為行政院院長，咨請同意。五月三十日，他招待立法委員，說明他提名居先生的用意。他說話的當中，有這樣的警語：「我要居先生把他那些驕兵悍將，制服下來。」這一警語使舉座為之震動。多數立法委員知道李代總統是要對此刻正在廈門作戰的湯恩伯將軍，正在台灣部署最後反共基地的陳誠將軍下手。第二天立法院投同意票的時候，居先生以票數不足被否決了。李代總統只得另提閻百川（錫山）將軍為行政院院長，才獲得立法院全體委員過半數的同意。

希聖由廣州飛到台南。總裁問到立法院否決居先生為行政院長時，湖北籍的立法委員如何投票。希聖說道：「他們棄權。他們認為君子愛人以德，不願見居先生擔任行政院長。」

希聖隨即再到廣州與香港，與許孝炎先生共同籌畫將《國民日報》改組為《香港時報》。總裁由台南移居高雄，再移居台北。總裁辦公室此時成立，希聖奉派為第五組組長，擔任宣傳及研究工作。總裁辦公室設在草山之陽明山莊。同時革命實踐研究院亦在籌設之中。草山亦即改名陽明山。

[希聖日記] 六月十五日 冰如及小兒等今晨到基隆港（永生輪）。下午六時進新生南路住宅。

[思歸] 我在上海問鄧葆光，他說台灣有個職員，叫鄭拯人，是他以前用過的人做事能幹，可以找他幫忙。我就帶著小兒子，搭船來到基隆。船靠碼頭，我的行李丟一地。我慢慢的一樣樣的收拾起來，發現老五託我帶的郵票，被檢查人員拿去了。那種郵票是在大陸，由重慶到香港，我們逃難，到什麼地方，老五就去收郵票，好不容易集起來的。我到基隆被人拿去了，太可惜。不得已，我寫信到九龍告訴老五，他很生氣，從今以後再不收集郵票。

過了一些時，台灣房子（新生南路一段 145 巷 24 號）已經弄好，叫他們來考學校。但是他們來了無書桌，《中央日報》一個錢也借不到。房子是我自己買的。報社只給吃飯桌子，四個叉，上面一塊板子。四張木椅，是能摺起來的。書桌我加兩個，椅子加四個。我手上無錢向報社去借，一文錢未借

到，反聽一些閒話。

我兒子恆生考取台灣大學；四兒、五兒都考取師大附中；小兒進幸安國小。他們都上學了，要交學費，十二點鐘要回家吃飯。我急得無法可想，只好去菜場附近買米。一看到十一點，不能再等，我跑幾家買點麵粉回家急忙擀麵，他們放學回家，有吃的。我每天上教堂，帶一破籃子，託賣菜的老板娘，地上的菜，是你們不要的，你把好一點的替我留起來，他說你要做什麼？我說豬吃雞吃、人吃都可以。每逢教堂聚會，我就去拿回，先用葉子煮麵，其餘當作泡菜的，當作細菜的，每天做蔥油餅、蒸餃、水餃，他們吃得好好的，但是他們不知道我是去撿人家不要的。

王惕吾先生不知如何發現我排隊也買不到米，他們送來兩大袋子米，解決我家的糧食。我就去買了兩個大缸存米存水，到如今搬家幾次，大缸未搬破，留做紀念品。

[泰來] 中華印刷出版公司聘余啟恩先生為經理，租一廠房在九龍青山道291號，向香港政府登記為中華印刷局，邀集上海廠技工，裝了從上海搬來的四架對開柯式印刷，於六月三十日開工營業。此時我家遷居大埔道132號樓下，原大南街房屋讓給工廠的員工寄住。

總裁乘江靜輪巡視舟山群島時，曾指示希聖及宏濤、聖芬等研究黨的改造問題。至總裁辦公室成立之後，指定張道藩、谷正綱、袁守謙、張其昀、胡健中及希聖等十一人，討論黨的改造問題。他們在陽明山第一賓館討論了十幾天，由希聖記錄並整理為〈黨的改造方案〉，經過了多次修改之後，才報請總裁核定。

七月七日，總裁為促進各黨派及一般愛國人士之團結奮鬥，聯合海內外各方人士發表反共救國宣言。

[摘存] 李代總統、閻院長、胡適、于斌、曾琦（中國青年黨領袖）、張君勱（民主社會黨領袖）等八十餘人 共同簽署，宣言如左：

十二年前之今日，中國政府與人民為保衛國家生存，維護世界和平，對侵略主義者發動全面抗戰，經長期艱苦奮鬥，抗戰軍事始告勝利結束。在此戰後四年之中，中共黨徒如果體念民國締造之艱難，抗戰犧牲之深鉅，激發

其愛國天良，放棄武裝叛亂之陰謀，接受政府和平建設之方針，使人民安居樂業之願望得以實現，國家復員建設之計畫得以進行，則中國已成為民主統一和平繁榮之國家，對於世界安全人類幸福有其重大之貢獻。不意共黨憑藉抗戰時期乘機坐大之武力，利用抗戰以後國力凋敝之機會，破壞和平，擴大戰禍，八年抗戰之成果為其所摧毀無餘，而國家危難比之於十二年前更為嚴重。

吾人深知中國如為共黨所統治，國家絕不能獨立，個人更難有自由，人民經濟、生活絕無發展之望，民族歷史文化將有滅絕之虞。中國民族當前之危機實為有史以來最大之危機，而中國四億五千萬人口一旦淪入共產國際之鐵幕，遠東安全與世界和平亦受其莫大之威脅。

今日國難當前，時機迫切，吾人特共矢精誠，一致團結，為救國家爭自由而與共黨匪徒奮鬥到底。吾人生死與共，個人決無恩怨，民族之存亡所繫，黨派決無異同。國家之領土完整與主權獨立一日不能確保，人民之政治人權與經濟人權一日不能獲致，則吾人之共同努力即一日不能止息。所望我全國同胞政府通力合作，齊一意志，集中力量，重建抗戰精神，堅持反共戰鬥，克服空前未有之危機，完成救國之使命。

七月初，政府廢棄金圓券，改用銀本位，以銀元十足準備，發行銀元券。但自七月初至七月三十日廣州陷落為止，實際情形為：

（1）雲南廣西政府不用銀元券，而使用硬幣。故銀元券只流通於廣東、四川、陝西、湖南、江西南部，及福建等地。

（2）在銀元券流通地區，持有銀元券者常立即兌取現金或銀元。

（3）地方軍隊領取軍費，往往要求中央銀行發給硬幣。故在此三個半月之中，中央銀行發行銀元券約二千五百餘萬元，而實際支付之黃金外幣及銀元，共合一億二千餘萬元。此種金銀硬幣，均取自中央銀行在台灣之存儲。台灣存金雖經常運赴廣州，但廣州方面每逢財政支出困難之際，常責難台灣存金運出過少。

總裁為中國國民黨之領袖，對於中央銀行存金無權干涉，亦不願過問。但上述責難，常被用為攻擊蔣總裁之口實。

中央銀行存儲台灣現金的數目為國家的祕密，此處不能敘述。但中央政府賴庫存金以供應一個戰爭，而不從人民財力與物力動員上策畫作戰的經

費，無論如何是一種錯誤。吾人在此可負責指出，相當於一億三千萬銀元價值之現金，在台灣存金總數之中所占成分並非微小。

七月十日，總裁飛往馬尼拉，轉碧瑤，與菲總統季里諾會談。並於十一日發表聲明，主張遠東國家結成反共聯盟。此次希聖未曾隨行。

七月十四日，總裁首次蒞廣州。希聖隨行。十六日，總裁召開中常會及中政會聯席會議，將〈黨的改造方案〉交議，並指示中央黨部將方案頒發全國各級黨部討論。七月二十一日，總裁乘輪往廈門，部署廈門及金門防務。二十五日回台灣，並應韓國李承晚大統領之邀，往鎮海會談，發表聯合聲明。

希聖於二十一日由廣州往香港，住九龍大埔道寓所，每夜過海，到香港時報社，為寫社論，並商討言論及編輯方針。八月初，回台灣，參加討論西南防務計畫。

［傳記］八月一日，國民黨總裁辦公室在台北草山成立，（希聖）任第五組組長，負責宣傳研究工作。

［摘存］在保衛華南問題中，戰略思想成為爭執的焦點。李代總統屢次宣布，彼所持之戰略思想與蔣總裁不同。李自述其對於華南保衛問題，主張作戰於廣東境界之外，而指責蔣總裁祇守廣州與海南島之主張為錯誤。彼以為中央政府應集合大量軍隊，使用大量金錢在湖南江西之南部採取積極的攻勢，而不應為了節省軍隊與財政而退守廣州與海南島。

國防部執行李代總統的戰略思想，將由青島撤退至海南之劉安祺部隊抽調部分，防守廣州之外圍。但李代總統主張將台灣孫立人將軍訓練之新軍調度大部分到廣東省境界以北，國防部無法執行。因為李代總統估計台灣新軍總數為四十萬，而實際則此一估計超過台灣新軍實際數目若干倍。

李代總統主張調度以台灣為基地之空軍，與衡陽前線白崇禧將軍之陸軍聯合作戰，國防部則在廣東省內空軍基地所能容許之範圍內調度空軍作戰，但基地之觀念對於李代總統頗有陌生之感。

實際上蔣總裁對於保衛華南之戰略，只在國民黨決策機構之非常委員會中提出原則。如兵力不足防守廣東外圍，寧可注重廣州市外圍。彼認為廣州

市外圍具有海空軍與陸軍聯合作戰之良好形勢。彼亦注重海南島對於東南亞洲之戰略價值。彼主張肅清該島潛伏之共黨武裝游擊隊，並預先布置該島之防務。彼在此一原則下，信任政府之策畫及其實施。彼絕不干涉李代總統之統帥權及國防部之軍令權之行使。

[點滴] 八月五日，美國國務院發表〈中美關係〉白皮書。白皮書是集國際共產黨及其同路人誣毀我中華民國及國民政府之大成為一書，暗示及明示美國放棄其對於國民政府之援助，並期待中國第三勢力之產生。

白皮書有遠的與近的各種影響。其遠的影響是使中國的一些政黨政派常以第三勢力自許或自命，從而分散中國的反共力量。其近的影響就是李德鄰此刻身居代總統之職，備受中國國民黨的支持，而常與中央尤其蔣總裁之間，採取不合作態度與立場，希望其以第三勢力的姿勢表現於中外人士的面前。

可是如何保衛華南，穩定西北，以及決戰東南之各項實際具體的問題，雖有非常委員會之開會及總裁之蒞會指導，都無從獲得解決。《易經》上所謂「鼎折足，覆公餗」，此刻就是這種情勢。

八月二十三日，總裁由台灣乘專機飛廣州，次日即轉重慶，住林園。黃少谷、陶希聖、沈昌煥、周宏濤、曹聖芬等隨行。

[摘存] 蔣總裁住林園。西南軍政長官張群，貴州省政府主席谷正倫，四川省政府主席王陵基，西康省政府主席劉文輝均來謁見。

自李代總統進行和談以後，四川及西康地方軍人如鄧錫侯、劉文輝等，與少數政客聯合，企圖與中共謀「局部和平」。四川省政府主席王陵基與重慶市長楊森力持反對。李代總統主持之和談既告破裂，但川康之糾紛迄未止息。蔣總裁到重慶後，以黨的領袖地位，對於此項糾紛盡力調解，並要求軍事政治社會各方面人士團結一致，對抗共軍。

蔣總裁一度擬向廣州中央政府建議，調西康省政府主席劉文輝為重慶市長，楊森主西康，俾政府掌握西康，建立反共之最後基地。但總裁顧慮內部糾紛因此更加擴大，未果提出。

西昌警備司令賀國光來渝謁見總裁，賀司令在西昌率領警備部隊雖僅二

團，但對劉文輝留駐西康之部隊一師，有隨時予擊破之把握。西康夷人領袖亦來渝進謁總裁，表示劉文輝如背叛中央，夷人絕不與之合作。

[泰來]香港中華印刷局與財政部簽約承印「中華民國三十八年愛國公債」，總面值八億銀元。

希聖在重慶，常在黃家埡口《中央日報》社與各地黨報取得電訊上之聯繫，並與重慶報界人會晤。希聖與他們談話，並在《中央日報》發表談話，提出一個中心觀念，「可為而為是為現在，不可為而為是為將來」。這就是說，現在的反共鬥爭，如其可為，固可保西南的局面，即使其不可為，亦可散播種子，將來一般民眾在共匪暴政之下，不堪其壓迫和剝削，此項反共的種子，即將發育滋長，為革命救國和革命建國的力量之根源。

[摘存]自李代總統進行和談以後，雲南省政府主席兼綏靖主任盧漢即容許共黨分子在昆明活動。昆明之報紙，除《中央日報》外，均刊載新華社消息，散布失敗主義毒素。

雲南大學共黨學生公開為共軍宣傳。雲南之反共人士紛紛被迫離昆明往香港。

龍雲在香港發出消息，雲南將於九月一日「起義」，響應共軍。華中軍政長官白崇禧擬派魯道源率領二個軍從南寧百色一路進入雲南。白長官飛往貴陽，與貴州省政府主席谷正倫會商，調貴州駐軍入滇會師。盧漢在此軍事壓力之下，一面延緩共黨分子所策動之政變，一面於九月六日飛重慶進謁蔣總裁。行政院閻院長亦於七日飛重慶。

盧漢接受總裁之勸告，清除共黨分子，驅所謂民革派「李濟深之黨徒」，取締報業及學校中之共黨活動。蔣總裁乃與閻院長及西南軍政長官張群商定，以政治方法解決雲南問題。盧漢於八日回昆明，閻院長飛廣州。張長官亦飛廣州進謁李代總統並出席行政院政務會議，陳述政治解決之方案。李代總統白長官對於此一方案均深為諒解。

盧漢回滇後，於十日開始逮捕共匪及主張投降之分子一千餘人。共黨分子操縱之報紙亦予停閉。

四川內部之團結，及雲南問題之和平解決，為總裁此行之成就。但總裁

此行惜已太遲，未及補救西北全局之失敗。

　　寧夏甘肅之武力為馬步芳及馬鴻逵兩個部隊。彼等互不相下，而又與陝西之胡宗南軍隊不能合作。在此諸回教將領之間，與彼等與中央部隊之間，為之聯繫者為西北軍政長官。此一代表中央而周旋於各將領間之職務，初由張治中擔任。張治中在三十八年秋冬之際，屢往南京，主張對共謀和，西北防共之部署因而廢弛。張旋又任政府和平代表團團長，前往北平，隨即陷入鐵幕。西北軍政長官乃由郭寄嶠代理。郭將軍為主戰者，在回教將領間持有威望。但李代總統欲籠絡回教將領，遂撤郭氏之職，而以馬步芳為西北軍政長官，馬鴻逵為寧夏省政府主席。西北諸軍彼此之間，既無中央大員為之周旋聯絡，於是共軍得收各個擊破之效。

　　當胡宗南部隊在西安寶雞前線對共軍作戰之時，馬步芳部隊觀望不救。胡部既敗退陝南，共軍遂進襲蘭州，而馬鴻逵部隊不予救援。蘭州一敗，馬步芳部隊潰散，而實際上指揮寧夏部隊之馬鴻賓向共軍投降。

　　蔣總裁召郭寄嶠將軍來渝，商討挽救西北頹勢，為時已晚。此為總裁此次巡視渝蓉，至為痛心之一事。

九月十三日，總裁由重慶飛成都，十七日再飛重慶。

　　[摘存] 九月十三日，蔣總裁由重慶飛成都，在招待四川省參議員及各界領袖之茶會上，懇切陳詞，呼籲團結：四川天時地利之條件，雖已俱備，但仍有必須更進一步之條件，則為人和。中正此次到成都，即為謀大家更堅強的團結，更密切的合作。十七日，總裁飛重慶，發表告全黨同志書，指示中國國民黨改造之方針。二十二日飛昆明，在機場接見盧漢，隨即飛抵廣州。

　　九月二十二日總裁飛昆明，四川內部之團結，及「局部和平」運動之打消，以及雲南危局之暫時挽回，為總裁此行之成就。但西北瓦解之危機已無法解救。

　　[摘存] 蘭州戰事緊急之時，在北平首創所謂 [局部和平] 之例者傅作義忽由共軍部隊一連送到綏遠，旋轉包頭。駐綏遠之孫蘭封部隊迎接傅氏。傅

乍見時，泫然泣下。傅進入孫軍營壘後，即密電蔣總統，報告其行蹤。其時在包頭之董其武態度較為曖昧，但孫蘭封則至為激昂。

中共送出傅作義之用意，在招降綏包部隊。董孫諸將領迎傅作義之目的，在集袍澤歸向中央。傅本人則志在保持舊部，觀望時局。在其迭次電告之中，此動機不難判明。

蘭州失陷，寧甘解體。綏包部隊頓陷孤立。九月十九日，董其武、孫蘭封始致電毛澤東接受所謂託管方案。

政府派往新疆之遠征部隊，由陶峙岳指揮。何應欽將軍長行政院時，即有撤至西北之議。至閻錫山將軍長行政院時，議尚未決。其原因之一，以飛機撤退此一部隊，需費甚鉅，需時亦多。其原因之二，無人肯負喪此占全國面積七分之一重大責任。蔣總裁到重慶後，鑑於西北局勢之危急，建議政府撤運新疆部隊。政府始派國防部次長秦德純飛往新疆，與陶峙岳商決此事，但蘭州淪沒以後，此一部隊亦陷於孤立，陶峙岳致電蔣總裁，痛呈其塞外孤懸之困境，隨即向中共投降。

中共之和平攻勢擊敗最高統帥蔣總統以後，大西北十萬部隊之瓦解乃如此其迅速。

大西北瓦解以後，西南局勢岌岌可危。在北面胡宗南部隊三十萬人退守陝南，中共聶榮臻、彭德懷及徐向前三個部隊，前此分兵對付馬鴻逵、馬步芳及胡宗南，此後合兵對付胡宗南。在西面，湖北及湖南之西部，有宋希濂之部隊，其戰鬥力量與戰鬥意志均極薄弱。於是以衡陽為中心之白崇禧部隊成為捍衛華南與西南之主力。白長官部隊不足以兼顧兩面，而劉伯誠、陳賡及林彪所率領之共軍，均向湖南及江西之南部集中。倘如衡陽前線不能保持，則白長官部隊南退廣州乎，抑退廣西乎？此為戰略上重大之問題，必須在廣州尋求解決。

二十二日，總裁在昆明機場接見盧漢之後，即轉往廣州。總裁在廣州召開非常委員會，解決國防部長人事問題，並商討粵北戰略問題，隨即飛返台灣。

[摘存] 湯恩伯將軍部隊撤出上海，即移駐福州廈門。國防部發布命令，

以湯為福州綏靖主任。此命令隨即提出行政院政務會議通過，然後呈請代總統任命。

此時廈門戰事至為激烈。李代總統拒絕簽署湯恩伯之任命。因而總統府與行政院之間發生爭論。行政院所持之理由為綏靖主任之任命為國防部之軍令權，既經責任內閣之行政院通過，則代總統只有簽署。總統府所持之理由為憲法規定之總統有任免文武官吏之權，因而代總統有權任命某一官吏，亦有權拒絕任命某一官吏。府院雙方發言人談話迭次刊載報紙。刻正在廈門作戰之湯恩伯將軍陷入極端困難之境遇。

國防部長問題則更為重大。在何內閣時期，國防部長由何院長兼任。閻內閣時期，閻院長亦兼國防部長。其參謀總長均為顧祝同將軍。

關於大西北失敗之責，及保衛華南戰略之爭執，顧參謀長備受各方之責難。李代總統乃施用壓力，請閻院長辭國防部部長之兼職，並更換參謀總長。李代總統堅持以白崇禧將軍繼任國防部長。

當時湖南方面共軍集中力量進攻衡陽前線，江西方面共軍迂迴至韶關之東。廣州方面國軍向北江進軍，準備應戰。

蔣總裁決定在非常委員會之下設立軍事，財政與外交三個小組。彼自任軍事小組召集人，而以行政院長兼國防部長，參謀總長、暨白長官參加小組。蔣總裁率直電告白長官稱：粵北戰事告一段落，彼即將提議以白為國防部長。在此以前，彼與白在軍事小組中合作，建立中央部隊對白之信任，使白任國防部長時，不致發生枝節。九月三十日，非常委員會開會，通過總裁提出三小組之組織法及其人選。十月二日，軍事小組開會，白長官從粵北前線飛返廣州參加。

[自序] 總裁往返台灣與廣州，又往返重慶，成都與昆明之間，凡此諸行程與當地軍政首長籌商挽救危局，每有聲明談話，以及發布新聞稿，或由希聖起草，多請洪蘭友先生修改或潤色。蘭友嘗說：「此等文稿，希聖有接受修改之雅量，我斟酌一字一句，亦有使全稿更加恰當，更為妥切之信心。我們二人在一起寫作，絕不會有差錯。」至於黨的改造之文稿，仍以我執筆者為多。

十月一日，北平共匪偽組織宣告成立。

　　十月三日，蘇俄宣布承認共匪偽政權。蔣總裁於九日發表文告，指出北平傀儡劇完全出於蘇俄侵略主義者的導演，更指出俄帝如征服中國，世界永無和平之日。文告提出「澈底反共，堅決抗俄」的口號，呼籲全國國民團結奮鬥。

　　自中蘇條約訂立之後，俄帝雖有種種違約背信，指使共匪侵略中國之事實，而在條約束縛之下，即在政府下令動員戡亂之後，各地報紙及電台乃至定期刊物，雖一致反共，仍未能採取「抗俄」的鮮明態度。蔣總裁這次文告，提出了「反共抗俄」的口號，自此以後，一般國民才得普遍了解我們的反共鬥爭，不僅是民主和民生主義的內容，並具備民族革命的本質。

　　[摘存] 十月四日，李代總統召開軍事會議，商討粵北戰略問題，會議擬訂甲乙兩案。甲案為白長官部隊向南移動，結集廣州；乙案為白長官向西移動，進入廣西，放棄廣州。會議決定以兩案交白長官，飛返前線，相機決定，電達國防部。

　　白長官飛抵前線後，決定採取乙案。七日，撤退衡陽，率領部隊向廣西退卻。

　　蔣總裁督促非常委員會東南分會彙集台灣軍政機關關於保衛台灣之方案，擬訂整個計畫。

　　十一日，總裁往舟山群島，促成軍事指揮系統之簡化與統一，奠定登步島勝利之基礎。

　　十月十三日，中央撤離廣州，移重慶辦公。十五日，共軍進入廣州。十六日，廈門失守。

　　[泰來] 十月初，泰來因中華印刷事務前往台北。十四日乘中國航空公司飛機回香港。當天所乘為一架 C-47 小飛機，上午十時由台北起飛，到達廣州白雲機場已是下午五點多鐘。白雲機場候機者眾，聽說有一千多人。我們的飛機降落後，本有若干乘客應該下機的，機長見情況不妙，決定不開機門，逕載全體旅客飛往香港。到達香港啟德機場時已黃昏七點鐘。

　　十五日晨起看報，頭條大新聞赫然是「廣州天亮了」。我到工廠，門口有

人拿共黨的紅旗來，要我們懸掛，被我申斥趕走。我們仍決定繼續印製〈愛國公債〉，並於印好之後，裝箱保存。

　　[傳記] 十月十六日，革命實踐研究院成立（院長蔣總裁兼），（希聖）任講座。

　　二十五日為台灣省光復節，東南軍政長官兼台灣省政府主席陳辭修先生在民眾大會上，報告金門登陸匪軍全部被國軍殲滅的捷報。十一月二日，又有登步島登陸的匪軍全部被國軍殲滅的捷報。國軍在此兩島殲敵的輝煌勝利，使台灣在軍事上轉危為安。總裁乃於十一月十四日起程飛往重慶，仍以陶希聖等隨行。

　　[摘存] 共軍於此時一路由芷江經鎮遠、黃平，進擊貴陽。霍紹周部隊節節敗退。

　　當政府遷移重慶之初，國防部召集軍事會議，決定胡宗南部隊由陝南撤至川北，白崇禧部隊由廣西進入貴州，庶幾川滇黔三省可收首尾相應之效，而於必要時，向雲南與西康兩省結集大軍以建立大陸上最後之反共基地。此一決定，廣西部隊未能執行。一般人士推測其原因在於李代總統願見廣西部隊接近海岸，以為接受美援之地步。胡宗南部隊從七百公里寬廣之前線，冒共軍追擊之危險，集中南撤，當然需要較長時間。白崇禧部隊復深入廣西之西，而不北進貴州。此西南之屋脊之貴州遂成為共軍可乘之際。共軍既突入貴陽，則北可威脅四川，南可進窺雲南。西南全局已呈瓦解之勢。

　　共軍另有一路，從秀山、酉陽、黔江，進逼彭水。此六百里崎嶇曲折之道路，處處都是天險。共軍如突破此天險之要隘，即可直取重慶，且摵四川北面之胡宗南部隊之背。

　　此時李宗仁由重慶飛往昆明。西南軍政長官張岳軍（群）先生特往昆明，挽李回重慶，李表示請總裁復職，他不回重慶。

　　此時貴陽陷落，而匪軍循秀山，酉陽，黔江，進逼彭水。彭水一失，重慶震動。

　　總裁到達重慶之後，一面指示政府人員及物資迅速疏散，一面調胡宗南

將軍所屬第一軍趕到重慶增援前線，以掩護政府的疏散。

[摘存] 在此種情勢之下，蔣總裁不俟李代總統回渝，即於十一月十四日由台北飛重慶，下機後，逕赴林園。當即接見總統府邱祕書長昌渭，請其電催李代總統回渝。總裁復急電白長官崇禧，請其力催李代總統回渝，並逕電桂林：

李代總統勛鑒：迭經我兄電催來渝，共挽危局。昨聞貴陽危急，川東告警，故於本日來渝，務望兄明日即行返旆，商談一切。

為澄清總統復職之傳說，使李代總統解釋疑慮起見，隨總裁來渝之國民黨中央黨部祕書長鄭彥棻發表談話云：

總裁上次巡視西南，為促進西南各省同胞及本黨同志精誠團結，抗俄剿共到底而努力。此次總裁重蒞戰時首都，仍本此旨。協助李代總統暨閻院長共挽危局。

李代總統在昆明逗留期間，與雲南省政府主席盧漢屢作長談，內容嚴守祕密。

其表現為事實者，計有三事：

其一為李下手令，命盧主席將九月十日以後拘捕之共黨及民革派分子一千五百人釋放。

其二為盧漢請外交部發給出國赴美護照，外交部以盧漢為封疆大吏，不得行政院批准，不應出國，未肯發給。李代總統此時下令昆明外交特派員簽發護照，以便利盧漢出國。

其三為李氏離滇赴桂後，盧漢即表示消極，不到省府辦公。

此種跡象引起一般社會之推測，以為李代總統訪問盧漢之目的，在結合廣西、廣東及雲南地方軍隊，構成一個獨立力量，脫離重慶中央政府而與共黨謀和，使共黨集中力量攻取四川。

李代總統到桂林後，轉往南寧，與廣西省政府主席黃旭初，經由省參議會議長李任仁之線索，與共黨駐港代表接洽「和平」。同時李氏復由南寧飛海口，試探廣東將領之動向。

當時廣東將領余漢謀、薛岳，已率領少數部隊渡海進入海南，與海南行政長官陳濟棠合作，共守瓊島。廣東將領對李代總統不信任。而盧漢乃直接

與共黨駐港之代表接洽投降。其往來香港之代表，仍為九月十日以前與共黨接洽之林南園，其時任雲南省政府財政廳長。故李氏策畫未見成功。

白長官對黃旭初之陰謀，力持反對。白認為廣西軍已失敗至此，絕無與共黨謀和之談判力量。如此謀和，不過是無條件投降，其結果仍為繳械受編。白乃迫黃旭初辭去廣西省政府主席之職，而建議行政院以李品仙繼任。

蔣總裁十四日電達桂林時，李代總統已飛南寧。比及此電轉遞南寧，李又飛海口。十六日，李由海口飛返南寧，始覆電稱：

仁今日曾赴海口一行，與伯南（陳濟棠）、幄奇（余漢謀）、伯陵（薛岳）兄等晤商，渠等對南路及瓊州防務，刻正加強部署，惟當地糧產不豐，大軍餉糈難敷供應，部隊槍械亦急待補充，並要求派遣海軍赴瓊以固海防。

仁回南寧後，原擬即日返渝，因日來旅途勞頓，飲食失調，致胃疾復發，十二指腸有流血徵象，擬即在南寧休養三數日，遙承錦注，謹先奉聞。

電文最後一段，未說明病癒即行返渝，但足使蔣總裁相信其「休養三數日」後即將返渝。

十六日，從南寧發出新聞，稱李代總統胃疾甚重。蔣總裁於十七日再電李催歸。十八日復電桂林白長官，請其親赴往南寧陪同李代總統力疾返渝。其致白電云：時艱日亟，流言紛起，國家中樞，民所仰賴，德兄早回一日，斯人心多安一分。煩我兄即日赴南寧代為存問，並陪德兄返渝，共商大計，以慰民望，而勵士氣。

白長官十八日晚間接總裁電，即與南寧通電話。李代總統從電話中力請白氏即赴南寧，謂有緊急事件商量。白即於十九日上午飛南寧。

李代總統已於十七日決定起飛赴港轉美，擬派李品仙將軍攜函飛渝，並擬發表聲明。其聲明原稿攻訐蔣總裁不遺餘力。十八日因候白長官商量，未能成行。

十九日，白長官飛抵南寧，得知李赴美計畫，極力勸阻，李代總統憤然告白氏謂：「我有我的自由。」白長官謂：「既代行總統職權，個人行止即無自由。」此種爭論直至深夜，所得結論為李氏仍然出國，但聲明只稱醫病，不對蔣總裁有所抨擊。其十七日繕就之函件，由白長官攜至重慶，送呈蔣總裁。

十一月二十日，李代總統忽由南寧飛往香港。臨行發表聲明，自稱此行係因病覓醫。

[摘存] 李代總統臨行發表聲明，略謂：……十二指腸出血，即應覓醫檢查，從速施用手術，否則於身體健康可能發生極嚴重之影響。因此之故，此次乃不得不前往醫藥設備較完善之地，詳細檢查甚至施行割治之手術。

目前國內局勢十分嚴重，余身負國家人民付託之重，不敢自逸，尤不願因病而推卸個人對國家之責任。

因之，余決以最經濟之時間，完成恢復身體健康之工作，俾能以健康之身體，全部之精力，與我全國軍民共同從事反共戡亂之鬥爭。

在治療期間內之中樞軍政事宜，已電閻錫山院長負責照常進行。總統府日常公務則令邱昌渭祕書長及劉士毅參軍長分別代行處理。

其上蔣總裁函內說明彼將赴美，為美援活動。函云：

自海口抵南寧，胃疾突發，十二指腸有流血徵象，精神至感疲憊。因決於本日赴港轉美檢驗，必要時施行手術治療，並藉此探詢美方對華之真實態度。

局勢嚴重，不敢自逸，仍當於最短期內歸國。

其致閻院長函，指示其對軍政事宜，「負責照常進行」。依憲法之規定「總統副總統均不能視事時，由行政院長代行其職權」。此所謂「負責照常進行」者，並非命行政院長代行總統職權。至其命邱昌渭、劉士毅「分別處理總統府日常事務」更非代行總統職權，且總統府祕書長及參軍長在憲法上亦無代行總統職權之地位。

李代總統在函件中亦未提請蔣總裁行使總統職權。但白長官由南寧飛抵重慶後，晤西南軍政長官張群，說明李代總統絕不返渝，不必挽留。總統職權不可虛懸，祇有請總裁復總統職，李先生仍以副總統資格出國。白長官進謁蔣總裁，亦陳述此意。總裁答稱：「無論李代總統出國與否，仍望來渝商量。」

白長官於二十一日飛返桂林，起飛之前再謁總裁，總裁仍囑其電挽李代總統返渝。

共軍已突破烏江，宋希濂部隊續退南川。共軍一路到達石柱，一路超過

彭水，進逼烏江。國防部調羅廣文部隊開往南川前線，與共軍激戰於石柱與南川間。

總裁得悉李宗仁走香港，即於二十一日請居正、朱家驊、洪蘭友、鄭彥棻諸人往香港慰問李宗仁的病，並力挽其回重慶。閻院長亦託四位代表帶信促其「返旆」。

[摘存] 四代表於二十二日飛抵香港，往太和醫院謁見李代總統，以總裁函交李，並陳述總裁慰問及促歸之意。李答覆與二十日聲明相同。二十三日，四代表再謁李氏，監察院長于右任亦同往晤談，李堅持赴美治病，不允回渝。二十四日，李約朱家驊、洪蘭友談話。李表示如下：

本人胃疾施行手術，絕非一二星期布內可以痊癒，或須兩三月後始可健復。惟中樞不可久陷此一狀態，擬請總裁即日復位，主持大計。於個人健康計，雖副總統一職，亦冀解除，但恐國人疑我意氣用事，祇好取消「代」字，仍為副總統。願以副總統名義赴美，一面療疾，一面接洽美援。請兩君轉達居朱兩先生，一同回渝轉陳總裁。總裁如同意，再商進行步驟。

二十三日，四代表回重慶，向總裁及中常會報告李宗仁拒絕回渝，並堅持赴美。

[摘存] 四代表於二十五日回渝，當即報告蔣總裁，並於二十七日向國民黨中央常會臨時會議提出報告。中常會決定派朱家驊、洪蘭友前往香港致慰問促歸之意。其決議文云：

以當前國家局勢之嚴重，西南戰況之艱危，中樞不可一日無人主持。仍切望李代總統宗仁同志迅返中樞，力疾視事。萬一為病勢所不許，再請總裁復行總統職權。

十一月二十六日，白長官自桂林致電重慶蔣總裁稱：

頃奉李代總統函諭：「十二指腸潰瘍，急須到美根治，恐需相當時間療養。當此國難空前嚴重，國政需人主持，決心解除代總統職務，請總裁復總統職，振作軍心，挽回劫運。」

白長官於電文中更稱：

職追隨鈞座二十餘年，現值共匪猖狂，時局危急，誓本北伐抗戰追隨鈞座者，反共救國之國策下奮鬥到底。

共軍追擊宋希濂部，突破南川，分兩路前進。一路迂迴重慶之西，到江津對岸；一路循山徑直抵南溫泉。胡宗南部第一軍奉國防部令，陸續到達重慶，即渡江赴南溫泉，與共軍作戰。

政府人員及物資疏散工作加緊進行。匪軍已越過彭水，進逼烏江。宋希濂部隊節節向西退卻。國防部急調羅廣文部隊開往南川前線。胡宗南部隊亦陸續到達。

自總裁到達重慶之後，一般市民咸感興奮。各民眾團體會同籌畫舉行大會，表示崇敬之意。當時共匪已散布「火燒重慶，血洗台灣」的謠言，至此乃於一夜之間，放火燒毀兩江會合的三角地帶，自打銅街以下，一片瓦礫。一般市民愛護國軍的熱忱更加熾烈。胡宗南部隊一到重慶，市民即縫襪做鞋，熱烈勞軍。

希聖等屢次懇切敦勸總裁及早離渝。總裁對他們說：「我多留重慶一日，重慶即可多守一星期。胡宗南部隊從陝南撤到四川即多一分便利。」總裁唯慮隨從諸人惶恐不安，特親蒞諸人宿舍視察，看見他們作息如常，大為欣慰。

匪軍如果到達江津對岸，白石驛機場及成渝公路均在其炮火威脅之下，而重慶與成都之間的交通即遭阻絕。若在此種情勢之下，則唯一的交通路線只有從璧山北上，循川北公路西向成都。希聖等皆隨身配備手槍，以備萬一之用。

[摘存] 江津對岸共軍如渡江，則白石驛機場及成渝公路均被襲擊，重慶即陷入包圍之中。南溫泉共軍一度被我軍擊退，但隨即進逼重慶南岸之海棠溪。

蔣總裁一面指導國防部指揮所督率作戰，一面協助政府遷移成都。二十八日閻院長飛成都，行政院立法院重要人員均陸續離渝。作戰物資疏運亦至為積極。

　　希聖每日仍由林園入市區，到《中央日報》、掃蕩報，及中央通訊社等處視察，並籌畫一般工作同人的疏散費。他們的工作一如平時。他們決心發出最後一張報與一張通訊稿。

　　美國參議員諾蘭夫婦適於此時訪問重慶，謁見總裁。總裁在林園接見嘉賓，舉行會談，並招待晚宴。他們住了一天，且入市區視察，次日起飛離渝。

　　二十九日，海棠溪槍炮聲已傳到市區。由市區向成渝公路的車輛絡繹於途。希聖要進市區，已經被阻不能通行，只用電話與各報社及通訊社聯絡。到夜間，中央通訊社仍然發稿，但各報社的印刷卻告停工。

　　［摘存］二十九日，海棠溪槍聲已達於市內。由重慶向成渝公路撤退之車輛絡繹於途。兵工廠及電台等設備之爆炸於下午開始。總裁於是晚接見羅廣文。夜半乘車赴白石驛機場。三十日上午六時起飛。九時，共匪渡過江津，進迫白石驛，機場空軍工作人員全部撤退。防守重慶之楊森將軍退至璧山，羅廣文棄軍逃亡。第一軍渡江，在江津之西集合，繼續與共軍作戰。

　　［希聖日記］十一月廿八日南溫泉匪被擊稍退。下午匪先頭部隊到江津對江。江津近白市驛。重慶市危急愈甚。閻院長偕張長官去成都。市內人心惶惶。總裁辦公室疏散一批往台。余等隨時準備去蓉。夜間準備將報業同志數人撤退。

　　廿九日　徐詠平，錢昌碩，漆高儒，魏紹徵及外國通訊社記者六人今晨撤退。中央社晚間已無人接電話。三十日，昨夜九時聞山洞方面有槍聲。南岸第一軍開始撤退北岸。總裁決移機場停宿。余等十時許由林園出發。成渝道上軍車絡繹，步兵載道北退。余等之車至十二時半始到山洞轉白市驛機場。夜宿美齡號機上。有一飛機三時半起飛觸破飛機爆炸，大火起。六時許，余等起飛，七時許到鳳凰山機場，適張校長來，調車入城。總裁旋亦到，仍住軍校。上午九時匪軍已過江迫近白石驛矣。

　　夜半，總裁乘車啟行。希聖等隨即乘車續行，沿途阻塞，歷二小時之久，才到白石驛機場。登機之後，略為休息，至次日上午六時起飛。三小時後，匪軍炮火即將機場控制。

三十日清晨，總裁及隨行諸人到達成都，駐在軍官學校。軍校教官及學生陸續西撤，僅留少數員生警衛學校。

[摘存]總裁居軍官學校。軍校之教官與學生正在陸續西撤，僅留少數學生警衛。胡宗南部隊陸續到達，即分往龍泉驛與新津布防。成都市內秩序漸呈混亂狀態。鄧錫侯劉文輝之便衣帶槍人員時發槍聲。十二月七日，行政院議決，派盛文為成都防衛司令，指揮其一部分官兵戒備成都，市場秩序始轉安定。

成都市場蕭索沉滯。劉文輝的保安團士兵橫行街市，隨意開槍。總裁到達的消息傳出，一時市場轉形活躍。此時重慶以西及成都以東各縣市電話不通，其可以通話之處，其縣長及駐軍皆星散，無人接聽。胡宗南部隊尚未開到。先由中央通訊社發出盛文受任成都防衛司令的電訊，以資鎮懾。三天之後，盛文部隊才進入市區。

中央常會在成都舉行會議，主要的工作是疏散。政府人員多經海南轉台灣。尤重視其他黨派人士，協助其疏散往台。

[摘存]中央常會於十二月三日開會，聽取朱洪兩代表報告之後，決議如下：

時局艱危，中樞不可一日無人主持，決定依照本會十一月二十七日臨時會議之決議，接受李宗仁同志十一月二十四日對朱家驊、洪蘭友兩同志之表示，懇請總裁復行總統職權，李代總統以副總統地位出國就醫，並致力於外援之爭取。

希聖每日與成都《中央日報》社聯絡，到報社視察，並籌畫其工作人員的疏散事宜。中央通訊社工作同人決心發到最後一張稿。希聖將此事呈報總裁，奉命特撥銀元五百元，表示慰勉之意。他們感激有下淚者。

十一月二十一日，李宗仁棄職由南寧走香港，白崇禧將軍力阻其行，未能挽回。乃飛抵重慶，請求總統復職。總裁不允，仍望李宗仁回國主政。重慶撤守之後，中央常委在成都者，更切望總裁復職。希聖有反對意見，認為

總統元旦文告有「個人出處唯國民之公意是從」之語，不宜匆促之中遽有復行視事之議。同時，大陸形勢如此惡劣，民族復興大計有待於從根本上重新打算。希聖亦極力主張回台之後再議。中央諸人頗以為然。

十二月八日，總裁召鄧錫侯、劉文輝來軍校晤談，他們均已避往成都北郊，不來謁見。九日，張岳軍長官由昆明返成都，李彌、余程萬及龍澤匯三將領同來。龍澤匯為盧漢近戚，特來轉達盧漢歡迎總裁蒞臨昆明之意。總裁疑盧漢有異動，派張長官再往晤商。總裁及隨行諸人亦飛返台灣。

[摘存] 張長官群於十二月七日由成都飛昆明，探詢盧漢對三個方案之意見：

（一）行政院遷台灣，大本營設昆明；

（二）行政院遷西昌，大本營設昆明；

（三）行政院遷昆明辦公。

盧漢對行政院或大本營設昆明，均不贊成。

十二月八日，總裁約鄧錫侯、劉文輝來軍校晤談。其時，鄧部結集灌口，劉部一部分在雅安。而鄧劉兩人均避往成都北郊某地，推病不來謁見。總裁乃電話促張長官回成都，冀對此一問題謀解決。

九日，張長官回成都。李彌、余程萬及龍澤匯三軍長偕來。龍澤匯為盧漢近戚，於隨同李余兩軍長晉謁總裁報告部隊情況外，並陳述盧漢歡迎總裁往昆明一行之意。

總裁與張群均疑盧有異動，決定張氏再往昆明疏導，總裁則逕返台灣，不過昆明。

九日張氏偕三軍長飛昆明，下午七時降落昆明機場。空軍指揮官密告張氏，謂今晨盧漢派卡車到機場，強運汽油入城。張氏知有事變發生，但仍入城冀與盧談判。張入城後，寓盧公館，夜間即有軍官率領士兵將張看守。李余兩軍長亦被禁不能回軍中。

九日晚間，昆明對外電報電話均斷。十日上午，成都電報局收到盧漢致劉文輝電，表示其服從「毛主席」，並請劉就近扣留蔣總裁。

此時蔣總裁已往鳳凰山機場，啟程回台灣。

[點滴] 昆明的情況混亂非常。昆明《中央日報》社長錢滄碩先生來到重

慶，報告盧漢的動向，及報社的社務。滄碩說明他不顧一切危難，維持黨報到底的決心。他告辭時，總裁與他握手，囑他珍重。

　　滄碩在重慶住了三天，即回昆明。臨別時，我對他說：「你什麼時候要到台灣去，請告知，好幫你去。」他說：「我沒有到台灣去的意思。我在昆明做到最後的一天。」這一別竟成永別。匪軍入昆明，滄碩被捕，倔強不屈，死於匪手。

　　此刻才知道盧漢有電到成都，約鄧錫侯、劉文輝一同靠攏共匪，且有不利於總裁之企圖。同時得悉張長官到昆明即被盧漢扣留。總裁回台之後數日，張岳軍先生才脫險，經香港，回台灣。

民國三十九年（1950）

　　民國三十八年冬與三十九年春，中央政府機關及中國國民黨中央黨部紛紛由重慶及廣州遷移台北。政治與黨的中樞的會議頻繁，而希聖的寫作亦甚忙碌。甚至與他一同參加會議的同志，憤慨的指責，「為什麼主稿的事，總是交給陶希聖？難道除他以外，就沒有人能擔任嗎？」希聖本人深為惶恐。但在此戎馬倥傯之際，大陸潰敗之餘，不把這種工作擔當起來，又有什麼辦法呢？

　　希聖的主要職務是《中央日報》總主筆與革命實踐研究院講座。他的寫作不止於《中央日報》的社論，他的演講亦不限於革命實踐研究院，但是他的主要工作仍在這兩處。

　　因為他是中央宣傳部副部長，在大陸變亂時期，有若干宣傳機構要遷移，又有若干文化事業要整理和振興，他擔任了許多機構的職銜。除了《中央日報》股份公司的常務董事之外，例如香港時報管理委員會委員兼總主筆、中國廣播公司常務董事，中華印刷出版公司董事長，乃至中央通訊社管理委員會委員。乍看起來，他是如此東兼西跨，頭銜壓肩，而其實不過是為了那些機構遷移，整理和振興的便利而已。

　　希聖在一些會議席上，涉及中央通訊社及黨報問題，常多感慨甚至歔歔。他坦白的說道：「提到這些新聞事業，真是十指連心，使我沉痛。我親眼看見他們在大陸上發出最後一張稿，同時親手搬他們到台灣來。」他對於扶助

新聞事業，出了不少的力。例如低價配給白報紙，及低利長期銀行貸款，使一些私營報業得以生存和發展，是他對政府有關的負責人士，說服與爭取，才開始的。

　　三十九年春季，國民大會代表、立法委員及監察委員，從廣州、重慶及香港各地，紛紛集中台灣。立監兩院復會。國民大會代表亦有聚會。這些民意機關及代表，還有海外僑團，一致呼籲蔣總統復職。三月一日，總統復行視事。

　　[泰來] 政府各機關人員多由重慶或成都搭飛機到海口，再轉機到香港或台灣。此時財政部公債司幫辦于良璧先生從海口來到九龍，驗收愛國公債並接洽船運到台灣。以後幾年，凡進出口貨物者，均配購愛國公債，印刷品質與號碼，皆無疏失。中華印刷局在九龍，因地利之便，在接應疏散及逃難人士方面，亦盡其最大的功效。即如魏紹徵先生全家自海口；沈任遠先生全家自上海逃來九龍，均先後借住大埔道一段時期，然後轉往台灣。趙世洵先生全家亦係如此轉往新加坡定居。

　　此時，希聖辭去中央宣傳部副部長之職，仍參加宣傳政策及工作方針。大陸淪陷之初，台灣情勢亦呈混亂狀態。省政府主席陳辭修先生以堅強手腕與沉著精神，撤銷了浮濫的軍政機關，整理了來台的部隊，以維護政治社會秩序。同時，台灣大學校長傅斯年先生協助陳主席，從學校中清除了共匪「職業學生」，使教育界得以安定。

　　總統復行視事之初，首先撤退舟山及海南島的部隊，向台灣集中。台灣防務轉為堅強，而共匪窺伺台灣的野心企圖，為之粉碎。

　　三七五減租政策及糧食增產乃是陳主席秉承蔣總統的指示，決定實施。這兩大政策，安定台灣的農村，並供應民食與軍糧，因而台灣的經濟秩序亦見恢復與進步。

　　希聖在《中央日報》的努力，在澄清一般人士對第三次大戰的希望與幻想，抨擊失敗主義，恢復民族的信心。他在革命實踐研究院講習時，更提出「從共產主義的煙囪裡鑽出來」，和「不在敵人的陣地打仗」以及「在思想上分敵我」的口號，喚起黨政和軍事幹部同志，澄清唯物史觀與階級鬥爭的流

毒，重建三民主義的理論體系。

　　他發表了〈將革命事業從頭做起〉的論文，並收為小冊子。另與曾虛白及羅時實等人，共同研討民生主義的理論與政策，使其脫離共產主義階級鬥爭的窠臼，而與西方諸國大戰後的經濟思潮相參證。

　　希聖的思想方向，實即為自由主義與共產主義兩者對立之間的第三條路（the third way）。他常常告訴黨的同志說：自由主義是三民主義的友軍，反之，共產主義是三民主義與自由主義的共同敵人。

　　六月二十五日，北韓共軍侵入南韓，聯合國安全理事會決定實施軍事警察行動。

　　二十七日，美國杜魯門總統聲明，派遣第七艦隊巡邏台灣海峽。台灣的人心安定，同時流連香港，不敢及不願來台的人士紛紛來台。而在台人士申請出口往香港者亦紛紛撤回其申請。

　　希聖此時在各處演講，提出了「我們的反攻，要以大陸匪區的反共革命為條件，而不以國際戰爭尤其第三次大戰為前提。」同時說明「我們的生存必須依賴自己的防務，而不可將自己的生存寫在韓戰的帳目之下」。他指出韓戰確實給予我們以安定，但是我們不可心存依賴，鬆懈了自己應有的努力。

　　七月間，中央常會通過本黨改造方案。八月五日，第六屆中央執行委員會及監察委員會均停止職權，中央改造委員會宣告成立。希聖最初任設計委員會主任委員，稍後改任第四組主任。

　　第四組主管宣傳政策及宣傳業務。希聖對於宣傳政策素稱熟練與優長，但是用人與處理事務則非所長。他自二十四歲起，最初任法律學教授，其後又任中國社會史及中國政治思想史教授，前後二十餘年。他為人並不驕傲，頗為謙抑，但不善且不喜交際，與黨中同志除公誼之外，殊少私交。自大陸淪陷以來，他一心一意為宣傳與文化事業之遷移與重建而努力。在他自己的心目中，以為「直道而行」，在別人的觀感上，認為「一意孤行」。此時遂成為他被批判，受責難的起點。

　　[漆高儒] 有人說陶先生是《中國之命運》的撰稿者。其實，據我所知，先總統蔣公還有兩本著作：《民生主義育樂兩篇補述》和《蘇俄在中國》，也有陶先生撰述的部分。在陽明山受訓的朋友們，有一次就率直的問他：「院長

的上面三本著作，是否都該算是「陶著」？」他卻很謙遜的否認了。

　　他認為著作最重要的是命題與架構，命題立意都是院長自定的，其後搭架子，寫綱要，也都是院長再三斟酌的，當然應該說是院長自著才對。何況三本書的內容，院長增修易稿多至十餘次，陶先生認為他自己只是等於一架打字機，將主人的意見記下來而已。

　　民國三十八年底，政府播遷來台，國民黨亦宣布改造，陶先生主持第四組，對撤退來台的報人，頗為照顧，曾組設革命理論委員會，宣言：「別人懷寶劍，我有筆如刀。」於是有了《反共抗俄基本論》的建立。

　　[泰來] 其實後來的兩本書，真正的打字機是我們的表哥阮繼光（祖德）先生。那時父親所撰文稿，無論是總統文告或是代撰書稿，凡須呈總裁閱者，概交祖德哥以十行紙工筆繕寫。尤其是總統的演講稿，更是非他寫的十行紙工筆字不可。祖德哥在南京時，住田吉營，時常漏夜繕寫重要文告至天亮。局勢轉變時，曾經返回武昌，但其後因非他不可，乃再徵召他隨政府到台灣。《蘇俄在中國》一書之最原始草稿只是六千餘字的一篇文章，此稿連同《反共抗俄基本論》之原稿，先父一直珍藏，視為至寶

　　十月十日，為長子泰來在台北市完婚。

　　[泰來] 我與晏章沅小姊於月初自香港乘四川輪到台灣。雙十節在西門町國際飯店舉行婚禮，居正先生為證婚人，萬耀煌將軍為女方主婚。來賓三百餘人。傅斯年先生作來賓致詞說：我好像到了湖北同鄉會云云。

　　民國三十六年至三十八年，約兩年的時間，他領導全國各地十九個直屬黨報。他的信念是「帶報如帶兵」，必須周詳指導，嚴正管理。三十七年十二月，他在北平，對市黨部的一個會議演講，曾經說過：「今日黨的組織系統雖已渙散，但黨的宣傳系統仍未解體，這是我們宣傳工作者稍可自勉之事」。中央黨部遷台之後，他對於黨報以及黨員主持的報紙，仍然採取嚴格管理的方針。中央改造委員會開始工作之後，他的理想是劃分黨報的工作領域，例如甲報為中央黨部機關報，乙報為地方黨部機關報，又如丙報為農民報，丁報為工商報。但是他這一方面的努力，使他陷入十分困擾的境地。

民國四十年（1951）

民國四十年是希聖毀譽交集的一年。

他接了王世杰先生的革命實踐研究院總講座的職務。他解除了中央第四組主任的職務，仍然繼續擔任《中央日報》總主筆的工作。

他以候補立法委員的資格遞補了立法委員。他的總統府國策顧問的職務，依法不能兼任，只保持一個名義。

他的若干公司董事長、常務董事以及董事、管理委員等頭銜，大抵解除了。

他所受的批評與責難仍然繼續增長。他自己並未覺察。他覺察了，亦唯有耐心接受。

[泰來] 泰來於年初赴香港辦理中華印刷局結束，四月將機器設備及員工遷來台北開業。登記為中華印刷廠。

民國四十一年（1952）

民國四十一年三月八日，他在鄭州街鐵路局大禮堂的大門口，跌斷了右腿。這件事幫助他解除了剩餘的一些職務。

三月十日，革命實踐研究院總講座是由崔書琴先生代理了。八月，他解除了《中央日報》總主筆，《中央日報》亦即改組。

他在臥榻上耐心養傷。他的腿部開了兩次刀，至十月才能勉強扶杖走幾步路。

他在臥榻上讀了神學的書籍，增加了他對耶穌基督的信心。

他同時也讀了關於蘇俄及其共產帝國主義的書籍，對於蘇俄的政治經濟諸般情況亦深進一層了解。

他撰寫了《建黨的根本問題》小冊子，同時又協助了中國國民黨第七次全國代表大會的準備工作。

第七次全國次表大會是十月十日開幕。直至十月八日，大會的席位表上，還沒有列入希聖的名字。就在大會之前一日，總裁指定他列席大會，並指定他起草大會宣言。

他未曾進入大會會場，只在會場外的一間房子裡，撰寫宣言初稿，並協

同羅家倫先生修改。

　　他被選為國民黨第七屆中央委員會中央委員，這是出乎他的意料之外的。

　　七全大會閉幕之後，第一次中央全會裡，他列為中央常務委員之一。

　　他初釋拐杖，能夠步行之時，受了基督教的洗禮。

　　大會之後，他恢復了革命實踐研究院總講座職務。他扶杖登台演講。他在臥榻上養傷的七個月對於他演講的題材與內容，有重大的裨益。

　　革命實踐研究院第一階段教育辦了二十五期。到了七全大會之後，第二階段教育開始進行。第二階段教育方針以黨政軍聯合作戰的組織及業務的研討與演習為主旨，尤其著重於從台灣的反攻行動與大陸反共革命的策應及配合，以及反攻時期的政策與重建地方政府的方案。

民國四十二年（1953）

　　革命實踐研究院為了籌備第二階段教育，舉辦建黨問題研究會，遴選黨政軍高級幹部同志共同擬訂教材並講求訓練方法。

　　建黨問題研究會結束之後，革命實踐研究院改組，張岳軍先生為主任，分設教育委員會及研究委員會。張主任兼任研究委員會主任委員，希聖擔任副主任委員，實際主持研究委員會的工作。

　　研究委員會收集了中央黨部設計委員會與行政院設計委員會的反攻前，反攻時及反攻後的各種方案與計畫，共計四百幾十種。先分組研究，然後綜合研究。綜合研究組由希聖召集。中央黨部設計委員會主任委員崔書琴，及行政院設計委員會祕書長邱昌渭及革命實踐研究院研究所長李壽雍諸人均參加。每一分組是依其所分得的方案，由有關係的黨政主管機關指定的人員及專家組成。各分組將其所分得的方案整理歸併或改訂，然後提出綜合研究組審議。

　　希聖解除《中央日報》總主筆之後，他的短篇論文或投《新生報》，或投《聯合報》及《中華日報》，或投《中央日報》發表。這一年的論文，收編為《世局轉變中之自由中國》專集，自辦全民出版社發行。三月二日下午，他接到中央通訊社電話，說法新社的電訊，巴黎收聽莫斯科廣播，史達林於三月一日晚間，大腦溢血，半身失去知覺，經醫治療，病況無變化。希聖當即寫一短文，交《中央日報》發表。他認為史達林病榻的周圍，早有權力鬥爭。史

達林早已暴死。經過了克里姆林宮內鬨而且內鬨已有定局，才決定一步一步的發表消息，先從史達林病危的情況發表起。

兩日後，莫斯科果然發布了史達林死亡的消息。

自此以後，希聖被認為蘇俄問題的專家。其實他並未專門研究蘇俄問題，只是一年來他在臥榻上多看了一些有關蘇俄的書籍和資料，對於蘇俄的事情，有評論的興趣。

打了三年的韓戰，轉入停火談判，至七月間，板門店談判將要簽字，而六月十七日，東柏林工人反共革命爆發。希聖在各報發表論文，呼籲國人，把眼光轉向大陸匪區群眾革命。他說：「三年來，大家的眼光都看著韓戰。這三年間，大家談論反攻大陸問題的時候，心裡想著韓戰。今天韓戰停火了，大家心裡是一陣的空虛。我要喚醒大家，你們這一條空虛的心，應該轉向大陸革命。」

他接著說：「以前，大家不信大陸奸匪鐵幕之內，群眾有蜂起革命之可能。自今年六月十七日以來，東歐各國的反共抗俄革命運動，卻證明了蘇俄鐵幕之內群眾革命不止是可能的，並且是實在的。東德人可以革命，為什麼中國人不能呢？捷克的人能夠蜂起，我們中國人為什麼不能起來呢？」

續編稿　陶泰來、陶晉生編

民國四十五年 (1956)

總統著《和平共存 —— 中國與俄共三十年經歷紀要》，中國國民黨中央委員會出版。

[晉生] 四月二十七日 在台灣大學講「史太林的生死」。（晉生日記）

五月八日 中央文物供應社出版總統著《和平共存 —— 中國與俄共三十年經要》。

[晉生] 父親「幫總統寫的《和平共存》達十萬字，熬了很多夜，毫無酬勞。中央文物供應社為印此書，大家熬了兩夜。總統改此書很多次，某章某句某字他都記得，記憶力很好。」（晉生日記）

[晉生] 七中全會閉幕，下午選中常委，父親 22 票當選，張其昀 18 票。（晉生日記）

五月 任中央日報董事長。

十二月二十五日 《蘇俄在中國》中央文物供應社出版。四十六年六月再版，六月三版，七月四版。

民國四十六年 (1957)

二月 中央日報出版《作文的方法》。至六十六年發行七版。

《蘇俄在中國》英文版在美國出版 *Soviet Russia in China: A Summing-Up at Seventy. New York: Farrar, Straus and Cudahy, 1957. 2*[nd] *printing, 1957.*

十月 連選連任國民黨第八屆中央常務委員。

民國四十七年 (1958)

全民出版社出版《迂迴集：以中東問題為中心之世界變局》。

發表《國父與蔣總統的革命方略》。台北：蔣總統對中國及世界之貢獻叢編編纂委員會。

民國四十八年 (1959)

開始為《法令月刊》寫《夏蟲語冰錄》。第一篇說〈法的觀念〉：間或

與時賢論法，彼此的分歧點，在法的觀念。我的心目中，法是形式，社會生活，政治制度，經濟組織纔是內容。法雖散見於法令而為若干條文，社會政治經濟制度與組織即是整體。因此我們論法，必求其通。時賢的心目中，法只是個別的法令，甚至個別的條文，一條一條的法律規定，紛紜破碎，只見其別，不見其通。由於彼此的法的觀念不同，所以論法時往往所見不一。

十月 發表〈中國經濟史的輪廓〉於《革命思想》，7卷4期。

[語冰錄] 十二月 在憲法學會演說，提出國大代表「總額」問題，請學會研究。

民國四十九年 (1960)

[語冰錄] 論國民大會、憲政研討委員會及國民大會與立法院。

[語冰錄] 回憶學生時代及教書的初期。

民國五十年 (1961)

主持中華民國開國五十年編纂委員會，出版文獻資料。第一編為「革命源流與革命運動」。

八月四日 四子晉生獲美國 Indiana University 歷史系獎學金赴 Indiana 州 Bloomington 鎮。五子范生同機赴猶他州鹽湖城 University of Utah 就學。同機者尚有吳大猷、蔣孝文，及陳誠之子。從夏威夷飛洛杉磯途中，與吳大猷先生同座（經濟艙）。

[晉生] 九月二十日父親來示：目錄學重要。

重印《中國政治思想史》。全民出版社。

民國五十一年 (1962)

[晉生] 一月二十日父親來示：開國五十年文獻委員會編纂計畫編八冊，四百多萬字。準備擴大，變為經常工作（預定兩年）。姚從吾先生與吳相湘先生介紹李敖。我有意聘用一個研究生。你來信說明此人如何，如不用亦易於回報。李敖原與你共事，每月一千元。但因他考取研究生，不能兼任助理，

此千元即不能再付。他們便推薦給我。我初步回信說：現無經費，若追加預算成立，再行接頭。故用否均無問題。

[晉生]三月二十日父親來示：我們總要把范生第二年的一千六百元補足才好。（他第二年的一千六百元，我們只付了一千一百元，尚有五百元未補足。他來信說他有錢，但從未報出數目。）

六月　發表〈北大法律系學生〉於《傳記文學》1卷1期。從這期開始，發表於《傳記文學》的一系列文章，於五十三年結集出版，書名為《潮流與點滴》。

七月　病丹毒，臥床兩個月。

九月六日《二十五史》交正中書局寄贈 Indiana University 圖書館。（按：父親與胡偉克交涉，將所存仁壽本二十五史一部出讓。書款由文獻會墊付。）

開國文獻編纂計畫。

十月十日　出版《武昌起義》。

[晉生]十一月十七日示晉生：母親的首飾，從前由倉子阜往上海時不敢拿。後來上海的首飾又賣了。最後北平的首飾又在香港賣了。

[晉生]十二月來示：他們（晉生注：胡秋原與李敖官司始於《文星雜誌》60期。1962）認為我坦護胡適之一派，又恨姚老（姚老其實毫不相干）推薦李敖，又恨李敖在開國文獻會工作，便把事情加在我頭上，由徐復觀出面在香港華僑日報投稿，說某要人利用某會的資料，由李敖出頭，要清算一班維護中國文化的人們。

[晉生]阮繼光來信：陶先生對李敖是另眼相看，與別人不同。首先是文獻編輯，李敖不必參加。文獻會編輯是租賃一個三四十坪的二三層樓房。陶先生叫隔三間小房，以一間給李敖居住。……李敖在文獻會既不做事，卻和《文星》搞上了關係。

十二月　遷入新生南路142號新址。新生南路124巷24號住宅售予鄰居黃烈火先生，為還債務。

民國五十二年(1963)

一月　好友曾劭勛（伯猷）去世。曾親自送曾先生住醫院。勸其戒菸。

[晉生]一月十一日父親來示：李敖與胡秋原訴訟糾纏不休。我屢次勸他在法院審判期間，依法不可寫文章。且閏變為公案，胡想推翻是妄想，你一定就閏變寫文章，又何必？此訴訟，任卓宣、徐復觀在一方挑撥胡。殷海光在李敖後面撐著。我勸不聽，就把李敖停止文獻工作。這是今年七八月之事。在法庭上，胡要追問李敖為何停職，本會秘書（高蔭祖）作證，說本會用臨時工作人員，每年都有更換。胡追問李敖竊盜文獻（抄本會存報而已），高證明其無竊盜之事。總算幫了他。但若再留，則將我們都牽入訴訟之內。停止他的工作之後，仍送一點錢給他。

[晉生]母親來示：一家人家有兩個自費留學，是吃不消的。（此時幼子龍生申請赴美國留學。）

[晉生]二月二日父親來示：姚從吾先生家，我初一去拜年。他說：中國人研究歷史，材料多，無方法。美國若干學者先立間架，再找材料，看來很漂亮，實則材料不夠。我們應摻和兩者，重新工作，史學在中國，現才開始。

我說：我在戰前，在北大教中國社會政治史，即是先立間架，再把材料納入。後來辦食貨半月刊，才著重於方法，從材料裡再產生理論。今日美國左派學者仍然是從前用唯物史觀的那一套，稍加修改而已。（當時北大考據派的朋友，把我當 heresy，我也批評他們，沒有把唐宋朝代之先後弄清楚，就找一個南宋的和尚做考據。）當時與我們一起做研究的學生們，今天繼續用間架套材料，材料加多，而成就也大了。如楊聯陞先生等即是。其實社會史的方法（socio-historical method）只須將民族學，社會組織，或文化人類學，再將那些從唯物史觀修改出來的學者著作，如今日之 Fairbank，Schlesinger，Lasswell 之類都是，瀏覽一下，即可自行做此種[套]的工作。我的中國政治思想史亦可參考。

[晉生]父親來示：祖父和我都是天資不高的，全憑辛苦讀書寫作的。祖父在武昌兩湖書院精舍，和考取府學（秀才）至拔貢，用功用到發痔瘡，伯爹罵他心血用盡。我幼年境遇好，到了大學畢業之後，家庭的財產關係斷絕，

（祖母一文錢也不給，只是我們年節送禮物。）我的一些學問是上海亭子間和北平的公館磨出來的。北平的六年有大進步。而文名是上海亭子間的產物。

[晉生] 二月十五日父親來示：游牧狩獵部族入主中原，以其社會組織軍事組織加於中國大土地私有制與租佃制之下，構成一種封建制。同時中國政治制度與政治思想，又促成其君主專制。當其部族組織在塞外或關外保持其原有生產戰鬥方式之時，君主不過是祭祀與兵戎之首長，並無專制權力，（尤其女真）入關入塞之後，第一步封建專制，第二步君主專制，而其固有之社會與軍事組織趨於腐化與瓦解。此其大概也。

著大書，可以中國政治思想史為底本，將其歷史分期改過，將其以社會組織政治制度說明社會政治思想之特點，再加材料補充。將其敘述與推理方法，改進而使全書系統化。此須全以英文的寫法來寫而非依中文為翻譯。

作為史學家，有書問世，才有基礎。但其實真的學問仍在論文與小冊子為專題研究。題目愈窄，顯示其研究之深度。

出書則重在系統，系統分明，即可得社會之重視。故系統一立，大膽出書，此與窄題深究者，完全兩道。作窄題深究者，有一生不出書者。立系統而暢述者出書，往往博取學術地位。當然，系統的作品如平庸空疏，則亦無由自躋於學術之林耳。

[晉生] 四月七日父親來示：銅器時代鐵器時代分期，是 Morgan 和 Spencer 等老方法。我以為以社會組織分期較為適宜。中國社會組織，上古要作 ethnical analysis，如夏商周楚蜀吳越，乃至苗等部族之分析。古代（春秋以降至秦漢，from tribe to empire) 仍應作地域的分析。此期中原文化即可謂為中國之古典文化，或典型的中國文化。此後由西北、東北，各部族之入主中原，海上與天山南路西來之佛教與印度文化（漢族之南渡）以及唐、元兩代之中央亞細亞開拓等，比銅器鐵器之老分期為優。中央研究院以李濟（副院長）為中心之上古史，當然以銅器鐵器分期耳。部族的分析與文化的分析不能分離，文化是空洞的，社會組織才是文化的根基。藝術之類不過文化之表徵而已。

五月二日 赴日本，十六日返台北。

[晉生] 六月九日母親來示：父親收入 —— 立法院會期 4000 元，平常 2000 元；中常委車馬費 500 元；中央日報車馬費 500 元；每月寫社論 4 篇，共 1200 元；《法令月刊》每月 500 元。

七月 Indiana University 的鄧嗣禹教授來台收集秘密社會資料，與姚從吾、陳雪屏、吳相湘餐敘。

[晉生] 八月二十七日父親來示：柳無忌教授購買二十五史，通常要台幣九千餘元，現仍依最低價七千四百元，做箱子五百元，運費估計三千元。共計新台幣一萬一千幾百元，合美金（官價）二百五十至六十元之間。

十月 連選連任國民黨第九屆中央常務委員。
十一月 發表〈記王天縱〉於《傳記文學》3 卷 5 期。

民國五十三年（1964）
二月 發表〈記曾劭勛先生〉於《傳記文學》4 卷 2 期。
二月十二日開始 台大史學研究所講中國社會史四講。

[晉生] 三月五日父親來示：自傳孟真先生以後，他（陳副總統誠）是支持台大及錢校長之有力者。台大在傅、錢主校之後，已成為北大之延長。北大師生素來不存門戶之見，但其他大學系統（尤其是東南之中央大學、浙江大學等）多年來以打學閥為己任。北大人對此種攻擊，自不能無所感，北大老矣，台大延長其生命，而陳副總統實為其有力之支持者，陳以此受到意外之襲。
蔣總統不喜北大之成為閥，同時尊重北大在學術文化之地位。

三月二十日 赴台中為黨史會找材料，與羅志希會商。
四月 發表〈記阮荀伯先生〉於《傳記文學》4 卷 4 期。

[晉生] 四月二十九日父親來示：北京大學的文史諸系，自民國六年（蔡

先生長北大）以後，經民八之五四運動，為文學改革及新文化運動之發源地。以前為章太炎先生系統，以後為胡適之諸人。其學風與治學方法之轉變至為激烈。章太炎系統講漢書藝文志、文心雕龍、史通、文史通義諸書。胡適之諸人則以系統的方法，講文學史、哲學史等。五四運動助長新文化運動之發展，其時與北大相抗者為南京高等師範，改為東南大學（國府定都南京後，改中央大學），其文學為太炎系統，其史學為柳詒徵講中國法制史，前後兩冊，前一冊幾乎全講周禮。而在北大之考據與疑古一派看來，周禮為經古文學的典籍，較之經今文學的典籍為後出，或係漢儒的理論著作，託之於周公。柳先生把周禮講中國法制，其學派如何可以想見。蓋北大之考據與疑古諸人乃承襲清代考據家而來。（疑古則以清末崔述〔東壁〕為最後之老師。）疑古文學家自清代至今，寥寥無幾。柳先生所承襲者如此。東南大學分入浙江大學。此一系統之反對北大不解之仇。民國十九年我由上海到南京，在中央大學講戰國時期之辯士與遊俠，中大之史學系為之震動。二十年上學期我任中大政治系教授（其實為副教授），在史學系講中國之政教衝突，中古之沙汰僧尼與三武一宗之法難，以社會史的方法分析之，史學系之老師們為之譁然。獨黃季剛（侃）先生（太炎之首席弟子）認為不可輕於評定。民國十年秋，我任北大政治系教授，講授中國社會史，胡先生亦視為 heresy，我亦批評考據學派，後來就和睦相處了。我相信今後之史學將走向社會的歷史方法（socio-historical method）一條路，考據派是停留不住的。

五月　發表〈記陳布雷先生〉於《傳記文學》4卷5、6期；五、六、八月。

［晉生］六月七日父親來示：民國二十年上半年，我接受中央大學聘書，對外一律稱教授，而聘書仍為副教授。當時我是三十三歲，我已經教了九年書，才得此一地位。政治系主任是杭立武，不過三十一、二，法律系主任謝冠生，年齡似乎稍為大一點。下半年我回北大母校，卻是教授，不再冠以副字了。教授月薪四百元（銀元），可兼課四小時一百元，共五百元。研究教授每月六百元，不得兼課。另有典籍費二千元（或一千五，記不清）。研究教授是中美文化基金會補助的。有一次鄭振鐸（當時燕大教授，一年聘約，一年之後仍回商務印書館去了）與我一同遊清華園。他用手杖打那路旁的一隻狗，

罵道：吃庚款的狗也肥些。可見教授對於研究教授之酸味。

[晉生] 七月七日父親來示：史學是無法找生活的。史學家只能找學問與名譽。學問與名譽獲得之後，仍然無法找生活。我的名譽在三十歲已不小，三十六至四十就享盛名。我家的生活至今還不能有何提高。我和你母已經六十五六了。

[晉生] 七月六日父親來示：殊不料主持了三、四、五兒婚姻之後，今竟主持六兒的婚姻，在西晉時，老莊學者向平以為男婚女嫁，了生平之願。從此向平之願成為歷代士林之共同希求。我們看見龍生結婚之後，心願已畢。此後的事情全在你們自己。

九月　發表〈記獨秀〉於《傳記文學》5卷6期。

[晉生] 十月二十六日父親來示：我的回憶錄是偶然開始抗戰初期從上海逃港回渝的一段，引起《自由談》的重視，增加它的銷路。後來有幾位同志創辦傳記文學月刊，也來索稿。於是今年這一年每個月有兩篇發表出來。

Wittfogel 的遼代社會史料是民國二十五至二十六年，他在北平與我在北大內辦的經濟史研究室合作，他每月補助一百元（銀元），研究室供給他卡片。二十六年六月中旬，工作完畢，他和我算帳，他六月份只給二十天補助費，是六十六元六角六分，他慷慨的付了研究室六十七元。

他是國際共產黨人，太平洋學會的角色。第三國際當時派了人去延安訪問共黨，他是四人之一，可是到了北平便拒絕前往陝北。他在北平將近一年，我們替他搜集了遼金史料。他不認識中國字。

我問他拿了卡片何用？他說：編大書可以嚇嚇美國人，好拿基金補助費。他找了王毓銓（北大學生）等三人去美國幫他工作。他把王安置在他的臥房的後面一間房間，出進都經過他的房間。那王是共產黨人，威氏既脫離共產黨，王也脫離了他。據說王被他管得太狠，有神經病。

他脫離國際共黨之後，被左派攻擊得沒有生活。韓戰發生，他才算吐一口氣。三年前，他來台一行。我問他的太太，原來他在北平時的那個太太，是他的助手，後來離開了他，他又討了一個新助手做太太。做太太可以節省薪水錢。（他是德國猶太人，希特勒專政時逃到美國的。）

他認為中國社會是 Asian Society（Hegel 傳給馬克斯的一個名詞），其特點是「單線再生產」為基礎的社會，亘古以來沒有變化。水利工程又是國家的基礎。我認為中國社會自古以來有變化，且與歐洲可以比較。他每次見我，就拱手說：我不敢和你爭論。他現在反共，但學說未改。

〔晉生〕十一月八日父親來示：文獻會需要中國近代史料及民國史一類的圖書，可找關於遠東、亞洲和中國圖書目錄。

傳記文學出版社出版《潮流與點滴》。

〔晉生〕十一月二十五日父親來示：我的隨筆《潮流與點滴》未曾敘述我的論著內容及思想系統。因為我不願自誇。隨筆只是敘述一些小事而已。以後再有工夫，當記述我自己的論著內容及系統，將定名為苦學記，或今是昨非齋學記。今世昨非齋，我父用之，但我父的詩文無存者，齋名亦不顯。我非常想用此名。

民國五十四年（1965）
一月　發表〈記戴杜衡先生〉於《傳記文學》6 卷 1 期。

〔晉生〕一月三十一日父親來示：我想計畫一部大書。這部大書大體以中國政治思想史為底子，但使其系統明朗，並直逮現代。內容敘述中國社會政治之演變及意識形態之轉移。如能趁我的健康尚可支持之時，埋頭作此，或可作為你一生學業之基礎，亦為我一生研讀歷史之遺留。

三月　發表〈記朱霽青先生〉於《傳記文學》6 卷 3 期。
五月　發表〈洛陽國難會議〉於《傳記文學》6 卷 5 期。
六月　發表〈北平與太原往來〉於《傳記文學》6 卷 6 期。
七月　發表〈記崔書琴〉於《傳記文學》7 卷 1 期。

〔晉生〕十月十日父親來示：今日與黃達雲（杰）將軍談。他說：抗戰期間，胡志明逃到中國，經由雲南、廣西入川。在重慶時，得到蔣委員長的支

持。他到昆明集合越南部隊，軍事訓練。日本投降後，他隨國軍入越南，國軍受降，即以日軍的軍械交給他。他以此起家，以三民主義號召。而後作共黨的工作。黃率領部隊退入越南，與胡志明不相涉，無往 。

又，我記起一段事。

汪精衛由重慶飛昆明，龍雲為雲南省主席，綏靖主任，接待他（副總裁，中央政治委員會，後改稱國防最高委員會主席），汪未敢明白說明其主意，只說他試與日方籌和議。龍說，與日構和，千萬不可離開蔣委員長。汪往飛機場乘 Air France 機到河內，龍親送行，到飛機場。汪起飛後，龍即電告蔣委員長。其時蔣委員長在南嶽衡山開軍事會議，得電立即到重慶。日本人所著近衛文麿關於龍雲，說他附和汪之和議，與事實不符。陳公博由成都飛重慶隨汪出走。陳在成都曾與潘文華（四川之軍人，統率劉湘的部隊，似是軍長）談過，潘有贊成之意。四川軍人慣於四面應付，亦不可恃。

民國五十五年 (1966)

[晉生] 五月二十九日父親來示：我有漸謀退休之志。即使我自己不想退休，高明之家，鬼瞰其實，必仍有挫折之來。唯其有退休之志，則地位得失不一贅心。如退休早，則上項志願即有實現之會。如其不能退，則一旦身心衰落，此一志願即難酬矣。

民國五十六年 (1967)

二月十八日 從台北出發作環球旅行。乘泰航 Caravell 機到香港，住半島酒店。

[泰來] 我陪父親作環球旅行，1967 年二月十八日從台北出發，路線如下：

台北 ─ 香港 ─ 吉隆坡 ─ 新加坡 ─ 曼谷 ─貝魯特 ─ 安卡拉 ─
伊斯坦堡 ─ 雅典─ 羅馬 ─ 米蘭 ─ 漢堡 ─ 倫敦─ 華盛頓 ─
紐約 ─ 波士頓 ─ 底特律─ 芝加哥 ─ 洛杉磯 ─ 東京 ─ 台北

十九日 在九龍走訪亞皆老街、柯士甸道、山林道各處憶舊，並在一定好

茶樓及山林道舊宅前攝影留念。

[泰來] 這一定好茶樓在大南街，其隔壁的三樓即是 1949 年初我們全家擠住過的地方。山林道則為 1939 年春父親和陳公博曾經住過的舊宅。

二十日，自香港飛吉隆坡……並在怡保小住三天。

[恆生] 飛機抵達之日，我們全家前往吉隆坡國際機場迎接，同往聯邦酒店居住。當晚由僑領劉西蝶先生在聯邦酒店設宴洗塵，赴宴作陪的有馬來西亞工礦公司董事長林添良先生（我的舊老闆），大石水泥公司董事總經理李良榮先生，我駐吉隆坡總領事張仲仁先生，副領事蕭萬長、閻志恆先生，中信局駐吉隆坡代表鄧昌明先生，新聞局代表郭湘章先生等人。席至中途，父親談笑風生之餘，忽然發現隨身小提包不在身邊，連忙回房去找，也不見，於是我飛車馳往機場，此時剛才下機時休息過的貴賓室早已上鎖，連忙到警衛室詢問，值班警衛拿出一個小提包問我是不是這件？我大喜過望，連忙證明身分簽字領回，並給警員一百元叻幣獎償，返回旅館清點，內中機票、護照及旅行支票數千美元，一件也沒少，真是謝天謝地，也十分佩服馬國警察紀律嚴明。

父親及哥哥在怡保小住三天，除參觀大石水泥廠及品嘗本地各種小吃外，並曾參加中華總商會劉伯群會長的茶會，以及應僑領曾瑞豪之邀上金馬崙高原度過一個清涼寧靜的夜晚。

三月二日晨，自吉隆坡乘機達新加坡。南洋大學諸人及連士升、趙世洵等在機場迎接。

晚應陳國礎、劉攻芸宴於豐澤樓。高朋滿座，共有四桌。宴畢至連士升家中，會見連太太，話舊。憶自香港一別，今已廿餘載，不勝今昔之感。

[泰來] 連士升先生的太太是安南籍，香港陷落後，他們夫婦到安南，戰後又到新加坡定居。連先生是新加坡的大文豪，在政府裡地位也很高。父親和他多年不見，把晤甚歡。趙世洵是上海新聞報記者，與沈蘇儒同事，他夫

婦 1939 年逃經香港係由中華印刷局救助轉來新加坡的。

　　在東南亞洲，外國的國家與中國的社會，遊蹤所至，如同鄉里。行經六國之後，真是人地生疏。

　　三月六日 自新加坡飛曼谷，與彭孟緝大使會晤。深夜二時搭泛美班機，彭大使派座車送我們直至飛機旁登機。經過一晝夜長途飛行，於七日到達貝魯特，仰仗我們大使館的幫助。繆大使、葉處長、劉秘書的幫助是深深銘感的。

　　[語冰錄] 貝魯特在高山與大海之間，是中東諸國往歐洲的出口，同時是歐洲諸國到中東的進口。再加黎巴嫩在東西兩大集團之間保守中立，同時又在中東兩個堡壘之間維持中立，這個自由國家乃完全以貿易與交通自立自存。

　　歐亞非三洲，東西南北四達，造成黎巴嫩首都的繁榮。各國旅客經由各種路線，在這裡熙熙攘攘，往往來來。

　　貝魯特是中東的自由商埠。其建築之沖天與市場之繁富，可與香港及新加坡相比。本地有特產，而商店陳列的東西大抵是外來的，可以說是百貨齊備。各國的銀行，西方的，中東的，都是高樓大廈，也就是國際自由匯兌的象徵。

　　香港及新加坡沒有而貝魯特卻有的一樣東西就是大賭場。在帶有阿拉伯特色的堂皇建築裡，各種賭博都有。本地的公務人員不准進入賭場。本地的工商界人等必須所得稅在一定數額以上才可參加。實際上真能豪賭的人們是中東各地的豪門。賭稅是很重大。而且一入賭場，處處事事都要小費，一般旅客也就只能參觀，無從下手的了。我們是遠方旅客，無須買籌碼而可以參觀，那是管理人員的禮貌。

　　大賭場的另一面，是法國歌舞團的表演。台北市的豪華酒店與此相比，可以說是小巫與大巫。但是這還不是夜總會，這是高於一般夜總會之上的。我們亦是一瞥而去。

　　三月九日，乘土耳其 THY 四引擎螺旋槳機飛安卡拉。從飛機上看去，土

耳其南部平原的田野開闊，耕作整齊。中部高原，嶺頭積雪，湖沼結冰，而林木遍布，公路修整，處處表現一般人民之辛勤努力。

[語冰錄] 安哥拉是樸實的都城。舊城的屋宇市街保持舊來的風物。新市區之現代建築比之於西方各國都毫無遜色。我們住在布魯瓦富是舊式旅社，也是有名的餐館，坐落在新市區的大馬路（國父路）。這條大馬路之寬闊，汽車之幅輳，人行道上之擁擠，大商場之不二價，說明了這樸實都城之建設有計劃，管理有魄力。

土耳其革命的導師，國家的國父，凱瑪爾將軍的陵園，建築之樸實，氣象之巍峨，再加以壁上浮雕的圖案之英勇挺拔，文句之真誠坦率，任何國家任何人在參觀時，皆不能不肅然起敬。

土耳其的社會是自由的社會，但其行政卻有嚴屬的制度和綱紀。這就可以證明行政紀律不一定要隨著人民自由而鬆弛乃至瓦解。

自凱瑪爾將軍在舊帝國的基礎上開創這個新國家，執政者大抵出身於陸軍大學，而陸軍大學的取材與訓練之嚴格，參謀制度之整飭與精幹，不是我們意想所及的。執政者對於行政紀律的要求是嚴格的，行政法令之貫徹亦是嚴格的。但是嚴屬的行政並不減損人民的自由。人民是有自由的，社會卻是有秩序的。

凱瑪爾將軍革命成功之時，一道命令可以改變人民的服裝，其後的執行者亦能以一道命令，為了開闢一條大路而拆卸路線上的房屋。管子說：「下令如流水之原」，由此可見。

凱瑪爾將軍為主權在民而奮鬥，未曾因行政的嚴屬而有任何減損之虞。

三月十三日，飛抵伊斯坦堡。十四日恆生自馬來西亞前來會合。

[語冰錄] 伊斯坦堡之特點是由新市區寬闊街道進入舊市區狹窄街道，必經一道橋。而舊市區乃是觀光要地，車輛行人擁擠殊甚。其交通規則之特點是絕對不准停車於街道兩旁。違規停車，備受重罰。

三月十六日自伊斯坦堡飛希臘雅典。

[泰來] 我們在雅典係由溫源寧大使招待。當時溫大使是各國駐希臘使節團的團長，受到該國政府特別的禮遇。他的座車可以不受交通規則的限制。他送我們直入機場，座車駛到飛機門旁。

[恆生] 十六日飛希臘雅典，住進大使館代訂的喬治王飯店（Hotel King George），安頓好後，我們上飯店頂樓餐廳吃午飯。飯後結帳時誤以為小費已經包括在帳單內而未另放零錢在桌上，出門時竟遭侍者白眼，在我們背後嘰咕：「小費沒有，什麼都沒有！」（No tips, no nothing.）下午，溫源寧大使親自來訪，大使到達之前，飯店已在門口鋪好紅地毯，一直鋪到大廳之內。原來溫大使是各國駐希臘使節團的團長，也是王子的老師，因此政府對他特別禮遇。

三月廿日 從雅典飛抵羅馬。沈昌煥大使招待遊覽羅馬古蹟。留住期間，接西德留德同學會堅邀，改變行程前往一行。

[語冰錄]（三月廿日）我在羅馬，住 Grand Hotel de Ville 大飯店。那飯店是頭等的旅社，坐落一條狹窄的道路上。我和沈大使一同走出此街，到了十字路口。沈大使說：「有斑馬線就走過去，不要等。」原來羅馬的交通規則，駕汽車在斑馬線撞死人者，除重刑外，還要吊銷執照，一輩子不得駕車。

[泰來] 晚七時餘沈大使來，帶我們去幾個地方，記載於下：

（1）西班牙廣場，即是電影羅馬假期中演出過的著名花市台階，有百級石級。石級終頂有紀念碑一方，矗立於一教堂前。石級旁有一棟老房子，是當年英國名詩人濟慈（Keats）住的地方。他也就以 26 歲英年，死於此屋。

（2）到一間 1760 年開辦迄今的咖啡館吃咖啡。這裡面一向是才子集會的場所，曾經到過的名人有一本簽名簿，保存了二百年。其店中牆壁掛有曾在該店逗留的名士雕像或畫像。我們認得出來的有 Goethe，Mark Twain，Belioz，Gogal, Byron，Liszt, Bizet，Gunod 等多人。

（3）到當年尼羅王宮舊址上一間餐廳吃晚餐，此地面臨鬥獸場，鬥獸場晚上亮起黃燈，照耀之下，非常美觀。據說當年大火焚毀羅馬時，尼羅王就在這王宮上觀看鼓琴。

（4）飯後下山遊鬥獸場。此建築曾在電影中出現過。當年羅馬人迫害基督教，將教徒送入鬥獸場餵獅，死者不可勝計。故此場陰森可怕，據云有鬼。故夜晚獨自一人，決不敢入窺。當年聖彼得見羅馬無可留戀，即離城而行，行十餘里，遇見耶穌顯靈。彼得問道：「Quo va Das?」（到那裡去？）耶穌說：「我要再去上一次十字架。」彼得醒悟，毅然回頭，再到羅馬。羅馬王將他送入鬥獸場，獅子不肯咬彼得。最後終將他倒掛於十字架上。這一段歷史，電影也曾演過。當年彼得遇耶穌顯靈之地，至今仍留有遺跡。當年用鐵鏈囚禁聖彼得及聖保羅的地方，亦有遺跡。

（5）其後驅車看了四個噴泉，最後亦是最出名的即是「Three Coins in the Fountain」電影插曲所唱的噴泉，遊人深夜仍然很多。

（6）到市政府廣場看一武士騎馬銅像。據云是當前全世界騎馬 Status 中最好的一座。

羅馬古蹟之多，之偉大，實非他處可比。父親決定要多留幾天，所以我和恆生去翡冷翠及威尼斯，父親不同行。至 26 日約定在飛機上會合，同往 Frankfurt。

[恆生] 駐義大利于俊吉大使不在羅馬，承吳公使邀宴於大使館，賓客眾多。席中有兩位藝術界客人：歌唱家張美侖及名演員王玨。他們都在羅馬深造。我很想見到中學時代的老同學，駐義大利武官汪希苓，可惜他不在羅馬。抗戰期間我們是重慶沙坪壩南開中學的同學。

三月廿六日 自羅馬搭機經米蘭到法蘭克福，來迎接者為許志偉及戴安國等人。

[語冰錄] 我最近作環球旅行，在西德乘小汽車沿萊茵河岸走了七小時。

[泰來] 許志偉先生是留德同學會的會長，他邀我們到西德，從富蘭克福開車，沿萊茵河駛到科隆。然後搭飛機到漢堡，轉倫敦。

西德人是守法的。無論什麼時候，即使是深夜，駕車過斑馬線，定要等候綠燈才走。路無行人亦是如此。

[語冰錄] 西德之佛蘭克福市是街道寬闊的大都會。車輛雖多，並無擁擠現象。但其交通規則之特點是多劃單行道，尤其衝要的十字路口，大抵禁止

左轉。

西德之科隆市，街道亦寬，有鐵路與馬路交叉之平交道。雖然車輛行人並不甚擁擠，但行車至平交道，必須停車看望，即使夜半路無行人，亦少火車，而停車看望的規則仍須嚴守，違者重罰。

三月廿九日　由漢堡飛倫敦。在英國一星期，陳堯聖先生駕車至各處遊覽，並參觀劍橋及牛津兩大學。

[語冰錄] 劍橋及牛津兩大學的組織是同樣的。他們的組織與我國的大學大不相同。我國的大學包括兩三個或四五個學院。他們各包括三十個以上的學院，這還不是異點。他們的學院，大者有學生五百人以上，小者亦三四百人。每一學院有教導及訓導先生多人。

教導管理學生的學業，訓導管理學生的生活。但是各學院自己並不開課。學生各自在大學裡選讀他們自己願讀的課。大學各學系只管講課，學院各自指導學生進修。

學院的古老建築，以教堂為中心。教堂前面有整齊清潔的大草坪，只許與院長同桌會餐的老師們走過，不許學生涉足。

師生的宿舍是一座一座合院，院中均有整齊的草坪。每一學生可住兩個房間。如學生較多，即只住一間。宿舍內部的陳設是現代的，但宿舍的外型是古老的。

每一學院的後面有大花園，以老樹與草坪為主，花卉是隨季節變換的。

新建的學院是新型的。如牛津的邱吉爾學院是。但新型的學院之組織與舊式的一樣，只是建築不拘於古老的格局。

我參觀劍橋大學是由鄭德坤先生引導的。鄭先生是考古學及歷史學者。他的考古學新著三巨冊是成名的著作。

希聖看過了伊斯坦堡、雅典、羅馬、倫敦幾個名都，對於中東與歐洲的文化，心存深厚的敬意。但是我看出了這些國家民族的古代文化，仍然不能與我們商周時代青銅器文化相比。

[語冰錄] 近代社會學與歷史學受了進化論的影響，將人類社會劃分為石器時代，銅器時代與鐵器時代，並與野蠻社會、半開化社會，文明社會相

配。彷彿銅器時代的社會是半開化或半原始社會，又以為鐵器時代比銅器時代進步。我可以這樣說：商周時代的青銅鑄造藝術與文字的高，在世界上無與倫比。我們斷乎不能列商周社會為半開化或半原始社會。

鄭先生說：「西周時代已有鐵器，我們亦不能遽然判斷青銅時代比鐵器時代為落後。」鄭先生與我又談到中國文化之延續性，世無其匹。

倫敦市中心區的街道縱橫，大抵窄狹。而銀行巨商群集其間，人口密集，車輛如織。其交通規則的特點是在十字路口，以黃線畫出方形之 BOX，無論從何街道而來之車輛此皆須停車看望，才可續行。

四月三日，下午三時一刻自倫敦起飛，飛行八小時零十五分鐘，到達華盛頓。

[語冰錄] 我在華盛頓，恰好是櫻花節的觀光時令 (1967 四月三日抵達)。我若是稍為停留，就可看熱鬧。但是我瞻仰了林肯紀念堂，參觀了國會，瀏覽了美術館，總覺得凡爾蒙農場最令人感動，頓巴敦橡園最使我欣賞。

美國的國父華盛頓總統在凡爾蒙山的故居及其墳墓，保持著農莊的本色，由此可以想見革命開國的艱難與革命領導者的真誠與樸實。

四月五日下午，高宗武先生來陪，遊頓巴敦花園。頓巴敦橡園在華盛頓市區中，鬧中取靜。有紛繁的櫻花林與迎春叢，紅黃相映。在幽靜中想見第二次世界大戰末期，中華民國參加聯合國組織之發起與憲章之起草，是何等偉大的魄力與深遠的志趣。

四月六日到紐約。

[泰來] 四月六日下午，自華府飛紐約。因氣候惡劣，改降 Newark 機場，陸以正先生來接。晚飯後，陸夫婦請到百老匯的 St. James Theater 看名劇 *Hello, Dolly!*

七日參觀美國 AP 通訊社，及聯合國安全理事會。

[泰來] AP 通訊社擁有直接人員四千人，大多數分布海外。在 AP 大廈裡辦公的人員有 850 人，全部係用自動電腦等設備，工作忙碌異常。

中午在聯合國餐廳，劉鍇大使請客。該廳係 Delegate 專用。美國人在一起的地方，無論如何高貴，總是喧喧嚷嚷，與英國派大不相同。飯後參觀聯合國安全理事會會議廳，及聯合國會議大廳。因劉大使引導，均到主席台上參觀，比較 Tourist 又高一著。

下午參觀 New York Times，參加了旁聽他們的編輯會議。

晚上，去 Radio City 觀劇，其表演為慶祝 Easter 節目，場面偉大。

四月九日，從紐約到波士頓，在波士頓的一星期裡，只有四月十五日之一天在雨中暢遊。萬文哲姪駕車，參觀了憲法號旗艦之後，驅車遠行，去看「五月花」。乘風破浪橫渡大西洋在科德角登陸，砍樹木，架茅棚，那種蓽路藍縷的苦境，如今仍然歷歷在目。

由五月花到凡爾蒙，可以看出民主制度建立之後，革命精神漸次漸滅，民主制度亦漸見空虛。倘如那以自由破壞自由之共產主義運動所乘，其危機之漸趨嚴重，不難想見。

[語冰錄] 四月十九日，我在美國麻州的劍橋市，參觀哈佛大學法學院。院舍二樓大廳四壁懸列世界大法學家造像。我們中國法律哲學家吳經熊博士的造像在其中。

四月二十日，哈佛大學法律系教授柯亨，在法學院餐廳招待午餐。我們談到中國法制史。柯亨教授對於清代審判程序與民國初年大理院的判例，頗有興趣。他說：「如果在台北舉行一個小型會議，由中美兩方法學家討論中國法制史各項問題，並促成大學法學院重視這項課程和研究，必將有益。」希聖對於他這一意見，亦以為然。

美國法學界對於中國舊法制不了解，因而對於中國的新法制亦不甚了解。有一種見解以為中國雖有法典，而民間的訴訟常和解了事。又或以為中國前代君主殺人無須審判，用紅筆一圈，凡在圈內的人們一律殺掉。這種誤解必須解明，可見中美兩國法學界之間，對於中國法制史交換資料及意見，

是一件重要的事情。

[泰來] 楊聯陞先生是哈佛大學的正教授，他請我們到他家晤談及晚餐。同席有費正清夫婦及余英時等。

四月十六日 從波士頓乘機飛 Detriot 轉 Kalamazoo 晉生家。

[晉生] 十八日晨，父親說好幾年沒看見下雪，非常高興。

四月十九日 乘車自 Kalamazoo 走公路至 Bloomington 參觀印第安那大學。

[泰來] 十八日晨起見夜間落雪八吋。十九日晨十時許由晉生家乘汽車出發，前往 Bloomington，沿途見樹葉逐漸長出，草地逐漸變綠。下午五時餘到達布城。該城已是深春景象，草長需割，葉綠如油矣。布城溫度高達 70°F。風景如畫。

四月二十日 與 Indiana University 鄧嗣禹教授晤談。參觀 Indiana University 校園。

四月二十二日 返 Kalamazoo 晉生家。次日參觀晉生任教之西密西根大學（Western Michigan University.）

四月二十五日 晉生開車赴芝加哥。

四月廿六日，參觀芝加哥大學，與何炳棣教授共進午餐，午後自芝加哥飛洛杉磯。

[泰來] 四月廿七日下午范生驅車前往好萊塢 Sunset Ave。即電視所演日落大道，未能找到 77 號，至 Hollywood 大道，參觀中國戲院。該道之人行路上均鋪有明星，隔一星有一個演員的名字刻在上面。至中國戲院門首，則最著名演員留名，手腳印於水泥板上。中國戲院之建築古怪難看，不像中國式建築，倒有幾分像泰國式樣。

四月廿九日 上午往南加大參觀。該校規模不小，現有學生三萬餘人。

隨後至 Huntington Library，係一植物園，占地甚廣。其中有 Shaekspere Garden、Japanese Garden 及熱帶植物園，尤以熱帶植物園為最有可觀，均係自沙漠地帶移來之植物，多數係 Mexico 及非洲，亦有亞洲、歐洲、澳洲，全世界品種，可能齊全，真是美不勝收。

　　[語冰錄] 五月一日，我從洛杉磯搭 TWA 飛機往新墨西哥的亞爾博魁克，長子泰來同行。這是西班牙人開闢的城市。我們住阿爾伐雷多旅館，仍是西班牙式的建築和風光。

　　此行是拜訪現在新墨西哥大學講學之特別講座霍爾教授。這天下午霍爾教授及其夫人招待我們在其寓所晚餐。次日清晨，我們邀他在旅館早餐。隨即於這天中午飛返洛杉磯。

　　霍爾教授與我談話六小時，我們談到美國大法律哲學家滂德先生。霍爾是滂德的得意學生。滂德之後，在法律哲學方面有最高地位。

　　[泰來] 五月四日上午十一時半，范生全家與我們及戚以訓，開車前往 San Diego。乘園內 Bus 遊園。該園號稱世界最大，占地 100 acre，擁有珍禽異獸甚多，四時餘出園，驅車前往墨西哥邊界，離聖地牙哥僅十六哩。過美國界之後，即為墨西哥之 Tijuana 市鎮。Tijuana 為墨西哥人為賺美國遊客鈔票而設，有三個鬥牛場，夜總會無數，再加售特產的店鋪，組成該鎮的全部。然後是許多美國式的 Motel，供美國人居住。街上汽車來往多數是加州牌照。此外，該地汽車買賣生意甚為發達，想是美國人過界來出售舊車的原故。該地除兩三條觀光街道之外，餘均黃土蔽天，道路尚不如我國抗戰期間的西南公路，可見該國之貧苦。

　　六時餘返美，此一趟行程，見到美國公路的夜景，尤以出 San Diego 後之一段，四線寬闊路面並行，路旁及中間白線，均有反光鏡照耀，行車路線非常清楚。路旁標地名均為綠底白字反光漆製，很醒目。這樣的道路，夜晚行車也很安全了。

　　五月五日 下午去 Marineland，叔叔，我，范生和德智。該園地處海濱，風景絕佳。養魚之池，為鮮豔藍色，配以紅白建築，極為瑰麗，適於攝影。三時半有鯨魚及海豚群表演。四時有海豹表演及海豚表演，其中有一條即演電影出名之 Flipper，魚之能夠訓練，全世界恐只此一家，故值得一看也。

五月七日，驅車看 UCLA 校園。

[語冰錄] 美國的公路上，到處都懸掛著路牌，宣稱：「棄物於道的法律是必行的」。或「棄物於道是違法的」。棄物於道的罰款由美金五十元至五百元。

假如台北市警察局在羅斯福路三段台灣大學附近懸掛路牌，說：「棄物於道罰台幣二萬元」。請問議會如何吵法？市民如何怨法？

但是洛杉磯南加州大學附近的公路上就懸掛著「棄物於道，罰金五十元」的路牌。美金五十元合臺幣二千元之鉅。

[泰來] 五月十日下午四時許由洛杉磯出發，晚十時到達拉斯維加斯。

五月十一日，到 Zion National Park。

五月十二日 十時許自此開車往 Bryce Canyon。此峽谷風景美不勝收，均係紅色怪山。

在到達此峽之前，有一 Red Canyon，亦為各種怪樣紅山，甚為美觀，在 Red Canyon 遊至午後二時始離去，向 Grand Canyon North Rim 出發。經過 Glen Canyon Dam 水壩及橋樑工程甚為偉大。過水壩到 Glen Canyon，下 Lake Powell 風景絕美，因湖水深藍與山谷之黃色相襯，非常特殊。

下午將近七時離 Lake Powell 穿出山峽之後，俯覽絕大之沙漠一片。見有原住民（即所謂印第安人）出現，查地圖方知為 Navajo Indian Reservation 最大之一原住民部落居處。沿途均係沙漠及乾草，原住民仍住草包，極為赤貧，所飼牛羊亦瘦瘠不堪。到達大峽谷，已是夜晚十時餘，找到住處後，餐廳已關閉，只得草草吃點餅乾水果之類就寢。

五月十三日，遊大峽谷。

[泰來] 晨十時，開始遊大峽谷。一條公路在山脊上，兩旁均為松林。其 View Point 以支路通達邊沿，即可見偉大之峽谷。下為 Colarado River，深數千呎。此谷之偉大較前所見者不可同日而語。公路長 29 哩，到後門為 Desert View，建一高塔瞭望。我們到達時已下午二時半，即在該處午餐，吃漢堡，隨即下山。行約二百哩至 Kingmen。住 Trail Motel。

　　五月十四日 上午十時出發，遊 Hoover Dam。該水壩總高 726.4 呎，為世界高壩，下設發電廠，有發電機 115,000 kw 者 20 台，工程三年完成於 1935 年，其上為 Lake Mead 為紀念設計此一水庫工程之工程師 Mead 而定名，此人終身為設計此水庫工程而獻身。出水壩後行至 Baker 已午後二時，進午餐，繼續上路，至下午五時餘返抵洛杉磯。

　　五月十九日，從洛杉磯飛東京。中央日報黃天才先生來相陪。

　　[語冰錄] 東京市區內，頗有交通要道而為窄狹市街，支路甚多，車輛四出。其交通規則之特點是由支路進入幹路，必須停車看望，方可續行。倘有違規衝出，即受嚴重處分。

　　五月二十三日 示晉生：昨今日在東京參觀東洋文庫及國會圖書館之「支部」。其中收藏中國之家譜，國會圖書館即有六千部，地方誌之數目尚未見告。此兩部分之目錄在編輯中。有關遼金元清之圖書頗為豐富。汪及偽府之文件亦頗多。

　　五月廿五日，午後一時五十分自東京起飛，下午四時十五分（台北時間與東京差一小時）準時到達台北機場，飛行三小時。
　　六月十三日 在總理紀念週報告旅遊及交通之所見。
　　七月四日 在觀光協會演說，題為關於觀光事業之所見。
　　七月 發表〈中國文化的延續〉。《教育與文化》356 期。
　　八月 發表〈大變局，大趨勢〉。《現代政治》14 卷 8 期。
　　九月 發表〈記林伯樂先生〉於《傳記文學》9 卷 3 期。
　　開國五十年文獻會於七月結束。
　　民國五十六年，丁未之秋，希聖、冰如同臻七十，以自序，述家事：

　　丁未之秋，希聖冰如皆七十歲。國難未已，不應稱慶。大陸未復，不敢受賀。若謂自傳，傳者，傳也。有何可傳？若言自序，序者，述也，國事不必述於此，家事未嘗不可片言以自述。

凡今諸賢達，行年七十而結婚五十年者有之，定婚七十年切偕行至七十歲者，似未有也。吾二人有之。結婚之前，曾不相見，而心許矣。結婚之後，早年蹭蹬，相扶以離鄉別井，中年坷坎，相助以處困濟窮，析一枝薪以為炊爨，省一口飯以飽兒女。燃一盞燈以共度子夜，攜一群幼弱以出嫁於險，拚一條性命以脫我於厄者，冰如任之。於是希聖雖乏天才，無特長，且不事家人生產，仍能力學深思，多聞而識之，以自見於述作。孜孜不息，而不知老之將至也。置與老而後覺吾二人共嘗辛苦，同歷患難，學問上砥礪，事功上磨練，此五十年光陰之可珍惜也。惟此五十年，共同努力，希聖所自得者，為名過其實，冰如所自得者，為病纏其身。吾二人所同得者為何？諸兒諸媳，學業各有以自立；諸孫尚幼，志趣亦各有所嚮。果能相親相愛，自重自奮，勿懶勿惰，勿暴虎，勿畫餅，以臻於遠大成就。昔賢所謂一身無可憂，憂必在於天下者，吾企望之，其何以及之乎？

　　冰如夫人七十生日自序詩
昔日搖籃附菟絲，隨雞隨狗復誰知。
高名碩學數十載，苦亦樂兮險亦夷。（搖籃中定婚，二十年結婚）

五十年來如一日，相扶相助共艱難。
幾番戡破生和死，嘗盡心頭苦與酸。

早歲離鄉共轉蓬，攜兒帶女走西東。
如今老去復何望，但願仁親樂且融。
滄溟一粟不言壽，宗族恩情尚未闌。
杯酒滿堂歡笑裡，將軍禮數復何寬。（武樵兄嫂兩次來賀）

七十曰老當傳世，毀譽相尋淡若煙。
最是奉觴稱賀處，只求無愧歲寒篇。（歲寒為總統題字，
　　　　　　　　　　　七十曰老為《禮記》語）

總統題字「歲寒松柏」。夫人贈畫。

七月 發表〈中國文化的延續〉於《實踐》第 529 期。

民國五十七年（1968）

本黨第十次全國代表大會，希聖以年逾七十，請求總裁提名為中央評議委員。

學生書局出版《明代宗教》。

十月十一日 在台灣大學史學會講中國社會史概要。

發表〈德治與法治：儒家與道家及法家之爭〉。教育部文化局。

食貨出版社出版《戰略原理與革命反攻的道路》。

民國五十八年（1969）

一月 戰略學會開會，四處參加一處。

[晉生] 一月七日父親來示：我從前的短處是鋒鋩太露，遇人遇事口頭筆下不饒。但亦有長處，就是不爭地位，謀權利，而且甚至遇人遇事後退一步。如此才能保全生命，維持生存與譽望。你們可以跟隨我的長處，去掉我的短處。聖經記載，耶穌的禱告詞是：恕人之罪如人恕己之罪。是重要的箴言。

[晉生] 二月二十四日父親來示：我們生活狀況是這樣：……說起來輕鬆，實際上是很費安排的。我們二老吃飯極簡單，母親吃不得什麼，我吃一碗麵，兩個雞蛋也過去了。每逢假日要買菜，弄菜，做點心，緊張兩天。此外寂寞奔走，又是五天。

四月 當選國民黨第十屆中央委員會中央評議委員。

[泰來] 新生南路一段 142 號遇豪雨嚴重淹水，遷居建國南路，不久再遷士林蘭雅里 25-3 號。

四月四日 在革命實踐研究院講〈當前時局變化的幾個重點〉。（《實踐》539 期，五月。）

七月 發表〈驪珠之死〉於《自由談》20 卷 7 期。

十一月 發表〈記左舜生先生〉於《傳記文學》15 卷 5 期。

發表〈中國社會組織略述〉於《東方雜誌》復刊 3 卷 5 期。

恆生自西德購賓士車運到台北，作為父母親七十雙壽的禮物。

民國五十九年 (1970)

籌辦食貨出版社及《食貨半月刊》復刊，改為月刊。

[泰來] 父親向銀行貸款購台北市信義路四段 201 巷 22 弄 24 號房屋，作為社址。

四月十五日 姚從吾先生去世。撰姚先生墓誌。

民國六十年 (1971)

四月十五日 《食貨月刊》在台北復刊，改月刊發行。

《食貨》復刊辭：

社會是變動不居的。就其一個時期或幾個時期橫面而分析、觀察與判斷，是社會科學家的事。就一個時期或幾個時期縱面而分析、觀察與判斷，是歷史學家的事。社會科學家與歷史學家雖各事其所事，但兩者決不是各不相謀。社會科學家就其所研究的部門作歷史的探討，是常有的或必有的工作。歷史學家或有意或無意，借助於社會科學以期其解釋歷史上的事件和問題，也是常有或必有的事。

民國十三年至十六年，北伐的革命怒潮沖洗了中國，也震動了亞洲和世界。我親眼看見且親身經歷社會結構普遍強烈的變動。在這大時代裡，我有一種志願與企圖，要採用社會科學的理論與方法，向歷史探求中國社會演變的軌跡，以印證並解答現代中國的問題，民國十六年以後，與我同有這種志願和企圖者一再掀起中國社會史論戰。我先在上海，繼在北平，在大學開課，或在大專中學演說，大抵著重中國社會之歷史的分析與觀察，我的課程與講述似乎有助於中國社會史研究之開路的工程。

食貨半月刊是我在北平編輯,在上海印行的中國社會史專攻刊物。這刊物提供這一部門研究工作者公開的自由的園地。不問各人採取何種理論和方法,也不問其為寫作和繙譯,只要是言之有序,尤其言之有物,無不可以刊載。在兩年半之中,這小小園地網羅了一百五十多作者,三百四十五篇文章,至民國二十六年七月七日華北的盧溝橋事變爆發,八月十三日上海的虹橋事變繼起,全面抗戰開始進行,這刊物便停刊了。

從大戰至大戰後,自然科學與應用科學皆有飛躍的發展。歷史學與社會科學相隨進步。歷史學的理論和方法不止一端。而採用社會科學的理論與方法以致力中國歷史及社會研究的道路,迫切需要我們再拓寬,再延長。如何促使中國歷史學從文學家的筆下走進社會科學的講壇之上,就是我們應該解答的問題。

於是食貨為適應這要求,改為月刊而復刊,重新提供公開的自由的園地,不問各人採取何種理論與方法,或寫作,或繙譯,或為書評,或是通訊,皆所歡迎,皆可刊載,深望其有貢獻於中國歷史與社會科學的研究與發展。

發表〈清代州縣衙門刑事審判制度及程序〉(一),頁 2-14。
撰〈編者的話〉:

《食貨》有一條舊路。抗戰之前,《食貨半月刊》每期的銷數百分之六十在日本。抗戰爆發,《食貨半月刊》是停刊了。抗戰後,美國與日本乃至德法諸國之「中國研究」及「亞洲研究」漸次流行。停刊三十年的《食貨》仍有搜求參考的價值。於是東京大安書店將合訂本影印發行。大安關閉了,影印本也賣完了。由此可見這條舊路還存在世間。

現在《食貨》為月刊而復刊,以嶄新的內容與姿態,追尋這條路再加擴大與延長。復刊啟事的函札之所至,回信最快的地點還是在這條舊路之上,或是老師友或是新讀者。

復刊的《食貨月刊》的內容與姿態是嶄新的,卻有一點與三十年前的《食貨半月刊》相同,就是這份刊物是歷史學家與社會科學家自己發表與互相討論的園地。

我們歡迎歷史學與社會科學的論著,特別是採用社會科學的理論與方法

來研究中國歷史的論著。我們同樣歡迎有關這部門的新書評介，有關這部門的討論與通訊。我們歡迎長篇，歡迎短文，同樣歡迎書信。

只要是「言之有序」，尤其是「言之有物」的作品，皆在我們歡迎之列。我們對中國歷史學的論著，與從前的《食貨半月刊》一樣，抱「資料第一主義」，不尚空談。我們仍相信歷史的理論與方法必須從歷史資料裡再產生纔有價值。

五月　發表〈清代州縣衙門刑事審判制度及程序〉（二），《食貨月刊》，1卷2期。

六月　發表〈清代州縣衙門刑事審判制度及程序〉（三），《食貨月刊》，1卷3期。

七月　發表〈清代州縣衙門刑事審判制度及程序〉（四），《食貨月刊》，1卷4期。

八月　發表〈清代州縣衙門刑事審判制度及程序〉（五），《食貨月刊》，1卷5期。

九月　發表〈州縣衙門之點與綁〉，《食貨月刊》，1卷6期。

十月　發表〈民國初期司法制度〉（上），《食貨月刊》，1卷7期。

〈編者的話〉，《食貨月刊》，1卷7期。

十一月　發表〈民國初期司法制度〉（下），《食貨月刊》，1卷8期。

〈編者的話〉，《食貨月刊》，1卷8期。

十二月　發表〈服制之構成〉，《食貨月刊》，1卷9期。

〈編者的話〉，《食貨月刊》，1卷9期。

次子福來病逝桃園大溪鎮。

[思歸]　維中華民國六十年四月十八日，吾兒福來逝世。嗚呼痛哉！母今告靈前而泣曰：福來兒，你今去矣，白髮蒼蒼兩老人，悲傷何已。你來人世間，五歲起病，四十年痛苦折磨，皆受盡矣！因抗日而居重慶，因匪亂而來台灣。你久病，母不能親手照料一切。家貧，經濟困難，母心有餘而力不足，未能盡到愛兒之心。　今母已病倒床上，不能撫棺痛哭，吾兒有知，知母之苦。我心陣痛，愧對吾兒！

陶福來哀詞　　　　陶萬冰如

四月七日，我往大溪，只知病重，接爾就醫。
那知進屋，惟見瘦骨。我撫兒頭，氣絕不續。
我撫兒身，有皮無肉。我心陣痛，我身已僵。
我若死去，一夜兩喪。汝父悲苦，命亦不長。
我只有忍，忍死支撐。為汝老父，為汝弟兄。
今爾下葬，我病在床。未能撫棺，痛哭一場。
念汝生前，獨住一邊，我未親手，照料三餐。
今汝去矣，不能送別。愧對吾兒，五內寸裂。
千言萬語，喉哽難說。兒如有知，知母之苦；
兒如無知，母心更苦。七絕二首，略表衷腸。
上帝佑爾，早升天堂。詞曰：

疾病纏綿醫束手，人間地獄怎能當？
嚴寒酷熱無照應，戚戚悲悲送汝喪。

因處大溪二十載，未能親手理茶湯。
慚愧之餘心陣痛，兒今離我去天堂。

民國六十一年 (1972)

一月 發表〈杜茶村詠史詩〉，《食貨月刊》1 卷 10 期。

〈編者的話〉，《食貨月刊》復刊 1 卷 10 期。

二月 發表〈杜茶村論漢末二丁及東吳二陸〉，《食貨月刊》1 卷 11 期。

四月 發表〈孔子廟庭中漢儒及宋儒的位次〉（上），《食貨月刊》2 卷 1 期。

五月 發表〈孔子廟庭中漢儒及宋儒的位次〉（下），《食貨月刊》2 卷 2 期。

〈勾到的程序〉，《食貨月刊》2 卷 2 期。

六月二十九日，討論孔子廟制。與共同主持人委員陳立夫、谷鳳翔，主持中國文化復興運動推行委員會第 49 次座談會。

七月 〈編者的話〉，《食貨月刊》2 卷 4 期。

八月 發表〈武廟之政治社會的演變〉，《食貨月刊》2 卷 5 期。

九月，辭中央日報董事長。

〈編者的話〉，《食貨月刊》2 卷 9 期。

出版《清代州縣衙門刑事審判制度及程序》。

民國六十二年 (1973)

二月 發表〈封神傳之暴君放伐論〉，《食貨月刊》2 卷 11 期。

〈編者的話〉，《食貨月刊》復刊 2 卷 11 期。

三月 發表〈齊學入晉，晉學入秦〉，《食貨月刊》2 卷 12 期。

四月 發表〈項羽與馬援〉，《食貨月刊》3 卷 1 期。

五月至十一月 發表〈秦用晉法，漢行周道〉，《食貨月刊》3 卷 2 期；3 卷 4 期（七月）；3 卷 6 期（九月）；3 卷 8 期（十一月）。

五月至七月 發表〈中國的社會形態〉，《中華文化復興月刊》6 卷 5 期（五月）；6 卷 6 期（六月）；6 卷 7 期（七月）。

六月 發表〈古代的史官與史學〉，《食貨月刊》3 卷 3 期。

民國六十三年 (1974)

二月 發表〈建安年代社會的改編〉，《食貨月刊》3 卷 11 期。

三月 發表〈介之推與晉文公〉，《食貨月刊》3 卷 12 期。

五月 發表〈唐代經濟史料叢編〉，《食貨月刊》4 卷 1/2 期。

八月 發表〈三國分立與晉之統一〉，《食貨月刊》4 卷 5 期。

十月 發表〈南朝士族之社會地位與政治權力（上）〉，《食貨月刊》4 卷 8 期。

民國六十四年 (1975)

啟業書局重印《中國政治制度史》。

二月 發表〈南朝士族之社會地位與政治權力（下）〉，《食貨月刊》4 卷 11 期。

四月 發表〈齊梁瓦解與陳代興亡〉，《食貨月刊》5 卷 1 期。

七月 發表〈古代之道術〉，《食貨月刊》5 卷 4 期。

八月三十一日 希聖在中心診所筆記。冰如吾妻遺言。

冰如吾妻一生的事蹟，片段敘述於《逃難與思歸》小冊中，今不復陳。

他的心臟病萌生於二十四五歲。民國十三年在上海，經丁惠康醫師診斷，已有心胞擴大症狀。當時我們每月工資量入為出，何來餘力療治此病？荏苒多年，他不顧自己健康，甚至不惜自己生命，一手做盡家務，一身受盡危難，帶兒女避戰火，出希聖於虎口，常人擔不起的重擔，他獨力擔承。常人不敢到的險境，他坦然往來其間。希聖乃落泊書生，所以能甘苦一味，出處自如，有賴內助者多矣。近二十年，家庭生活粗安，而冰如心臟病一發而不可復收，時輕時重，每下愈況。最近四五年，更屢告危篤，或一二個月長夜不眠。或一年半載倒床難起。只須有一兩天稍能坐立，仍照常做家事，不肯休息。每當中夜不眠徘徊堂室之際，與希聖談到身後事，其叮嚀再四者，略記於左：

（1）死大約是在夜半之後，不必電話叫兒輩趕來。你給我穿平常衣服。天明之後，再叫他們來。兒媳們願為我拭身更好。如何可免殯儀館冰凍庫，要切實商量一下。

（2）現在海外的兒媳們，各有各的學業事業，要打電報叫他們就地成服，千萬不要奔喪回來，徒勞往返，費錢誤事。最要緊就是這件事。他們不聽，我死不安心。

（3）棺木要好一點，預備將來歸葬故鄉。不做衣衾等件，棺內多用松香石膏。

（4）喪事務必節儉，只通知少數親戚，在小禮拜堂舉行一場追思禮拜，不用殯儀館大廳，不用大禮拜堂。

（5）暫厝在福來的旁邊。觀音山有合適地點也可暫厝。兒子兒媳們便於上墳就得了。

（6）在一邊留一棺之地，你將來暫厝在一起，歸葬在一起。

（7）我一生也許做錯事，決不做壞事。我只有一件事未做到，就是未能為神做工作。我把家務看得重，燒飯，洗衣，抹地，養孩子，一個一個成人，我對得起陶家祖宗。

（8）倉埠老家重男輕女，驪珠三歲夭折，傷了我的心。如今我的孫兒孫女十四個，一樣愛，特別愛惜孫女。兩個大的大了，若莞若麟最可憐念。

（9）我生了十一胎，養大了七個孩子。不幸福來長病，最後幾年在大溪，沒吃沒喝，我未能盡心，眼看著他死，我對不起他。我為六個兒子，盡心盡力，只要你們每天吃得飽，各人一套制服穿得乾淨，住完中學，從來不問你們的功課，各隨興趣與志願去升學，也都住完大學了，大學以後，是各人自己的事，只望各自努力上進。

（10）十年來，我為你們集郵，中間停頓了幾年，又失落了幾本，舊郵票所餘無幾。最近兩年又集了大全張。我想託付晉生家麟清理保管，日後再商量分法。

（11）希聖本是辦刊物開小書店出身，如今又辦食貨月刊出版社。他用房屋抵押借款做資本。書刊所得，做不出利息來。他不願捨棄本行，月刊也不可停刊。房屋賣了還債之外，要為食貨保持一筆資金，繼續辦下去，還要晉生繼續協助下去。希聖有了寄託，也許再活幾年，把他正在寫的書寫完，與我地下相會。

（12）蔣寶華跟隨我們三十多年，尹成二十年，我望他們繼續與先生一同生活。張慶國從小在我們跟前長大，現在是食貨社職員，我望他繼續為社服務。

（13）我在台灣親人只有萬二哥，七妹八妹，夏七妹，你們應該敬重。繼光的母親是與我同年同日同時生的姊妹，獨子隻身在台，你們與他親弟兄一般相處，我可放心。

（14）希聖近年來常念諸葛武侯臨終的一句話：「務使身死之日，家無餘財」。他既無財產留給子孫，又一身是債，只望他不把債務係累後人，就算是對得住子孫了。你們應該賣掉信義路四段的房屋，把債還清，我在地下也放心。

六十一年至今，冰如每值病重，便相囑咐。

六十四年八月三十一日，希聖在中心診所筆記。

為冰如預作輓聯

辛苦過一生，忍飢寒籌謀我們的衣食，用生命換取我們的自由。最後遂致久困病床，屬纊方才釋重擔。

希望在何處？看丈夫未失書生的本等，喜兒輩成就各人的事業。臨終自謂別無遺憾，遺骸務必葬家鄉。

九月二日 妻萬冰如病逝台北市中心診所。
陶希聖家祭文

維中華民國六十四年九月十八日，陶希聖率兒孫致祭於冰如夫人之靈前，泣血椎心而言曰：

武湖之畔，倒水之陰，萬陶兩族，世代為婚。菟絲蓬麻，維吾二人。
幼年文定，及笄過門。嗚呼吾妻！生為長女，助母劬勞。偶作詩文，
格調清超。紡織挑繡，姿質妙高。于歸我家，家事栗碌，粗活細工，
惟日不足。連生二女，含垢忍辱；驪珠早夭，不敢庭哭，辭鄉別井，
遄赴滬濱。爨須數米，炊則析薪，寫作補綴，夜共一燈，生計拮紐，
心境日新。北伐兵起，西返漢皋，顛沛流離，蓬轉風飄。再往上海，
四顧蕭條；兒女待哺，斗室嗷嗷。無地立錐，無錐可立，尚何所有，
有一支筆。昨日賣文，今日得食，汝不怨懟，我不憂戚。貧賤夫妻，
風骨崚峋，相與北上，講學舊京。家境稍安，日寇侵陵，長城戰息，
七七軍興。嗚呼吾妻！烽火既舉，不遑寧處。我赴盧山，汝攜兒女，
刺刀之下，先走津沽，東渡煙台，西循津浦。浦口相迎，敵機肆毒，
我留都門，汝歸漢瀆；及我西上，汝走巴蜀。我無暖席，汝無黔突。
公無渡河，我竟渡河，渡河將溺，又奈我何！親探虎穴，出我網羅，
一家九口，重聚南沱。太平洋之戰，港九淪落。無水無米，將何以活？
奔走街頭，為避搜索，四十餘日，飢寒交搏。嗚呼吾妻！我隨難民，
將走東江，隨我下樓，送我出亡。汝不自知，命在何方，門首告別，
熱淚盈眶。信靠基督，仰賴朋友，桂林之約，幸得聚首。重慶定居，
領地一畝，篩米種菜，樣樣親手。抗戰八年，勝利還京，不出四年，
大陸陸沉。奔波展轉，落腳海濱。賸有瓦盆，長我兒孫。嗚呼吾妻！
家事繚繞，長病纏綿；心臟疾發，苦不堪言，十餘年來，難治病源，
積勞所致，醫藥徒然。病榻之旁，午夜徘徊，談到身後，不止一回。
恐傷兒心，直未公開，不圖今日，到眼前來！嗚呼吾妻！你侍候我，

五十七年；我侍候你，二十七天。辛苦一生，往事如煙，家務重擔。
今始息肩。願汝稍候，我將隨行，相攜地下，再卜來生。言及於此，
是否上聞？兒孫拜祭，尚望來歆！

琴薰哀函

今天突然獲悉母親大人已於九月二日下午二時三十分病逝台北，我和蘇
儒感到萬分震驚和悲痛。母親的一生，是勞累的一生，痛苦的一生。
她老人家幾十年來勤儉持家，辛辛苦苦，把我們七個姊弟撫養成人。在
我童年的時候，她克服種種困難，使一家人擺脫貧病交迫的威脅。抗
日戰爭時期，她攜帶一群子女，在日寇的刺刀和轟炸下逃難，幾乎跑
遍了半個中國。在您遭受危難的關鍵時刻，她老人家不止一次地冒著全
家人的生命危險，把您拯救出來。這些驚濤駭浪將她這樣一個舊式賢妻
良母鍛鍊得十分剛強勇敢，但卻自然地毀壞了她的身體健康，四十歲以
後就不斷地忍受多種疾病的折磨。現在她老人家永遠安息了，人間的痛
苦不能再折磨她了。然而，她直到臨終還懷念故鄉，可見二十幾年來旅
居異鄉，她的心卻一直是和故鄉親人們連在一起的。我是她唯一的親生
女兒，從小得到她老人家疼愛，這些年來我一直希望有朝一日她老人家
回故鄉，同家婆、伯娘、四乾、五舅、六舅在一起度過一個愉快的晚
年。但是，這個願望已經不能實現了，母親已經跟隨伯娘、四乾與世長
辭了。甚至在她病中，我都未能伺奉她老人家幾天，盡盡我的孝心，為
此我確實萬分愧恨，只有祈望她老人家在九泉之下寬恕我的這一最大不
孝。

百日祭

民國六十四年十二月十日，希聖致祭詞：

黯然魂消者，惟別而已矣。生別與死別，景異情何似。結婚五十七年
來，情景遞流不勝紀。生別之苦昔飽嘗，不料死別今朝是。生別有淚忍不
流，死別淚枯氣哽喉。生別鎖眉不對視，死別瞑目不迴眸。肝腸寸寸斷，鬱
痛刺心頭。生別之後音信通，一月或至三十封。死別以來無消息，陰陽之隔
一重重。墓邇靈已渺，室在人竟空。往日別離後，行行去愈遠。遠行會有

期，為時長或短。如今永不見歸程，惟願我隨長相伴。九泉之下黑黟黟，九
天之上光苒苒。禮當從俗義斷仁，兒孫學業各日新。佳城為我留一席，追尋
天路是知津。

　　(註) 漢代緯書孝經援神契：「喪不過三年，以期倍增，五年二十五月，
義斷仁。示民有終喪絕情。」今從俗百日終喪，亦有義斷仁之意。

十月 發表〈兩漢之儒術〉。《食貨月刊》5 卷 7 期。
十一月 發表〈論語之編成〉。《食貨月刊》5 卷 8 期。

民國六十五年 (1976)

　　二月二十六日即舊曆正月二十七日
　　吾妻逝世半年，口占一絕：

　　怳如昨日才分手，切切悲悲已半年。
　　今歲在辰明歲己，終將偕隱竹林間。

　　結婚五十七週年有感

　　　　一世辛勞每自憐，臨危欲訴已無言。
　　　　如今日夜傷心處，卻恨當時竟惘然。

　　（六十五年一月廿四日即舊曆臘月廿四日）
　　三月 發表〈《論語》學而第一章試講〉，《食貨月刊》5 卷 12 期。
　　四月 發表〈報人本色的陳布雷先生〉於《傳記文學》，28 卷 4 期。
　　五月 發表〈關於敦請胡適先生出任行政院長及其他〉於《傳記文學》，28
卷 5 期。
　　〈《論語》學而第一章試講（中）〉，《食貨月刊》6 卷 4 期。
　　六十五年九月二十一日即陰曆八月二十八日之夜不眠。憶寫〈最後的訣
別〉：
　　往年是夜為冰如暖壽。為避親友，或我二人偕往陽明山旅舍，或往愛國

西路自由之家，有一年，往新竹，又有一年往台中。最近四五年，冰如病苦甚，我既辭去中央委員，又自中央日報退休，無復可避壽者。冰如壽辰，兒輩為布置壽堂，則怒斥，或自出門而去。至兒輩尋求歸。冰如只為我設壽堂，不允為己設也。冰如逝世，周年祭後，冥壽紀念踵至。今夕我獨自徘徊遺像下，回憶去年八月三十一日及九月一日兩夜情景，不禁淚下。

八月三十一日之夜，中心診所病室內，病榻上，冰如夜半勉力坐起，使我握其手。冰如時已乏氣力發言，只輕聲說：「怎麼辦！怎麼辦？」 其意若曰：「我要去，如何？你又如何？」我不敢哭，使病者傷心，忍淚吞聲，欲問話，更不忍出口。九月一日，夜十二時，我起為冰如換毛巾，又就睡。至三時，我忽然儆醒，見護士二人為換床單，換好即去，而冰如迄未醒。冰如幾次住醫院，從不喜打紅燈呼護士。最後住院之最後數日，並我亦不肯叫起。是夜十二時我為換毛巾，冰如未醒；三時仍未醒，如何護士二人進房為換床單？至今思之，去年九月一日之夜，即二日晨三時，冰如逝矣。至二日下午二時三四十分，方停止呼吸及脈搏耳。

九月二日 夫人逝世周年，一周年家祭：

吞聲一別，恍如昨天；光陰流逝，忽已經年。追懷往昔，苦哉一生。上奉尊長，下育子孫。超乎四德，啟後承前。捨出性命，保全家門。晚近久病，從未告勞。孜孜不息，念念兒曹。自知不起，籌維身後。每事每物，樣樣親手。登堂入室，處處淚漬。掃園拜墓，悲悲切切。四時代謝，思慕彌深。願母安息，祝母遐升。

九月 與泰來、恆生兩家往高雄遊　。

九月十四日 [晉生] 父親來示：食貨月刊編輯發行工作，黃、陳、周三人辦得很好。我可以不管。我恢復寫作，為月刊之用。

十一月 連選連任國民黨第十一屆中央評議委員。

十一月十三日 參加十一次全國代表大會。

十二月二十二日 行政院新聞局頒金鼎獎，優良雜誌二十一家，《食貨月刊》為其一。

民國六十六年 (1977)

赴金門考察。

食貨出版社再版《中國社會與中國革命》。

一月 發表〈抄韓文弴韓謗〉,《食貨月刊》6 卷 10 期。

二月 發表〈法律學概論〉,《食貨月刊》6 卷 11 期。

三月 發表〈蔣總裁手著《中國之命運》的經過〉,《近代中國》第 1 期。

四月 發表〈謗韓案的法院判決與法學見解〉,《食貨月刊》7 卷 1/2 期。

六月二十七日 接翼聖哥來信,謂琴薰兒關節炎,世上無可治之藥:帝乎!天乎!女足不能履手亦殘乎?母既逝矣,父猶在世,母不復可見,父見女又何月何年乎?

六月 發表〈中國法制史書目〉,《食貨月刊》7 卷 3 期。

七月 參加國際經濟史會議。

八月 發表〈孔子的學統與道統問題再檢討〉,《孔孟月刊》15 卷 12 期。頁 14-30。

八月二日 在大雨中聽廣播,八月一日晚,沈剛伯先生病逝台大醫院。今日早晨去沈宅,唁沈太太。

八月八日 [晉生] 父親來示:沈剛伯先生逝世,我親到簽名唁問,並擬於九日公祭,參加及送輓聯一副,用我和你的名義:

治史成一家,體常馭變;
論交叨兩代,悼友哭師。

體常馭變,荀子語。我本想做兩副,仍決定一副,敘兩代師友交誼,更為切合。

八月 商務印書館出版《現代世界戰略形勢之演變》。

九月二日,冰如兩週年,山頂立一碑,正面刻「松菊丘山」四字,背面刻一聯(碑用金門花崗石):

二年泉壤無消息,
九月丘山倍寂寧。

松菊及丘山字句均出陶淵明詩。

九月 任中國大陸問題研究中心董事長。

九月七日參加中央研究院經濟研究所召開中國近代經濟史會議。

　[晉生] 九月二十二日父親來示：昨晤葉公超先生，談到費正清來台之行。看樣子，美國對中共是打拖延戰。我們這裡一年多來，天天談模式，士氣人心都拖散了。資金大量外流，此可憂也。（這裡的模式論者，自己嚇自己，天天談癌症何時發作，經不起拖。憂患不在外而在內。）

　[晉生] 十月二十一日父親來示：我的七十九歲生日，前一天下午茶會招待黃岡同鄉會理監事。

　發表〈儒法關係之社會史的考察〉，《中山學術文化集刊》第 19 集，第 3 冊。

民國六十七年 (1978)

　二月 發表〈唐代官私貸借與利息限制法〉，《食貨月刊》7 卷 11 期。

　[晉生] 五月十七日父親來示：安和路房子，昨日成議，賣給翁明智公司。我無財產留給你們，也不把債務留給你們。無債一身輕，倘若尚有十萬元在手，可買飛機票遊美國一趟。十年前，你母親定要買這座屋子，我扯下三十萬債，勉強買下，從此我腦子裡感覺一種壓力，很重。後來要賣，我心中不忍賣。但是你母親去世之後，我獨自一人，兩處房屋，負擔重，過不來，如今終於賣掉，可用痛快二字寫我的心情。（晉生按：所謂兩處房屋，其另一處乃從中央日報借住者。）

　六月 發表〈中國歷代開國戰爭的戰略三例〉，《食貨月刊》8 卷 3/4 期。

　本年六月下旬至九月下旬，余賣出安和路房地產，買進敦化南路公寓一所。此一賣一買之兩項法律行為，使我經歷戶政、地政、代書、銀行、稅務，多種法定程序。簽字多次，蓋章多次，得友人助力，碰銀行釘子，呼號奔走之中，獲得商場知識、經驗與教訓，甚深且繁。余為此作詩，名曰賣屋

謠，原句如下：

一生租屋住，飄泊任東西。　　買屋且負債，歸然聊自怡。

借錢交利息，取卵終殺雞。　　揮手三樓去，別謀一枝棲。

債清身灑脫，駕鶴隨心飛。　　俯察當時變，微觀匡復機。

冰如吾妻病重，每言身後事，常以賣屋還債，勿累兒孫為念。今此願已遂而夫人不及見，事之可悲如此。

[泰來] 食貨月刊社遷至周武敦南大廈 506 室，父親仍住蘭雅里。

八月　發表〈孔子的學統與道統〉，《食貨月刊》8 卷 5 期。

八月十四日　長女琴薰病逝於北京。

九月二日，冰如夫人三周年祭，余為七絕三首，題曰多活三年。

兒曹各個雁鴻飛，碌碌栖栖只自悲；

俯瞰丘山惟寂靜，仰觀天路又幾微。

生在人間徒七尺，死歸泉壤共雙棺；

死生之事大復小，為何多活此三年？

賣卻樓房還卻債，不留藤葛誤兒孫；

橘中尚有棋一局，袖裡猶餘紙上兵。

（跋）六十七年九月二日，冰如夫人逝世三周年家祭之期。兒孫輩學業事業各有進展，超越我所能顧拂者甚遠，更無須擔心。惟我自懷悲思從中來，每覺「為何多活此三年」？無以為解，茲足成絕句三首以為紀念。

少年讀淮南子，有感於「生不過七尺之軀，死不過一棺之土」之句，至今仍在記憶中，第二首之意本於此。余最近有世界戰略形勢演說，頗受一般注意，第三首之意在此。

食貨出版社出版《中美關係與中國前途》。

民國六十八年（1979）

今年八十歲，生日感懷四言三首：

父教我學，母鞠我生。妻救我死，兒各有成。
簪筆珥貂，感遇之深。幸甚至哉！夫復何云。

讀史論道，治律明經。為學在己，傳世在人。
自負自炫，徒事紛紜。沒齒之後，俱化微塵。

遠觀瀛海，近歷滄溟。時多孫楚，誰是盧湛？
橘中之樂，樂極悲鳴。丘山寂寂，悵望中原。

[語冰錄] 希聖一生，可分二期。前期由學生至教授；後期由教授而記者。一般人方登教席，即自稱講學，我則不然。北平六年仍是求學，不敢以講學自命。一般人方入政府，即自稱從政，我亦不然。希聖任國防參議員，國民參政員，軍事委員會委員長侍從室少將組長，總統府國策顧問，立法委員，所更非一。揆其實，以新聞記者執筆論政而已，不敢以從政自稱。

嘗自揣此一生，不求名而名至，毀名而名益彰。不求官，亦不求財，而名位與財皆無所得。至今社會於我，無以名之，名之曰「政論家」。

希聖力作政論五十年。別無所長，只有一個特徵，即決不作人云亦云之論。

吾嘗評一般政論家之為文，下手三分低。若為文而人云亦云，下手既低，斷難望其文品之高。余不敢以高手自命，惟其不作人云亦云之論，故得以超出一般論者之林。

余生斯世，至今八十年，閱人多矣。寫若干文，著若干書，便自以為可以傳世。我則斷定，自命必傳者必不傳。此無他。為學在己，傳世在人，可以自負，未可自命。如此則自負亦徒然耳。

希聖不作自傳，只是自序，即以此也。

　　每逢年節，或生辰，往往承受師友親朋之餽遺。吾妻冰如委婉陳詞，曰：「汝何德何能。收下禮物？」今吾冰如夫人逝世三年餘，尊長友生祝壽之會，遜謝不遑，而箴言不至，感念何如！

　　吳延環先生力促希聖為自序。我自忖此生有何可述以問世，苦思三五日，乃得其端。

　　家學所傳者為史學，大學所受者為法學。史學與法學兩道思潮，匯合為中國社會史學。此生若有可稱為學者，只是中國社會史學而已。

　　為學務博，而得力之書不在於多。我旁馳博騖，其一面乃至於佛教經論，另一面乃至於馬克斯與列寧全集。然而貫通史學與法學而提起大綱者，厥為禮，特別是喪服學。

　　使我掌握大綱以貫通史學與法學之鑰，最為得力之書，為英國歷史法學家亨利‧梅因之古代法，與清代經學家胡培翬之儀禮正義。

　　嘗見一位國學教授應學生之請，開列參考書目，至五百餘部。試問此五百餘部書，於學生有何用？學生遍讀此五百餘部書，或有所得於心，或茫然無所得。此開列書目之教授所開列之書目，又有何功能於其間？反之，若是教授先生只開列前述兩部書，於學生亦無裨益。

　　試問胡培翬儀禮正義如何可以啟發學生對中國社會史研究之興趣與工作？誠恐其非胡氏本書所能解答。

　　孔門之學，為 [詩，書，執禮]。詩書有本子可誦，禮無書，不可誦，只可習。子夏傳詩，春秋，禮。為禮作傳，禮始成書。其在秦火之餘，唯喪服傳猶傳世。

　　喪服為人際關係之表徵。喪服傳亦即為古代以家族與婚姻為綱維之社會組織法。

　　孟子批評墨者為二本，而力說「天之生物也，使之一本」。孟與墨之辯論，實在於周與商兩種社會經織法之分別。

　　胡培翬儀禮正義，以一本為宗以解釋喪服制度之義理。其有大貢獻於禮喪服學與古代社會組織法，即在於此。

　　《八十自序》（食貨出版社，1979。）

中華民國五十六年，丁未之秋，希聖冰如夫婦同臻七十，以自序述家事。六十四乙卯七月，冰如夫人逝世，至今秋三年矣。戊午九月，希聖八十生日，作自序，家事無可再述，述學業。

當今中國革命大時代，亞洲與世界大變局之中，一身一家如瀛海怒潮之一點滴，渺乎小矣。國事繫於國，事業屬於黨，我何為者？七十自序止於家事，不及國事；八十自序止於學業，不論事業，庶免於誇張失實。

自問此一生，前一時期由學生而教授，大言之為「講學」，質言之仍是求學。後一時期由教授而記者，妄言之為「從政」，實言之只是論政。綜計兩時期，個人活動所更非一，終始不出讀書，作文，演說，討論之範圍，舊名詞所謂筆耕與舌耕，合言之，或可稱為「筆舌生涯」。名為「學業」者，如是而已。

區區一生，以讀書、作文、演說、辯論為業，人自稱為講學者我志在求學。人自命為從政者，我志在論政。我不求名，甚至自毀其名，而名益彰。我自覺國家社會所許與我者，超過我應受與願得之程度與範圍。我無以為報，只是常抱一顆感謝的心。庶可遙望論語所謂「學不厭，教不倦，不怨天，不尤人」之境界，年至八十，猶未及也。（下略）

任立法院法制委員會召集人。
三月 任中華戰略學會理事長

[泰來] 二月四日，父親涖羅東參觀正在興建中第三廠九號抄紙機安裝工程。
四月十二日，九號抄紙機試車完成，正式出紙。
七月廿二日，父親再度訪問羅東總廠。

發表〈三論語與春秋三傳之淵源〉，《食貨月刊》8卷12期。
六月 發表〈民法親屬篇修訂的曲折〉，《東方雜誌》，12卷12期。
九月二日 冰如吾妻四周年祭

鬱鬱如昨日，迢迢已四年。

憂思在襟抱，喜氣滿庭園。

憂喜本同域，棲遲且達觀。

明年看此日，小口又平添。

（註）九月二日為冰如夫人忌辰。今年此日，孫兒孫女十三個，德興行四，首先結婚。則一輩弟兄之喜訊將源源至。明年此日，家口又滋長，可預卜。天路有靈，其隨喜歟！

九月 中秋登山

自君之別矣，忽已四中秋。

我復何為者，猶懷千歲憂。

不去蘭陵老，還來稷下遊。

啾啾休歇處，遙望武湖頭。

（註）「歇處休處，冷啾啾處」原是禪僧話頭。今年秋後，經手事忽轉繁，私念休歇未可遽得，登山拜墓，感慨係之。

十月 發表〈中國問題之解決〉於《東方雜誌》復刊 13 卷 4 期（十月一日）。

十一月 發表〈清末法制改革的風潮〉，《食貨月刊》9 卷 7/8 期。

十一月二十日 主持中華戰略學會舉行東北亞戰略討論會。為期四天。

十二月 發表〈司法權的劃分與制衡〉，《食貨月刊》9 卷 9 期。

食貨出版社出版《中國法制之社會史的考察》。

發表〈西周政教制度研究〉，中華文化復興月刊社。

寫《中國政治思想史》長編約六七萬字，再擴充為第五冊。

食貨出版社出版《陶希聖先生八十榮慶論文集》。

民國六十九年 (1980)

一月下旬 主持戰略學會發表會，在台北、高雄、台中、花蓮共四次。

賦詩：

　　兩次登山

山上茶梅菊並開，秋盡冬至春又來；
花瘁花繁自天意，時光何事苦相催？
四年五年只一念，斷儵消息心欲灰；
轉眼吞聲下山去，銀花火樹待人回。

六十八年十二月二十五日及六十九年一月三日

兩次登山拜墓，以茶梅菊計時令，
冰如夫人逝世四年至五年矣。
我猶兀兀於茲，口占八句。

　　己未除夕

火樹銀花如昔，天人五載相違。
一生備嘗辛苦，三世同沐慈輝。
何必低迴不釋？時事尚有可為。
他日六師北伐，武湖之畔偕歸。
冰如夫人逝後第五除夕，
口占幾句聊以釋念。

　　悔改

悔則已晚，改尚未遲；
天路在邇，持此安之？
知其不可，猶當有為，
瘁餘再盡，無復依依。（69/3/3）

　　端陽告墓南遊

自君之去矣，端陽已五遭；
餘生猶未杖，昂然背到腰。
執筆腕尚穩，賣稿買菜燒；

一天三頓飽，足以慰兒曹。

老莫恃筋骨，招人勿受招；

幸有憲法在，語默權自操。

吞聲掃墓罷，拭淚任遊遨；

遠離塵市處，海闊天亦高。

（註）禮記：「老不以筋骨為禮」。吾妻冰如在時，常勸我「少演說，言多必失也」。端陽掃墓，憶及此語，遂避囂南遊，稍紓悲思。

花蓮路上口占

曾以論文稱內史，又因論武號中軍。

馮唐忽日長白髮，李廣如今憂老兵。

早歲嘗懷經世志，暮年不倦說天心。

九州終有重光日，中國人還中國人。

哭琴兒　念燕兒

生離三十年。死別復茫然。　北地哀鴻在。　何當到海邊。

（註）琴薰兒病逝北平，近始得確息。所遺男兒二，女兒一。小女燕兒既失學，又喪母，何以為生？憐念之餘，口占如右。

五月 發表〈宗教與家庭之衝突與融合〉，《食貨月刊》10 卷 1/2 期。

六月 發表〈張群我與日本七十年讀後感〉，《食貨月刊》10 卷 3 期。

八月 [語冰錄]〈陶潛，謝安〉，《法令月刊》31 卷 8 期。

九月 發表〈孔子論道〉，《食貨月刊》10 卷 6 期。

十月 發表〈孟子論道〉，《食貨月刊》10 卷 7 期。

十一月 發表〈荀子論道〉，《食貨月刊》10 卷 8 期。

十二月 發表〈董仲舒論道〉，《食貨月刊》10 卷 9 期。

十一月二日 忽感胃痛甚急，同事好友送我進榮民總醫院，由胃腸科主任葉大夫主治：先後住院檢查兩次。

第一次住院，葉大夫先施檢查，心臟，脈搏，血壓，一切正常；然後用

藥，胃病雖愈，仍續行胃腸及腎臟各科檢查。五天之內，檢查完畢，即行出院。但有關各科醫師會查時，發現一可疑點，於是主治醫師通知我再入院。第二次入院，一住七天，繼續施行腎臟檢查，掃描攝影。電腦斷檢，超音波檢查，竟將我十二三年來潛在右腰部的可疑之點，檢查出來了。

十二三年前，右腰內部有一種輕微疼痛，從外部按摸不到，曾住榮民總院放射科，由管大夫用 X 光透視攝影均無跡象可見。近年來，疼痛的感覺既消失，事情也忘卻了。這回兩次入院檢查，第一次發現這個可疑點，第二次便檢查明白了。原來是肝臟外膜與醫腎臟外膜之間，茶盃口徑的一個水泡。

葉大夫通知我，檢查結果一切正常，這水泡是良性的，現在無須施行手術，但要隨時檢查。我這就出院了。（十一月廿六日《中央日報》〈病入膏肓〉陶希聖稿）

［泰來］其實那時葉大夫告訴我說，那是一個腫瘤。是良性抑惡性，須要穿刺取樣，方能確定。但老人已年過八十，不宜動此種手術，故只說是水泡了事。葉大夫囑每幾個月要定期檢查，我因其檢查繁複，對老人不利，故未執行。或亦因此才得以再活七年之久。

［晉生］示晉生：你的學生李柏如，是居留日本的友人李獻璋博士之第三子。李博士的老師郭博士，桃園大溪人，中日戰爭之前，郭博士留學北平。他研究爾雅，此探討中國社會組織，有成就；又研究天后媽祖，尋覓媽祖的淵源，有成就。郭博士在中日戰爭期間，在日本與台灣航行，被美軍轟炸，船沉身死。李博士研究媽祖，來台數次，與我談論。前日收到他寄贈的巨著媽祖信仰之研究，新書出版，獲得出版界好評。今天又收到他的信，提到他的三子柏如是你的學生，甚是高興。

民國七十年(1981)

一月　發表〈揚雄論道〉，《食貨月刊》10 卷 10 期。

［泰來］本年初，戰略學會會後送外國友人至桃園機場，先父突然病發，由學會員護送至榮民總醫院，並通知泰來。我夫婦趕至榮總，約為晚間七時許。經院方急救後，轉普通病房。其症狀為腹痛嘔吐，類似急性腸胃炎而更顯嚴重，須要進一步檢查，住約四天後出院。但旋又接主治之葉大夫通知，

需再進院作詳細檢查。第二次住院,以電腦斷層檢查之結果為肝臟之上,脾臟之下,有一腫瘤。不能判定其為良性抑惡性。當時我即決定不作任何手術,出院休養。

二月 發表〈中國歷代戰爭史〉於《中央副刊》(二十五、二十六日)。

四月 連選連任國民黨第十二屆中央評議委員。

　　　發表〈食貨雜誌復刊十年〉,《食貨月刊》11 卷 1 期。

六月 撰〈評介阮毅成著「法語」與「政言」〉,《中央副刊》(十七日)。

　　　發表〈中國的家族與倫理〉,《東方雜誌》14 卷 12 期。

七月 發表楊著《中國家族制度與儒家倫理思想》跋,《食貨月刊》11 卷 4 期。

九月 [語冰錄]〈法治之基本原則〉,《法令月刊》32 卷 9 期。

民國七十一年 (1982)

一月 發表〈近代中國政治思想之主流〉,《食貨月刊》11 卷 10 期。

[晉生] 五月十日父親來示:我的打算不是買賣房屋地產,乃是善後。我還活個三年,或活過三年,皆不可知。只要不留下債務給你們就是上上。

六月 發表〈論語古今注釋〉,《食貨月刊》12 卷 3 期。

九月 發表〈論語古今注釋(二)〉,《食貨月刊》12 卷 6 期。

十月 發表〈楊聯陞《漢學論評集》序〉,《食貨月刊》12 卷 7 期。

十一月 發表〈論語古今注釋(三)〉,《食貨月刊》12 卷 8 期。

民國七十二年 (1983)

二月 發表〈論語古今注釋(四)〉,《食貨月刊》12 卷 11/12 期。

五月 發表〈對中表婚禁問題之辯論〉,《食貨月刊》13 卷 1/2 期。

七月 發表〈論語古今注釋(五)〉,《食貨月刊》13 卷 3/4 期。

九月 發表〈論語古今注釋(六)〉,《食貨月刊》13 卷 5/6 期。

民國七十三年（1984）

一月 發表〈論語古今注釋（七）〉，《食貨月刊》13 卷 5/6 期。

[晉生] 父親來示：我現在只想把長篇寫起，約六七萬字，再擴充為中國政治思想史第五冊。近三個月寫作停頓，這幾天開西太平洋安全會議，每天早餐，晚餐偕同外賓受各機關排宴會。什麼東西都沒時間寫作。（按：遺稿中有清代政治思想部分。）

四月 發表〈論語的版本與注釋〉，《食貨月刊》14 卷 1 期。
　　〈論語的版本與注釋續編〉，《食貨月刊》14 卷 1 期。
五月 發表〈中華民國戰爭史論（上）〉，《食貨月刊》14 卷 2 期。
十一月 發表〈中華民國戰爭史論（下）〉，《食貨月刊》14 卷 7/8 期。
十一月十一日，八十四歲生日。家中親友在福星園四桌自辦。大陸問題研究中心，十一日下午茶會。戰略學會這些日子忙於開會。
食貨出版社出版《世局轉變與中國統一的機運》。

民國七十四年（1985）

七月二十四日 陳先生（立夫）約下午六點半，圓山飯店晚餐。晉生在座。晉生將從香港轉杭州參加宋史會議。
十一月 食貨出版社出版《中國之分裂與統一》。
十二月三十日 參加歷史學會理監事會。

民國七十五年（1986）

[泰來] 本年春季，父親病又發。經章沅護送中心診所，症狀仍為腹部劇痛及嘔吐。住院檢查，似有黃膽（疸）現象，診斷為膽管結石。仍不動手術，出院休養。秋季，廚師尹成病重體弱，送榮民之家。父親獨自一人住天母，無人照應，泰來乃奉迎遷居羅東尚仁街六號四樓。將天母房屋退租。自此以後，在台北立法院開會時則住周武大廈，每周由陳定墨司機駕車至羅東休息兩三日。
[恆生] 示恆生、德順：華航機票及行程表均收到。

十一月九日不能成行。現在尚欲十二月二十日左右起程，仍未得確定。

華航機票十二月九日之日期座位，當即聲明改期。行程表全改，請德順費神通知為要。

如十二月二十日可以成行，當電話相告。

真是一言難盡。原想到你們那裡度生日，未成。十二月九日又未能如預期。十二月二十日如還是失期，那便改到明年春假。總要旅美一行，看看你們纔好。希聖十一月二十四日

民國七十六年（1987）

三月 轉任中華戰略學會名譽理事長。

[晉生] 三月四日父親來示：我以今年進九十之理由，將戰略學會理事長及中國大陸問題研究中心董事長兩個名義皆告退。長江後浪推前浪，許多交替的或大或小的事件之中，兩件插曲而已。兩件事皆在辦手續，我心情輕鬆愉快，健康進步。

三月十二日，自台北天母遷居羅東鎮尚仁街 6-6 號四樓。

七月廿四日 啟程赴美國探望諸子孫。

下午六時半，泰來夫婦扶持搭華航班機自桃園機場起飛，越太平洋，計飛行十一小時，降落舊金山機場，當地時間是七月二十四日下午二時半。我在飛機上早餐，下飛機，家屬及親友相接。到達恆生家，七時晚餐，方才覺察這一天，省了半日光陰，又省了一頓午餐。

沈寧、沈熙先來此候見。至晚頃，沈燕從杜桑趕到。沈燕自大陸出來，已七年矣，今日在此得見，悲喜交集，言與淚隨。直待二十五日下午，我為此三個外孫談話兩小時。

[恆生] 七月二十四日，九十高齡的父親，由大哥泰來、大嫂晏章沅陪同，自台北飛抵舊金山，先姐琴薰二子沈寧、沈熙先一日來我家，等候一齊去機場迎接；女沈燕當晚自亞利桑那州趕來拜見外祖父。父親見到長外孫沈寧已年過四十，不禁想起 1949 年離開上海時，其尚不足兩歲之情景。而從未

見面之燕、熙二孫，得在此相見，悲喜交集，言與淚隨。外祖父怕勾起太多往事，連忙拿出在台北準備的小禮物分給各孫作為見面禮，他一面分禮物一面說：「今天不談往事，今天不談往事。」

二十五日，恆生安排舊金山素來親近的戚友，在天錦樓聚會。茶行一道，舉杯致敬，一時感慨之餘，以故鄉土音致詞，曰：

「西方的民族主義是他們從海外經濟競爭中發生的。我們三民主義的民族主義是以家族倫理為基礎，在帝國主義壓迫之下發生的。中國人在海外，與外國人相處，我們的家族組織與感情特別穩固與保守，就是確切的證明。今日我們同鄉親友在此地聚會，我參加聚會，有如回家鄉。這亦可證明，世界上凡是中國人所至的地方，就是中國家族主義的文化，與中國民族主義之所在的據點。」

餐畢送客後，回寓。金鍾麟夫婦來，談起夏、萬、李、陶四家，及陶、金二家，戚誼與世交之歷史源流。此皆中年親友子弟所不及知曉之事理，我斤斤談論，夜深送客，回房就寢。

二十六日午飯前後，與家人談西安事變，對當年我在北平單人挺身與人民陣線左傾教授三十人堅決對抗的經歷，由此看透西安事變乃是人民陣線之所作為。今日中共指稱其為抗日民族統一戰線，我方研究此一段歷史之論著甚多，可惜皆未能徹底分析，以闢中共的曲解。

晚間，沈燕回杜桑。

二十七日上午，泰來夫婦起程，先往西雅圖，隨即去加拿大，一路上考察造紙工業及白報紙市場。

下午與恆生夫婦談論海外陶氏的志願與中華民族的前途。

目前有人指稱我是三民主義理論家而加以誹謗而摧毀者。其實，我是中國社會史學家，我決不作紙上清談而自命為三民主義理論家。三民主義是革命救國革命建國的指導方針，決不是紙上清談。論語載子夏講學做學問的方法是「博學而篤志，切問而近思」。三民主義是實學實用，不是空口清談，尤

其不可用馬克思主義附會三民主義，藉民生主義來散布階級鬥爭的流毒；亦不可用西方民主主義來解釋民權主義，將民權解釋為人權。

我們的民族主義是以家族主義為基礎。個人主義以及馬克思主義促進了家族主義的分批，亦就助長了民族主義的瓦解。此乃海外中國人引以為憂者。

是日（廿七）晚間，鮑家朋在明苑請我們一家，鮑伯母劉伯母在座。魚翅中哈士蟆，多年未見者，東北產品也。宴畢道謝回寓，已十一時。與恆生德順們談話至十二時半，方就寢。

二十八日下午，應密宗黑教林雲大師之邀，訪問坐落於柏克萊的「雲林禪寺」，恆生德順陪同，會見大師及其信徒弟子三十餘人。眾人要我說「佛」。

「在中古，佛教盛行，中國未曾相隨轉化為佛教國家。到了近世，基督教進入中國，中國仍未轉化為基督教國家。反之，自佛教至基督教，必須融和中國的倫理思想與規範，方才能夠在中國立足生根。

「教會與家族有其衝突的一面，也有其融和的一面。宗教是包容的（inclusive）無論是姓張，姓王，姓李，姓趙，共同信仰一尊神佛，共同組成一個教會。反之，家族是排他的（exclusive），『人不祀非族，神亦不歆非其類』，姓張的家族不拜姓李的祖宗，姓李的祖宗也不享姓張的祭祀。這是宗教與家族衝突的一面。這種衝突怎樣可以融和呢？

「先說佛教的華化。在哲學方面，三階教乃至禪宗，顯然是佛教改革運動，同時也是佛教華化運動。即以法華及華嚴宗而論，何嘗不是中國佛教的創作？

「在民間信仰方面，北魏時代的彌勒佛，乃是新佛出世，殺盡舊魔的號召。至唐代以後，所謂彌勒佛實在是布袋和尚。唐代問世的楞嚴經，是真是偽，固有爭議，但佛教來華之初，三座像設乃是過現未三世佛，繼而居中者如來佛，左右是大勢至菩薩與觀自在菩薩，後來觀自在化為觀世音而現為女身。

「佛菩薩皆居寺廟。觀世音菩薩在民間，居家庭，受婦女供奉。

「台灣的寺廟，以天后即媽祖為最多，香火最盛。媽祖原是湄州莆田的一個女子，演化為海運之神。由於觀世音點化，或竟是觀世音的化身，亦受婦女的崇拜。

「再說基督教。基督教傳入中國之初，教會組成與家族制度的衝突，在民間引起許多『教案』，甚且為清季義和拳扶清滅洋運動的導火線。基督教與家族制有其衝突的一面。

「約翰福音第十九章二十三至二十七節：兵丁既然將耶穌釘在十字架上，……站在耶穌旁邊的，有他的母親與母親的姊妹……耶穌見母親和他所愛的那門徒站在旁邊，就對他母親說：母親，看你的兒子！又對那門徒說：看你的母親。從此那門徒就接他到自己家裡。

「聖母與觀音大士是一是二，雖不必傅會，也無須爭議。父母子女的愛，擴充為民族愛與人類愛。這愛就是忍耐，就是犧牲，就是希望，也就是宗教的根基與倫理哲學的淵源。教會與家族相與融和的一面便在於此。」

七月三十一日　從舊金山飛華盛頓。住龍生家。

八月初　從華盛頓飛亞利桑那州杜桑市，住晉生家。沈蘇儒從北京來。參觀晉生任教之 University of Arizona，及著名的沙漠博物館等。

八月十四日　與兒孫親戚談中國前途：

中國古代以農為天下之大本，小農經濟的基礎是五口之家，耕種五畝田。也就是家族經濟。孔子的信仰從此而來。孔子的學說是以家族倫理來發展。今天大陸改革派的最高領導也許有意無意的了解這個道理，而一般的改革派可能不了解，所以不放棄馬克斯主義。不過，馬克斯主義在改革派興起後，必定死滅。

八月十七日　自杜桑市飛舊金山。

八月廿一日　自舊金山乘華航班機返回台灣。

[恆生] 十月三日示恆生：回台北一個月又十幾天。膽石彷彿完全平復。沒有任何感覺了。回台北，即與中央日報楚董事長崧秋、中央通訊社曹董事

長聖芬，當面言定，九十生日，只是一次簡單的茶會，新聞界老同人見見面。談談。別無任何舉動。

我到美國。走了七處，看望家裡七房，四代聚談，自是陶家的盛事，九十壽慶的大舉

十一月裡，不再舉行，只是同平常每星期日吃一頓午飯一樣算了。你們隨宜通知各房台北陶家不做壽，大家不作回台打算。

晉生主辦九十壽慶論文集，由黃寬重們經手，現已收集論文三十篇。我有一篇（一萬字）已發排付印，趕十一月裡出書，兩巨冊。到時候，食貨同人聚餐。

活到九十歲，可以「這一生」。這一生，前一半教授，後一半記者。教授與記者的生涯，便是寫作、演講、開會。前一半抽煙，後一半喝茶。八十歲有感慨，九十歲自覺輕鬆，連感慨都沒有了。

九月　發表〈天道人倫一以貫之—天一論與天心論（上）〉，《食貨月刊》16 卷 1/2 期。

〈天道人倫一以貫之—天一論與天心論（下）〉，《食貨月刊》16 卷 3/4 期。

十一月十五日　食貨出版社出版《陶希聖先生九秩榮慶論文集》。第一篇為〈天道人倫一以貫之—九十生辰定稿〉。

十一月十七日（舊曆九月廿六日）楚崧秋先生為希聖九十壽辰在中央日報禮堂設茶會慶賀。請帖如下：

今歲國曆十一月十七日（農曆九月廿六日）為黃岡陶希聖彙曾先生九十華誕，同仁等以　陶先生文章道業世所共欽特舉行茶會同伸嵩祝並表景慕　恭候光臨

中華戰略學會
中央通訊社
中國新聞學會敬邀
中國歷史學會

中央日報社
中國大陸問題研究中心

時間：十一月十七日（星期二）下午四時至五時卅分
地點：台北市八德路二段 260 號中央日報三樓

[晉生] 是日來賓有蔣緯國、倪文亞、鄭彥棻、孫震、張忠棟、張朋園、管東貴、袁頌西、黃寬重、杜正勝等。中央日報董事長曹聖芬致詞後，父親致謝詞說：

我一生有兩個職業，大學畢業後教書，後來辦報。我是一個守法的人，但我的腦子裡有革命的想法。我經歷過很多凶險，九死一生，我只要有一口氣在，仍然把此生奉獻給國家社會。我沒有財產，沒有權力，只有一點名聲，這名聲是共產黨批判出來的。我看見共產黨建大樓，也眼見他樓塌了。他們今後的出路只有一條，就是三民主義。

民國七十七年（1988）

一月　七十七年元旦為《東方雜誌》撰〈論戈巴契夫之改革 ── 馬克思主義死滅之路〉。（原注：七十六年十二月十五日初稿。）

五月　[語冰錄]〈論一國兩制〉，39 卷 5 期。

六月　[語冰錄]〈病中沉思〉，39 卷 6 期。提出條理節奏：關於理與氣之問題，宋儒為之繾綣紛紜。試作簡易之分析，開朗之解決。理者運動之條理節奏也。氣即是運動，運動所循之條理節奏即是理。

結語：孔孟之道，以孝弟為本而推策人所以區別於草木鳥獸之理，是為人道，以人道建立人群之組織規範，是為人倫。

六月二十七日晨二時三十分病逝於台北市忠孝東路中心診所醫院。

[恆生] 先父希聖公逝世經過三兒恆生於台北

我們敬愛的父親，已於六月廿七日台北時間凌晨三時，因肝功能衰竭，於睡眠中溘然與世長辭了。父親逝世的消息，當天中午三家電視台都有新聞播報，晚間新聞則有更詳盡的報導。第二天各大報紙都以顯著的標題刊登這

項消息。

父親於今年二月十八日（農曆正月初二），因腹部不適及兩腳水腫，導醫囑住入台北市中心診所檢查。初步診斷結果，顯示肝臟有腫脹及功能不調的現象。主治醫師開出兩種藥方：其一為消除肝腫促進功能，其二為利小便減輕腳腫。在醫院治療兩星期後，於二月廿八日出院。

泰來大哥及大嫂為了給父親妥善的營養、照顧，及舒適的居住環境，決定迎接父親到他們家中靜養。大哥因中興紙業公司責重職繁，每週必須在羅東總廠上班五天，經呈准董事長，改為每週在羅東三天，台北三天。大嫂則毅然辭去了服務多年的教會工作，留在家中親自侍奉湯藥。大哥、大嫂為了照顧父親所作的一切安排與犧牲，我們遠居海外的弟弟們，衷心感激與敬佩。

我與德順，曾於三月四日至廿六日，五月六日至廿九日，兩度自美回台探望父親。在這四十多天當中，我們除了陪伴父親談談天，看看電視，偶爾吃吃小館外，也設法為大哥大嫂分擔一點小小的勞務。

六月六日父親因身體過度衰弱而再度住進中心診所。六月十七日因吞嚥食物困難，醫生為他老人家裝上鼻管灌送營養劑。父親說話不便，此後即用筆寫出他要講話，但他的神智一直都非常清醒，時時記掛著要參加定於七月七日召開的國民黨「十三全大會」。

我於六月廿四日晚飛抵台北，即從機場直接趕赴醫院。於九時半到達，見父親已經入睡，未敢驚動，大哥聞我回來，即自家中趕來醫院跟我詳細說明父親的病況，以及入院後的治療的經過。中心診所正在用最好的醫療方法為父親控制病情。

第二天一早，我又去醫院，父親已醒，並已灌過營養劑，正在打點滴中。他看見了我，抓住我的手，久久不放。我對著他的耳朵說：「我回來看您，您要快快好起來。德興、若蕙、若昭三家都問爹爹好。沈寧兄妹三人要我帶口信問候外公，祝您老人家早日康復。」父親聽了微笑點頭。四弟晉生帶大女兒若麟，早兩天回來陪伴父親。父親給若麟寫道：「我感覺很好，最少還要活一年。」又寫道：「大伯娘的炒麵天下第一。」父親在床上看看報，偶爾寫寫紙條，看來很平靜。這天有幾批親友前來探望。我在病房陪了他老人家一整天。大哥、大嫂、四弟、若麟、蔣保華，都輪流在病床旁服侍父親。

六月廿六日上午，父親要戴手錶，為他戴上後即頻頻看錶，寫道：「試看電視平劇節目。」原來那天是星期天，華視照例下午二時半有平劇播映。大哥與我連忙趕回家中，把錄影機搬來病房裝好，放了一部《陸文龍》錄像帶，父親看了半小時就入睡了。下午二時半準時看華視平劇《十三太保》，父親又看了半小時再度入睡了。傍晚，父親要紙筆，為晉生寫道：「食貨地址不改，這才是我的精神遺產。」

晚八時，來接班的護士沒來上班，經大哥與協調中心聯繫，答應另派一名代班，九時來醫院報到。我與若麟在病房陪伴至九時二十分，臨時特別護士才來。是一位年輕的護校二年級學生。至十時三十分為父親調好了床頭燈光（他晚間睡覺要一點燈光，調對了便點點頭），再次囑咐了年輕護士，若麟對著父親的耳朵說：「爹爹，您好好睡覺，我們明天一大早來看您！」我們才離去。這是我們陪伴父親的最後一夜。

范生、龍生預計今晚分別自休士頓與華盛頓趕回，可能到得太晚，均未見來醫院。

六月廿七日凌晨三時卅分，電話鈴響，我心中猛然一驚，連忙接聽，是大哥的聲音：「恆生，你們快來醫院，父親不行了！」我與晉生急忙趕去病房，只見父親寧靜地躺在病床上，面部安詳，一如昨夜。可是他老人家再也不會醒來了。據值班醫生說：前半夜護士替父親量血壓，略顯偏低（高血壓九十），但並無其他異狀；凌晨三時再來量血壓時，發現血壓已經沒有了，這證明父親是在睡夢中去世的，臨終前毫無痛苦。

清晨四時，大哥的二兒德辰（已皈依佛教為居士）帶了三位同修前來病房為祖父唸「阿彌陀佛」，我們都恭立在父親的遺體旁跟著唸，一共唸了八個小時。唸「阿彌陀佛」的意思，是祈求佛菩薩引領父親前往西方淨土的極樂世界。

范生五弟晨七時來醫院，龍生六弟八時來醫院，可惜都來晚了一步。父親的靈堂在周武大廈食貨出版社布置好了。下午一時，父親的遺體自醫院移靈至市立第一殯儀館。

六月廿八日，紀姨爺，七姨媽，鍾煌表哥，大哥，我及四弟，同去久大殯儀社辦理喪葬事宜。六月廿九日，大哥和我去立法院參加治喪委員會的預備會議。

　　七月四日，參加由立法院倪文亞院長主持的治喪會議。以下是幾項主要的決議：

1. 治喪委員會
主任委員：倪文亞院長
副主任委員：劉闊才副院長，鄧翔宇委員，楊亮功資政，蔣復璁先生
蔣經國將軍，馬樹禮先生，雷法章先生，楚崧秋先生
2. 總幹事：郭俊次秘書長
副總幹事：牟少玉處長，劉漢傑先生（湖北同鄉會），張正先生（黃岡同鄉會）
3. 殯葬日期：中華民國七十七年七月十五日上午八時在台北市民權東路市立第一殯儀館景行廳舉行家祭，九時十五分起公祭，十時卅分發引，隨即安葬於陽明山公墓。
4. 覆蓋黨國旗決議：

　　陶故委員希聖先生，國立北京大學畢業，歷任國立中央大學、北京大學、台灣大學、政治大學教授，陸軍軍官學校政治總教官，國民參政會參政員，中央日報總主筆、常務董事、董事長、軍事委員會委員長侍從室組長，總統府國策顧問。自三十七年膺選立法委員，四十年來，認真審查法案，貫徹國家政策，貢獻良多。陶故委員亦為著名政論家，在法學、政治學、民族學暨社會經濟學等多方面均有精湛造詣，生平著作宏富，為學術界所推崇。尤於社會史觀方面，在所著《中國社會之史的分析》，《中國社會與中國革命》等書中，明白指出左派學者以史實強行傅會馬克思史觀，力闢馬列邪說，導正國人思想，功不可沒。今先生以高齡溘逝，悼惜殊深！擬請賜予覆蓋中國國民黨黨旗及中華民國國旗，以彰忠藎，藉慰英靈。
5. 覆蓋黨，國旗大員
黨旗：陳立夫先生，李煥先生，王大任委員，張希哲委員
國旗：劉闊才副院長，蔣緯國將軍，蔣復璁先生，劉先雲先生

　　十一月九日　總統李登輝明令褒揚：

總統令

立法院立法委員陶希聖，資性端敏，學造淵微，執教北京，中央，清華，燕京諸大學，早著聲華。抗戰軍興，秉筆宣勤。嗣參密勿，承命戮力。迨行憲，膺選立法委員。議事之餘，仍多著述。綜其生平，迴旋學術與政治之間，卓識嘉猷，均饒貢獻。茲聞溘逝，悼念良深。應予明令褒揚，以示政府表彰勳耆之至意。

總統　李登輝

行政院院長　俞國華

中華民國七十七年十一月九日

[晉生] 父親逝世後，有以下諸文追念（見《湖北文獻》89 期及《法令月刊》）：

《湖北文獻》，〈陶希聖先生事略〉。

何茲全，〈悼念我師陶希聖先生〉。

漆高儒，〈記陶希聖幾件事〉。

黃寬重，〈陶希聖先生與食貨雜誌〉。

杜正勝，〈陶希聖先生學述〉。

陶龍生，〈先父希聖公逝世經過〉。

虞舜，〈敬悼陶希聖先生〉，《法令月刊》39 卷 7 期。

陶龍生，〈一個治史的法學家〉，《法令月刊》39 卷 8 期。

後記

　　先父希聖先生的《年表》，是他自己於民國四十二年用第三人稱寫的，內容至民國四十二年結束。當時由表哥阮繼光抄寫油印，分送親友。其後長兄泰來於民國八十七年將《年表》輸入電腦，並且將先生的著作《潮流與點滴》（1962）、《夏蟲語冰錄》（1980）、《八十自序》（1978）、《日記摘存》（出九龍記）、夫人萬冰如著《逃難與思歸》（1980）、《陶希聖先生訪問紀錄》（1991）、陶泰來日記、何茲全的書信、女兒陶琴薰書信及記事，以及《傳記文學》中的一些有關的文章等資料增入。近年有關先生的著作陸續問世，除《陶希聖日記》（2014）外，如三兄恆生著《高陶事件始末》（2001，簡體版2012）、范泓，《參政不知政 ── 大時代中的陶希聖》（2009）、高宗武著，陶恆生譯，《高宗武回憶錄》（2009）、陳峰編，《陶希聖卷》（2014）等，都可以參考。

　　民國八十七年，大哥將先生於五十六年遊歷歐美的遊記，七十六年赴美國與兒孫相聚的經過，及其後先母和先父去世情況輸入電腦。但是這部分的資料並不完全，所以將這一部分作為附錄，由晉生搜集有關資料補充，作為《續編稿》。

　　《續編稿》根據的主要資料，是先生撰寫的論文和書信。先生雖以政論著名，而自認貢獻在於從法學進入社會史的論著。退休後主編復刊的《食貨月刊》，以此回到學術的園地，寫作大量的論文。同時，他仍在報刊發表政論。晚年政論的焦點，在於評論世界的現勢及中華民國的因應之道，亦即以三民主義導引中國大陸的改革之路。《續編稿》未將大量的政論納入，讀者若一觀復刊的《東方雜誌》，即可見每年皆有言論，而元旦必有獻詞，直至民國七十七年。至於其法學和法制的觀點，則發表於《法令月刊》中的《夏蟲語冰錄》，繼續至民國七十七年六月。此外，先生的書信提供了很多對於社會史學的回顧和新觀點，以及對先母的懷念，和家事的點滴。

陶晉生 2015 年 10 月

附錄一　從徐蚌戰役到昆明事變　日記摘存

＊ 長瀋陷落　徐州會戰

1948 年十一月初，長春陷落之後，瀋陽陷落。幣制改革失敗，以硬幣支持金圓券，金融始告穩定。徐州會戰開始。此雙方兵員各在五十萬以上之大會戰，將決定長江流域之安危。十一月二十日，徐州東南面黃伯韜兵團擊退共軍陳毅部隊。但共軍隨即反攻。黃伯韜兵團被圍。參謀本部命令徐州西面之邱清泉兵團東進解黃兵團之圍，邱兵團分兩軍東進，未能突破共軍之包圍線。

＊ 從翁內閣到孫內閣

翁文灝內閣因為幣制改革失敗而辭職。十一月二十二日陶希聖承蔣總統命，飛北平徵求胡適博士同意組閣。二十三日胡博士辭謝組閣之請。胡表示彼將與蔣總統在艱危時局之中始終站在一起，但彼無行政才能，兼有心臟病，不堪繁劇之任，故未能接受組閣之命。二十五日，陶希聖返京覆命。蔣總統請張群組閣，張群不同意。始徵得孫科之同意組閣。

＊ 平津形勢突變

十二月十三日，共軍兩路滲入張家口與北京之間及北京與天津之間。傅作義部隊之幹部大抵為綏遠察哈爾人。傅在張家口對共軍作戰，得到張家口民眾之擁護。現在，傅為欲接受美援，決既以天津為最後基地，但張家口民眾挽留傅軍。故傅軍主要部隊尚留張家口，而共軍即進兵張家口北京天津三市隔離。

＊ 蚌埠會戰

此時，從阜陽方面進軍徐蚌間之黃維兵團，被共軍包圍。邱清泉兵團放棄徐州而南下，欲解黃維之圍。亦被阻於徐州之西南。蔣總統調武漢守軍張淦之兵團東下解黃維之圍，華中剿匪總司令白崇禧阻止張淦兵團不使其參加蚌埠前線之戰鬥。黃維兵團於無救援之情形下突圍，多數部隊均被殲，蚌埠剿匪總司令部由蚌埠向滁縣後退。

＊ 白崇禧將軍主和

十二月二十五日，白崇禧將軍主和電報到達南京。電文主張與共黨進行和平商談，並邀請美蘇兩國調停。此時，湖北省參議會議長何成濬已被迫往上海，副議長艾毓英策動議和。河南省政府主席張軫通電請蔣總統下野，並主張政府與共黨講和。白將軍下令扣留中央銀行武漢分行儲備之黃金及銀元，並截留由重慶運往南京之軍火。在廣西軍領袖與共黨之間奔走談判者為黃紹竑，其接洽地點則為香港。

白將軍之電係交張治中轉呈蔣總統。張治中於接到電報之後，詢問在京之李副總統宗仁及其幕僚甘介侯等。彼等提出五個條件，認為足以打開政府與共黨講和之路：（一）蔣總統下野，（二）釋放政治犯，（三）言論集會自由，（四）兩軍各自撤退三十里，（五）劃上海為自由市，政府撤退駐軍，並任命各黨派人士組織上海市聯合政府，政府與共黨代表在上海舉行和談。

＊ 美大使館之活動

行政院院長孫科就職後，美駐華大使司徒雷登私人秘書傅涇波進謁孫院長，陳述彼贊成和談，並謂如蔣總統下野，對和談必有裨益。孫院長次日接見司徒雷登大使，詢問傅涇波所談，是否即為大使意見。大使稱彼以美國外交官之地位，不能表示任何意見，但彼以其在中國畢生從事教育之資格，實贊成和議。

甘介侯與傅涇波之間接觸頻繁。南京充滿國共和談及蔣總統下野之空氣，即為甘傅諸人向外國記者之暗示所造成。

＊ 蔣總統元旦文告

蔣總統對白崇禧之和談建議，予以善意之考慮。閻錫山將軍由太原飛南京參加蔣總統於十二月二十九日召開之會談，亦主張總統採納白氏之建議。

蔣總統此時正準備元旦告國民書，重申和平解決中共問題之方針，其中有「個人進退出處，無所縈懷，而取決於民之公意」語句，參加會談者對此一語句應否刪去，意見不一。蔣總統認為此句必不可少。

十二月三十一日下午八時，黃埔路總統官邸舉行中國國民黨中央常委及中央政治委員聯席會議。蔣總統提出元旦文告稿，徵詢與會者意見。王世

杰、谷正綱諸人反對和談，至為堅決。多數委員由反對上述之語句，討論至深夜十二時，蔣總統決定將文告交中央通訊社發表。

元旦文告發表以後，中樞人士反對和談者繼續活動，一月三日中央委員談話會情緒尤為激昂。但彼等漸悉李副總統及白崇禧將軍之密謀，此一運動亦漸歸沉寂。

* 孫內閣之活動

白崇禧之建議本為一平常之事，但白將軍建議之背面為一軍事行動。倘中央政府拒絕此一建議，則廣西軍隊將由武漢南移，而中共部隊即從長江中游渡江南進，南京上海將從西面受其襲擊。

蔣總統元旦文告發表後，行政院於一月八日決議由外交部吳鐵城部長向美蘇英法四國駐華大使提出備忘錄，說明政府對中共之和平建議，並請其促成和平商談之開始。

一月十四日，毛澤東「時局聲明」發表，提出八項條件（一）懲治戰犯，（二）廢除憲法，（三）廢除中華民統，（四）依「民主原則」改編政府軍隊，（五）沒收官僚資本，（六）土地改革制度，（七）廢除「賣國條約」，（八）召開「沒有反動分子參加的政治協商會議」，「成立民主聯合政府，」接收南京政府及其所述政府的一切權力。

十五日下午，蔣總統官邸舉行會談，僉認為毛澤東所提八項條件證明中絕無謀和誠意，但政府為求內部團結起見暫不宜表明何種態度。

十九日上午九時，行政院政務會議決定發表簡短之聲明：「願與中共雙方無條件停戰，並各派代表開始和平商談。」

* 總統下野

一月九日，張群、黃紹竑由南京飛漢口，與白崇禧晤談。黃到溪口後即轉香港，繼續與共黨代表接洽蔣總統下野後全面和平商談之步驟。白氏對外表示備戰謀和之方針，但對張則流露蔣總統下野之要求。武漢、長沙等地和平運動及要求總統下野之運動繼續進行。

其時南京盛傳總統下野之消息，大抵由外國記者自李副總統親信甘介侯及司徒雷登大使私人顧問傅涇波等訪問得來。

　　蔣總統為顧全大局，三度與李副總統交換意見。一月二十日，總統引退文告及李副總統代行總統職權之聲明，均由總統府秘書長吳忠信準備。一月二十一日下午二時，黃埔路官邸舉行去年除夕同樣之會議，總統及副總統均出席。總統宣布其引退文告。出席之中樞要人沉默，憤激，有泣不可抑者。散會後，蔣總統於下午三時半乘專機飛杭州，次日轉奉化溪口故里。

* 李代總統接受中共八點

　　一月二十二日，李代總統發表聲明，表示謀和決心，並認為毛澤東一月十四日時局聲明所提八點可作商談之基礎。

　　二十三日，中共發言人談話，（一）與南京政府談判，並非承認南京政府，乃因其尚控制若干軍隊。（二）談判地點俟北平「解放」後在北平舉行。（三）反對行政院所指定之代表中彭昭賢為代表。（四）戰犯必須懲治。三十日新華社廣播，要求李代總統逮捕戰犯四十三人，始可言和。四十三人包括蔣總裁、何應欽、顧祝同、周至柔、桂永清、湯恩伯、陳誠在內。

　　此時，天津淪陷。傅作義投降，北平亦入中共掌握。

* 蔣總裁在溪口

　　蔣總裁自一月二十二日回溪口故里，度其恬靜之生活。天氣晴和，常步行田野間，尤喜遊天童寺、雪竇寺及妙高台，盤桓山水間。亦有二三故舊僚屬由京滬來，則在武嶺學校下榻。文電往來，至為稀少，助其辦理者僅秘書一人。

　　中國國民黨在立法院為多數黨，故行政院亦以國民黨人為中心而組成。在蔣總統當政時期，每有重大決策，常先提出國民黨中央政治委員會，取得黨中諒解，然後由行政院討論決定，並由立法院中國民黨議席予以支持。李代總統一月二十二日聲明，未經此項程序。國民黨中央對於和平商談以毛澤東八點為基礎未能諒解，而行政院孫院長認為李代總統之決策並不提出行政院，或徵詢行政院長意見，乃使憲法上之責任內閣無法對立法院負其責任。因此，孫院長與李代總統之間，常起衝突。立法院內反對和談之意見更為分歧。遷往廣州之立法委員均反對和談，最低限度亦反對政府接受毛澤東八點為談判基礎。逗留南京上海者有一部分為中共之外圍分子，為中共做宣傳活

動，一部分附和李代總統之主張，而仍有一部分對和談抱懷疑之態度。其遷居台灣者多支持中立立場，以內部團結為重。

軍政中堅幹部在蔣總裁領導之下二十餘年，其變節者則投降中共。其忠貞者對總裁之信任與尊崇，不因其下野而有所改變。彼等不經思考，大抵相信李副總統此次代行總統職權，乃以促成和談為目的，如和談決裂，則蔣總裁必將重蒞總統府親事。

蔣總裁對京滬訪問溪口之中樞人士，屢次表示其支持李代總統進行和談之意向，尤望國民黨同志精誠團結共挽危局。

＊ 白崇禧之態度

造成一月二十一日之政變者，為華中剿匪總司令白崇禧。但彼之態度在和談破裂之前，已有改變。

一月九日，黃紹竑到漢晤白，隨即往港，向共黨代表提出兩項要求，其一為蔣總統下野後共同對蔣，以防止其再起，其二為中共與李代總統進行全面和平談判。駐在石家莊之毛澤東不作答覆。比及蔣總統宣布下野之後，毛之答覆到港，說明蔣已下野，第一點無須再商，白崇禧將軍如願望和平，可與劉伯承將軍直接談判。此即說明中共所期待於白氏所謂「局部和平」，即以傅作義為例之投降。至此白崇禧將軍一面公開談話，強調備戰，一面致電溪口，希望待機晉見蔣總裁，藉以增進諒解。

＊ 李代總統之活動

李代總統至此雖看透中共騙局，但彼及其左右仍考慮及和談決裂即為李氏政治生命之斷絕，故對和談之成功仍抱幾微之期待。彼等一面散放流言，認為李代總統促進和平之各項措施，如南京上海解嚴及各省徵兵徵糧之停止等，多受蔣總裁之牽制，不克貫徹，一面呼籲政治軍事改革，指責蔣總裁領導下政治軍事之腐敗，以打擊蔣總裁之信譽。彼等指責蔣總裁雖退處溪口，仍為和平與改革之障礙，發起請蔣出國運動，迫使蔣總裁離開國境。

＊ 政府之和談最低原則

四月一日，所謂和談，在鐵幕中之北平進行。何應欽將軍已於三月十二

日繼孫科組閣。何院長於四月七日出席廣州舉行之國民黨中央常會及中央政治委員會，並約集在廣州之立法委員談話。

國民黨中央常會聽取何院長報告和談進行經過後，決定和談原則五條如下：

一、為表示謀和誠意，昭信國人，在和談進行開始時，雙方應立即下令停戰，部隊各守原防。

共軍在和談進行期間，如實行渡江，即表示其無謀和誠意。政府應即召回代表，並宣告和談破裂之責任屬於共黨。

二、為保持國家獨立自主之精神，以踐履聯合國憲章所賦予之責任，對於向以促進國際合作，維護世界和平為目的之外交政策，應予維持。

三、為切實維護人民之自由生活方式，應停止所有施用暴力之政策。對人民之自由權利生命財產應依法予以保障。

四、雙方軍隊應在平等條件下各就防區，自行整編。整編方案必須有雙方互相尊重同時實行之保證。

五、政府之組織形式及其構成分子，以確能保證上列第二三四各項原則之實施為條件。

上述五項原則，將南京與廣州兩地中樞負責人士和談之意見溝通統一，政府對中共所提條件，即以上述為標準而決定其可否接受。

＊ 中共招降書及政府之拒絕

四月四日毛澤東及中共外圍諸黨派首領共同簽發在第二次大戰中助同蘇俄作戰之宣言。國民黨中央常會所定第二項原則已與此不能契合。

四月十五日，中共提出其所謂和平方案八條二十四款，由政府代表之一黃紹雄帶往南京。依此方案，南京政府不僅負責率領國軍投降中共，並需協助中共將國軍繳械收編。中共並明白表示，無論南京接受條款與否，共軍必須渡江南進。

中共之招降書限定南京於四月二十日正午十二時以前作可否之答覆。鐵幕中之政府代表張治中、邵力子等致電李代總統，勸其接受條款，並於共軍過江後，不必離開南京，或竟飛北平。

李代總統及何院長均認為中共此項招降條款，絕非政府所能接受。於

二十日上午對代表團發出訓令，予以拒絕。李何兩氏並於十七日聯名致蔣總裁，請其復行視事，領導反共戰爭。

共軍於二十一日之夜，從南京上游及下游兩處渡江，向南逼近。

＊ 杭州會談

李代總統致電溪口，切望與蔣總裁晤商。蔣總裁決定於四月二十一日在杭州會談。參加此一重要會談者，蔣總裁、李代總統、何院長應欽、白長官崇禧、張長官群、吳忠信、王世杰、陶希聖諸氏。

李代總統首先說明彼和平方針既告失敗，請求蔣總裁復總統職。蔣總裁為求內部團結，共同反共，奮鬥到底起見，懇切說明今日只討論對時局之政策，而不涉及人事之變動。

會談決定請何院長應欽兼任國防部長，指揮陸海空軍，並於國民黨中央常會之下，設立非常委員會，俾國民黨經由此一決策機關，協助李代總統。政府重大政策在黨中央獲致協議之後再由政府依法定程序實施。

李代總統何院長會後即回南京。白長官遄返漢口。何院長夜間發表會談決定之公報，申明團結反共，奮鬥到底之方針。全文如下：

行政院新聞處二十二日發表公報稱：政府為謀取全面和平，使人民獲得休養生息之機會，派遣代表前往北平與共黨商談停止戰爭恢復和平之辦法。經兩週有餘之折衝，迄未能達到協議。最後共黨竟提出所謂「國內和平協定」，並限期答覆。全文八條廿四款完全為征服者對被征服者受降之處置。其目的在施用武力以消滅國家軍隊，造成恐慌以摧毀人民自由與社會安全，一面更發動全面攻擊，強行渡江。至此共黨竟毫無謀和之誠意而甘心破壞和平擴大戰亂與國家人民為敵，已大白于天下。

廿二日蔣總裁由溪口到杭州，李代總統及何院長由京飛杭晤見。對當前局勢及政府今後之政策鄭重商討，當經一致決議四事如下：

（一）關於共黨問題，政府今後惟有堅決作戰，為人民自由與國家獨立奮鬥到底。

（二）在政治方面，聯合全國民主自由人士共同奮鬥。

（三）在軍事方面，由何院長兼國防部長，統一陸海空軍之指揮。

（四）採取緊急有效步驟，以加強中國國民黨之團結及黨與政府之聯繫。

＊ 南京陷落

四月二十二日之夜，國軍開始由南京撤退。何院長飛往上海。李代總統則逕飛桂林。

行政院於拒絕中共所謂「和平方案」時，即致電北平撤回和談代表。但張治中等為中共所羈留，不能南返。中共得知李代總統由南京飛桂林，命令彼等電勸李氏，即在桂林設立政府，勿往廣州。李代總統在桂林對廣西立法委員暨省參議員等發表談話，亦申明其對和平之信念。

＊ 李代總統談話記錄

廣州方面得知南京陷落，李代總統直飛桂林之後，綏靖主任余漢謀將軍，廣東省政府薛岳主席聯名致電李氏，歡迎其蒞臨廣州。國民黨中央執行委員會派閻錫山、居正、吳鐵城、李文範諸元老往桂林致歡迎之意。五月三日中央諸代表於迭次晤李談話之後，攜帶李代總統交來之談話記錄返廣州向中央覆命。李氏並另交記錄一份託何院長應欽派飛機送達蔣總裁。

李代總統談話記錄，首先認為軍事之失敗由政治之不修明。和談之失敗，固由於中共所提過於苛刻，使政府無法接受，不能不毅然拒絕，然政府內部意志之不統一，步驟之不一致，如政府謀和之不能執行，未能示人以誠，亦不能不認為一重大因素。彼申述其改革政治及謀取和平兩大主張均未能有所成就，應當引咎自責。

其次說明共軍已渡長江，首都淪陷，滬杭危急，「自請解除代總統職權，仍由總裁復任，負責處理一切」。彼本人願「以副總統資格，出國從事國民外交活動，爭取國際援助」。

最後說明，如總裁不願復行總統職權，則彼要求總裁同意實行下列六項：

（1）憲法上規定關於軍政人事，及凡屬於總統職權者，彼應有絕對自由調整之職權。

（2）所有前移存台灣之國家金銀外匯，請總裁同意由政府命令運回，以應政府急需。

（3）所有前移存台灣之美援軍械，請總裁同意由政府命令運回，配發各部隊使用。

（4）所有軍隊一律聽從國防部指揮調遣，違者由政府依法懲處。

（5）為確立憲政精神，避免黨內人士糾紛，應停止訓政時期以黨御政之制度。例如最近成立非常委員會之擬議，應請打銷。所有黨內決定，只能作為對政府之建議。

（6）現時危事急，需要外援迫切，擬請總裁招綏懷遠，俾收內外合作之效。

* 上海之戰局

一月二十五日，蔣總裁從溪口往象山灣，乘太康艦駛向上海。二十六日，抵吳淞口內之復興島停泊。二十七日蔣總裁發表其在溪口草成之告全國軍民書，呼籲全國軍民團結一致，堅持反侵略反極權的民族民主戰爭。其文中表明下列之一點，重申杭州會談公報之意旨：

當此國家民族存亡生死之交。中正願以在野之身，追隨我愛國軍民同胞之後，擁護李代總統暨何院長領導作戰奮鬥到底。

蔣總裁預定在上海停留二日，召見上海防衛戰事中指揮陸軍之湯總司令恩伯，空軍周總司令至柔，海軍桂總司令永清，聯合勤務郭總司令懺，及代理市長陳良等，詢問作戰情況，即行離滬往廈門暫住。

在四月二十日之前，李代總統對京滬杭警備總司令湯恩伯將軍屢加責難。第一，李代總統命令湯總司令解除京滬杭區之戒嚴令，第二，李代總統徇華中剿匪總司令白崇禧之請，下令抽調湯總司令精銳部隊西移，以填補白將軍駐防江西一帶之部隊向武漢集中遺留之防務。湯總司令認為和談成敗尚未可知，如弛懈京滬之防務，則一旦和談決裂，共軍渡江，即無以應戰，故屢次進京請求李代總統允許繼續戒嚴。至於抽調防守京滬線之部隊西往安徽南部之命令，湯總司令認為防守京滬部隊不宜分散，以減低實力，屢次爭持未獲諒解，湯終於聽從調度。

共軍突破江陰，渡江而南，京滬線上駐軍向上海外圍集中，上海市民在

此動盪之中，異常驚恐，市面呈混亂狀態。而湯總司令部對調往皖南之部分陷入共軍包圍，上海可以集中兵力苦於不足。金圓券急遽貶值，陸海空部隊之副食費及其他軍費，不敷供應。

蔣總裁為使此諸問題迅速解決起見，延長其駐滬時間，召集軍事，金融，及市政主管者連日會商，次第確定支持前線之各種辦法。而總裁四月二十七日文告既見報端，總裁亦親尋市街，陸海空將士暨一般市民，在精神上咸為振奮，上海頓從混亂轉入安定。

＊ 蔣總裁邀遊海上

五月一日蔣總裁由復興島移居金神父路勵志社。四日接到何院長派遣專機送來李代總統談話記錄，乃覆函何院長，請轉達李代總統及中央諸同志，首先指出李代總統應立即蒞廣州領導政府。第二說明政治改革非二三個月短時間內所能收效，必須樹德養威，開誠取信，持之已久，行之以恆。第三說明彼無復職之意。第四，對於李氏六項要求之前五項，做如左之答覆：

（1）總統職權既由李氏行使，則關於軍政人事，代總統依據憲法有自由調整之權，任何人不能違反。

（2）彼（總統）在職時，為使國家財富免於共黨之劫持，曾下令將國庫所存金銀轉移安全地點；引退之後，未嘗再行與聞。一切出納收支皆依常規而進行。財政部及中央銀行之簿冊具在，儘可稽考。任何人亦不能無理干涉，妄支分文。

（3）美援軍械之存儲及分配，為國防部之職責。彼引退之後，無權過問。簿冊羅列，亦可查核。至於槍械由台運回，此乃政府之權限，應由政府自行處理。

（4）國家軍隊由國防部指揮調遣，凡違反命令者應受國法之懲處，皆為當然之事。

（5）非常委員會之設立，為四月二十二日杭州會談所決定。當時李代總統曾經參與，而且共同商討其大綱，迄未表示反對之意。今李既打消原議，彼自可請中常會復議。惟民主政治為政黨政治，黨員對黨負有遵守決議之責任，黨對黨員之政治主張有所約束，與訓政時期以黨御政者，自不可混為一談。

　　蔣總裁次對李代總統請其出國一事，答覆如左：

　　若謂中不復職及應出國，殊有重加商榷之必要。中許身革命，四十餘年，始終一貫為中國之獨立自由而奮鬥。只要中國尚有一片自由之領土，保持獨立之主權，不信中竟無立足之地。

　　在溪口時，曾對禮卿（吳忠信）文白（張治中）兩兄言：「前此他們（指李等）要我下野，我自可下野，現在若復迫我出國亡命，我不能忍受此悲慘之境遇。」今日所懷，仍復如此。

　　且在過去，彼等（指李等）主和，乃指我妨礙和平，要求下野。今日和談失敗，又責我以牽制政府之罪，強我出國，並賦我以對外求援之責。如果將來外援不至，中又將負妨害外交，牽制政府之咎。國內既不允許立足，國外亦無處容身。中為民主國家之自由國民，不意國尚未亡，而置身無所，至於此極！

　　復次指出和談破裂，應由中共負完全責任，李代總統不應為中共辯護，以為政府亦應負責。最後申述：

　　中自引退以來，政治責任已告解除，而對革命責任仍自覺其無可逃避，故德鄰兄凡有垂詢，無不竭誠以答。但決不敢有任何逾越分際干涉政治之行動。

　　今日國難益急，而德鄰兄對中隔膜至此，誠非始料所及。而過去之協助政府者，已被認為牽制政府。故中唯有遯世遠引，對於政治一切不復聞問。

　　此函於五月六日交國防部林次長蔚文乘專機攜往廣州。總裁即於是日晚乘江靜輪，駛往舟山群島。

　　江靜輪繞穿山、東沙角、島山澳、普陀、梅山、瀝港諸港之間，至五月十七日，總裁從舟山島乘飛機，到達澎湖列島中之馬公島，總裁逗留三日，轉往台南。在此期間，迄未與廣州通訊。中央政府無人得知總裁現在何地。

* 李代總統改組內閣

　　蔣總裁覆何院長函到廣州後，中央政府及中央黨部負責人士鄭重會商，推閻錫山將軍往桂林敦促李代總統即到廣州，白崇禧將軍亦自漢口電桂林力勸李氏迅歸中樞所在地。李乃於五月八日飛廣州，並發表聲明和談失敗，仍望中共幡然悔悟。如中共繼續進攻，政府不得已而戰，其責任在於中共。

　　五月十五日，白長官撤退武漢守軍，二十一日又撤退九江守軍。渡江共軍長驅直入直達浙贛路。五月二十五日，上海陷落。華南局勢頻轉緊張。

　　中央推于右任、閻錫山、吳鐵城、陳立夫、朱家驊代表前往台南，謁見蔣總裁。李代總統託呈一函云：

　　杭州聆訓，感奮至深，仁以德薄能鮮，主政四月，垂補時艱，有負期許，彌滋慚悐。乃承勖勉有加，中樞各同志復紛相督促。際茲黨國危急存亡之秋，何敢自逸，惟有誓竭駑鈍，共圖匡濟，一息尚存，義無反顧。今後局勢，逆料必益趨艱難，但在鈞座德威感召之下，吾人果能精誠團結，以犧牲奮鬥之精神，併力共赴，仁固感堅信必能轉危為安，卒獲最後之勝利。

　　此間同志均亟盼鈞座蒞穗住持，仁亦深望能朝夕有所秉承。如一時不克前來，及懇賜一時間，使仁得親趨承訓。

　　李代總統復託閻錫山氏口頭轉達蔣總裁以五項原則，其最後一項「何敬之（應欽）三次懇辭行政院長，且有不准辭即自殺之語，何院長辭職後，請示以誰繼任為宜」。

　　蔣總裁答覆李代總統函云：

　　大局縱極艱危，吾兄對於領導政府一事，既有負責到底之決心，政府內部自可堅定振作，積極剿共矣。

　　內閣人事問題，弟個人殊無成見，如非常委員會能早日成立，則對此等要務之解決，必有助於兄之決策。

　　嗣後有事相商，中當可隨時前來政府所在地會晤，決不敢勞駕。在此時局動盪之際，兄更不宜輕離廣州也。

　　五月二十八日五代表回廣州，三十日出席中常會報告此次進謁總裁經過。當時，何應欽並未向李代總統提請辭職。但李向蔣總裁詢問行政院長繼任人選一事，不啻暗示何院長必須辭職。於是何向中常會請求黨中同意其辭職，同時向代總統提出辭呈。

　　五月三十日下午，李代總統招待立法委員，說明何應欽請辭行政院院長，彼挽留不獲，擬向立法院提出居正組閣，並謂居先生年事雖高，但有魄力整飭「驕兵悍將」。多數立法委員聆聽至此，為之一驚。蓋李氏所指「驕兵悍將」實為國軍重要將領，如台灣之陳誠將軍，西北之胡宗南將軍，由上海撤至福州廈門之部隊指揮者湯恩伯將軍等是。彼等由李代總統此一說明，預測居正組閣之後，必促成國軍內部之紛爭。次日立法院開會，居正組閣遂被否決。

　　六月三日李代總統改提閻錫山將軍為行政院長，始獲得立法院多數立法委員之同意。

＊ 中國國民黨的改造

　　蔣總裁由台南移居高雄，復移居台北之草山。彼注全力於中國國民黨之改造。

　　孫中山先生在 1894 年中日戰爭以前，已在檀香山發起興中會，復團結海內外革命團體，組織同盟會。1911 年之革命，即為同盟會所領導。1912 年宋教仁先生改組同盟會為國民黨，從事議會活動，次年袁世凱刺殺宋教仁，解散國民黨，復解散國民黨占多數議席之國會，孫先生乃號召二次革命。二次革命失敗，孫先生組織中華革命黨。討袁之役即為中華革命黨所策動。1919 年，孫先生改組中華革命黨為國民黨。1924 年後改組為中國國民黨。北伐以完成統一，訓政以從事建設，抗戰以保持獨立，中國國民黨皆為政治活動之中心。但抗戰勝利至反共戰爭之失敗，為時不過四年，國家危機實為中國歷史上空前所未者。蔣總裁檢討過去施政之缺失，決心改造中國國民黨，以為改革政治挽救危亡之動力，指定黨中同志十人研討改造方案，以便其往廣州時提出國民黨中央常會討論。

* 七七共同宣言

蔣總裁為促進各黨派及一般愛國人士之團結奮鬥，於七月七日聯合海內外各方領袖，發表反共救國宣言。李代總統、閻院長、胡適、于斌、曾琦（中國青年黨領袖）、張君勱（民主社會黨領袖）等八十餘人共同簽署。宣言如左：

十二年前之今日，中國政府與人民為保衛國家生存，維護世界和平，對侵略主義者發動全面抗戰，經長期艱苦奮鬥，抗戰軍事始告勝利結束。在此戰後四年之中，中共黨徒如果體念民國締造之艱難，抗戰犧牲之深鉅，激發愛國天良，放棄武裝叛亂之陰謀，接受政府和平建設之方針，使人民安居樂業之願望得以實現，國家復原建設計畫得以進行，則中國已成為民主統一和平繁榮之國家，對於世界安全人類幸福有其重大之貢獻。不意共黨憑藉抗戰時期乘機坐大之武力，利用抗戰以後國力凋敝之機會，破壞和平，擴大戰禍，八年抗戰之成果為其所摧毀無餘，而國家危難比之於十二年前更為嚴重。

吾人深知中國如為共黨所統治，國家絕不能獨立，個人更難有自由，人民經濟生活絕無發展之望，民族歷史文化將有滅絕之虞。中國民族當前之危機實為有史以來最大之危機，而中國四億五千萬人口一旦淪入共產國際之鐵幕，遠東安全與世界和平亦受其莫大之威脅。

今日國難當前，時機迫切，吾人特共矢精誠，一致團結，為救國家爭自由而與共黨匪徒奮鬥到底，吾人生死與共，個人決無恩怨，民族之存亡所繫，黨派決無異同。國家之領土完整與主權獨立一日不能確保，人民之政治人權與經濟人權一日不能獲致，則吾人之共同努力即一日不能止息。所望我全國同胞與政府通力合作，齊一意志，集中力量，重建抗戰精神，堅持反共戰鬥，克服空前未有之危機，完成救國使命。

* 遠東聯盟之發起

蔣總裁應菲律賓季里諾之邀請，於七月十日飛往馬尼剌，轉往碧瑤，與季總統會商，於七月十一日發表聯合聲明，主張遠東國家結成反共聯盟，以遏制共產主義之蔓延。

　　七月十四日，總裁首次蒞廣州。十六日出席中常會中政會聯席會議，報告碧瑤會議經過。聯席會議於聽取總裁報告後，決議請政府採取步驟，促碧瑤會議聲明之實現。

　　七月二十一日，總裁乘輪往廈門，二十五日回台灣，復應韓國李承晚總統之邀請，往鎮海會談，發表聯合聲明。

* 保衛華南問題

　　長沙綏靖主任程潛及湖南省政府主席陳明仁於八月五日投降中共，粵漢鐵路沿線陷入動搖混亂之狀態。白崇禧部隊迅速向衡陽集中。廣州震動。於是如何保衛華南，成為中央政府面對之嚴重問題。在此一問題中，財政與軍事上發生各種爭執。

* 台灣存金問題

　　七月初，政府廢棄金圓券，改用銀本位，以銀元十足準備，發行銀元券。但自七月至十月三日廣州陷落為止，實際情形為（一）雲南廣西政府不用銀元券，而使用硬幣。故銀元券只流通於廣東、四川、陝南、湖南、江西南部，及福建等地。（二）在銀元券流通地區，持有銀元券者通常立即兌取現金或銀元。（三）地方軍隊領取軍費，往往要求中央銀行發給硬幣，故在此三個半月之中，中央銀行發行銀元二千五百餘萬元，而實際支付之黃金外幣及銀元，共合一億二千餘元。此種金銀硬幣，均取自中央銀行在台灣之存儲。台灣存金雖經常運赴廣州，但廣州方面每逢財政支出困難之際，常責難台灣存金運出過少。

　　蔣總裁為中國國民黨之領袖，對於中央銀行存金無權干涉，亦不願過問，但上述責難，常被用為攻擊蔣總裁之口實。

　　中央銀行存儲台灣現金的數目為國家的秘密，此處不能敘述。但中央政府倚賴庫存金以供應一個戰爭，而不從人民財力與物力動員上策畫作戰的經費，無論如何是一種錯誤。吾人在此可負責指出，相當於一億五千萬元價值之現金，在台灣存金總數之中所占成分並非微小。

* 戰略思想之爭執

在保衛華南問題中，戰略思想成為爭執的焦點。李代總統屢次宣布，彼所持之戰略思想與蔣總裁不同。李自述其對華南保衛問題，主張作戰於廣東省境界之外，而指責蔣總裁祇守廣州與海南島之主張為錯誤。彼以為中央政府應集合大量軍隊，使用大量金錢在湖南、江西之南部採取積極的攻勢，而不應為了節省軍隊與財政，而退守廣州與海南島。

國防部執行李代總統的戰略思想，將由青島撤至海南之劉安琪部隊抽調大部分，防守廣州之外圍。但李代總統主張將台灣孫立人將軍訓練之新軍調度大部分到廣東省境界以北，國防部無法執行，因為李代總統估計台灣新軍總數為四十萬，而實際則此一估計超過台灣新軍實計數目若干倍。

李代總統主張調度以台灣為基地之空軍，與衡陽前線白崇禧將軍之陸軍聯合作戰。國防部則在廣東省內空軍基地所能容許範圍內調度空軍作戰。但基地之觀念對於李代總統頗有陌生之感。

實際上蔣總裁對於保衛華南之戰略，只在國民黨決策機構之非常委員會提出原則。如兵力不足防守廣東外圍，寧可注重廣州市外圍。彼認為廣州市外圍具有海空軍與陸軍聯合作戰之良好形勢。彼亦注重海南島對於東南亞洲之戰略價值。彼主張肅清該島潛伏之共黨武裝游擊隊，並預先布置該島之防務。彼在此一原則下，信任政府之策畫及其實施。彼決不干涉李代總統之統帥權及國防部之軍令權之行使。

* 白皮書之影響

八月五日，美國國務院中美關係白皮書發表。其中明示暗示放棄對國民黨執政之中國政府之援助，並期待中國第三勢力之產生。此種表示在李代總統及其親信人士心理上有深刻之影響。李代總統私人代表甘介侯屢從華盛頓致電報告美國政府「不擬援助蔣總裁控制之政府」。從此以後，李代總統往往採取一種態度，除不願與蔣總裁合作之外，別無其他意義。此種態度對於上述各項問題，阻塞其解決之途徑。

* 總裁巡視渝蓉

八月二十三日，蔣總裁由台灣乘專機飛抵廣州，次日即轉重慶，住林

園。西南軍政長官張群，貴州省府主席谷正倫，四川省府主席王陵基，西康省政府主席劉文輝，均來謁見。

自李代總統進行和談以後，四川及西康地方軍人如鄧錫侯、劉文輝等與少數政客聯合，企圖與中共謀「局部和平」。四川省政府主席王陵基與重慶市長楊森力持反對。李代總統主持之和談既告破裂，但川康之糾紛迄未止息。蔣總裁到重慶後，以黨的領袖地位，對於此項糾紛盡力調解，並要求軍事政治社會各方面人士團結一致，對抗共軍。

* 西康問題未即解決

蔣總裁一度擬向廣州中央政府建議，調西康省主席劉文輝為重慶市長，楊森主西康，俾政府掌握西康，建立反共之最後基地。但總裁顧慮內部糾紛因此更加擴大，未果提出。

西康警備司令賀國光未來渝謁見總裁。賀司令在西昌率領警備部隊雖僅二團，但對劉文輝留駐西康之部隊一師，有隨時予擊破之把握。西康夷人領袖亦未來渝進謁總裁，表示劉文輝如背叛中央，夷人決不與之合作。

* 雲南問題之解決

自李代總統進行和談以後，雲南省政府主席兼綏靖主任盧漢即容許共黨分子在昆明活動。昆明之報紙，除《中央日報》外，均刊載新華社消息散布失敗主義毒素。雲南大學共黨學生公開為共軍宣傳。雲南之反共人士紛紛被迫離昆明往香港。

龍雲在香港發出消息，雲南將於九月一日「起義」，響應共軍。

華中軍政長官白崇禧擬派魯道源率領二個軍從南寧百色一路進入雲南。白長官飛往貴陽，與貴州省政府主席谷正倫會商，調貴州駐軍入滇會師。盧漢在此軍事壓力之下，一面延緩共黨分子所策動之政變，一面於九月六日飛重慶進謁總裁。行政院閻院長亦於七日飛重慶。

盧漢受總裁之勸告，清除共黨分子，驅所謂民革派（李濟琛之黨徒），取締報業及學校中之共黨活動。蔣總裁乃與閻院長及西南軍政長官張群商定，以政治方法解決雲南問題。盧漢於八日回昆明，閻院長飛廣州。張長官亦飛廣州進謁李代總統並出席行政院務會議，陳述政治解決之方策。李代總統白

長官對於此一方案，均深為諒解。

盧漢回滇後，於十日開始逮捕共匪及主張投降之分子，一千餘人。共黨分子操縱之報紙亦予停閉。

* 西北之失敗

四川內部之團結，及雲南問題之和平解決，為總裁此行之成就。但總裁此行已太遲，未及補救西北全局之失敗。

寧夏甘肅之武力為馬步芳及馬鴻逵兩個部隊。彼等互不相下，而又與陝西之胡宗南軍隊不能合作。在此諸回教將領之間，與彼等與中央部隊之間，為之聯絡者為西北軍政長官。此一代表中央而周旋於各將領之間之職務，初由張治中擔任。張治中在三十八年秋冬之際，屢往南京，主張對共謀和，西北防共之部署因而廢弛。張旋又任政府和平代表團團長，前往北平，隨即淪入鐵幕。西北軍政長官乃由郭寄嶠代理。郭將軍為主戰者，在回教將領間持有威望。但李代總統欲籠絡回教將領，遂撤郭氏之職，而以馬步芳為西北軍政長官，馬鴻逵為寧夏省政府主席。西北諸軍彼此之間，既無中央大員為之周旋聯絡，於是共軍得收各個擊破之效。

當胡宗南部隊在西安寶雞前線對共軍作戰之時，馬步芳部隊觀望不救，胡宗南既敗退陝南，共軍遂進襲蘭州，而馬鴻逵部隊不予救援，蘭州一敗，馬步芳部隊潰散，而實際上指揮寧夏部隊之馬鴻賓向共軍投降。

蔣總裁召郭寄嶠將軍來渝，商討挽救西北頹勢，為時已晚，此為總裁此次巡視渝蓉，至為痛心之一事。

* 察綏部隊之投降

在蘭州戰事緊急之時，在北平首倡所謂「局部和平」之例者傅作義忽由共軍部隊一連送到綏遠，旋轉包頭。駐綏遠之孫蘭封部隊迎接傅氏，傅乍見時，泫然泣下。傅進入孫軍營壘後，密電蔣總統報告其行蹤。其時在包頭之董其武態度較為曖昧，但孫蘭封則至為激昂。

中共送出傅作義之用意，在招降綏包部隊。董孫諸將領迎傅作義之目的，在集結袍澤歸向中央。傅本人則志在保持舊部，觀望時局。在其迭次電告之中，此一動機不難判明。

蘭州失陷，寧甘解體。綏包部隊頓陷孤立。九月十九日董其武、孫蘭封始致電毛澤東接受所謂託管方案。

＊ 新疆之投降

政府派往新疆之遠征部隊，由陶峙岳指揮。何應欽將軍掌行政院時，即有撤至西北之議。至閻錫山將軍掌行政院時，議尚未決。其原因之一，以飛機撤退此一部隊需費甚鉅，需時亦多，其原因之二，無人肯負喪失此占全國面積七分之一重大責任。

蔣總裁到重慶後，鑑於西北局勢之危急，建議政府，撤運新疆部隊。政府始派國防部次長秦德純飛往新疆，與陶峙岳商決此事。但蘭州淪沒以後，此一部隊亦陷於孤立，陶峙岳致電蔣總裁，痛陳其塞外孤懸之困境，隨即向中共投降。

＊ 大西北瓦解以後

中共之和平攻勢擊敗最高統帥蔣總統以後，大西北六十萬部隊之瓦解乃如此其迅速。

大西北瓦解以後，西南局勢岌岌可危。在北面胡宗南部隊三十萬人退守陝南。中共聶榮臻、彭德懷及徐向前三個部隊前此分兵對付馬鴻逵、馬步芳及胡宗南者，此後合兵對付胡宗南。在西面，湖北及湖南之西部，有宋希濂之部隊，其戰鬥力量與戰鬥意志均極薄弱，於是以衡陽為中心之白崇禧部隊成為捍衛華南與西南之主力。

白長官部隊不足以兼顧兩面，而劉伯誠、陳賡，及林彪所率領之共軍，均向湖南及江西之南部集中。倘如衡陽前線不能保持，則白長官部隊南退廣州乎，抑退廣西乎。此為戰略上重大之問題，必須在廣州尋求解決。

＊ 成都及廣州之行

九月十三日，蔣總裁由重慶飛成都，在招待四川省議員及各界領袖之茶會上，懇切陳詞，呼籲團結。

四川天時地利之條件雖已具備，但仍有一必須更進一步之條件，則為人

和。中正此次到成都，即為謀大家更堅強的團結，更密切的合作。

十七日，總裁飛重慶，發表告全國黨同志書，指示中國國民黨改造之方針。二十二日飛昆明，在機場接見盧漢，隨即飛廣州。

* 湯恩伯任命問題

湯恩伯將軍部隊撤出上海，即移駐福州廈門。國防部發布命令，以湯為福州綏靖主任。此命令隨即提出行政院務會議通過，然後呈請代總統任命。

此時廈門戰事至為激烈。李代總統拒絕簽署湯恩伯之任命。因而總統府與行政院之間發生爭論。行政院所持之理由為綏靖主任之任命為國防部之軍令權，既經責任內閣之行政院通過，則代總統只有簽署。總統府所持理由為憲法規定總統有任免文武官吏之權，因而代總統有權任命某一官吏，亦有權拒絕任命某一官吏。府院雙方發言人談話迭次刊載報紙。刻正在廈門指揮作戰之湯恩伯將軍陷入極端困難之境遇。

* 國防部長問題

國防部長問題則更為重大。在何內閣時期，國防部部長由何院長兼任。閻內閣時期，閻院長亦兼國防部長。其參謀總長均為顧祝同將軍。

關於大西北失敗責任，及保衛華南戰略之爭執，顧參謀總長備受各方之責難。李代總統乃施用壓力，請閻院長辭國防部部長之兼職，並更換參謀總長。李代總統堅持以白崇禧將軍繼任國防部部長。

當時湖南方面共軍集中力量進攻衡陽前線，江西方面共軍迂迴至韶關之東。廣州方面國軍向北江進軍，準備應戰。

蔣總裁決定在非常委員會之下設立軍事，財政與外交三個小組。彼自任軍事小組召集人，而以行政院長兼國防部長、參謀總長，暨白長官參加小組。蔣總裁率直電白長官稱：粵北戰事告一段落，彼即將提議以白為國防部長。在此以前，彼與白在軍事小組中合作，建立中央部隊對白之信任，使白任國防部長時，不致發生枝節。九月三十日非常委員會開會，通過總裁提出三小組之組織法及其人選。十月二日軍事小組開會，白長官從粵北飛返廣州參加。

＊ 粵北戰略問題

十月三日蔣總裁於國防部長問題解決之後飛返台灣。

十月四日，李代總統召開軍事會議，商對粵戰略問題。會議擬訂甲乙兩案。甲案為白長官部隊向南移動，結集廣州；乙案為白長官向西移動，進入廣西，放棄廣州。會議決定以兩案交白長官，飛返前線，相機決定，電達國防部。

白長官飛抵前線後，決定採取乙案。七日撤退衡陽，率領部隊向廣西退卻。

＊ 莫斯科承認中共政權

十月一日，北平中共偽「中央人民政府」宣告成立，三日莫斯科政府外交部次長發表聲明，承認中共政權。

蔣總裁於九日發表文告，指出北平傀儡劇完全是侵略主義者的導演。更指出「俄國如征服中國，世界人類將永無和平之日」。呼籲全國國民團結一致，「澈底剿共，堅決抗俄」。

蔣總裁督促非常委員會東南分會，彙集台灣軍政機關於保衛台灣之方案，擬訂整個計畫。

十一日，總裁往舟山島，促成軍事指揮系統之簡化與統一，奠定登步島勝利之基礎。

＊ 廣州失守

十月十三日，中央政府撤離廣州，移往重慶辦公。十五日，共軍進入廣州。十六日廈門淪陷。

十月九日，吳忠信從廣州飛抵台北，當即進謁總裁，轉達李代總統之意，請總裁繼續行使總統職權，李仍退為副總統。總裁未作深長考慮，僅請吳轉達李代總統，俟總裁往重慶後再作討論。

總裁復指定若干同志討論西南戰略問題，擬具意見，以供彼重往西南時之參考。

* 金門登步之勝利

十月二十五日，為台灣光復節。總裁發表告台灣省同胞書，號召台灣同胞參加反共抗俄戰爭。東南軍政長官陳誠在民眾大會上，報告金門島之勝利。

十一月二日，登步島登陸共軍，全部被殲。

此兩島輝煌之勝利，使台灣在軍事上臻於安全。蔣總裁乃決定即往重慶。並先電告白崇禧將軍，有安危相杖之語。白長官接電後，於四日親筆做函託吳忠信攜往台北，催請蔣總裁赴渝。

十一月四日，白長官與吳忠信先生晤談，懇切表示主張蔣總裁復出為總統，李代總統仍為副總統。並請吳轉達總裁。

其時李代總統由渝飛往昆明。張長官群隨即往昆明挽留李回渝，李復表示請總統復職之意。

當時總統復職之說，在社會上已甚囂而塵上。西南各大城市之報紙且屢做總統復職日期之預測。

* 貴陽陷落，川東告急

共軍於此時一路由芷江，經鎮遠、黃平，進擊貴陽。霍紹周部隊節節敗退。

當政府遷移重慶之初，國防部召集軍事會議，決定胡宗南部隊由陝南撤至川北，白崇禧部隊由廣西進入貴州，庶幾川滇黔三省可收首尾相應之效，而於必要時，向雲南與西康兩省結集大軍以建立大陸上最後之反共基地。此一決定，廣西部隊未能執行。一般人士推測其原因在於李代總統願見廣西部隊接近海洋，以為接受美援之地步。胡宗南部隊從七百里寬廣之前線，冒共軍追擊之危險，集中南撤，當然需要較長時間。白崇禧部隊復深入廣西之西，而不北進貴州。此西南之屋脊之貴州遂成為共軍可乘之隙。共軍既突入貴陽，則北可威脅四川，南可進窺雲南。西南全局已成瓦解之勢。

共軍另有一路，從秀山、酉陽、黔江，進逼彭水。此六百里崎嶇曲折之道路，處處都是天險。共軍如突破此天險之要隘，即可直取重慶，且揃四川北面之胡宗南部隊之背。宋希濂部隊負防守此一道路之責，但彼節節敗退。彭水一失，重慶為之震動。

* 蔣總裁急遽赴渝

在此種情勢之下，蔣總裁不俟李代總統回渝，即於十一月十四日由台北飛重慶，下機後，逕赴林園。當即接見總統府邱秘書長昌渭，請其電催李代總統回渝。總裁復急電白長官崇禧請其力催李代總統回渝，並逕電桂林：

　　李代總統勛鑒：迭經我兄電囑來渝，共挽危局。昨聞貴陽危急，川東告警，故於本日來渝，務望兄明日即行返旆，商談一切。

為澄清總統復職之傳說，使李代總統解除疑慮起見，隨總裁來渝之國民黨中央黨部秘書長鄭彥棻發表談話云：

　　總裁上次巡視西南，為促進西南各省同胞及本黨同志精誠團結。抗俄剿共到底而努力。此次總裁重蒞戰時首都，仍本此旨，協助李代總統暨閻院長共挽危局。

* 李代總統之行蹤

李代總統在昆明逗留期間，與雲南省政府主席盧漢屢做長談，內容嚴守秘密。其表現為事實者，計有三事：

其一為李下手令，命盧主席將九月十日以後拘捕之共黨及民革派分子一千五百人釋放。

其二為盧漢請外交部發給出國赴美護照，外交部以盧為封疆大吏，不得行政院批准，不應出國，未肯發給。李代總統此時下令昆明外交特派員簽發護照，以便利盧漢出國。

其三為李氏離滇赴桂後，盧漢即表示消極，不到省府辦公。

此種跡象引起一般社會之推測，以為李代總統訪問盧漢之目的，在結合廣西、廣東及雲南地方軍隊，構成一個獨立力量，脫離重慶中央政府而與共黨謀和，集中力量，攻取四川。

李代總統到桂林後，轉往南寧，與廣西省政府主席黃旭初，經由省參議會議長李任仁之線索，與共黨駐港代表人接洽「和平」。同時李氏復由南寧飛海口，試探廣東將領之動向。

　　當時廣東將領余漢謀、薛岳，已率領少數部隊，渡海進入海南，與海南行政長官陳濟棠合作，共守瓊島。廣東將領對李代總統不信任。而盧漢乃直接與共黨駐港代表接洽投降。其往來香港之代表，仍為九月十日以前與共黨接洽之林南園，其時任雲南省政府財政廳長。故李氏策畫未見成功。

　　白長官對黃旭初之陰謀，力持反對。白認為廣西軍已失敗至此，決無與共黨謀和之談判力量。如此謀和，不過是無條件投降，其結果仍為繳械受編。白乃迫黃旭初辭去廣西省政府主席之職，而建議行政院以李品仙繼任。

＊ 李代總統忽告病發

　　蔣總裁於十四日電達桂林時，李代總統已飛南寧，始覆電稱：

> 仁今日曾赴海口一行，與伯南（陳濟棠）幄奇（余漢謀）伯陵（薛岳）兄等晤商，渠等對南路及瓊州防務，刻正加強部署，惟當地糧產不豐，大軍餉糈難敷供應，部隊槍械亦急待補充，並要求派遣海軍赴瓊以固海防。
>
> 仁回南寧後，原擬即日返渝，因旬日來旅途勞頓，飲食失調至胃疾復發，十二指腸有流血徵象，擬即在南寧休養三數日。遙承錦注，謹先奉聞。

　　電文最後一段，未說明病癒即行返渝，但足使蔣總裁相信其「休養三數日」後即將返渝。

　　十六日，從南寧發出新聞，稱李代總統胃疾甚重。蔣總裁於十七日再電李催歸。十八日復電桂林白長官，請其親往南寧陪同李代總統力疾返渝。其致白電云：

> 時艱日亟，流言紛起，國家中樞，民所仰賴，德兄早回一日，斯人心多安一分。煩我兄即日赴南寧代為存問，並陪同德兄返渝共商大計，以慰民望而勵士氣。

　　白長官十八日晚間接總裁電，即與南寧通電話。李代總統從電話中力請白氏即赴南寧，謂有緊急事件商量，白即於十九日上午飛南寧。

　　李代總統已於十七日決定起飛赴港轉美，擬派李品先將軍攜函飛渝，並

擬發表聲明。其聲明原稿攻訐蔣總裁不遺餘力。十八日因候白長官商量，未能成行。

十九日，白長官飛抵南寧，得知李赴美計畫，極力勸阻，李代總統憤然告白氏謂「我有我的自由」。白長官謂「既代行總統職權，個人行止即無自由」。此種爭論直至深夜。所得結論為李氏仍然出國，但聲明只稱醫病，不對蔣總裁有所抨擊。其十七日繕就之函件，由白長官攜往重慶，送呈蔣總裁。

＊ 李代總統飛往香港

十一月二十日，李代總統由南寧飛香港，臨行發表聲明，略謂：

……十二指腸出血，即應覓醫檢查，從速施用手術，否則於身體健康可能發生極嚴重之影響。因此之故，此次乃不得不前往醫藥設施較完善之地，詳細檢查甚至施行割之手術。

目前國內局勢十分嚴重，余身負國家人民付託之重，不敢自逸，尤不願因病而推卸個人對國家之責任。

因之，余決定以最經濟之時間，完成恢復身體健康之工作，俾能以健全之身體，全部之精力，與我全國軍民共同從事反共戡亂之鬥爭。

在治療期間內之中樞軍政事宜，已電閻錫山院長負責照常進行。總統府日常公務則令邱昌渭秘書長及劉士毅參軍長分別代行處理。

其上蔣總裁函內，說明彼將赴美，為美援活動。函云：

自海口抵南寧，胃疾突發，十二指腸有流血徵象，精神至感疲憊。因決於本日赴港轉美檢驗，必要時施行手術治療，並藉此探詢美方對華之真實態度。

局勢嚴重。不敢自逸，仍當於最短期內歸國。

其致閻院長函，指示其對軍政事宜，「負責照常進行」依憲法之規定，「總統不能視事時，由副總統代行其職權」。「總統副總統均不能視事時，由行政院長代行其職權」。此所謂「負責照常進行」者，並非命行政院長代行總統職

權。至其命邱昌渭、劉士毅「分別處理總統府日常事務」更非代行總統職權，且總統府秘書長及參軍長在憲法上亦無代行總統職權之地位。

李代總統在函件中亦未請蔣總裁行使總統職權。但白長官由南寧飛抵重慶後，晤西南軍政長官張群，說明李代總統決不返渝，不必挽留，總統職權不可虛懸，祇有請總裁復總統職，李先生仍以副總統資格出國。白長官進謁總裁時，亦陳述此意。總裁答稱：「無論李代總統出國與否，仍望來渝商量。」

白長官於二十一日飛返桂林，起飛之前再謁總裁，總裁仍囑其電挽李代總統返渝。

* 兩度挽李回國

共軍已突破烏江，宋希濂部隊續退南川。共軍一路到達石柱，一路超過彭水，進逼烏江。國防部調羅廣文部隊開往南川前線，與共軍激戰於石柱與南川間。

蔣總裁於二十一日請居正、朱家驊、洪蘭友、鄭彥棻代表前往香港，慰問李代總統病況，並挽勸其力疾回渝。閻院長亦託四代表帶函致李代總統促其返旆。

四代表於二十二日飛抵香港，往太和醫院謁見李代總統，以總裁函交李，並陳述總裁慰問及促歸之意。李答覆與二十日聲明相同。二十三日，四代表再謁李氏，監察院長于右任亦同往晤談，李堅持赴美治病，不允回渝。二十四日李約朱家驊、洪蘭友談話，李表示如下：

> 本人胃疾施行手術，絕非一二星期內可以痊癒，或須兩三月後始可健復。惟中樞不可久陷此一狀態，擬請總裁即日復位，主持大計。於個人健康計，雖副總統一職，亦冀解除，但恐國人疑我意氣用事，祇好取消「代」字，仍為副總統。願以副總統名義赴美，一面療疾，一面接洽美援。請兩君轉達居朱兩先生，一同回渝轉陳總裁。總裁如同意，再商進行步驟。

四代表於二十五日回渝，當即報告蔣總裁，並於二十七日向國民黨中央常會臨時會議提出報告。中常會決定派朱家驊、洪蘭友前往香港致慰問促歸

之意。其決議文云：

以當前國家局勢之嚴重，西南戰況之艱危，中樞不可一日無人主持。仍切望李代總統宗仁同志迅返中樞，力疾視事。萬一病勢所不許，再請總裁復行總統職權。

* 白崇禧電請復職

十一月二十六日，白長官自桂林致電重慶蔣總裁稱：

頃奉李代總統函諭：「十二指腸潰瘍，急須到美根治，恕需相當時間療養。當此國難空前嚴重，國政需人主持，決心解除代總統職務，請總裁復總統職，振作軍心，挽回劫運。」

白長官於電文中更稱：

職追隨鈞座二十餘年，現值共匪披猖，時局危急，誓本北伐抗戰追隨鈞座者，續在反共救國之國策下奮鬥到底。

* 諾蘭訪問戰時重慶

共軍追擊宋希濂部，突破南川，分兩路前進。一路迂迴重慶之西，到江津對岸，一路循山徑抵達南溫泉。胡宗南部第一軍奉國防部令，陸續到達重慶，即渡江赴南溫泉，與共軍作戰。

美國參議員諾蘭夫婦於二十五日由馬尼剌飛香港轉重慶，惠勒上校、陳納德將軍及吳國楨博士均隨來，下榻林園。在晚宴席上，諾蘭稱蔣總裁不僅為中國之領袖，亦為自由亞洲之干城。諾蘭夫人更譽總裁為彼所晤見最英明而年輕之偉人。賓主談笑風生，總裁連罄三杯，祝諾蘭夫婦健康。

由林園至重慶市，經過成渝公路，軍車載道。市內兵民交錯，更呈戰時景色。諾蘭夫婦於二十六日上午與總裁暢談之後，入市巡視，並與閻院長、張長官會談。二十七日晨，諾蘭夫婦等始飛離戰時重慶。

* 重慶之陷落

江津對岸共軍如渡江，則白石驛機場及成渝公路均被襲擊，重慶即陷入包圍之中。南溫泉共軍一度被我軍擊退，但隨即進逼重慶南岸之海棠溪。

蔣總裁一面指導國防部指揮所督率作戰，一面協助政府遷移成都。二十八日閻院長飛成都，行政院立法院重要人員均陸續離渝。作戰物資疏運亦至為積極。

總裁之顧問及秘書參謀總長暨參謀人員均屢次懇切敦促總裁離渝。總裁告彼等；「余多留重慶一日，則重慶及多支持一日。重慶多守一星期，胡宗南部隊從陝南撤退即較為順利。余必須候羅廣文過江來見我，對其部隊作一部署，始可離渝。」

二十九日，海棠溪槍聲已達於市內。由重慶向成渝公路撤退之車輛絡繹於途。兵工廠及電台等設備之爆炸於下午開始。總裁於是晚接見羅廣文，夜半乘車赴白石驛機場。三十日上午六時起飛。九時，共匪渡過江津，進迫白石驛，機場空軍工作人員全部撤退。防守重慶之楊森將軍退至璧山。羅廣文棄軍逃亡。第一軍渡江，在江津之西集合，繼續與共軍作戰。

* 成都之十日

總裁居軍官學校。軍校之教官與學生正在陸續西撤，僅留少數學生警衛。

胡宗南部隊陸續到達，即分往龍泉驛與新津布防。成都市內秩序漸呈混亂狀態。鄧錫侯、劉文輝之便衣帶槍人員，時發槍聲。十二月七日，行政院議決，派盛文為成都防衛司令，指揮其一部分官兵戒備成都，市場秩序始轉安定。

* 李決心去國

朱家驊、洪蘭友兩代表到香港後，首次晤見李代總統，轉達中央問病及促歸之意。表示「夙疾待治，必須赴美就醫，既以代總統名義向美洽妥出國手續，擬於到美後再辭代任，或儘速返國辦理離職手續，再請總裁復職」。比及第二次晤談，李又謂「此次赴美，係以代總統名義獲得入境便利，且國家前途繫於美援，余此行意在爭取，故現時不擬改變名義，希望中央諒解」。朱

洪等乃於十二月二日攜李函由香港飛成都，李代總統上總裁書云：

目前局勢嚴重萬分，際茲艱危，仁非敢推卸責任以圖自逸。此次考慮再三，毅然赴美，在私為根治舊疾，在公則實欲藉此爭取美援，以期解除今日財政上之極度困難，庶可望徐圖歸復，免致坐困。無論結果如何，以一月為期，及當遄返，繼續與政府同仁共同為戡亂建國而奮鬥。

閻院長亦得李函，知其決心不歸。乃急電香港云：

朱騮先洪蘭友兩兄自港回蓉，出示鈞函，藉悉鈞座仍須赴美，為期一月，始能返國。今日時局艱危，國家民族之命運已呈千鈞一髮之勢，全國軍民同胞仰賴元首拯救之切，無逾此時。目前一切軍政措施，動關救亡大計，隨時隨刻均有秉承之必要，絕非承平時期所可比。以鈞座一日離國，全國軍民即一日無所依托。在此危急存亡決於俄頃之際，何能一日無元首躬親主政？山不得不鄭重呈明，無論在職權，在能力，山絕不能擔負在元首離國後之中樞軍政重責。

中央常會於十二月三日開會，聽取朱洪兩代表報告之後，決議如下：

時局艱危，中樞不可一日無人主持，決定依照本會十一月二十七日臨時會議之決議，接受李宗仁同志十一月二十四日對朱家驊、洪蘭友兩同志之表示，懇請總裁復行總統職權，李代總統以副總統地位出國就醫，並致力於外援之爭取。

＊ 昆明之突變

張長官群於十二月七日由成都飛昆明，探詢盧漢對三個方案之意見，（一）行政院遷台灣，大本營設昆明；（二）行政院遷西昌，大本營設昆明；（三）行政院遷昆明辦公。盧漢對行政院或大本營設昆明，均不贊成。

十二月八日，總裁約鄧錫侯、劉文輝來軍校晤談。其時，鄧部結集灌口，劉部一部分在雅安。而鄧對兩人均避往成都北郊某地，推病不來謁見。總裁乃電話促張長官回成都，冀對此一問題謀解決。

　　九日張長官回成都。李彌、余程萬及龍澤匯三軍長偕來。龍澤匯為盧漢近戚，於隨同李余兩軍長晉謁總裁報告部隊情況外，並陳述盧漢歡迎總裁往昆明一行之意。

　　總裁與張群均疑盧有異動，決定張氏在往昆明疏導，總裁則逕返台灣，不過昆明。

　　九日張氏偕三軍長飛昆明。下午七時降落昆明機場。空軍指揮官密告張氏，謂今晨盧漢派卡車到機場，強運汽油入城。張氏知有事變發生，但仍入城冀與盧談判。張入城後，寓盧公館，夜間即有軍官率領士兵將張看守。李余兩軍長亦被禁不能回軍中。

　　九日晚間，昆明對外電報電話均斷。十日上午，成都電報局收到盧漢致劉文輝電，表示其服從「毛主席」，並請劉就近扣留蔣總裁。

　　此時蔣總裁已往鳳凰山機場，啟程回台灣。

附錄二　陶希聖先生學術年表（一八九九—一九八八）　白中林編

陶希聖先生
妻子：陶萬冰如
長女：陶驪珠
次女：陶琴薰，婿：沈蘇儒
長子：陶泰來，媳：晏章沅
次子：陶福來
三子：陶恆生，媳：劉德順
四子：陶晉生，媳：張麗雲
五子：陶范生，媳：戚瑞華
六子：陶龍生，媳：張國雲

　　按：本學術年表主要根據陶希聖先生自傳《潮流與點滴》，李楊、范泓《參政不知政──大時代中的陶希聖》、黃寬重《禮律研社會──陶希聖研究中國社會史的歷程》，以及筆者在台灣中央研究院近史所郭廷以圖書館所摘抄的《陶希聖年表》筆記等資料，彙集而成。

　　綜觀陶希聖先生之為學，博雅前長於史學，短於經學；預科時《宋元學案》和《明儒學案》對其影響尤大，其謂預科只是勤學而非苦學，勤學者不廢學而已，經過兩學案之後才漸進於苦學（商務印書館編譯所階段乃苦學初期，中央大學和北京大學教書階段乃苦學中期）。

　　法科時陶先生以德、日法為主，先學日文而借道日本法學，並應徵修訂民法債編文──獲一等獎（獎金多採購羅馬法、日耳曼法和德、瑞民法書籍）；居喪期間讀佛經。十九歲婚，初生長女，逐漸體會到傳統家庭禮教之壓力！大四學習中心偏向法律哲學：閱讀新黑格爾派、新康德派以及社會法學派與歷史法學派的英文書籍。

　　安慶教學期間，主攻親屬法：《古代法》、《儀禮正義》是重點研讀書籍。

　　上海商務印書館編譯所期間：借東方藏書館之所學，以社會法學、歷史法學、三禮之學、民族學和中國傳統思想流派等五方面為重點。在上海期間，民國十八年前後是陶希聖先生用力寫作的兩年（1929-1930）：《中國社會與中國革命》、《中國社會拾零》；《中國之家族與婚姻》、《中國封建社會史》（此兩種為臨時貼補家用急就章）；《辯士與遊俠》、《西漢經濟史》（此兩種為

比較整練的，由商務印書館出版）。影響陶希聖先生社會史觀方法的是桑巴特《資本主義史》（1902）和奧本海馬《國家論》（1905）等書，故陶先生言其接近唯物史觀但不是唯物史觀，「與其說我重視馬恩著作，毋寧說說我欣賞考茨基的作品。」

此階段，陶先生修煉兩方面的功力：一方面用社會歷史方法解釋三民主義與國民革命，另一方面用社會歷史方法研究中國歷史 —— 中國社會史。

1931 年陶先生赴北大任教，研究逐漸細化，主辦社會經濟史專攻雜誌《食貨》；並先後掀起和參與中國文化本位、民主與獨裁的論戰。隨著陶先生《中國政治思想史》的先後出版和中國社會經濟史研究的漸次深入，其早期思想已經全面鋪展開和走向成熟（此處成熟所指，乃陶希聖先生對中國社會史，從經濟、政治、法律等方面形成了自己的一套觀點，並且對中國的建設道路有其獨特的切入點）。

1937 年抗日戰爭爆發，陶希聖先生從學界捲入政界，一去三十年，直至1970 年代前後方才重返學界，復刊《食貨》，並轉向經學研究，然時移世易陶先生晚年面對的問題已經不再是如何建設「新中國」的問題了，而是轉向了探索「天道」的心性之學。

對陶希聖先生思想的整體把握需要綜觀其一生為學論政的歷程，在這方面陶晉生和杜正勝分別做出了初步的論斷。[1]杜正勝在其文章中首先指出陶先生的學問根基於以社會為核心的史學，以此把陶先生的學術歷程劃分為

1　此外，陶希聖的三公子陶恆生對其父學政的經歷也有一個劃分，即分為四個階段：一、上海的中國社會史的論爭（1928-1931）；二、北大教授及《食貨》治史方法的提倡（1931-1937）；三、從牯嶺茶話會到委員長侍從室（1937-1948）；四、台灣政治及《食貨》思想的繼續（1948- 1988）。顯然這種劃分方法，不是一種思想發展階段的劃分，而是與傳記文學相適應的一種劃分法，例如三和四階段的劃分僅僅是在大陸和在台灣的區別，同樣都是從政階段；而第四階段本身內卻包含著從政和論學兩種不同的經歷。

成學、社會史論戰、《食貨半月刊》、《食貨月刊》、晚年定論等五個階段。[2]
杜正勝非常清楚地交代了陶先生一生頗為自許之學，即中國社會史學的發展
歷程，但是他忽略掉的一個傳統是陶先生從律學到法學的這個傳承，所以在
成學階段他只看到陶先生對禮學和人類學、民族學的側重，而看不到陶希聖
先生扎實的法律解釋學基礎。陶先生為什麼會從法律解釋學一步步轉向社會
史學，這個問題當然也不在杜正勝的關注視野之內了。此外，把陶先生晚年
定論時對經學的探討以「六經皆史」一言以蔽之，仍舊納入貫通禮律的社會
史學，也是值得商榷的。因為陶先生晚年對經學的探討已經帶有某種尋找天
道，文化託命的色彩，在這個意義上可以說超出了社會史學的範疇，用文化
史或者陶恆生在回憶其父文中講的「轉入經學」或許更妥當些。陶晉生的論斷
則直接從其家學傳統出發，認為法學和史學兩條不同的路線匯合成陶先生的
中國社會史學。他把其父的學術歷程劃分為三個階段：一、從大學時期到參
加社會論戰；二、北京大學時期；三、台灣時期。[3] 而且每一個階段的論述都
緊緊扣合著陶先生的兩股學術基礎來展開，清晰地呈現了陶先生每一階段的
思想及後續發展。雖然陶晉生對陶先生思想各階段的延續之論斷，非常注重
源流的關係，但是失誤亦在於此。恪守家學傳承，使得陶晉生沒有看到晚年
陶先生思想的轉向，所以在台灣時期這一階段，陶晉生可以非常清楚地看到
《中國法制的社會史考察》、《孔子廟庭中漢儒及宋儒的位次》等論著的淵源，
但是蔽於經學的努力而不見。再進一步分析，不難發現杜正勝和陶晉生的論
證都沒有顧及如下兩個方面：其一親屬法研究在陶先生思想中的位置；其二
陶先生的從政經歷對其晚年思想轉向的影響。

　　考慮如上兩個因素，我們可以把陶先生的一生分為如下三個階段：一、
經世之學的形成與展開，二、參政不知政的書生論政，三、轉向天道的心性
之學。第一個階段，大致從其家學的傳承開始，到一九三七年《食貨》雜誌的
停辦為止，縱貫近四分之一世紀。其間包括大學國學築基和法律解釋學奠基

2　　杜正勝，〈通貫禮與律的社會史學 —— 陶希聖先生學述〉，載《歷史月刊》，1988 年
　　　第 7 期。

3　　陶晉生，〈陶希聖論中國社會史〉，載《古今論衡》，1999 年第 2 期。

時期；安徽法政學校和上海商務印書館的歷史法學時期；上海與南京的教書為文，社會史觀形成時期；北大教書與在社會史觀指導下開展《食貨》時期。也正是在經世之學形成與展開的第一階段，陶先生參與了四場思想之爭，這其中又以社會史論戰影響最大。第二階段則橫跨從大陸到台灣兩個迥然不同的世界，其中的三個時期分別是從低調俱樂部到「高陶事件」發生，徹底打掉對日求和的念頭；從回歸重慶到南京國民政府遷台，這一時期主要負責國民黨抗日宣傳工作和對共產黨的輿論工作；從在台國民政府擔任多項要職到籌辦《食貨》復刊，這一時期陶先生全面參與了在台國民政府的宣傳、改造、立法等各項工作。雖然已經是從政了，但是陶先生始終是以書生論政自許，這不僅僅是一種謙辭，而是有其實際依據的。如果說前一階段是陶先生經世之學的形成發展期，那麼從政應該是經世之學的真正開始實踐了，但是事實卻是經世之學的受挫。原因並非在於其經世之學的不切實際[4]，而是一旦陶希聖以從政的姿態出現於黨派之中，他所作的就不僅僅是提供一種獨立的意見和謀劃，而是要承擔一種「角色意識」，甚至要站在國民黨的立場上為當權者提供意識形態的辯護，很難再保證一種獨立的學術精神。[5] 由此，這種意義上的從政與其說是經世之學的實現不如說是經世之學的毀滅，所以陶先生寧願說自己是書生論政而猶是書生了。第三個階段，陶先生的人生則顯得相對平靜。辭去擔任的行政職務，專心辦《食貨》月刊。前期在《食貨》月刊上發表的文章很多是舊文重刊，例如「論道」的一系列文章；並且他把早期經世之學展開不充分的部分開始一點一點的坐實，例如從《中國政治思想史》中一些章節擴展成的《中國法制之社會史的考察》。在此基礎上，陶希聖逐漸把興趣轉移到經學，重新解釋《論語》，追尋天道義涵，給其所理解的中國社會組織變遷賦予一種獨特的文化內涵。雖然在晚年的《夏蟲語冰錄》中時常可見其經世之學的心影，但時移世易，更多透露出來的卻是一種「學不厭，教不倦，不怨天，不尤人」的心境。

4　因為陶希聖先生就是以其經世之學見重於蔣介石、汪兆銘諸人，對其經世之學的承認上，這一點是毫無疑問的。

5　參見李楊、范泓，《參政不知政》湖北長江出版集團，湖北人民出版社，2009，頁36-38。

1898 年，清光緒二十四年戊戌，先生出生前一年

在康有為、梁啟超等人的推動下，光緒帝下詔變法。先生父名月波，號月舸，字炯照，光緒二十三年丁酉舉拔貢，是年，先生父入兩湖書院，為精舍生，治史地，致力經世之學，尤研習「漢四史」、《資治通鑑》與《讀史兵略》。

1899 年，清光緒二十五年乙亥　先生一歲

陰曆九月，先生出生於湖北黃岡（今屬武漢市新洲區），名彙曾，字希聖，為次子；是年，先生父困處北京。

1900 年，光緒二十六年庚子　先生二歲

七月二十一日，八國聯軍侵入北京，慈禧挾持光緒自北京出走。九月初四奔至西安。先生父往太原，轉至西安為提學使沈衛幕，與沈衛侄沈鈞儒相友善，並提調宏道書院，時于右任為書院生員。

1901 年，光緒二十七年辛丑　先生三歲

九月，清廷與十一國列強簽訂《辛丑合約》。是年，清廷下詔變法。

1902 年，光緒二十八年壬寅　先生四歲

清廷擬定變法修律方針，全面著手法律變革事宜。

1903 年，光緒二十九年癸卯　先生五歲

清廷行新政，開經濟特科。先生父應試，居第四。因慈禧太后以名列榜首者為廣東梁士詒，斥為「梁頭康尾」，全榜及第者，均未進用。先生父以知縣候補到河南省，先生家由湖北黃岡移居河南開封。

1904 年，光緒三十年甲辰　先生六歲

湖北黃梅之湯貫予寄居陶宅，教讀先生《三才略》（當時之常識教材）。是年，先生隨家到夏邑，住縣署，才從族叔修齋「發蒙」。不願讀《三字經》，又夠不上讀四書。

1905 年，光緒三十一年乙巳　先生七歲

先生七歲，隨家回開封，始讀《詩經》和四書，由父親教讀，並習字。

1906 年，光緒三十二年丙午　先生八歲

先生父署理新野縣。先生隨家乘騾車，從開封到新野，在路上走了一個多月。沿途到處都是古跡，如《詩經》上的汝墳，《左傳》上穎考叔的故里，朱仙鎮的岳廟，許州至南陽和新野一帶又有三國時代或真或假的遺跡，增加了先生對歷史與小說的興趣。

1907 年，光緒三十三年丁未　先生九歲

先生父署理新野縣知縣，兩年間，做到政簡刑清，並教先生讀《書經》和《禮記》，續讀《史記》和《漢書》。先生父於庚子年從北京經太原走西安，對「楚漢之爭」地理形勢，親身經歷，特為熟悉，故為先生講《漢書》，描摹分析。

1908 年，光緒三十四年戊申　先生十歲

先生隨長兄述曾入旅汴中學，學習科目是算學、英文、歷史、地理。是年，先生父為安陽知縣。光緒帝，慈禧太后先後亡故。

1909 年，宣統元年己酉　先生十一歲

旅汴中學改為河南省立第一中學，先生寄住新宿舍，常與同學遊鐵塔，登城牆，在沙堆柳叢中講說革命，知「孫文」名。此時，先生初感赫胥黎《天演論》之影響，聞「物競天擇」說。

1910 年，宣統二年庚戌　先生十二歲

省立第一中學的國文教師郭興額，雖為滿人，但是常批評清廷，同情革命。對先生有不小影響。是年，先生父署理洛陽知縣。

1911 年，宣統三年辛亥　先生十三歲

武昌起義，開封傳聞武昌有匪亂，先生與同學諸人推測武昌事變必為革

命起義。

1912 年，中華民國元年壬子　先生十四歲

春，先生父解職歸鄉，其家從陶勝六村遷至倉埠鎮。先生讀完《史記》，重讀《漢書》，續讀《後漢書》、《三國志》。夏間，先生父初任職財政部秘書，後為黎元洪委任為其家鄉黃陂縣縣長。先生則考入郭泰祺創辦的英文館（後改為省立外國語專門學校）。

1913 年，民國二年癸丑　先生十五歲

夏，先生休學，受其父教讀唐宋諸家詩文集，學做散文和詩。

1914 年，民國三年甲寅　先生十六歲

歐戰爆發，日本向德國宣戰，進軍青島。

是年，先生父辭去黃陂縣長職務。由黃陂縣署搬回黃岡倉埠鎮老家，先生續讀《資治通鑑》、《老子》、《莊子》、《韓非子》諸書。先生父以經世之學教之，認為史學乃經世之學的淵源，中國的政治向以儒法兼用，故期許先生以史學兼治法學，此兩年打下先生未來治學之根基。

1915 年，民國四年乙卯　先生十七歲

日本向北京政府秘密提出二十一條。

春，先生隨父進京。在國會議員湯貫予先生幫助下，入北京大學預科為旁聽生。秋，編入預科文科一年級，受教於沈尹默等先生。

1916 年，民國五年丙辰　先生十八歲

秋，先生升入預科之文科二年級。

1917 年，民國六年丁巳　先生十九歲

北京政府對德國宣戰。先生由預科二年級升入三年級。讀《呂氏春秋》、《淮南子》、《文心雕龍》、《日知錄》、《十駕齋養新錄》、《文史通義》、《國故論衡》等書，領悟中國哲學及文學演變之概略。

1918 年，民國七年戊午　先生二十歲
是年，先生父升任河南省汝南道道尹，先生回黃岡與萬冰如女士結婚。

夏，先生預科畢業，至秋季，升入北大法科一年級，學德日法，兼習英美法，主要以日本民商法為主，例如富井政章、梅謙次郎諸人的著作。對國事亦漸關心。

1919 年，民國八年己未　先生二十一歲
三月，長女驪珠生。

五月，「五四運動」爆發。先生一邊參加學生會議，一邊在宿舍研讀羅馬法。

1920 年，民國九年庚申　先生二十二歲
先生在家侍病五個月，又隨父到漢口就醫。先生父在病床上痛責先生廢學，嚴令其往北京就學。

1921 年，民國十年辛酉　先生二十三歲
先生父病逝，先生居喪期間，讀了佛教各宗的經論。如《法華經》、《圓覺經》、《阿彌陀經》、《楞伽經》、《成唯識論》、《中論》、《百論》、《十二門論》、《大智度論》（此部未讀完）等，並手抄《金剛經》。七月，次女琴薰生。

是年，先生參加修訂法律館的懸賞徵文，獲第一名。後文章發表在沈家本、江庸諸人發起之《法學會雜誌》。

秋，先生入法科四年級，逐漸偏重法律哲學，以新黑格爾派、新康德派以及社會法學派與歷史法學派的英文著作為主。

1922 年，民國十一年壬戌　先生二十四歲
先生長女驪珠在倉埠鎮家中病而夭。

夏，先生自北京大學法科法律系畢業。往安慶的安徽法政專門學校任教。其課程以民法親屬與繼承為主，在先生教授大學四年級的親屬法時，說道：「這一課決定我一生的經歷。」另兼講商法總則、公司法、商行為；甚至

兼講保險、票據、海商法。月薪 130 元。

1923 年，民國十二年癸亥　先生二十五歲

春，先生仍在安慶之法政專門學校講授法學。夏，先生暑假回鄉路過武昌，在舊書店購得績溪胡培翬的《儀禮正義》，詳加研讀。該書根據孟子「天之生物也使之一本」來推求中國家族組織和婚姻制度，而先生又特別對其中的喪服喪期標準下了苦工夫。由此形成中國家族制度是單系的、男系的、父權的、族外婚的、妻從夫居的家長制這樣一個簡明分析。同時先生詳加研讀的還有梅因的《古代法》，認為《古代法》「這本書打開了親屬制度的關鍵」。梅因《古代法》、胡培翬《儀禮正義》，三學期教學加上大學羅馬法的積澱，成就了先生的「親屬法講義」。

雖然嚴復在翻譯《社會通詮》一書時就已經開始初步對比分析中國家庭制度，而且在新文化運動中，對婚姻家庭的探討更是激盪一時。先生求學期間，正是新文化運動方興未艾之時，當然也會受到這個大潮流的激勵，在大潮流下又格外感受到傳統大家庭帶來的痛苦和壓抑，或許這也是先生選擇親屬法作為入手處的原因。雖然先生在自傳中，沒有交代嚴復和新文化運動對其問學的影響，但是從先生《中國社會之史的分析》一書中，可以看到從嚴復到先生的一條潛在線索。

五四運動之後，各省學潮迭起。安徽學潮以安慶的法政專門及第一中學與蕪湖的第五中學為中心。先生在此期間力勸學生聯絡各校立即復課，待學期結束，便不再接受聘約。十一月長子泰來生。

1924 年，民國十三年甲子　先生二十六歲

上半年，先生往來家鄉與武昌，打算經營一個長途汽車運輸公司，未果。七月，赴上海商務印書館編譯所，就職於法制經濟部，任編輯，每月薪資八十元。下半年六個月的時間，編六部書，校閱英文、日文譯稿多部；於五馬路行棧，一個月夜工時間編了一部書，稿費 100 大洋。

期間，先生開始利用東方圖書館的藏書，經常借書主要是這樣幾個部分：

1、法律學的書籍，著重於法國社會連帶學說的狄驥，美國社會法學大家

滂德、英國歷史法學家梅因和德國日耳曼法學家籍爾克等人的著作。

2、三禮的喪服與喪期有關的書籍。

3、民族學的書籍。

4、有關中國思想的流派及其演變類書籍。

5、對一般社會與政治情況之書籍，先生亦漸次留心。

1925年，民國十四年乙丑　先生二十七歲

先生在上一個半年經濟積累的基礎上，把家人接到上海，暫時擺脫了壓抑的大家庭。

夏五月，五卅慘案發生，先生先被上海學生聯合會聘為法律顧問，繼而又作為商務印書館三所一處罷工最高委員會顧問，並參加上海學術界十人連署的宣言，對英國巡捕槍殺民眾的慘案表示抗議。

秋，先生在于右任開辦的上海大學，主講「法學通論」課程。

是年，先生的文章開始在《東方雜誌》這樣的大雜誌上發表。《醒獅》、《獨立青年》、《獨立評論》亦陸續創刊。先生應何公敢等人邀請主編《獨立評論》，先生的評論介於國家主義和共產主義之間，標榜三個自決：民族自決、國民自決、勞工自決。國民黨上海執行部認為「三自決」的主張，符合三民主義，力勸其加入中國國民黨，此為先生接近國民黨的第一步。

最初，給薩孟武主編《孤軍》雜誌投稿，才以希聖為筆名，後以之為本名。

1926年，民國十五年丙寅　先生二十八歲

一月，先生工資漲到100大洋；但半數仍然在內山書館和中美圖書公司購買日文和英文書。

四月，次子福來生，送走母親，發熱，《親屬法講義》舊稿作抵商務館，領50大洋。

七月，蔣介石誓師北伐。先生於上海商務館，抱病勉強上班，半工資。先生工作之餘編寫的《中國司法制度》由商務印書館出版。

八月，加入國民黨。

九至十二月，先生挾病在上海法政專門學校講授親屬法，並編《親屬法

大綱》。

十月，先生開始週一夜間去東吳大學，講授政治學；認識吳經熊、徐志摩。其餘夜間趕寫《親屬法大綱》，十二月完稿，交商務印書館出版，獲稿酬540大洋。

是年，先生在上海大學兼課並主編《獨立評論》時，發表了一篇短文，指出中國社會組織以士大夫階層與農民為主要階層，並對士大夫階級的發生、發展、沒落做了簡明分析。《親屬法大綱》一書和這篇短文，標誌著先生的學術學徒期結束。

1927年，民國十六年丁卯　先生二十九歲

年初，先生辭去商務印書館編譯所之職，至武漢就任軍事政治學校武漢分校中校政治教官，同時在武漢大學任政治法律教授，講授《社會科學概論》、《各國革命史》、《無產階級政黨史》，或《帝國主義侵華史》等課程。

四月，四‧一二事變。

五月，唐生智領軍北伐，先生任中央軍事學校武漢分校政治教官，兼任軍事委員會總政治部政工人員訓練委員會常務委員，得以結識毛澤東。在咸寧，先生與農民協會負責人發生衝突，被對方指控為「反動的軍閥」，陳獨秀救之。先生回軍校，被任命為政治部秘書。

七月，七‧一五事變。先生脫離軍校，藏匿於福壽庵住所，通讀一遍《資治通鑑》。

年底，先生受邀去江西南昌辦理黨務學校。

1928年，民國十七年戊辰　先生三十歲

春，先生再至上海。

二月，寧漢合作，二次北伐。先生至南京任總政治部宣傳處編纂科長，後轉任中央陸軍軍官學校政治總教官，兼任政治部訓練科長。

五月，改組派首領陳公博創辦《革命評論》雜誌。

六月，顧孟餘創辦《前進》雜誌。

十二月，先生至上海加入國民黨改組同志會，同時辭去中央民訓會和軍校的公職。

　　是年，湖北省黨部改組委員會孔文軒、鄧初民等潛到上海辦了一個短命的刊物《雙十》，不過幾期，但發表的論文提出了「中國社會是什麼社會」這個問題，引起討論。左翼月刊，最初名《思想》，也發表了長篇論文，主張中國社會是封建社會，或半封建半資本主義社會。由此引起先生的響應，其在兩年前發表的短文指出中國社會兩大階層是士大夫階級和農民，兩年來的經歷與思考，則加深了其對社會組織的認識和分析能力。於是先生在周佛海主編《新生命》月刊上的發文逐漸集中到「中國社會是什麼社會」這一問題。

　　1929 年，民國十八年己巳　先生三十一歲
　　一月，編遣會議舉行。
　　四月，爆發中原大戰。
　　先生在上海無固定收入，以論文稿費與著書版酬，維持家庭生活。主辦新生命書局，總局在上海，分局設在南京與北平。
　　同時，先生在復旦大學中文系與新聞學系講授《中國文化史》，每星期二小時，1929 至 1930 年，連續兩年；此外，先生還在勞動大學、暨南大學、中國公學及上海法學院兼課。

　　1930 年，民國十九年庚午　先生三十二歲
　　先生推辭「中國國民黨海內外各省市黨務改組同志會」的邀請，應王雲五之邀，任商務印書館總經理中文秘書，英文秘書為潘光迴先生。同時，被王雲五稱為「不掛牌子的律師」，後捲入館內罷工事件，形勢所迫，辭去商務印書館職務。
　　年底，南京中央大學校長朱家驊聘請先生為法學院教授，每月薪金 320元。
　　這一時期（1929-1930），先生寫了一些小冊子：《中國之家族與婚姻》、《中國封建社會史》，屬於臨時賣出，貼補家用。《辯士與遊俠》、《西漢經濟史》則整練一些，為商務印書館出版，兩本小書表明了先生所用的「社會史觀」，亦即社會的歷史的方法。同時，先生還用力翻譯了奧本海馬的《國家論》，此書為先生的社會史觀理論來源之一；在這兩年間先生對馬列著作和在日文和英文上，下了功夫，同時對於批評馬克思主義的論著也選讀了不少。

先生稱其功力用到了兩方面：一是用社會歷史方法解釋三民主義與國民革命；另一是用這一方法研究中國歷史，即中國社會史。此時，胡展堂發表的據說是劉蘆隱執筆的《三民主義的連環性》，引起共鳴。先生認為三民主義的不可分性，實際仍不過是企圖以社會史觀解釋三民主義。

1931 年，民國二十年辛未　先生三十三歲

一月，三子恆生生。先生開始在南京中央大學法學院授課，擔綱政治系的中國政治思想史和法律系的中國法律思想史課程。先生週一至週三在南京，週四至週六在上海；在南京除上課外，就是編兩門功課的講義，政治思想史講義初稿很簡單，法律思想史是以法制史為底子，加述一些法學家的學說，先生自認粗略，可說是中國政治思想史的一部分。

該年，先生還曾接受司法官訓練所的講師聘書，每週講兩小時親屬法課程，採用比較法，進行中西、古今之辨析，論現行民法親屬編採取羅馬法計算法，與中國固有的社會組織及婚姻制度相違反。

秋，先生接北京大學法學院院長周炳琳先生函，邀請就任北大教授，朱家驊冒雨挽留未果。

該年，以上海《讀書雜誌》為中心的關於「社會史問題「的討論進入高潮，此為民國十七年那一次論戰的延續。王禮錫公開「挑戰」先生。先生不再積極參加論戰。他反對公式主義的史論，力主以資料為根據，尋求社會演變的軌道。

在新生命書局創辦《社會與教育》週刊（曾因諷刺現實政教，受到上海市黨部的檢舉），先生連續發表《舊小說新銓》，以社會的歷史的方法解說中國的幾種舊小說。

將一年來的論文，收輯為一冊，名為《中國社會現象拾零》，仍交新生命書局出版。

同時，出版《西漢經濟史》（何炳松主編《中國歷史叢書》），與薩孟武等合譯〔日〕惠積陳重《法律進化論》，商務印書館。撰注〔英〕梅因《古代法》。

九月，九‧一八事變。

十二月，蔣介石宣布下野，汪精衛就任行政院院長。

1932 年，民國二十一年壬申　先生三十四歲

先生繼續在北大任教，講授中國社會史與中國政治思想史，同時在師大和北平大學講授相同課程。

四月，與蔣夢麟、胡適等人南下參加國民政府洛陽國難會議。先生與蔣夢麟、王世傑、錢端升、周炳琳諸人提出一個折衷案，即在五院體制之下，召開國民參政會。這是抗戰時期國民參政會之先聲。

九・一八事變後的第八個月，即五月二十二日《獨立評論》週刊創刊於北平。胡適任主編。胡適發表創刊號「引言」：「只期望各人都根據自己的知識，用公平的態度，來研究中國當前的問題……我們叫這刊物《獨立評論》，因為我們都希望永遠保持一點獨立精神。不倚傍任何黨派，不迷信任何成見，用負責的言論來發表我們各人思考的結果：這就是獨立精神。」先生雖然不是獨立評論社的成員，但為主要發稿人。

十月二日，先生在《獨立評論》第二十號發表〈一個時代錯誤的意見〉，主要反駁《時代公論》上刊登的楊公達主張獨裁的文章。

冬，先生避戰於太原。

1933 年，民國二十二年癸酉　先生三十五歲

五月，先生從太原回北平。

教育部次長段錫朋轉達部長王世傑之意，擬任先生為湖北省教育廳長，先生回信婉拒。

七月，四子晉生生。

先生認為北平已經不再是政治城而是學術城，五四之前的文學和史學以章太炎先生的門下士為首腦，至此已是最保守的一環。五四以後的文學和史學的名家至此已成為主流。但是學生群眾中間，卻有一種興趣，要辯論一個問題，一個京朝文學派和史學名家不願出口甚至不願入耳的問題，這就是「中國社會是什麼社會？」

此時，先生不但想避免直接的爭論，還想矯正北大的學風，於是決定組織一些學生做些社會史、經濟史的整理工作。這些工作既有學理上的價值，也可以為社會史論戰提供一些學術支援。這一點可以在先生 1932 年 8 月發表於《讀書雜誌》的〈中國社會形式發達過程的新估定〉一文中看出心跡。

　　一開始，先生想到的是編書。先生在來北京之前，已經完成了《西漢經濟史》，後來收入何炳松主編的《中國歷史叢書》。到了北大以後，先生就牽頭成立「經濟史研究室」，先後發現和培養出武仙卿、鞠清遠、沈巨塵、連士升和全漢昇等一批年輕學子，展開合作研究。當時先生定下的研究計畫是，「整理唐代和唐代以後的經濟社會史料」，幾年裡就產出大批成果。「中國社會史叢書」開始出版。第一種為《兩宋田賦制度》，是北大學生劉道元在先生的指導下，搜集田賦史料進行研究的成果，全漢昇寫出《中國行會制度史》，先生借用自己的關係幫他們聯繫出版。

　　十一月四日，發表《中國歷史上的集權與分權》。

　　十二月，胡適、蔣廷黻、丁文江等在《獨立評論》上，就「民主與獨裁」問題展開辯論。先生傾向於採取一種折衷立場。

　　1934 年，民國二十三年甲戌　先生三十六歲

　　三月十一日，先生在《獨立評論》第九十一號發表〈無為還是有為〉，回應胡適無為政治之主張。雖然先生認為無為政治不能徹底根治農村破產這一事實，但是相比有為政治先生還是支持胡適的無為政治主張，因為有為政治可能導致加速和擴大農村的破產。

　　十一月十四日，先生在《北平晨報社會研究週刊》發布〈「食貨」半月刊宣言〉，闡述《食貨》半月刊發刊緣起、旨趣與辦法：要矯正那種公式主義的流弊，認為社會的發展有歷史法則可以尋找出來，這一點與考據學派不大相同的。又認為歷史的方法必須從史料裡再產生，才是真確的，如果先搭個架子，然後把史料拼進去就是公式主義，這是和左派分子不同的。於是半月刊鼓勵青年學生搜輯經濟社會史料，並從史料中尋找歷史法則。成立無形的「食貨學會」。

　　十二月一日，《食貨》半月刊正式發行。在中國社會經濟史研究的領域中，發生重大影響，學界有稱先生為「中國社會史開山祖」。

　　《食貨》上大批文章使用的是馬克思的分期法，困難只是如何用到中國中國社會史中。先生在每期後面寫的「編輯的話」，也時不時表明這一點。後來公認的馬克思主義者，例如稽文甫、呂振羽，以及異端的馬克思主義者（例如中國托派），例如李季、李麥麥、馬乘風、王宜昌，都在這個雜誌上發

表文章。雜誌上的有關雜誌插頁，包括薛暮橋等人的《中國農村》，鄧飛黃等人的《中國經濟》，書廣告則包括大批馬、恩、列、布、普、盧，都說明《食貨》雜誌一個側重唯物史觀方法研究中國經濟史的社會經濟史論壇。但是，由於先生直接說明的，其理論根基更多的吸取奧本海馬和桑巴特的方法，所以社會史觀究竟是不是唯物史觀還是值得討論的。

是年，先生與武仙卿合著的《南北朝經濟史》在商務印書館出版。

年底，先生的四冊本《中國政治思想史》，出版完畢。

1935年，民國二十四年乙亥　先生三十七歲

一月十日，先生與王新命、何炳松、樊仲雲、薩孟武等十教授發表《中國本位的文化建設宣言》。

一月二十日，先生在《獨立評論》一百三十號發表〈民主與獨裁的爭論〉，認為胡適與蔣廷黻、丁文江的爭論似無必要，因為「這樣的爭論，在理論上固弄不清，在事實上也沒有益處。」事實是國民黨的獨裁政治，「胡適之先生主張的民主政治，很顯然的是議會政治」，「如果以議會政治論和國民黨相爭，國民黨內沒有人能夠同意。」為此，胡適在二月十七日的《大公報》發表〈從民主與獨裁的討論裡求得一個共同的政治信仰〉一文，彈性解釋「議會」的含義：「從民元的臨時參議院，到將來普選產生的國會，凡是代表全國的各個區域，象徵一個統一國家，做全國的各個部分與中央政府的合法維繫，而有權可以用和平的方法來轉移政權的，都不違反我想像中的議會。」雖然現實不是議會政治，但是「國民黨的法源，建國大綱的第十四條和二十二條都是一種議會政治論……國民黨如果不推翻孫中山先生的遺教，遲早總得走上民主憲政的路。」可見先生與胡適的差別只是對「建國大綱」的解釋寬嚴問題。

七月至八月之間，共產國際第七次大會在莫斯科召開。

八月一日，中共發出宣言，要求組織「全國人民聯合國防政府」，共同抗日。

一二·九學生運動發生。北京大學教授每兩星期以聚餐的方式，交換意見。馬敘倫及尚仲衣等屢次鼓動風潮，與胡適等人力持反對。

是年，先生與鞠清遠合著的《唐代經濟史》在商務印書館出版。與黃得中

合譯〔日〕瀧川幸辰，《刑法讀本》，新生命書局。

為使得中國社會經濟史的工作進一步擴大，先生在北大一院內籌設了唐代經濟史、清史兩個研究室。

1936 年，民國二十五年丙子　先生三十八歲

一月，五子范生生。

華北局勢危急，中國大學、清華大學等校的學生、教授被當局逮捕多人，在胡適的支持下，陶希聖依靠私人關係幹旋解救。

秋季開學，北京大學法學院政治主任張忠紱先生休假一年，先生代理系主任，增設中國地方政府一課，並籌畫中國地方行政，即「吏治」課程。

同年，先生著手撰述《中國經濟史》一書。

自 1936 年 12 月 6 日起，《食貨》每星期還在天津《益世報》出版《食貨週刊》，與半月刊互補。如武仙卿：《唐代土地問題概論》、陶希聖：《唐代寺院經濟概說》等均先刊於週刊，再重刊於雜誌。

先生在北大一院設立裡經濟史研究室，先從唐代經濟史料搜輯做起，連士升、鞠遠清、武仙卿、沈巨塵等學生，工作一年（1936.7-1937.6），編成《唐代經濟史料叢編》八大冊（分別為唐代經濟概觀、唐代都市生活、唐代手工業、唐代的交通、唐代商業、唐代寺院經濟、唐代的財政），可惜七七事變後被北大出版部丟失。在此期間，先生與太平洋學會威特福格爾（魏特夫）教授合作，為其搜輯遼金及元代的經濟社會史料，七七事變後威特福格爾帶回美國去，與馮家昇編成了《遼代社會史》。威博士認為中國就是馬克思說的「亞細亞社會」，是治水社會，與西方國家起源於階級鬥爭不同，但他見了先生卻拱手說「我不敢和你討論」，因為和先生的見解差別很大。先生解釋道「我的學說可以叫做五階段論」：

1、夏商周三代是三個部落聯盟，就是以北方之夏為主族的聯盟，以東方之商為主族的聯盟，與以西北之周為主族的聯盟，先後相繼統治中原。

2、由東周至戰國乃是由部族演變為國家的過渡時期。至秦漢時代，中國成為大一統的國家。

3、由東漢以後，中國進入中古階段。士庶與莊客及奴隸的等級，甚為分明。這一時期，社會組織以莊園經濟為主。

4、中唐以後，中國進入商業資本獨特發達的農業手工業社會。

5、清朝中葉以後，是帝國主義壓迫之下的商業資本主義社會。

雖然先生在 1932-1934 年把中國政治思想史和中國社會史兩個課程的講義，歸併增修，陸續印行了一部四冊的《中國政治思想史》，計 70 萬字。但並未全依「五階段論」來編成，因為五階段論是民國二十四至二十六年（1935-1937）才構思完成的。

該年，先生與沈巨塵合著《秦漢政治制度》於商務印書館出版，該書啟發和引導了嚴耕望先生最初的學術研究，參見嚴耕望《治史三書》。

1937 年，民國二十六年丁丑　先生三十九歲

三月，先生岳父萬信民病危，先生攜妻帶子赴武昌省視。同時，在中華大學及武昌各中學演講。

四月，赴開封，四天之內做二十一場演講。

五月四日，先生為一場演講捲入新舊學聯鬥爭之漩渦。隨後，先生在北平實報連續發表小文二十篇，與左派教授筆戰。

五到六月間，先生連續在《獨立評論》發文，其中在第二百三十五期發表〈民主政治的一解〉，認為統一並不等於專制，民治也不必割據，主張「地方割據必須打破，民主政治必須實行」。並寫了三篇開放黨禁的文章，提出「是黨就可以合法，是黨就可以當選。」胡適在二百三十七號的編輯後記中說：「最近我們接到周恩來先生從西安寄來的〈我們對修改國民大會法規的意見〉，……我們現在發表陶希聖先生的〈論開放黨禁〉一篇文字中，其中討論的就是周君主張的一部分，這是周君文中所謂『陝甘寧蘇區改成邊區後』我們第一次公開的和和平的討論中國共產黨人提出的一個政治主張。我們希望這樣開始政論新風氣能得著全國輿論界的同情和贊許。」從這篇文章看，先生主張的開放黨禁和共產黨主張的開放黨禁在本質上是一樣的，即結束訓政，實行憲政，走民主政治的道路。但是具體背景和理由不太相同。雖然先生主張開放黨禁，但是他對中國未來的預期既不是一黨專政，也不是幾個政黨輪流執政，這一點在二百四十二號先生發表的〈不黨者的力量〉一文中有所闡述。

七月七日，盧溝橋事件，《食貨》在 7 月 1 日刊出第 6 卷第 1 期後停刊（《食貨週刊》出版了 7 期，停刊）。先生在《食貨》上共發論文 36 篇，其他

7 篇，翻譯 2 篇，共 45 篇，居作者之首。

七月十七日，先生與胡適、張伯苓、蔣夢麟、梅貽琦等人一同出席「牯嶺茶話會」。

八月，先生加入軍事委員會委員長侍從室第五組，從事國際宣傳工作，棄文從政。

九月，先生應聘為國民參政會議員。

十一月，淞滬抗戰失敗，先生乘疏散輪船從南京回到武漢。

1938 年，民國二十七年戊寅　先生四十歲

藝文研究會創辦，在漢口第三特區天津街設立辦事處。周佛海為總務總幹事，先生為研究總幹事。鞠清遠、武仙卿、曾謇、沈巨塵，都到「藝文研究會」工作。藝文研究會以「內求統一，外求獨立」、「一面抗戰，一面建國」、「國家至上、民族至上」等口號為宣傳重心。

藝文研究會刊物《政論》發表陳獨秀文章，引起軒然大波，先生出面澄清陳獨秀接受的乃是藝文研究會的資助，而非日本人的資助。

三月至四月底，中國國民黨臨時全國代表大會在武漢舉行，通過抗戰建國綱領。七月，國民參政會開幕，王明、周恩來約先生會談。蔣介石、汪精衛至今多次分離與合作。

八月，汪精衛妻陳璧君往來香港，要求汪精衛對日和談。

十二月中旬，先生隨汪精衛赴河內。

1939 年，民國二十八年己卯　先生四十一歲

一月，先生從河內到達香港，與高宗武二人在汪應否進入敵戰區這個問題上與周佛海、梅思平等人發生爭執。

七月，先生乘日本遊船去上海。

八月，蘇德協定訂立，日本平治內閣辭職，阿部內閣成立。九月底，歐洲戰爭爆發。

十一月，日本提出《日支新關係調整要綱》，交給汪方，要求開始談判。先生為汪、陳夫婦解釋要綱後果：這份「要綱」實質是德蘇瓜分波蘭之後，日蘇再瓜分中國；所謂談判，不過是這一瓜分契據，由幾個中國人簽字而已。

十二月底，談判完畢，簽字前夕，先生為避免簽字密謀脫離上海。

1940 年，民國二十九年庚辰　先生四十二歲

一月三日，先生與高宗武攜「密約」分別秘密搭乘美國「柯立芝總統號」輪船離開上海，前往香港。抵達香港後，先生致函駐美大使胡適，述其經歷。

一月二十一日，先生與高宗武把《日支新關係調整要綱》同時在香港、重慶、昆明等地報刊公布，史稱「高陶事件」或「小西安事變」。

三月底，汪偽政府在南京成立。七月，德義日三國軍事同盟成立。

十一月，先生六子龍驤（後改名龍生）生。

這一時期，先生對戰爭哲學與軍事技術發生興趣。首先先生研究了克勞塞維茨的《戰爭論》，並探求英法聯軍失敗與納粹德軍勝利的經過及其軍事因素。

1941 年，民國三十年辛巳　先生四十三歲

十二月八日，太平洋戰爭爆發。

十二月十二日，日軍占領九龍，開始緝捕先生。

1942 年，民國三十一年壬午　先生四十四歲

一月二十八日，先生隨難民逃離九龍。

二月，先生隨惠陽還鄉隊逃離香港，輾轉來到重慶陪都。陳布雷奉蔣之命，安排先生任委員長侍從室第五組少將組長。修訂《中國政治思想史》，交南方印書館重新排印發行。

十月，蔣介石擬起草《中國之命運》（原名《中國之前途》）一書，囑先生擔任搜輯資料，整理文稿工作。最初文稿三萬字，後經蔣修改二十次，全稿在十萬字以上。後由王寵惠（國防最高委員會秘書長）主持翻譯成英文。溫源寧、吳經熊諸人負責校訂。

是年，先生還出版有《論道集：古代儒家》，重慶南方印書館；與杜衡共同主編《現代軍略論》、《美日海軍比較》。

1943 年，民國三十二年癸未　先生四十五歲

《中國之命運》出版後，蔣介石又指定先生搜輯資料，準備撰寫姊妹篇《中國之開發》，後時局動盪，未果。

十月，《中央日報》改組，先生為總主筆。

該年，先生出版《論道集：宋明實用主義者》，重慶南方印書館；四十三年台灣全民出版社一版（下冊遺失）。

1944 年，民國三十三年甲申　先生四十六歲

先生母在貴陽寓所患病。先生搭郵政車往貴陽視疾。

是年，先生出版《中國社會史》（古代篇），重慶文風書局。

1945 年，民國三十四年乙酉　先生四十七歲

五月，國民黨第六次全國代表大會召開，先生目睹大會實況，感歎國民黨組織渙散與派系紛歧以及思想混亂之缺失。

次女陶琴薰自中央大學外文系畢業，獲學士學位。在重慶美國新聞處任翻譯。

八月，日本宣布無條件投降。陳布雷積勞久病，辭去侍從室第二處主任之職。侍從室亦即撤銷。先生轉職為國防最高委員會參事，仍兼中央日報總主筆，並著手復刊《食貨週刊》。

1946 年，民國三十五年丙戌　先生四十八歲

一月，先生次女陶琴薰與沈蘇儒在上海結婚。

五月，國民政府還都南京，先生任國民黨中宣部副部長一職。

六月八日，從〈食貨週刊復刊記〉起，至 1948 年停刊止，共刊行 89 期，發表論文 303 篇。

十一月，先生當選為制憲國民大會代表。

1947 年，民國三十六年丁亥　先生四十九歲

先生應聘為總統府國策顧問，任中央宣傳部副部長，繼續兼任中央日報總主筆。

1948 年，民國三十七年戊子　先生五十歲

第一屆國民大會開幕。蔣介石當選第一任總統，李宗仁當選副總統。

十二月初，蔣派先生往北平，邀胡適任行政院長。胡適力辭不就。蔣改提孫科為行政院院長。為蔣介石撰書〈1949 年元旦文告〉。共產黨宣布 43 名頭等戰犯，先生名列第 41。下旬，琴薰、沈蘇儒偕母弟同自上海赴香港。

1949 年，民國三十八年己丑　先生五十一歲

一月，蔣介石宣布引退聲明。

二月，中央日報社由南京遷移台北。先生赴台大晤傅斯年。傅說：「希聖！你以為我是來做校長，我死在這裡。」

四月底，先生隨蔣介石乘太康兵艦從寧波航行至上海視察，在艦上草擬〈為南京撤守告國民書〉。

五月二十四日，先生日記歎曰「蘇儒琴薰決心不離滬，彼等前途悲慘而不自覺，可哀也。」

六月十五日，先生妻率五子乘海輪抵達台灣基隆港。八月，國民黨總裁辦公室在台北草山成立，先生任第五組組長，負責宣傳研究工作。

1950 年，民國三十九年庚寅　先生五十二歲

先生辭中央宣傳部副部長之職。

改造委員會成立。先生初任設計委員會主任委員，後改任第四組主任。主管宣傳政策及宣傳業務。

1951 年，民國四十年辛卯　先生五十三歲

先生接「革命實踐研究院總講座」之職。解除第四組主任職務，繼續擔任中央日報總主筆。以「候補立法委員」資格遞補為「立法委員」。

1952 年，民國四十一年壬辰　先生五十四歲

先生解除中央日報總主筆，當選「國民黨第七屆中央委員會中央委員」，「中央常務委員」。先生接受基督教洗禮。

1953 年，民國四十二年癸巳　先生五十五歲

先生這一年論文，均為收編為《世局轉變中之自由中國》專集，自辦全民出版社發行。

1954，民國四十三年甲午　先生五十六歲

是年，先生出版：《拿破崙兵法語錄》、《孫子兵法（中英對照）》、《克勞塞維茨戰爭原理》。

1955，民國四十四年乙未　先生五十七歲

1956 年，民國四十五年丙申　先生五十八歲

先生任中央日報社董事長。

1957 年，民國四十六年丁酉　先生五十九歲

先生出版《作文的方法 —— 陸士衡「文賦」解說》，民國四十六年初版，三月再版，四十七年三版。

1958 年，民國四十七年戊戌　先生六十歲

1959 年，民國四十八年己亥　先生六十一歲

先生開始連續二十一年為《法令月刊》撰寫定名為《夏蟲語冰錄》的「法務漫話」，共二千多條。

1960 年，民國四十九年庚子　先生六十二歲

1961 年，民國五十年辛丑　先生六十三歲

1962 年，民國五十一年壬寅　先生六十四歲

1963 年，民國五十二年癸卯　先生六十五歲

十月，先生連任國民黨第九屆中央常務委員。

1964 年，民國五十三年甲辰　先生六十六歲
先生出版自傳《潮流與點滴》。

1965 年，民國五十四年乙巳　先生六十七歲

1966 年，民國五十五年丙午　先生六十八歲

1967 年，民國五十六年丁未　先生六十九歲
先生從台北出發開始環球旅行，長子泰來隨行。
四月，先生與闊別二十七年的高宗武在華盛頓重逢。
八月，先生出版與沈任遠合著：《明清政治制度》（上下），台灣商務印書
館，上冊《明朝政治制度》244 頁，下冊《清朝政治制度》200 頁。

1968 年，民國五十七年戊申　先生七十歲
先生以《中央日報》董事長身分退休，後改任國民黨中央評議委員。
是年，先生合著：《明史論叢：明代宗教》，學生書局（只有先生一篇文
章，原載於《食貨》半月刊）。

1969 年，民國五十八年己酉　先生七十一歲
四月，先生當選國民黨第十屆中央委員會中央評議委員。

1970 年，民國五十九年庚戌　先生七十二歲
先生籌辦食貨出版社及《食貨》半月刊復刊。向銀行貸款購台北市敦化南
路一幢房屋，作為社址。

1971 年，民國六十年辛亥　先生七十三歲
先生與其四子陶晉生籌辦《食貨》在台北復刊，改為月刊發行。至
一九八八年七月先生逝世停刊，共發行十七卷，均由食貨出版社出版。

1972 年，民國六十一年壬子　先生七十四歲

先生辭中央日報社董事長。

是年，先生出版《清代州縣衙門刑事審判制度》。

1973 年，民國六十二年癸丑　先生七十五歲

1974 年，民國六十三年甲寅　先生七十六歲

1975 年，民國六十四年乙卯　先生七十七歲

先生妻陶萬冰如在台北市逝世。

1976 年，民國六十五年丙辰　先生七十八歲

十一月，先生連任國民黨第十一屆中央評議委員。

1977 年，民國六十六年丁巳　先生七十九歲

1978 年，民國六十七年戊午　先生八十歲

次女陶琴薰病逝於北京，先生隔海寫下「生離三十年，死別復茫然；北地哀鴻在，何當到海邊」之感傷詩句。並注曰：琴薰兒病逝北平，近始得確息。所遺男兒二，女兒一。小女燕兒既失學，又喪母，何以為生？憐念之餘，口占如右。

是年，著有《中美關係與中國前途》、《歷史的使命時代的要求：中華民國的正統與蔣經國先生的特徵》出版。

1979 年，民國六十八年己未　先生八十一歲

先生任中華戰略學會理事長。

同年，《陶希聖先生八秩榮慶論文集》，在台北食貨出版社出版。先生作《八十自序》評斷一生：「區區一生，以讀書、作文、演說、辯論為業，人自稱為講學者我志在求學。人自命為從政者，我志在論政。我不求名，甚至自毀其名，而名益彰。我自覺國家社會所許與我者，超過我應受與願得之程度

與範圍。我無以為報，只是常抱一顆感謝的心，庶可遙望《論語》所謂『學不厭，教不倦，不怨天，不尤人』之境界，年至八十，猶未及也。」

同年，先生之《中國法制之社會史的考察：漢律系統的源流》出版。另有先生參與合著《西周政教制度研究》，收錄先生〈夏商周部族組織〉一文，該文實為先生延續早期反抗疑古思潮進行「新史學」研究的成果，可與王國維、傅斯年等人早期中國研究比較閱讀。

1980，民國六十九年庚申　先生八十二歲
先生出版《夏蟲語冰錄》。

1981 年，民國七十年辛酉　先生八十三歲
四月，先生連任國民黨第十二屆中央評議委員。

1982 年，民國七十一年壬戌　先生八十四歲
八月，在《食貨》發文〈楊聯陞《漢學評論集》序〉，其中專門談及先生早年學問路數與古史辨思潮的關係。

1983 年，民國七十二年癸亥　先生八十五歲

1984 年，民國七十三年甲子　先生八十六歲
先生慧眼發掘《萬曆十五年》，從中華書局獲得台灣版授權，並應作者黃仁宇之請寫有《陶希聖讀後記 —— 君主極權制之末路》，談中國歷史上政治體制。此後，《萬曆十五年》風行台灣印刷近百次；十餘年後亦反哺大陸學界，該書暢銷至今。

1985 年，民國七十四年乙丑　先生八十七歲
先生出版《中國之分裂與統一》，食貨出版社。

1986 年，民國七十五年丙寅　先生八十八歲

1987 年，民國七十六年丁卯　先生八十九歲

先生轉任中華戰略學會名譽理事長。

七月，先生啟程赴美探望諸子孫。先生次女陶琴薰三子女，均已定居美國，特往三藩市先生三公子恆生住處拜見。

十月五日，《中央日報》宴請在台灣之歷任董事長及主要負責人慶祝先生九秩大壽。

同年，陶希聖九秩榮慶祝壽論文集編輯委員會編：《國史釋論 —— 陶希聖九秩榮慶祝壽論文集》，在台北食貨出版社出版。

1988 年，民國七十七年戊辰　先生九十歲

編集舊作《天道人倫一以貫之》，為晚年定論，另有未發表之手稿《直道而行與枉尺直尋》。

先生在給三子恆生的信中言：「……活到九十歲，可以『這一生』。這一生，前一半教授，後一半記者。教授與記者的生涯，便是寫作、演講、開會。前一半抽煙、後一半喝茶。八十歲有感慨，九十歲自覺輕鬆，連感慨都沒有了。」

六月二十七日晨二時三十分，先生病逝於台北市忠孝東路中心診所醫院。享年九十歲。台北各大媒體競相報導，《聯合報》大字標題：陶希聖注入歷史洪流……

眾多悼念輓聯中，有兩副表彰先生在中國社會史研究的貢獻與特色，令人印象深刻。一是杜正勝所撰「禮律研社會，布衣足為天下法；食貨解經濟，風氣新開百代師」，一是屠忠謀、屠義方所撰「以殷周文化異同，探索天人思想背景，啟迪復興機運；從社會經濟史實，領導學術研習方向，堪稱一代宗師。」

1990 年，民國七十九年庚午，先生逝世兩年

原《食貨》月刊主要參與知識群體，創辦《新史學》雜誌，繼承《食貨》精神，持續至今。

陶希聖著作目錄

＊

＊　本目錄以編、著為主，陶希聖先生的相關時評和散篇文章由於分布過廣以及篇數眾多，暫不列出。其中主要刊載於《新生命》、《獨立評論》，以及陶先生先後創辦復刊的《食貨半月刊》和《食貨月刊》等四種雜誌。本著書目錄以陶晉生、鮑家麟輯《陶希聖先生學術著作目錄》為底本，結合《潮流與點滴》以及筆者所見文本之版本，進行增刪。

1921

陶希聖先生讀北大法科三年級時，應徵修訂法律館修訂民法債編新草案的徵文，獲第一獎，論文被連載於《法學會雜誌》（1-5 期），此為陶先生生平第一篇長文。

1926

陶希聖著，《中國司法制度史》，上海，商務印書館，民國十五年。

1928

陶希聖著，《對華門戶開放主義》，上海，商務印書館，民國十七年。

陶希聖著，《親屬法大綱》，上海，商務印書館，民國十七年。

1929

陶希聖著，《中國社會之史的分析》，上海，新生命書局，民國十八年初版；二十二年八版，四十三年台灣初版，六十一年台灣再版；1998 年，大陸遼寧教育出版社重印。

陶希聖著，《中國封建社會史》，上海，南強書局，民國十八年初版，十九年再版。

陶希聖著，《法律學之基礎知識》，上海，新生命書局，民國十八年。

陶希聖著，《革命論之基礎知識》，上海，新生命書局，民國十八年。

陶希聖著，《中國社會與中國革命》，上海，新生命書局，民國十八年初版。（陶晉生、鮑家麟輯為民國二十年。二十二年六版，四十四年台灣出版，六十一年再版）。

陶希聖譯〔德〕奧本海默爾著《國家論》，上海，新生命書局，民國十八年。

陶希聖、薩孟武、樊仲雲譯，〔日〕河西太一郎、豬俁津南雄、向阪逸郎著《馬克思經濟學說的發展》，上海，新生命書局，民國十八年。

陶希聖、薩孟武、樊仲雲譯，《各國經濟史》，上海，新生命書局，民國十八年。

1930

陶希聖編，《中國問題之回顧與展望》，上海，新生命書局，民國十九年。

1931

陶希聖著，《中國社會現象拾零》，上海，新生命書局，民國二十年版。

陶希聖著，《辯士與遊俠》，上海，商務印書館，民國二十年（後收入《民國叢書》第三輯）。

陶希聖著，《西漢經濟史》，上海，商務印書館，民國二十年（收入何炳松主編《中國歷史叢書》）。

陶希聖、薩孟武譯〔日〕穗積陳重著，《法律進化論》（第二冊），上海，商務印書館，民國二十年。

陶希聖撰注〔英〕梅因著，《古代法》，上海，商務印書館，民國二十年。

1932

陶希聖著，《中國政治思想史》（四冊），上海，新生命書局，民國二十一年至民國二十四年；民國三十二年重慶改訂版，民國四十三年台灣初版，六十一年再版。中國大百科全書出版社 2009 年重印。

1933

陶希聖著，《民法親屬論》，上海，商務印書館，民國二十二年（陶晉生、鮑家麟輯為《民法親屬》，實用法律叢書第六冊。上海，會文堂，民國二十五年，二十六年商務印書館六版。並注明緒論為陶希聖先生作，本論為郁嶷作）。

1934

陶希聖著，《婚姻與家族》，上海，商務印書館，民國二十三年；二十四年再版，五十五年台灣初版（第一版收入《萬有文庫》）。

1935

陶希聖、黃得中譯，〔日〕瀧川幸辰著，《刑法讀本》，上海，新生命書局。

1936

陶希聖、鞠清遠著，《唐代經濟史》，上海，商務印書館，民國二十五年。

陶希聖、沈巨塵著，《秦漢政治制度》，上海，商務印書館，民國二十五年。
五十三年台灣一版。

1937

陶希聖、武仙卿著，《南北朝經濟史》，上海，商務印書館，民國二十六年。

陶希聖主編，《唐代寺院經濟史料 中國經濟史料叢編 ── 唐代篇》，三冊。國
立北京大學出版部，民國二十六年；未發行。

1938

陶希聖、沈任遠著，《中國民族戰史》，重慶青年書店，民國二十七年；民國
四十四年中央文物供應社出版。

陶希聖著，《歐洲均勢與太平洋問題：第二期抗戰之國際環境》，長沙，藝文
研究會。

周佛海、陶希聖主編，《抗戰建國綱領研究‧政治篇》，長沙，藝文研究會。

周佛海、陶希聖主編，《抗戰建國綱領研究‧民眾運動篇》，長沙，藝文研究
會。

周佛海、陶希聖主編，《抗戰建國綱領研究‧教育篇》，長沙，藝文研究會。

陶希聖主編，《國際現勢與抗戰前途》，時事新聞編譯社。

陶希聖等編，《歐洲局勢與中日戰爭》，獨立出版社。

1942

陶希聖著，《論道集：古代儒家》，重慶，南方印書館。

陶希聖、杜衡主編，《現代軍略論》，重慶，南方印書館。

陶希聖、杜衡主編，《美日海軍比較》，重慶，南方印書館。

1943

陶希聖著，《論道集：宋明實用主義者》，重慶，南方印書館，民國三十二
年；四十三年台灣全民出版社一版（上冊遺失）。

1944

陶希聖著，《中國社會史（古代篇）》，重慶，文風書局，民國三十三年。

1954

陶希聖譯，《拿破崙兵法語錄》，台北，全民出版社，民國四十三年。

陶希聖譯，《孫子兵法》（中英對照），台北，全民出版社，民國四十三年。

陶希聖譯，《克勞塞維茨戰爭原理》，台北，全民出版社，民國四十三年。

1957

陶希聖著，《作文的方法 ── 陸士衡《文賦》解說》，台北，全民出版社，民國四十六年初版，三月再版，四十七年三版。

1964

陶希聖著，《潮流與點滴》，台北：傳記文學出版社；民國五十三年；大陸中國大百科全書出版社 2009 年重印。

1967

陶希聖、沈任遠著，《明清政治制度》，台灣商務印書館，民國五十六年（實為沈任遠在陶希聖先生指導下所著，先生在序言中有所闡述）。

1968

陶希聖等著，《明代宗教》，台北，學生書局（只有陶先生一篇文章，原載於《食貨》）。

1971

〈食貨復刊辭〉。

〈清代州縣衙門刑事審判制度及程序〉論文。

〈民國初年司法制度〉等論文。

1972

陶希聖著,《清代州縣衙門刑事審判制》,台北,食貨出版社,民國六十一年。

〈孔子廟廷中漢儒及宋儒的位次〉等論文。

1973

〈齊學入晉,晉學入秦〉等論文。於 1979 年結集為專書《中國法制之社會史的考察》。

1978

陶希聖著,《中美關係與中國前途》,台北,食貨出版社,民國六十七年。

陶希聖著,《歷史的使命時代的要求:中華民國的正統與蔣經國先生的特徵》,中國大陸研究出版社,民國六十七年。

1979

陶希聖著,《八十自序》,載於《陶希聖先生八秩榮慶論文集》,台北,食貨月刊社,民國六十八年。

陶希聖著,《中國法制之社會史考察 —— 漢律系統的源流》,食貨出版社,民國六十八年。

陶希聖等著,《西周政教制度研究》,中華文化復興月刊社,民國六十八年。

1980

陶希聖著,《夏蟲語冰錄》,台北,法令月刊社,民國六十九年。

〈孔子論道〉、〈孟子論道〉、〈荀子論道〉等論文。

1981

〈中國的家族倫理〉,《東方雜誌》14 卷 12 期。

1982-83

〈論語古今注釋〉六篇。

1984

《中華民國戰爭史論》。

1985

陶希聖著，《中國之分裂與統一》，台北，食貨出版社，民國七十四年。

1987

《天道人倫一以貫之 ── 天一論與天心論》。

陶希聖年表

2017年5月初版　　　　　　　　　　　　　定價：新臺幣850元
有著作權・翻印必究
Printed in Taiwan.

著　　　者	陶	泰	來
	陶	晉	生
總　編　輯	胡	金	倫
總　經　理	羅	國	俊
發　行　人	林	載	爵

出　版　者	聯經出版事業股份有限公司	叢書主編	沙　淑　芬
地　　　址	台北市基隆路一段180號4樓	整體設計	劉　克　韋
編輯部地址	台北市基隆路一段180號4樓	校　　對	吳　美　滿
叢書主編電話	(02)87876242轉212		
台北聯經書房	台北市新生南路三段94號		
電　　　話	(02)23620308		
台中分公司	台中市北區崇德路一段198號		
暨門市電話	(04)22312023		
台中電子信箱	e-mail：linking2@ms42.hinet.net		
郵政劃撥帳戶第0100559-3號			
郵撥電話	(02)23620308		
印　刷　者	世和印製企業有限公司		
總　經　銷	聯合發行股份有限公司		
發　行　所	新北市新店區寶橋路235巷6弄6號2樓		
電　　　話	(02)29178022		

行政院新聞局出版事業登記證局版臺業字第0130號

本書如有缺頁，破損，倒裝請寄回台北聯經書房更換。　　ISBN　978-957-08-4926-4 (精裝)
聯經網址：www.linkingbooks.com.tw
電子信箱：linking@udngroup.com

國家圖書館出版品預行編目資料

陶希聖年表/陶泰來、陶晉生著 . 初版 . 臺北市 .
聯經 . 2017年5月（民106年）. 432面 . 17×23公分
ISBN　978-957-08-4926-4（精裝）

1.陶希聖　2.年表

783.3986　　　　　　　　　　　　　106004320